新编21世纪法学系列教材

总主编 曾宪义 王利明

社会保障法

第六版

Social Security Law

主 编 黎建飞

撰稿人（以撰写章节先后为序）

林 嘉 黎建飞 孟雁北 余明勤

中国人民大学出版社

·北京·

编审委员会

主编简介

黎建飞，中国人民大学法学院教授、博士生导师，兼任中国人民大学残疾人事业发展研究院副院长，中国人民大学民商事法律科学研究中心劳动和社会保障法研究所所长，海商法、保险法研究所主任。中国劳动保障监察专业委员会副会长，中国社会法学会常务理事，中国残疾人事业“十三五”发展纲要重点支撑课题首席专家。

主要研究领域：劳动法和社会保障法，商法学。出版《劳动与社会保障法教程》《中华人民共和国社会保险法释义》等著作数十部，公开发表《论社会法责任与裁判的特殊性》《社会保险立法的时机、模式与难点》等论文数百篇。获中国人民大学教学评比一等奖、优秀教材二等奖，教育部高等学校科学研究优秀成果奖，中国法学优秀成果奖，法律硕士专业学位研究生教育优秀教师等奖励。

内容提要

本书力图反映我国社会保障立法和实施的最新变化和典型案例。在阐述社会保障法原理的基础上，关注社会保障领域的法律、实施细则的相关的司法解释。在分析社保不能“多缴多得”、劳动者自愿放弃社会保险无效、非法用工的工伤认定等事例中，厘清社会保障的独特性。而在说明老年护理的分类立法、慈善不应“从工资中扣捐款”和残疾人权利与慈善中，评析案件所援引的法规法条及其背后的法学原理。于社会保障领域具体话题的深入，既表明了我国的社会保障法制建设日趋深化与细化，也体现出教学与研究向专门领域的纵深。作者的这些努力不仅可以保持本门学科的新颖性与前沿性，也预示着本门学科的发展与趋势。

总 序

曾宪義

在人类文明与文化的发展中，中华民族曾作出过伟大的贡献，不仅最早开启了世界东方文明的大门，而且对人类法治、法学及法学教育的生成与发展进行了积极的探索与光辉的实践。

在我们祖先生存繁衍的土地上，自从摆脱动物生活、开始用双手去进行创造性的劳动、用人类特有的灵性去思考以后，我们人类在不断改造客观世界、创造辉煌的物质文明的同时，也在不断地探索人类的主观世界，逐渐形成了哲学思想、伦理道德、宗教信仰、风俗习惯等一系列维系道德人心、维持一定社会秩序的精神规范，更创造了博大精深、义理精微的法律制度。应该说，在人类所创造的诸种精神文化成果中，法律制度是一种极为奇特的社会现象。因为作为一项人类的精神成果，法律制度往往集中而突出地反映了人类在认识自身、调节社会、谋求发展的各个重要进程中的思想和行动。法律是现实社会的调节器，是人民权利的保障书，是通过国家的强制力来确认人的不同社会地位的有力杠杆，它来源于现实生活，而且真实地反映现实的要求。因而透过一个国家、一个民族、一个时代的法律制度，我们可以清楚地观察到当时人们关于人、社会、人与人的关系、社会组织以及哲学、宗教等诸多方面的思想与观点。同时，法律是一种具有国家强制力、约束力的社会规范，它以一种最明确的方式，对当时社会成员的言论或行动作出规范与要求，因而也清楚地反映了人类在各个历史发展阶段中对于不同的人所作出的种种具体要求和限制。因此，从法律制度的发展变迁中，同样可以看到人类自身不断发展、不断完善的历史轨迹。人类社会几千年的国家文明发展历史已经无可争辩地证明，法律制度乃是维系社会、调整各种社会关系、保持社会稳定的重要工具。同时，法律制度的不断完善，也是人类社会文明进步的显著体现。

由于发展路径的不同、文化背景的差异，东方社会与西方世界对于法律的意义、底蕴的理解、阐释存有很大的差异，但是，在各自的发展过程中，都曾比较注重法律的制定与完善。中国古代虽然被看成是“礼治”的社会、“人治”的世界，被认为是“只有刑，没有法”的时代，但从《法经》到《唐律疏议》、《大清律例》等数十部优秀成文法典的存在，充分说明了成文制定法在中国古代社会中的突出地位，唯这些成文法制所体现出的精神旨趣与现代法律文明有较大不同而已。时至20世纪初叶，随着西风东渐、东西文化交流加快，中国社会开始由古代的、传统的社会体制向近现代文明过渡，建立健全的、符合现代理性精神的法律文明体系方成为现代社会的共识。正因为如此，近代以来的数百年间，在西方、东方各主要国家里，伴随着社会变革的潮起潮落，法律改革运动也一直呈方兴未艾之势。

从历史上看，法律的文明、进步，取决于诸多的社会因素。东西方法律发展的历史均充分证明，推动法律文明进步的动力，是现实的社会生活，是政治、经济和社会文化的变迁；同时，法律内容、法律技术的发展，往往依赖于一大批法律专家以及更多的受过法律教育的社会成员的研究和推动。从这个角度看，法学教育、法学研究的发展，对于法律文明的发展进步，也有着异常重要的意义。正因为如此，法学教育和法学研究在现代国家的国民教育体系和科学研究体系中，开始占有越来越重要的位置。

中国近代意义上的法学教育和法学研究，肇始于19世纪末的晚清时代。清光绪二十一年（公元1895年）开办的天津中西学堂，首次开设法科并招收学生，虽然规模较小，但仍可以视为中国最早的近代法学教育机构（天津中西学堂后改名为北洋大学，又发展为天津大学）。三年后，中国近代著名的思想家、有“维新骄子”之称的梁启超先生即在湖南《湘报》上发表题为《论中国宜讲求法律之学》的文章，用他惯有的富有感染力的激情文字，呼唤国人重视法学，发明法学，讲求法学。梁先生是清代末年一位开风气之先的思想巨子，在他辉煌的学术生涯中，法学并非其专攻，但他仍以敏锐的眼光，预见到了新世纪中国法学研究和法学教育的发展。数年以后，清廷在内外压力之下，被迫宣布实施“新政”，推动变法修律。以修订法律大臣沈家本为代表的一批有识之士，在近十年的变法修律过程中，在大量翻译西方法学著作，引进西方法律观念，有限度地改造中国传统的法律体制的同时，也开始推动中国早期的法学教育和法学研究。20世纪初，中国最早设立的三所大学——北洋大学、京师大学堂、山西大学堂均设有法科或法律学科目，以期“端正方向，培养通才”。1906年，应修订法律大臣沈家本、伍廷芳等人的奏请，清政府在京师正式设立中国第一所专门的法政教育机构——京师法律学堂。次年，另一所法政学堂——直属清政府学部的京师法政学堂也正式招生。这些大学法科及法律、法政学堂的设立，应该是中国历史上近代意义上的正规专门法学教育的滥觞。

自清末以来，中国的法学教育作为法律事业的一个重要组成部分，随着中国社会的曲折发展，经历了极不平坦的发展历程。在20世纪的大部分时间里，中国社会一直充斥着各种矛盾和斗争。在外敌入侵、民族危亡的沉重压力之下，中国人民为寻找适合中国国情的发展道路而花费了无穷的心力，付出过沉重的代价。从客观上看，长期的社会骚动和频繁的政治变迁曾给中国的法治与法学带来过极大的消极影响。直至20世纪70年代末期，以“文化大革命”宣告结束为标志，中国社会从政治阵痛中清醒过来，开始用理性的目光重新审视中国的过去，规划国家和社会的未来，中国由此进入长期稳定、和平发展的大好时期，以这种大的社会环境为背景，中国的法学教育也获得了前所未有的发展机遇。

从宏观上看，实行改革开放以来，经过二十多年的努力，中国的法学教育事业所取得的成就是辉煌的。首先，经过“解放思想，实事求是”思想解放运动的洗礼，在中国法学界迅速清除了极左思潮及苏联法学模式的一些消极影响，根据本国国情建设社会主义法治国家已经成为国家民族的共识，这为中国法学教育和法学研究的发展奠定了稳固的思想基础。其次，随着法学禁区的不断被打破、法学研究的逐步深入，一个较为完善的法学学科体系已经建立起来。理论法学、部门法学各学科基本形成了比较系统和成熟的理论体系和学术框架，一些随着法学研究逐渐深入而出现的法学子学科、法学边缘学科也渐次成型。1997年，国家教育主管部门和教育部高校法学学科教学指导委员会对原有专业目录进行了又一次大幅度调整，决定自1999年起法学类本科只设一个单一的法学专业，按照一个专业招生，从而使法学学科的布局更加科学和合理。同时，在充分论证的基础上，确定了法学专业本科教学的14门核心课程，加上其他必修、选修课程的配合，由此形成了一个传统与更新并重、能够适应国家和社会发展需要的教学体系。法学硕士和博士研究生及法律硕士专业学位研究生的专业设置、课程教学和培养体系也日臻完善。再次，法学教育的规模迅速扩大，层次日趋齐全，结构日臻合理。目前中国有六百余所普通高等院校设置了法律院系或法律本科专业，在校本科学生和研究生已达二十余万人。除本科生外，在一些全国知名的法律院校，法学硕士研究生、法律硕士专业学位研究生、法学博士研究生已经逐步成为培养的重点。

众所周知，法律的进步、法治的完善，是一项综合性的社会工程。一方面，现实社会关系的发展，国家政治、经济和社会生活的变化，为法律的进步、变迁提供动力，提供社会的土壤。另一方面，法学教育、法学研究的发展，直接推动法律进步的进程。同时，全民法律意识、法律素质的提高，则是实现法治国理想的关键的、决定性的因素。在社会发展、法学教育、法学研究等几个攸关法律进步的重要环节中，法学教育无疑处于核心的、基础的地位。中国法学教育过去二十多年所走过的历程令人激动，所取得的成就也足资我们自豪。随着国家的发展、社会的进步，在21世纪，我们面临着更严峻的挑战和更灿烂的前景。“建设世界一流法学教育”，任重道远。

首先，法律是建立在经济基础之上的上层建筑，以法治为研究对象的法学也就成为一门实践性很强的学科。社会生活的发展变化，势必要对法学教育、法学研究不断提出新的要求。经过二十多年的奋斗，中国改革开放的前期目标已顺利实现。但随着改革开放的逐步深入，国家和社会的一些深层次问题，比如说社会主义市场经济秩序的真正建立、国有企业制度的改革、政治体制的完善、全民道德价值的重建、环境保护和自然资源的合理利用等，也已经开始浮现出来。这些复杂问题的解决，无疑最终都会归结到法律制度的完善上来。建立一套完善、合理的法律制度，构建理想的和谐社会，乃一项持久而庞大的社会工程，需要全民族的智慧和努力。其中的基础性工作，如理论的论证、框架的设计、具体规范的拟订、法律实施中的纠偏等等，则有赖于法学研究的不断深入，以及高素质人才特别是法律人才的养成，而培养法律人才的任务，则是法学教育的直接责任。

其次，21世纪是一个多元化的世纪。20世纪中叶发生的信息技术革命，正在极大地改变着我们的世界。现代科学技术，特别是计算机网络信息技术的发展，使传统的生活方式、思想观念发生了根本的改变，并由此引发许多人类从未面对过的问题。就法学教育而言，在21世纪所要面临的，不仅是教学内容、研究对象的多元化问题，而且还有培养对象、培养目标的多元化、教学方式的多元化等一系列问题，这些问题都需要法学界去思考、去探索。

中国人民大学法学院建立于1950年，是新中国诞生后创办的第一所正规高等法学教育机构。在半个多世纪的岁月中，中国人民大学法学院以其雄厚的学术力量、严谨求实的学风、高水平的教学质量以及丰硕的学术研究成果，在全国法学教育领域处于领先地位，并开始跻身于世界著名法学院之林。据初步统计，中国人民大学法学院已经为国家培养法学专业本科生、硕士生、博士生一万余人，培养各类成人法科学生三十余万人。经过多年的努力，中国人民大学法学院形成了较为明显的学术优势，在现职教师中，既有一批资深望重、在国内外享有盛誉的法学前辈，更有一大批在改革开放后成长起来的优秀中青年法学家。这些老中青法学专家多年来在勤奋研究法学理论的同时，也积极投身于国家的立法、司法实践，对国家法制建设贡献良多。

有鉴于此，中国人民大学法学院与中国人民大学出版社经过研究协商，决定结合中国人民大学法学院的学术优势和中国人民大学出版社的出版力量，出版一套“21世纪法学系列教材”。自1998年开始编写出版本科教材，包括按照国家教育部所确定的法学专业核心课程和其所颁布印发的《全国高等学校法学专业核心课程基本要求》而编写的14门核心课程教材，也包括法学各领域、各新兴学科教材及教学参考书和案例分析在内，到2000年12月3日在人民大会堂大礼堂召开举世瞩目的“21世纪世界百所著名大学法学院院长论坛暨中国人民大学法学院成立五十周年庆祝大会”之时，业已出版了50本作为50周年院庆献礼，到现在总共出版了80本。为了进一步适应高等法学教育发展的形势和教学改革的需要，最近中国人民大学法学院与中国人民大学出版社决定将这套教材扩大为四个系列，即：“本科生用书”、“法学研究生用书”、“法律硕士研究生用书”以及“司法考试用书”，总数将达二百多本。我们设想，本套教材的编写，将更加注意“高水准”与“适用性”的合理结合。首先，本套教材将由中国人民大学法学院具有全国影响的各学科的学术带头人领衔，约请全国高校优秀学者参加，形成学术实力强大的编写阵容。同时，在编写教材时，将注意吸收中国法学研究的最新的学术成果，注意国际学术发展的最新动向，力求使教材内容能够站在21世纪的学术前沿，反映各学科成熟的理论，体现中国法学的水平。其次，本套教材在编写时，将针对新时期学生特点，将思想性、学术性、新颖性、可读性有机结合起来，注意运用典型生动的案例、简明流畅的语言去阐释法律理论与法律制度。

我们期望并且相信，经过组织者、编写者、出版者的共同努力，这套法学教材将以其质量效应、规模效应，力求成为奉献给新世纪的精品教材，我们诚挚地祈望得到方家和广大读者的教正。

2006年7月1日

序　言

法学教育是高等教育的重要组成部分，是建设社会主义法治国家、构建社会主义和谐社会的重要基础，并居于先导性的战略地位。在我国社会转型的新世纪、新阶段，法学教育不仅要为建设高素质的法律职业共同体服务，而且要面向全社会培养大批治理国家、管理社会、发展经济的高层次法律人才。近年来，法学教育取得了长足的进步，法科数量增长很快，教育质量稳步提高，培养层次日渐完善，目前已经形成了涵盖本科生、第二学士学位生、法学硕士研究生、法律硕士研究生、法学博士研究生的完整的法学人才培养体系，接受法科教育已经成为莘莘学子的优先选择之一。随着中国法治事业的迅速发展，我们有理由相信，中国法学教育的事业大有可为，中国法学教育的前途充满光明。

教育的基本功能在于育人，在于塑造德才兼备的高素质人才。法学教育的宗旨并非培养只会机械适用法律的“工匠”，而承载着培养追求正义、知法懂法、忠于法律、廉洁自律的法律人的任务。要完成法学教育的使命，首先必须认真抓好教材建设。我始终认为，教材是实现教育功能的重要工具和媒介，法学教材不仅仅是法学知识传承的载体，而且是规范教学内容、提高教学质量的关键，对法学教育的发展有着不可估量的作用。

第一，法学教材是传授法学基本知识的工具。初学法律，既要有好的老师，又要有好的教材。正如冯友兰先生所言：“学哲学的目的，是使人作为人能够成为人，而不是成为某种人。其他的学习（不是学哲学）是使人能够成为某种人，即有一定职业的人。”一套好的教材，能够高屋建瓴地展示法律的体系，能够准确简明地阐释法律的逻辑，能够深入浅出地叙述法律的精要，能够生动贴切地表达深奥的法理。所以，法学教材是学生学习法律的向导，是学生步入法律殿堂的阶梯。如果在入门之初教材就有偏颇之处，就可能误人子弟，学生日后还要花费大量时间与精力来修正已经形成的错误观念。

第二，法学教材是传播法律价值理念的载体。好的法学教材不仅要传授法学知识，更要传播法律的精神和法治的理念，例如对公平、正义的追求，尊重权利的观念。本科、研究生阶段的青年学子，正处在人生观、价值观形成的阶段，一套优秀的法学教材，对于他们价值观的塑造和健全人格的培养具有重要意义。

第三，法学教材是形成职业共同体的主要条件。建设社会主义法治国家，有赖于法律职业共同体的生成。一套好的法学教材，向法律研习者传授共同的知识，这对于培养一个接受共同的价值理念、共同的法律思维、共同的话语体系的法律共同体，具有重要的作用。

第四，法学教材是所有法律研习者的良师益友。没有好的教材，一个好的教师或可弥补教材的欠缺和不足，但对那些没有老师指导的自学者而言，教材就是老师，其重要作用是显而易见的。

长期以来，在我们的评价体系中，教材并没有获得应有的注重，对学术成果的形式优先考虑的往往是专著而非教材。在不少人的观念中，教材与创新、与学术精品甚至与学术无缘。其实，要真正写出一部好的教材，其难度之大、工作之艰辛、影响之深远，绝不低于一部优秀的专著，它甚至可以成为在几百年甚至更长的时间内发挥作用的传世之作。以查士丁尼的《法学阶梯》为例，所谓法学阶梯，即法学入门之义，就是一部教材。但它概括了罗马法的精髓，千百年来，一直是人们研习罗马法最基本的著述。日本著名学者我妻荣说过，大学教授有两大任务：一是写出自己熟悉的专业及学术领域的讲义乃至教科书；二是选择自己最有兴趣、最看重的题目，集中精力进行终生的研究。实际上，这两者是相辅相成的。写出一部好教材，必须要对相关领域形成一个完整的知识体系，还要能以深入浅出的语言将问题讲清楚、讲明白。没有编写教材的基本功，实际上也很难写出优秀的专著。当然，也只有对每一个专题都有一定研究，才能形成对这个学术领域的完整把握。

虽然近几年我国法学教育发展迅速，成绩显著，但是法学教育也面临许多挑战。各个学校的师资队伍和教学质量参差不齐，这就更需要推出更多的结构严谨、内容全面、角度各有侧重、能够适应不同需求的法学教材，为提高法学教学和人才培养质量、保障法学教育健康发展提供前提条件。

长期以来，中国人民大学法学院始终高度重视教材建设。作为新中国成立后建立的第一所正规的法学教育机构，中国人民大学法律系最早开设了社会主义法学教学课堂，编写了第一套社会主义法学讲义，培养了新中国第一批法学本科生和各学科的硕士生、博士生，产生了新中国最早的一批法学家和法律工作者。中国人民大学法律系因此被誉为“新中国法学教育的工作母机”。半个多世纪以来，中国人民大学法学院为社会主义法制建设培养了大批优秀的法律人才，并为法学事业的振兴和繁荣作出了卓越贡献，也因此成为引领中国法学教育的重镇、凝聚国内法律人才的平台和沟通中外法学交流的窗口，并在世界知名法学院行列中崭露头角。为了对中国法学教育事业作出更大的贡献，我们有义务也有责任出版一套体现我们最新研究成果的法学教材。

承蒙中国人民大学出版社的大力支持，我们组织编写了本套教材，其中包括本科生用书、法律硕士研究生用书、法学研究生用书和司法考试用书四大系列，分别面向不同层次法科教育需求。编写人员以中国人民大学法学院教师为主，反映了中国人民大学法学院整体的研究实力和学术视野。相信本套教材的出版，一定能够为新时期法学教育的繁荣发展发挥应有的作用。

是为序。

2006年7月10日

第六版导言

共享经济中的社会保障

共享经济正演进并且催生着经济社会发展新形态。仅仅是共享经济的“大众创业”“分享经济”“无边界扩张”这些标志性特征，就决定了其难于被包容在传统的劳动、劳动关系和社会保障法中。[①] 伴随着互联网与传统行业的深度融合，劳动法和社会保障法遇到了前所未有的挑战。

马克思在其所著《政治经济学批判》序言中指出：“人们在自己生活的社会生产中发生一定的、必然的、不以他们的意志为转移的关系，即同他们的物质生产力的一定发展阶段相适合的生产关系。这些生产关系的总和构成社会的经济结构，即有法律的和政治的上层建筑竖立其上并有一定的社会意识形式与之相适应的现实基础。”[②] 劳动关系置身于生产关系中，生产关系的变化决定着劳动关系的变化。并且，人类一天也离不开劳动，一刻也离不开生产，这便决定了生产关系的变化会突出并迅猛地反映在劳动关系上。正如恩格斯在《英国工人阶级状况》中根据实地调整所得出的结论：“使英国工人以前的这种状况发生根本变化的第一个发明，是……珍妮纺纱机”[③]，“一切都被卷入了运动的这个大旋涡”[④]。

在传统工业中，资本积累是扩大再生产的唯一源泉。在工业革命后，传统的生产方式变革主要依靠发明创造、技术革新和资本投入。这些方式的变革可以改变生产方式，但更多的表现在增量变化上，而且有一个缓慢的积累过程。由此，劳动关系的变革也是缓慢的、增量的而不是迅猛而全新的；由此，伴随着传统工业出现的劳动法在长达二百多年的行程中有过尴尬与不适，但总体上还是能够应付的，因为劳动关系增量和形式上的变化没有改变劳动关系的性质和状态，反映在劳动法上，只需要修改，不需要重构。

共享经济全然不同，它既不发明创造，也不技术革新，甚至都不做任何实质性的投入——只需要把传统生产方式下的现存的生产要素用互联网连起来就可以了！在这个意义上，互联网

---

① “通常认为‘新经济’的劳动与传统的雇佣关系有很大差别，会在更大程度上依赖替代或派遣劳动。当我们观察以新经济为基础的高科技行业的雇佣关系时，似乎没有看到更大规模地使用替代或派遣。然而，当我们考察在新经济基础上的高科技城市中居住的工人时，替代或派遣在雇佣关系中就极为普遍，即便考虑到这些城市的快速增长的就业。事实上，将‘新经济’更明确地定义为增长最快行业的显著标志就在于增长最快行业的工人更多的是替代或派遣劳动，其中很大一部分快速增长的就业在‘本质上’表现为以替代或派遣性雇员提供劳动的差异。”（DAVID NEUMARK and DEBORAH REED. Employment relationships in the new economy. NBER Working Paper No. 8910，April 2002 [2017-08-14]. http://www.nber.org/papers/w8910.）

② 马克思恩格斯选集. 3版：第2卷. 北京：人民出版社，2012：2.

③ 马克思恩格斯选集. 3版：第1卷. 北京：人民出版社，2012：89-90.

④ 同③99.

的“+”既不是自身资本投入的增加，也不是传统生产要素的扩大或者增加，而是把现存的生产要素加在现存的互联网上就可以了。[①] 而且，这一“+”后，产生的能量和影响是传统生产方式所不敢想象的，也是现行劳动法所没有准备的。[②] Richard B. Freeman 在其《新信息经济中的劳动力市场》中写道：“信息通信技术向经济活动的扩展正在以重要的方式改变着劳动力市场。与计算机化和互联网使用相生相伴的是更多的工作时间和更高的工资收入。IT 职业正在迅速地增加就业，招聘和求职都快速地走向网络，成为对雇主与雇员进行匹配的产物。在这当中，也许最重要的变革是，工会已经把互联网作为向其成员提供服务和向公众传达信息的工具，在本质上极大地提升了工会运动的性质发生重大变化的可能性。”[③]

这些发展与变化，在经济和社会发展中具有必然性，人们会或快或慢地接受它们。引发我们关注的，是它们直接影响和改变了我们的劳动关系，直接影响和改变了我们的劳动法和社会保障法。以网店为例，从实际状态上看，他们干的就是传统商场中柜台售货员的活，就是把顾客选购的商品交付到顾客手中。这在之前，从事这个工作的就是购物商场的一名员工。然而，现在谁都不知道他是谁，而且也用不着知道他是谁。“互联网也在根本上改变了人类传统的工作方式，它将人类从传统工业时代的科层管理和集中式控制模式里解放出来。互联网设备和操作互联网的人们可以不再用顺序和线性的方式进行工作，而可能进行并行的工作，并且以分散的方式展开各种交易和生产活动。尤其是互联网带来的信息透明和无组织的创新特征，使得原有的企业管理方式趋向瓦解。”[④] 由此，传统的劳动关系找不到对象了，传统的社会保障法也难以再适用了。因此，共享经济对劳动关系的改变是全方位的，给社会保障法带来的挑战也是全方位的。

面对共享经济带给劳动法和社会保障法的困难和困境，应对之策略无非有二：一是在现有框架中消化，即通过解释法律和审判案例来“包容”和“消融”。2015 年 7 月 15 日，美国联邦劳工部就可以对如何划分雇员和独立供应商发布行政解释，部长佩雷斯态度强硬地强调现行劳工关系划分标准是严格的，也会被严格地执行。政府监管部门将按统一标准来确定劳工身份，不会因为新的经济模式而刻意灵活。他们还亮出 2014 年的执法成绩单，共计为错划身份的劳工追回 7 900 万美元的赔偿，号召大家积极举报。美国的法官也才能引用亚伯拉罕·林肯的比喻——“如果你把狗尾巴叫做腿，它仍然有 4 条，因为把狗尾巴称腿并不能把它变成腿”——来讽刺联邦快递公司试图将司机冠以不同的名称而规避雇佣关系的事实（比如，Homejoy 把自己的清洁工称为“微型企业主”），并且迫使联邦快递公司与涉案员工达成和解，支付了高达 2.28 亿美元的赔偿金。[⑤] 但在法典法国家，无论是行政解释还是法官判决，都不可能有如此扩

---

① “所谓‘互联网+’战略就是利用互联网的平台、信息通信技术，把互联网和包括传统行业在内的各行各业结合起来，在新的领域创造一种新的商业生态。”（吴帝聪，陈小勤．一本书读懂互联网+．广州：广东人民出版社，2015：2.）

② “许多传统行业的企业家们，特别不理解一个还没有进行正式投产的创新型项目就被风险投资估值几千万甚至几个亿的现实……新的业态催生了新的经济模式。现在，越来越多的传统行业的企业家们意识到，移动互联网的时代已经到来，并给传统企业思维带来前所未有的冲击。”（同①.）。

③ RICHARD B FREEMAN. The labour market in the new information economy [2017 - 08 - 15]. http://www.nber.org/papers/w9254.

④ 许正．工业互联网：互联网+时代的产业转型．北京：机械工业出版社，2015：8.

⑤ 劳工问题：共享经济的阿喀琉斯之踵．http://sike.news.cn/statics/sike/posts/2015/11/219484635.html.

充的权力，相关争议甚至在劳动仲裁机构立案都会遭遇麻烦，在法院审理也不会顺利。[①] 因此，必须寻求新的思路和对策，也就是第二种解决之道，包括劳动关系认定的新思路、劳动法律调整的新对策和社会保险征收的新途径。

(一) 劳动关系认定的新思路

在探讨了共享经济对传统劳动关系的全面冲击和扭曲后，我们依然发现传统劳动关系与共享经济下的劳动模式有着本质上的同一性，即劳动者依照雇主的指令完成劳动任务。这在传统模式中，叫做“受雇人有依约遵照指示提供劳务之义务”。在共享经济模式中，“全球各地的人们通过互联网聚集在一起，利用各自的技巧和能力，共同完成很多复杂的任务并形成极其庞大的事业”[②]。这同样是遵照雇主的指令完成劳动任务，无论这个“指令”多么遥远，也无论这个任务多么“复杂”、多么“庞大”。

据此，我们有必要采用邓洛普以“工作规则”来界定劳动关系的新概念：“全方位支配工作场所的规则制定是……劳动关系系统的中心。”邓洛普指出：“一个劳动关系系统创造了一个意识形态或者一个共同分享的关于参加者的相互作用和角色的想法和信仰体系，这些思想和信仰能使系统结合在一起……劳动关系系统的思想体系作为一个特定工业社会意识形态的子系统，并与之保持紧密关系。”[③] 按照这样一个思路，我们就不难发现，无论是淘宝、京东、Amazon，还是优步、滴滴和Uber，都事无巨细地制定了各式各样的“规则”。我们也自然而然地明白无论是开网店，还是开专车，都是要让“平台”占有经营或者运营收益，都有平台经营者占有或者分享店主、司机的劳动成果。

因此，无论共享经济时代给劳动者冠以多么动听的新称谓，他们都必须严格按照指令进行劳动，并且由指令发布者分享其劳动所得——这一劳动关系质的规定性是一以贯之的。所以，我们对共享经济的新型劳动进行劳动关系认定，并且用法律保护劳动关系一方当事人——劳动者也同样是师出有名的。[④]

---

① 比如，对于与此相近的员工期权纠纷是否属于劳动争议就莫衷一是。号称国内首起股票期权纠纷案中的陈先生就曾向劳动仲裁委员会申请仲裁其劳动争议和期权纠纷，劳动争议仲裁委员会为陈先生与公司的劳动争议进行了调解，但认为股票期权纠纷不属于劳动仲裁机构的受案范围，不予受理。（李罡. 国内首起股票期权纠纷为何难断案. 北京青年报，2000-08-22 [2015-12-16]. http://www.people.com.cn/GB/channel1/11/20000822/197409.html). 法院也多以员工股票期权纠纷不属于劳动争议类案件，对此类案件不予支持或裁决驳回。“在39件统计样本中，有9件被法院认定为不属于劳动类案件而不予支持、处理。”但也有法院认为，股票期权实质上是公司向员工提供的一种福利待遇，应纳入劳动争议处理。（赵青云，高杉. 员工股票期权案件裁判分析报告. 2015-08-06 [2015-12-16]. http://www.goingconcern.cn/article/7715.）

② 王吉斌，等. 互联网+：传统企业的自我颠覆、组织重构、管理进化与互联网转型. 北京：机械工业出版社，2015：35.

③ 海曼. 劳资关系：一种马克思主义的分析框架. 黑启明，译. 北京：中国劳动社会保障出版社，2008：7-8.

④ 事实上，在从传统劳动关系向互联网+的过渡中，“规则与控制”已渐成标准。例如，在反就业歧视诉讼中，美国法院审查判断雇主身份的核心事实问题是该机构是否“控制雇员的薪酬或劳动的条款、条件或权利”（terms, conditions or privileges）。法院认为：如果一个机构“实施了重要控制”，该机构将可能成为被告，即使该机构不是直接雇主（immediate employer）。法院还倾向于支持原告要求参与“监督活动”（supervisory activities）的任何当事人承担歧视行为的责任，而不仅仅只是那些对歧视行为具有“事实上的控制或权力”（actual control and authority）的机构。（谢增毅. 劳动法和比较与反思. 北京：社会科学文献出版社，2011：72-73.）同样，由劳动者自带生产工具进行劳动，不仅不会影响劳动关系的成立，还会增加雇主的责任：“劳工经由雇主同意，自己提供器具或材料者，得请求雇方予与相当之补偿，但有约定或有习惯者，不在此限（瑞债三二七）。”（黄钦越. 劳动法新论. 北京：中国政法大学出版社，2003：179.）

（二）劳动法律调整的新对策

在确认共享经济时代劳动关系的同质性后，我们也必须正视共享经济时代劳动关系在形式上的巨大变化，并且采取相应的法律对策，以对其进行有效的法律调整。

针对“工作在线化”，劳动立法应当对智能终端或者移动智能终端的工作标准提出要求，关注在线化的劳动条件、在线化工作中的劳动安全、在线化工作对劳动者身体健康的职业伤害、在线化设施和设备所有与使用的雇主补偿，以及这些在线化工作要素引发的不同类别的劳动法律责任。

针对“时间碎片化”，劳动立法应当对劳动者劳动的时间进行规范，既规范劳动者的单位劳动时间，也规范劳动者日劳动时间的总量。尤其是专车司机，依然必须遵守长久以来劳动立法限定的汽车驾驶员每天驾驶的最长劳动时间、每一次驾驶的最长劳动时间、每一次驾驶的最远公里数，以有效地保护劳动者的身体健康和生命安全。

针对“企业无边界”，劳动立法应当扩展自己的“劳动场所”，将实地的“劳动场所”虚拟化，将有限的“劳动场所”无限化。同时，在“规则与控制”的前提下，坚持劳动法律对“劳动场所”安全与卫生的保护，坚持劳动法律关于劳动者在劳动中职业安全与卫生的标准，坚持对劳动者在劳动中安全与卫生的全面保护，坚持由雇主承担劳动者在劳动中全部劳动风险的劳动法基本原则。

针对“工作社群化”，劳动立法应当将“谁用工谁负责”一以贯之，具体体现民法“谁受益谁负责”的原则。对于无营业执照或者未经依法登记、备案的单位以及被依法吊销营业执照或者撤销登记、备案的“单位”和由这些“单位”组织的“工作社群”，可以沿用“非法用工”规则中的追责机制，或者由具备用工资质者承担相关的法律责任，或者由不具备用工资质者承担违法用工的责任。

针对“成果分享化”，劳动立法应当制定出适用于共享经济条件下的最低工资保障规则、休息休假薪酬规则，尤其需要制定出劳动者在非本人原因不能工作状态下的工资支付保障规则，以保障共享经济下劳动者的基本生活。

最后，劳动仲裁机构和人民法院应当受理在共享经济形式下出现的劳动争议，无论在实体上还是在程序上，都应当适用劳动法的相关规定与规则，有效地保护劳动者的合法权益。①

（三）社会保险征收的新途径

社会保险是人类社会文明进步的结果，是人类进入工业社会对劳动风险和劳动的社会性认知后的理性选择。它通过在社会组织的个人中合理地分配社会保障责任和义务，形成风险共担的社会保障责任机制，实现富裕的对贫困的、健全的对病残的、年轻的对垂老的、强者对弱者的社会关照，实现和谐共存的社会目标。与此同时，社会保险通过对个人财富的二次分配，实现社会公平和社会公正。社会保险既可以在一定程度上缩小社会分配的不公平，也可以在一定

---

① 总之，共享经济劳动立法必须正视加州大学伯克利分校公共政策教授、美国前劳工部长罗伯特·莱许等人的提示：“碎片经济将我们拉回过去”，这种经济模式就是19世纪的“计件工资”模式，20世纪以来获得的劳工权利将丧失殆尽；也必须关注“共享经济究竟是在创造更多能养家糊口的就业机会，还是净效益就是去打破传统的就业安全，创造大量零工和低收入的工作机会”的提问。（劳工问题：共享经济的阿喀琉斯之踵. http://sike. news. cn/statics/sike/posts/2015/11/219484635. html.）

程度上消除因意外灾害、竞争失败及疾病工伤等导致的社会成员间的不公平现象。正是在这个意义上，美国总统罗斯福才不无自豪地宣称美国的《社会保障法》是其新政的一方奠基石，并称之为美国社会的安全器。①

与共享经济下劳动者裸奔相对的是“平台”拥有者的富可敌国，后者分分钟获取着巨量的超额利润，即“通过所使用的劳动的额外生产率，可以获得一种额外利润，即超出平均利润的利润”②。互联网平台拥有者既领先采用了新技术，获得了远远高于正常水平的利润，又会在形成垄断后长期获得这笔超额利润。相反，没有社会保险的网店店主、专车司机，无论他们是专职的还是兼职的，都承担着自己承担不了的劳动风险。③ 所以，必须将对互联网平台征收社会保险税的工作提上议事日程。

社会保险税是当今世界上许多国家征收的用于筹集社会保险资金的一种税或税收形式的缴款。在共享经济条件下开征社会保险税，不仅有利于加强社会保险基金的征收力度，运用税收的强制性和规范性克服拖欠和不缴的现象，还可以利用现有税务部门的组织机构、物质资源和人力资源进行征管，提高社会保险资金的筹资效率。尤其值得注意的是，我国现行社会保险费的征收对象是用人单位和劳动者，社会保险费的缴费基数是按照用人单位中劳动者上一年度 1 月至 12 月的所有工资性收入所得的月平均额确定的，然后分别由用人单位直接缴纳和由劳动者所在的用人单位负责扣缴。在传统而且规范的劳动关系模式下这些方式是可行的，但在共享经济的模式下就难以为继了。因此，有必要改变社会保险基金的征收方式，改由互联网平台作为单一的纳税主体，设立单一的税种。根据互联网平台的经营规模、劳动者的数量、平台提成和提取管理费的额度等要素，由平台经营者单独作为社会保险税的纳税人，履行为依附于平台的劳动者缴纳社会保险税的法定义务。

2018 年 10 月 19 日

---

① 黎建飞．美国的社会立法．美国研究参考资料．1989 (10)．

② 马克思恩格斯全集：第 25 卷．北京：人民出版社，1956：220．

③ “人民优步与国家统计局在全国 6 个城市中对 5 000 名人民优步网络专车司机进行调查发现，专职司机仅占 19%，兼职司机占 80.7%。一个有意思的数据是，在兼职司机中，50%以上具有大专学历、已婚并育有一子女。兼职作为一项工作，发生伤害的概率是一定的，发生劳动风险的概率是一定的，从而有可能为国家和原用人单位增加负担。”游翀．给予网络平台从业者更多社会保障．中国劳动保障报，2016－03－16．

第五版导言

残疾人法的发展与启示

一、我国残疾人法的创立与发展

1990年12月28日，中国第七届全国人民代表大会常务委员会第十七次会议通过了《残疾人保障法》，于1991年5月15日实施。这既是中国的第一部残疾人立法，也是中国第一部社会保障方面的立法。1994年8月23日，中国《残疾人教育条例》颁布，并于颁布之日起实施。2007年2月14日，中国国务院第169次常务会议通过《残疾人就业条例》，自2007年5月1日起实施。2008年4月24日，中国修订了《残疾人保障法》，自2008年7月1日生效实施。

有关残疾人的立法，甚至是有关社会保障和社会福利方面的立法，通常都出现在一个相对集中的时间。我国集中在改革开放后的上个世纪末和本世纪初，证明改革开放不仅引入了先进的法律观念和法律制度，而且中国经济的发展也为残疾人权益以及其他的社会立法提供了物质支撑。与通常先从具体事务着手立法，然后发展到一般性或者说全面性的立法不同，中国一开始就颁布了一部全面性的立法，即《残疾人保障法》。这是符合后发展国家的立法规律和进程的，因为有了发达国家在立法中的经验和模式，可以直接参照或者参考借鉴。

从发展阶段来看，中国残疾人社会福利政策与立法的演进大致可分为三个阶段：初创时期(1949—1966年)、停滞时期（1966—1978年)、恢复和发展时期（1976—2007年)。其中，第三个阶段是我国残疾人福利事业发展的主要阶段，也是成果最为丰硕的一个时期。以2008年北京残奥会为契机，中国残疾人福利事业发展进入了一个快速发展时期。

1978年以后，中国进入以经济建设为中心的新的历史时期。国家对推进残疾人福利事业发展采取一系列重大举措：1978年，中国盲人聋哑人协会恢复活动；1984年3月，中国残疾人福利基金会成立；1986年7月，联合国“残疾人十年”（1983—1992年）中国组织委员会成立；1987年4月，进行了第一次全国残疾人抽样调查。1988年3月，中国残疾人联合会成立；随后，各省、市、区县陆续建立了残联组织，形成了统一的残疾人组织体系。1993年9月，国务院成立了残疾人工作协调委员会，2006年更名为国务院残疾人工作委员会。地方各级政府也成立了相应机构，在方针、政策、法规、规划等重大问题与措施上加强领导与协调，初步形成了残疾人工作的组织管理体系。

中国在“残疾人”观念的变化如同中国的社会进程，尤其是改革开放以来的社会进程一样，是在较短的时间里，同时经历了多个阶段相互发展与递进，并在总体上迅速缩短了与发达国家在残疾人权益保障法律制度上的差距。短短三十多年，我们走过了从“残废”到“残疾”，从“康复”到“福利”，从“救助庇护”到“就业比例”，从“扶助护理”到“无障碍设施”，从“取笑素材”到“正面形象”的路程。这些都是应当充分肯定并得到全球认可的。

就立法技术而言，我国残疾人立法既经验丰富也有所欠缺。

1.适用对象。我国《残疾人保障法》第1条表述是：“为了维护残疾人的合法权益，发展残疾人事业，保障残疾人平等地充分参与社会生活，共享社会物质文化成果，根据宪法，制定本法。”表明这是一部全面保障残疾人权益的法律。这样的表述看上去很全面，似乎什么都涉及了、什么都规定了，但我国残疾人保障法是缺乏操作性的法律。很难设想，一部不足十章、不到百条的法律能够满足中国残疾人全部的法律需求。过分概括的条文，过分宽泛的文字，都难以让法律在现实生活中真正得到实施。有关残疾人的法律制定以后，在司法救济中几乎都没有适用过。因此，我们有必要思考：这类法律的规范意义究竟是什么？它的实施价值何在？它的法律效果是什么？为什么这些法律和司法没有关系？

2.残疾定义。我国《残疾人保障法》第2条表述为：“残疾人是指在心理、生理、人体结构上，某种组织、功能丧失或者不正常，全部或者部分丧失以正常方式从事某种活动能力的人。残疾人包括视力残疾、听力残疾、言语残疾、肢体残疾、智力残疾、精神残疾、多重残疾和其他残疾的人。残疾标准由国务院规定。”这样的表述同样不具有操作性。以“我是七级伤残（车祸造成一只眼失明摘除），我能算残疾人吗？我能享受政策的优待吗？”这样一个问题为例。答案至少得说明视力残疾的表现和类别，尤其需要说明视力残疾的分级。而这样的答案，非专门从事此项工作的政府工作人员，谁也不可能在相关的立法或者规范性文件上了解清楚、进而回答明白。

3.残疾告知。残疾人法通常都会禁止雇主在工作申请过程、聘用、解聘、升迁、报酬、培训以及其他聘雇与招聘的条款与条件上歧视残疾人，这里面包括了广告、任期、暂时解聘、假期以及所有其他与聘用相关的行动。我国缺乏这方面的规定，实际情况也正好相反。中国《劳动合同法》第二章“劳动合同订立”的第8条中规定：“用人单位有权了解劳动者与劳动合同直接相关的基本情况，劳动者应当如实说明。”其明确要求劳动者在求职时“如实告知”的义务，并且没有将残疾人排除在外。

4.无障碍设施。中国的《无障碍环境建设条例》经2012年6月13日国务院第208次常务会议通过，自2012年8月1日起施行。笔者亦为制定该《条例》的参与者和《条例》的“法律责任”课题负责人，我们在起草和实施中面临的主要问题是：(1)无障碍设施被阻碍或者占用后，怎样进行法律救济？(2)谁来负责追究无障碍设施的违法行为？(3)违法者应当承担怎样的责任？在中国，无障碍设施被占用的情况很普遍，这也是在公共场所看不到残疾人的一个重要原因。残疾人的停车位得不到保障，从立法到实施都存在阻挠。以停车场为残疾人预留车位为例，在立法中就并不是一件顺理成章的事。最大的问题是停车位稀缺，截至2012年9月，北京有512万辆汽车，但截止到2013年5月，却只有217万个停车位。因此，许多人反对留出停车场供残疾人使用。他们认为这将是一种浪费，会导致更多的交通问题。但这是残疾立法应当坚持的，也是全体社会成员应当和必须做的。

在传统意义上，无障碍仅指设施无障碍。在社会信息化的今天，发展到了信息无障碍。信息无障碍包括两个：电子和信息技术无障碍、网络无障碍，要求任何人在任何情况下都能平等地、方便地、无障碍地获取信息、利用信息。在这方面，我们既有传统媒介的无障碍建设问题，也有新兴媒介的无障碍标准问题。前者如电视节目的手语和字幕，在诸如“新闻联播”这类的重要节目中仍尚付阙如。因此，相关的法律规则应当更加具体和细化，相关的法律责任应当加重和得到追究。

二、残疾人法模式与观念的比较

1918 年和 1920 年，美国国会通过了康复计划，保证联邦资金用于职业培训和就业辅导。1921 年，美国联邦政府建立了一个退伍军人局提供伤残军人的伤残补偿和职业康复。1935 年，美国国会通过《社会保障法》，这是人类社会第一次对社会保障进行系统和统一的立法，也创建了一个永久性的残疾人权益的社会保障制度。1990 年 7 月 26 日，美国颁布了《残疾人法》(ADA)，被看做是“一个大锤打掉了可耻的隔阂，排除了把残疾人与美国社会相分离的传统做法”。此外，美国还先后颁布实施了《电信法》(1996 年，在 1934 年立法上修订)、《公平住房法》(1968 年)、《航空运输无障碍法》(1968 年)、《老年人和残疾人投票无障碍法》(1984 年)、《联邦选民登记法》(1993 年)、《机构内的个人民事权利法》(1997 年)、《残疾人教育法》(在 1975 年儿童法上修订)、《康复法》(1973 年)，以及《建筑无障碍法》(1968 年)。

与美国立法发展相伴随的，是美国残疾人观念的变化。其发展与变化经历了三个阶段。正如 Joseph Shapiro 所言：美国在 20 世纪 70 年代开始了残疾人权利运动，“但是，盲人救济法律，提供特别救助的立法，有 27 个州是在 20 世纪 20 年代和 30 年代初期制定的……”① 尤其是最近五十多年来，伴随着美国的人权运动，完成了就残疾人身体而言的医疗模态，从医疗模式向社会政治模式，再从社会政治模式向少数人权利模式的转变。这一发展变化，既是对残疾人的法律保障从身体到权利的转变，也是对残疾人的法律保障从外在“给予”到内在“应有”的转变。

1. 医疗模式

20 世纪早期，美国残疾人的医疗模式也称为“康复模式”(这是中国目前正在着手进行和立法的工作)。该模式定义残疾人是源于其个人的缺陷，是个人需要治疗残疾或者阻止残疾状况恶化。② Mary Crossley 把这一模式描述为：“个人是残疾的载体。因此，满足残疾者个人的需求和帮助他们是合乎情理的。在这种模式下，导致个人残疾的原因是因人而异而且不足为道的……因此，在医学模式下，残疾者个人的问题仅仅取决于残障的程度。”③“依据医学模式，残疾人个体是其曲折命运不幸的受害者，而这种不幸在本质上被看作是一种个人或者家庭的不幸，而不是社会有责任来补救的不幸。”④

受这种模式及其理论的影响，立法主要表现为残疾人的康复计划，保证联邦资金用于职业培训和就业辅导(1918 年和 1920 年康复立法，1921 年退伍军人伤残补偿和职业康复立法，1935 年社会保障法)。第二次世界大战结束后，被称为“膨胀”了的联邦康复方案，尤其是康

---

① JOSEPH SHAPIRO. No pity: people with disabilities forging a new civil rights movement, 1994: 64 - 64.

② PAMELA BRANDWEIN & RICHARD SCOTCH. The gender analogy in the disability discrimination literature. 62 Ohio St. L. J. 465 (2001).

③ MARY CROSSLEY. The Disability Kaleidosocope. 74 Notre Dame L. Rev. 649 - 50 (1999).

④ Ibid., 651.

复中心的庇护工场的建立，开始有计划和有组织地“帮助”残疾人士通过工作养活自己。“有些研究残疾人的学者认为：这是一种体现了经济模式的医疗模式。在这种模型中，残疾不再简单地被看作只是一个医疗问题，而且其特别重要的意义在于一个残疾人能够凭其个人的能力被高薪聘用。”①

2. 社会政治模式

这一模式的意义在于把残疾人的缺陷从内部转向外部，从自身转向社会。换言之，残疾人在社会生活中所受到的限制或者遭遇的麻烦，不是因其个人存在缺陷或不足，而是社会本身存在障碍，是社会对残疾人施加的约束。因为现代社会环境的出发点和归属都是专为“普通人”提供的，至多是在普通人需求的基础上“增加或者减少半个标准”②。

医疗模式和社会政治模式的区别就在于残疾人面对的障碍不是由其有身体缺陷所致，而是由一个不友好甚至是敌对的社会环境所致。在社会发展进程中，从来不把残疾人作为正常或者普通人的一部分，从来也不关注残疾人的各种需求和能力，因此，在人类社会中，也就从来不曾有过为残疾而建构的社会结构和制度。“其结果是，社会对于那些不符合特定样式的身体和精神有缺陷的残疾人制造了障碍。”③ 用 Richard Scotch 的话来说就是：“楼梯限制了坐轮椅的人进入，印刷字样限制了盲人的阅读。”④

在这上面，David Pfeiffer 的说法具有典型意义：“它取决于所谓‘正常’的概念。也就是说，一个行动受到限制的残疾人，只是一个不能以（所谓的）‘正常’方式行动的人。但是，什么才是正常的方式呢？有些人愿意步行，有些人会骑自行车、坐公共汽车或者出租车或者驾他们自己的爱车；其他人则愿意踩着滑板或者溜着旱冰鞋。而有些人就是要用轮椅。所以，我认为，并没有所谓‘正常’的出行方式。”⑤ Robert Burgdorf 的结论是：“在人类社会中，‘有残疾的人’与‘无残疾的人’之间并不存在阵营分明的界限……残疾是‘来源于社会群体中自然而然的属性，它或早或迟地会出现在我们大多数人的生活中’。”⑥ 在此基础上，很多学者关注到了现代社会中的文化现象，一些电影和电视节目把残疾人刻画成无助无奈甚至是可怜的生物，个别喜剧节目还会以残疾人作为取笑的对象，或者把残疾人的生理缺陷作为剧情中添加的笑料。

3. 少数人权利模式

少数人权利模式实际上是把残疾人权利与种族、性别等平等权利相结合的一种模式，也是在上述模式的基础上把残疾人权利引向特殊保护的模式。对此，Hahn 的解释是：“如果分配给残疾选手的赛道上堆满了障碍物……这样的竞争很难被认为是公平的。而且，对于大多数残疾儿童和成人而言，摆放在他们面前的通行障碍、交流障碍、轻蔑态度和歧视环境几乎是不可逾越的。”因此，“解决之道显然当然是‘清除障碍’并改变环境，而不是改变残疾人”⑦。“清除

---

① HARIAN HAHN. Towards a politics of disability: definitions, disciplines and policies, 22 (1985).

② HARLAN HAHN. Accommodations and the ADA: unreasonable bias or biased reasoning?. 21 Berkeley J. Emp. & Lab. L. 166, 173.

③ LAURA L ROVNER. Disability, equality, and identity. Alabama Law Review, Vol. 55: 4: 1043, 1052.

④ RICHARD SCOTCH. Models of disability and the Americans with disabilities act. 21 Berkeley J. Emp. & Lab. L. 215 (2000).

⑤ DAVID PFEIFFER. The disability paradigm and federal policy relating to children with disabilities 6 (1998).

⑥ Ibid., 1053.

⑦ 同②.

障碍”所需要的不是简单地邀请大家来参加比赛，而是给予残疾人比同等待遇更多的权利，才能确保他们有真正的平等机会。“与一开始就充满争斗的女权运动不同，建立在平等对待基础上的残疾人立法落后于已经实现了的包容和参与的目标。”①

中国已经有了残疾人的专门立法，也规定了诸多残疾人的权利，但中国现有的残疾人观念依然停留在“慈善”与“人道”上。前者可能从我 2012 年 2 月 23 日接受《方圆》杂志记者采访，标题为《专家：残疾人保护需实现从慈善到权利观念转变》的报道中得到证明②：“黎建飞表示，我国残疾人权益的保护工作还处在起步阶段，与国外相比还有不小的差距。在我国，很多人并没有平等地看待残疾人，而是把他们当成一种慈善对象，向他们捐赠物品、献爱心。‘捐款、捐物仅仅是初级阶段的慈善，而慈善、关爱并不足以反映残疾人事业的本质，有的残疾人甚至不愿意接受别人的关爱。’”③

人道主义无疑是残疾人观念中的重要内容，在中国尤其具有重要意义。但是，如果长期只是停留在“人道主义”上，将会影响到残疾人权利的维护和保障，影响到残疾立法的深入、专项和全面发展。为此，在残疾人立法观念上，我们需要一个根本性转变。“‘为残疾人融入社会提供一定的设施和帮助，有助于残疾人增加自信，回归社会，寻回尊严，从而真正减少社会成本，增进社会和谐。但这不是施舍和援助，也不是慈善，而是国家和社会应当提供的，是残疾人的一种权利。’黎建飞说，‘从慈善到权利是社会观念的一个根本性转变。’”④

人道主义强调的是同情，是帮助，是给予。在中国，人道主义是与慈善和施舍相关联的：说明的是出于“善良”与“同情”，表现为“做好事”和“给予”；特别强调的是，我这样做不是基于“应当承担的责任”，相反，我是没有任何责任的，只是“出于人道主义”而为之。⑤

具体到美国残疾人观念发展变化的历程，尤其是对残疾人法律的影响，其中的一些现象值得思考。首先是对残疾人的认识、认可和保障经历了从自身到社会、从生理到心理、从救助到融入的过程。在这个过程中，残疾人的权益成为权利，残疾人的障碍变成了保障，而且是从生理到社会、从就业到生活、从工作到休闲全方位的保障。其次是残疾人观念的转变直接导致了立法的变化，几乎每一个阶段都对应的是具有这个阶段特征的立法，这也同时表征了美国残疾人立法的发展与演进过程，同样是从生存到生活，从救护到全纳，最后发展为与健全人完全同一的权利形态，以及在此前提下对残疾人权利的特殊保障。

与美国这三个阶段发展不同，中国残疾人观念的变化如同中国的社会进程，尤其是改革开放以来的社会进程一样，是在较短的时间里，同时经历了多个阶段相互发展与递进，并在总体上迅速缩短了与发达国家在残疾人权益保障法律制度上的差距。短短三十多年，我们走过了从“残废”到“残疾”、从“康复”到“福利”、从“救助庇护”到“就业比例”、从“扶助护理”到“无障碍设施”、从“取笑素材”到“正面形象”的路程。这些都是应当充分

---

① ARLENE MAYERSON & SILVIA YEE. The ADA and model of equality. 62 Ohio ST. L. J. 537 (2001).

② 程胜清. 专家：残疾人保护需实现从慈善到权利观念转变. 正义网—方圆. (2012-02-23). http://news.jcrb.com/jxsw/201202/t20120223_810670.html.

③ 同②.

④ 同②.

⑤ 3岁娃打狂犬疫苗后残疾获25万人道主义救助款. 广州日报，2013-09-27. [2013-11-11]. http://sc.people.com.cn/BIG5/n/2013/0927/c345167-19608464.html.

肯定并得到全球认可的。

在残疾人权益保障上，出现权利冲突现象时，应当在基本权利与普通权利冲突中优先保障基本权利，在残疾人权利与健全人权利冲突中优先保障残疾人权利。在实现残疾人基本权利时，如果出现合理需要的附加条件时，即便是增加社会或者相对人的负担，也必须给予保障或者“合理安排”，因为这不仅是法律的强制性要求，是社会和相对人的义务与责任，更是社会和谐的保障，是社会文明与进步的标志。

三、我国残疾人法制建设的前沿与趋势

（一）残疾人就业保障

对社会而言，就业乃民生之本。对劳动者而言，就业是生存之道。对残疾人而言，就业不仅仅是生存，更重要的是尊严！残疾人通过就业参与社会，实现残疾人、非残疾人的全面平等，证明残疾人与非残疾人都是社会生活中无任何差别的完全一样的人。

我国非常重视通过立法来保障残疾人的就业权利。《宪法》《就业促进法》《残疾人保障法》都有保障残疾人就业权利的专门规定，国务院制定了专门的行政法规《残疾人就业条例》，人力资源和社会保障行政部门也有一系列保障残疾人就业的举措，但我国残疾人在公开劳动力市场上的弱势地位并未得到根本性改变，就业过程中歧视残疾人的现象依然存在。2010年度我国残疾人状况监测数据显示，劳动年龄段生活能够自理的城镇残疾人就业率为34.0%，农村为49.2%，远低于非残疾人的就业率。在世界卫生组织和世界银行发布的《2011年世界残疾报告》中，男性残疾人的就业率整体上比男性健全人的低8个百分点，女性残疾人的就业率整体上比女性健全人的低10个百分点。我国的相关数据与此相比仍有差距。①

在残疾人就业保障上，法制建设需要观念先行，我们需要牢固树立：只有不适合残疾人工作的岗位，没有不适合工作的残疾人。针对残疾人的就业歧视是对残疾人基本权利的侵犯。立法是消除残疾人就业歧视的根本手段。对残疾人的特殊保护不能视为对其他人的歧视。在现实中，既有公务员考试中拿出空岗招考残疾人的积极举措，也有身高只有1米的海璐璐，顺利完成了本科学业并且成绩优秀，却在求职中见识到了社会的残酷或者不友好的一面：有语言轻浮地询问“你够得着电脑吗?”，有不耐烦地挥手让她快走。即便如此，人们期望的似乎只有“即使不能给她岗位，但至少应该给她尊重”②。而事实上，用人

① 王治江．反残疾人就业歧视法律制度研究．北京：华夏出版社，2014：22，20.

② 苑广阔．从海璐璐求职看残疾人艰难就业．海南日报，2014-06-13．海璐璐是洛阳师范学院的优秀毕业生，但从找单位实习开始就屡受歧视，她觉得自己有点像古希腊神话里的西西弗斯，一遍遍的重复，仿佛只是证明命运的徒劳。第一次找单位实习是在2013年暑假，海璐璐还特意蹬上了厚有三四厘米的“高跟鞋”，带着简历和自己的设计作品，从路边的平面设计店一家一家地找起。一家复印店的回答是“你是大人吗？够得着电脑桌吗?”2014年6月份，论文答辩结束后，海璐璐开始求职，为了减少尴尬和浪费时间，她先把身高跟公司说明，人家不介意再去面试。但结果还是：“并不是你不够优秀，考虑到公司的整体素质拓展，综合能力考验还不太适合。”（刘娇．“一米大学生”海璐璐求职记．人民日报，2014-06-10.）后来，海璐璐求职难的相关报道见报后，有十余家公司愿为她提供工作机会。参见［2016-01-06］. http://www.sn.xinhuanet.com/2014-06/10/c_1111074588.htm；［2015-01-06］. http://dpls.ruc.edu.cn/show.php?contentid=2063.

单位不仅应当给她岗位，而且应当为她的履职提供“合理便利”或者“必要条件”①。这既是法律对于残疾人就业的权利保障，也是法律加诸用人单位的法定义务。② 违反这些义务的用人单位，应当为其歧视残疾人就业的违法行为承担严重的法律后果。同时，我们还会注意到《残疾人就业条例》实施后和残疾人就业保障金征收后，残疾人就业率并无实质性变化的现实。一个尴尬的现实是，部分企业宁愿交钱，也不肯按比例接纳残疾人就业。“企业是追求效益的，残疾人一般工作效率较低，并且一些情况下用人单位还要考虑到为残疾人设立无障碍设施，这样就无形中增加了聘请残疾人的成本。”某服务性行业私企总公司每年都有专门的残保金划拨给分公司，用于缴纳给政府部门，意味着这些企业宁愿缴纳残保金，而不是招聘残疾人。③

为此，在残疾人就业保障上，应当更加注重法律的实施效果，通过司法裁决来抑制对残疾人的就业歧视，使已有的保障性规定在现实生活中得到实现。同时还应在按比例就业、就业优先、专产专营、优先生产经营、优先采购等具体制度上细化立法。例如，在政府采购的竞标、竞争谈判中，优先购买福利企业的产品。对产量大、技术含量低的如办公用纸张、笔记本、笔、纸杯等产品在满足质量要求的前提下，适当放松价格因素考量，面向福利企业和其他残疾人就业单位进行定向采购，从而使这些积极性就业保障措施具有操作性和相应的法律责任。对于人们诟病已久的残疾人就业保障金，也应当在其使用集中体现为有效促进残疾人就业，明显提高残疾人就业率。

（二）残疾人教育保障

在人生过程中享受优质教育是每个人应有的基本权利。教育是人的全面发展的基础，对于

---

① “合理安排”是美国残疾人法中的一个概念或者说是一项制度。所谓合理安排，是指当雇员的残疾可能阻碍其工作时，他可以要求雇主做出合理安排，包括提供新设备、整改现有设备、提供特殊器材，诸如聋人沟通器、电话放大机、特殊软件、放大印刷字体或者将印刷字体转换成语音、在设备上用盲文或是凸起印刷的触觉记号、发声计算器、免提电话、有显示灯的计时器等等。法律要求雇主提供“合理安排”，雇主必须经相关雇员咨商并优先考虑其喜好来做出合理安排。只有当某项安排如会对雇主造成“非常困境”时，即带来极端困难或极大代价、影响该场所的运作，造成工作团队的组织、结构、功能或者地理位置的分离等，雇主才可能免责。黎建飞. 美国与中国残疾人法的比较与启示. 中国法学（英文版），2014（2）.

② 在现实生活中，出现了与提供“合理便利”完全相反的事例：2012年8月，视障人士李某与北京中网在线广告有限公司达成岗位为“专门录音的后期制作”的约定。10月11日，李某入职该公司，主要工作为视频剪辑和录像带制作。公司将其岗位调整为“视频后期制作”，一个多月后，他收到公司通知“公司现在没有适合你的岗位，你的眼睛没法完成考核和绩效”，并要求当天办理离职手续，他只得在《离职证明》上签字。“明知我是视障人士，还将我的岗位调整为视频制作，这不是故意要辞退我吗？”李某称，公司此举打击了他的就业信心，请求法院判令“中网在线”公开赔礼道歉，赔偿经济损失和精神抚慰金12万余元。该案是北京市首例“残障就业歧视案”。张媛. 盲人调岗让干视频. 新京报，2013-07-30. [2015-01-06]. http://www.bjnews.com.cn/news/2013/07/30/275823.html.

③ 李征，等. 江西：多种原因导致自身文化水平不高 残疾人就业面临歧视.（2014-03-31）[2015-01-07]. http://www.jxcn.cn/system/2014/03/31/013017957.shtml. 广东某化工厂职工总人数为382人，外来工82人，根据《广州市按比例安排残疾人就业办法实施细则》，该厂应招用残疾人6.3人，但是，该企业宁愿连续每年缴纳残疾人就业保障金11.59万元，也不肯招收一名残疾人。厂领导的解释是因为缴钱比招收残疾人更“合算”，而且残疾人的“形象不太好，能力一般般”，所以“罚一些钱也无所谓了”。（周林刚，等. 歧视理论视野下的残疾人就业——对广州市几个典型个案的解析. 中国残疾人，2007（6）. [2015-01-07]. http://www.cqvip.com/QK/71135X/201107/24573197.html.）

残疾人发展和共享经济社会发展成果具有举足轻重的作用，是残疾人能够在社会中有尊严地生活的重要前提。《残疾人权利公约》中特别要求缔约国确认残疾人享有受教育的权利，在不受歧视和机会均等的情况下实现这一权利，要求缔约国确保在各级教育实行包容性教育制度和终生学习。

为充分保障残疾人接受教育的权利，我国专门颁布了《残疾人教育条例》，并在《残疾人保障法》中专设“教育”一章，规定“国家保障残疾人享有平等接受教育的权利”。全国为残疾儿童少年兴办有特殊教育学，义务教育普通学校附设有特教班。残疾人职业教育有专门的培训机构。高等教育对残疾人平等招收，还设立有残疾研究方向研究生学位。2014 年 12 月，北京联合大学获批国内首个专门面向视障生源的临床医学（中医）硕士专业学位授权点，并按照全国硕士研究生招生考试要求实行了单考单招，完善了我国残疾人高等教育体系，填补了残疾人高等教育的空白，让残疾人渴望同健全人一样平等享受高等教育的梦想成为现实。①

但我们同样看到“残疾女生刘婉玲高考 549 分被退档”，学校给出的理由仍然是“体检不合格”，而且断言“她参加高考还将会面临同样的问题”②。我们还看到 2014 年 6 月 7 日，全国高考首日，8 点 35 分，脑瘫患者刘建潇第一次坐上了属于自己的高考考位。然而，8 点 44 分，他在教室坐了 9 分钟后却泪别考场。因为根据三十多年来的规矩，需要以书写的方式作答考题——但作为只能靠轮椅出行的脑瘫患者，眼睛有 2 500 度近视、双手几乎不能握笔的刘建潇根本无法进行正常的书写。他希望是以“别人念题、他来口答、再由别人代写答案”的方法来作答——此前，他的家人和教育部门进行了多次沟通，但最终未能获准。对此，法律应当提供的保障不仅是刘建潇们的高考参与权，而且是他们参加高考的特殊保障权，比如，提供“合理且必要”的专用教室、专用考场、专用桌椅的专用文具，配备专门的语音服务，专用的试题试卷，尤其是为他们延长考试的时间，即提供给他们比正常考生更加合理且充足的考试时间。只有这样，回望着教学楼失声痛哭的刘建潇那一声“等着我，总有一天我还会回来参加高

---

① 2014 年 12 月 27 日至 28 日，首次全国硕士研究生招生考试视力残疾考生单考单招在北京联合大学特教学院举行，来自北京、山东、新疆和辽宁的 18 名拥有本科学历的视障考生参加了考试。此前，我国单独面向残疾人的高等教育仅有本科、专科两个层次，不能满足残疾人接受更高层次高等教育的需求。此次考试将按成绩从高往低划定录取分数线，预计首次将招生 5 人。（杜丁．视障学生首次考研，北京联大获批国内首个视障生源硕士点．新京报，2015-01-05．[2015-01-06]．http：//www.zgxzw.com/ZhaoSheng/View.asp？ID=194492.）

② 刘婉玲是一名双腿残疾的学生，以高考 549 分的成绩报考江夏学院，曾收到学校招生办电话询问是否服从调剂一个冷门专业，刘婉玲一口答应，但最后仍然被退档。多年来，她除了没有办法走远路，上下楼梯需要帮忙，其他正常生活可以自理。江夏学院招生办一位负责人称，对照医生对于该生内科及外科的诊断，根据有关规定，决定对其进行退档处理，并经福建省教育考试院审核同意。“对此我们深表遗憾，如果体检一直不合格，她参加高考还将会面临同样的问题。”（孟昭丽，等．残疾女生高考 549 分，因体检不合格被退档．北京青年报，2014-08-05．[2015-01-07]．http：//epaper.ynet.com/html/2014-08/05/content_77349.htm？div=-1.）后来，刘婉玲高分被拒的相关报道见报后，厦门大学嘉庚学院决定录取刘婉玲同学在该校财务管理专业学习。福建美菰林生物科技有限公司为刘婉玲提供每月 600 元生活补助，并与刘婉玲签订就业帮扶协议，愿意接纳和推荐其到比较优秀的企业就业。

考的！”[①] 的大吼才有可能成为现实。

近日，一患有血友病的学生因在高考体检表中隐瞒病史而被所在高校开除学籍。[②] 而这样的学生，以及有身心残疾、慢性病乃至艾滋病的学生都不应当在招生和教学方面受到歧视。在国际法框架下，残障人士、罕见病患者及任何身心缺陷人士都应平等拥有接受高等教育的权利。我国早已批准的联合国《经济、社会及文化权利国际公约》第13条规定：“高等教育应根据成绩，以一切适当方法，对一切人平等开放，特别要逐渐做到免费”。《残疾人权利公约》第24条规定：“缔约国应当确保，残疾人能够在不受歧视和与其他人平等的基础上，获得普通高等教育、职业培训、成人教育和终生学习。为此目的，缔约国应当确保向残疾人提供合理便利”。在我国习以为常的“入学体检”，在许多国家都并非必要，而且禁止询问申请者病史；而且高等教育机构还必须为身心缺陷人士接受教育和课外活动创造合理便利。比如，大学必须为有慢性病患者制订特殊教育计划，为需要轮椅出行的人士改造电梯、提供同等价格且经改造的寝室，为听障人士提供助听系统，为视觉障碍人士提供大字体或盲文教材等。高校不仅招生无须体检，还为身心缺陷人士和慢性病患者提供特殊补贴，该补贴覆盖日常学习所需的特殊设备（如盲文阅读器）、人工帮助（如雇佣手语翻译）等。物理学家霍金在其21岁时就被诊断患有

---

① 1987年，刘建潇出生在雅安，不到1岁时被确诊为痉挛性脑瘫，康复治疗后依旧直不起身子，不能正常行走和使用双手。由于有两千多度的近视，他只能拿着放大镜来看书。除了小学、初中、高中的全部课程外，刘建潇还自学了14门法学的主干课程。他想上大学系统学习法律。虽然身体残疾，但是可以从事法学理论方面的研究，既可以自食其力，又能用学到的法律知识去帮助更多像他一样的人。为了能参加高考，2013年6月22日，刘建潇向四川省残疾人联合会发出一份求助信，省残联通过电话告诉刘建潇，只要他出示残疾人相关证明，便能在当地参加高考。由于刘建潇痉挛性脑瘫影响肢体不协调，写一个字就能占A4纸半页纸，刘建潇的外婆李华容还向雅安市教育局请求，能否单独给他设立一个考室，别人念题、他口答、再由别人代写，或者把题输入电脑在网上答题？“就目前而言，几十年来传统的高考答题方式都是书面答题，没有口头答题的先例，暂时也不可行。”雅安市招办副主任刘兴双说。6月7日上午8点，坐在轮椅上的刘建潇穿着一身运动装，戴着一副啤酒瓶底厚的眼镜，用橡皮筋束在后脑勺上，由母亲李昕推着来到雅安中学2014年高考考点。李昕向考点负责人提出：儿子不能正常书写答题，能否安排单独考室并通过口头方式答题？这不是李昕第一次提出这个要求，但依旧被拒绝。“反正今天也来过考场了，实在不行，要不我们就回家了吧？”刘建潇坐在轮椅上不说话，在众人的目光中，李昕也低着头一言不发，推着刘建潇准备离开。“不行！我要到属于我的高考座位去看看。”刘建潇突然大声地说道，吓了周围人一大跳。文科001考场在教学楼的二楼尽头，从刘建潇所处的广场进教学楼，要上20多级台阶。看到一楼到二楼的楼梯有扶手，刘建潇坚持自己扶着慢慢往上挪。他说：“只要给我一定的辅助条件，我相信，我能行！”8时35分，工作人员将刘建潇推进教室。坐在轮椅上，刘建潇看了看身边的其他考生，努力将腰杆挺得笔直。“如果要坚持坐在考场里，必须至少要等开考一个半小时才能交卷出来。”监考人员提醒。李昕心疼儿子，“这样干坐着也毫无意义，还是走吧。”8时44分，从教室出来刚走出约二十米，轮椅上的刘建潇突然双手用力地撑着轮椅，脚使劲地向上蹬着，想要努力站起来，他扭过头憋着劲回望着教学楼，大吼了一声，“等着我，总有一天我还会回来参加高考的！”走出校门时，刘建潇把啤酒瓶底厚的眼镜推到额头上，失声痛哭。（顾爱刚，等. 26岁脑瘫考生的9分钟高考：开考前16分钟 泪别考场. 成都商报，2014-06-09. [2015-01-07]. http：//scnews.newssc.org/system/20140609/000392813.html.）

② 患血友病乙型的2014级学生郑清（化名），因未能如实填写高考体检表且复查不合格，面临被中国劳动关系学院取消学籍。在中国劳动关系学院取消其学籍的决定书上，校方称郑清在新生入学体检中查出血常规化验异常，轻度贫血伴血小板明显减少，继而在北京协和医院进一步检查，明确诊断郑清患有血友病（FIX贫乏）。校方追问其病史，得知郑清在6岁时已确诊为血友病。该校取消郑清学籍的依据是教育部2003年颁布的《普通高等学校招生体检工作指导意见》。该文件规定：“患有以下疾病者，学校可以不予录取：严重的血液、内分泌及代谢系统疾病、风湿性疾病。”决定书还称，郑清在高考电子档案的体检信息中未显示血友病病史，考生没有如实填写既往病史，体检信息结论显示为合格。根据该校《学生学籍管理规定》第2条，“凡违反招生规定，弄虚作假、徇私舞弊取得入学资格者，无论何时被发现，一经查实，取消学籍”。而中国劳动关系学院招生科科长蔡月称，如果当初郑清在其高考体检表的既往病史一栏如实填写他患有血友病，学校有可能就不会录取他。（刘盾. 患病大学生面临被取消学籍. 中国教育报，2014-12-19. [2015-01-07]. http：//edu.people.com.cn/n/2014/1219/c1053-26238738.html.）

肌萎缩性脊髓侧索硬化症（“渐冻症”），但霍金本科就读的牛津大学和研究生就读的剑桥大学都没有将其逐出校门，否则，很可能就会抹杀一个物理学天才。①

（三）残疾人无障碍环境保障

无障碍环境是保障残疾人平等参与社会生活的必要条件，同时也为老年人等其他社会成员提供生活便利。《残疾人保障法》和《残疾人权利公约》对无障碍环境均作了规定。据调查，2009年度城镇残疾人对无障碍设施的满意度为66.8%，有79.5%的城镇残疾人所生活的城镇中至少有一种无障碍设施，体现出无障碍建设的成效。大部分医院、银行、车站、商场、文化体育建筑、公共交通工具等加强了对残疾人的无障碍服务。信息无障碍建设取得显著进展。盲文、手语的应用得到扶持和保护。大部分省级电视台开办了手语新闻节目。越来越多的影视节目加配字幕解说。2012年6月，国务院公布《无障碍环境建设条例》，对新建道路和建筑物的无障碍设施建设，对已建成道路和建筑物的无障碍设施改造，对无障碍设施的保护和维修和对于无障碍信息交流，以及无障碍社区服务都从法律制度层面进行了规范。

残疾人乘机难、必须在指定地点申请购票、必须“事先告知”，且残疾人数等有严格限制的情况一度较为严重。如27名聋哑人登机被拒等事件②，其依据的就是2009年中国民用航空局《残疾人航空运输办法（试行）》，该办法规定，航班座位数为51—100个时，残疾人士不得超过2名；座位数为101—200个时，不得超过4名；座位数为201—400个时，不得超过6名。座位数为400个以上时，不得超过8名。当载运残疾人数超过上述规定时，应按1∶1的比例增加陪伴人员，但残疾人数最多不得超过上述规定的一倍。载运残疾人团体时，在增加陪伴人员的前提下，承运人采取相应措施，可酌情增加残疾人乘机数量。针对前述情况，新修订的《残疾人航空运输管理办法》2015年3月1日开始施行。该办法的修订参照了《残疾人权利公约》和《残疾人保障法》《无障碍环境建设条例》及美国运输部《航空旅行中不歧视残疾人》、欧盟《关于残疾人以及行动不便者航空运输的权利》等国际惯例，明确了相关部门要为残疾人办理乘机提供方便，充分尊重残疾人隐私，特别规定了机场应为残疾人设置独立、私密的安全检查空间。此外，残疾人有医用氧气、托运电动轮椅、服务犬等需求时通知航空公司的时间也被压缩。这些规定不仅为残疾人无障碍出行提供了方便，而且为通过专项规定来落实上位法的法律条文提供了范例。

如前所述《无障碍环境建设条例》起草和实施中面临了各种反对意见，但立法作了应有的坚持，该条款也在北京市制定的《〈残疾人权益保障法〉实施办法》中成为法律规范。但是，由于缺乏公共设施的业主或经营者有消除公共建筑的障碍义务的相关规定，残疾人停车难的问题依然存在。与此相关的，是盲道占用情况极为突出。这些年来我国的城市建设都注重了盲道修建，有关方面也为此投入不少的费用。然而，即便是北京、上海、深圳这样的现代化大城市，盲道占用情况也十分突出。在一些颇具现代化色彩且标注为无障碍设施完备的高档写字楼

① 周蔚. 海外高校招生：无论疾病人人平等.（2014-12-24）[2015-01-07]. http://dpls.ruc.edu.cn/show.php?contentid=2290.

② 2014年12月29日下午，武汉一家旅行社组织一个38人的旅行团赴台湾旅游，其中27名游客是聋哑人。他们一行在天河机场领取登机牌后，却被执飞的航空公司告知，因残疾乘客人数超过上限，不能登机。该航空公司还表示，根据相关规定，每4个聋哑人必须配备1个手语老师，以免影响服务质量。双方随即发生争执，黄亮赶至机场交涉，直到该航班起飞，这个旅行团仍未能登机。双方僵持到当晚8时许，黄亮只得带领游客返回。事发后，一些聋哑人士表示不解，有的还哭了起来，失望而归。（林永俊，等. 残疾人乘机有人数限制，聋哑人旅行团出游登机被拒. 荆楚网.（2014-05-31）[2015-01-07]. http://news.cnhubei.com/xw/sh/201405/t2942512.shtml.）

里，一些无障碍设施只具展示功能而不具使用价值——因为轮椅进去后根本无法转弯、当然更无法调头。相关立法和相关技术标准都尚付阙如。

（四）残疾人康复保障

大部分残疾人可通过康复治疗或训练，使自身的功能恢复到尽可能好的水平，以使自身在身体、精神、社会活动、教育就业等方面的能力得到最大限度的发挥，从而最大限度地回归社会。据统计，2009 年度，620 万残疾人得到不同程度的康复服务，全国已建立 1 578 个聋儿康复机构，近 5 000 个肢体残疾康复训练机构和 2 000 多个辅助器具供应服务机构。在 1 727 个市县开展精神病防治康复工作，在 807 个市辖区和 1 569 个县（市）开展了社区康复工作。农村残疾人服务体系逐步完善，全国农村县级建立残疾人服务社 1 887 个，乡镇建立残疾人服务分社 18 979 个，残疾人服务社（分社）的工作人员达到 28 601 人。

国际劳工组织《残疾人职业康复和就业公约》和联合国《关于残疾人的世界行动纲领》是残疾人康复保障的重要文件，其主要目标就在于通过预防残疾的有效措施，使残疾人得到康复，实现全面平等参与的目标。为此，必须给残疾人提供教育、培训和工作的机会，通过动员更多的人力资源，将残疾人人力资源开发纳入国家的人力资源开发计划，与充分挖掘人类潜力和才能的过程相结合。通过人力资源开发，残疾人能够有效地行使其完全公民的权利。残疾人是自己命运的主宰者，不是被看护的对象，作为个人或组织成员，应作为平等的一员参与决策过程。通过政府和非政府组织提供的以社区为基础的附加服务，加强残疾人及家庭成员的能力建设，提高残疾人的自主性，使他们能够参与和分享社会的发展。政府应承认并支持残疾人组织在帮助残疾人对自己生活负责中发挥作用。

为此，我们需要尽快出台《残疾预防和康复条例》，对《残疾人保障法》中的有关内容做出具有操作性的规定。明确各级政府、康复机构的责任，规定残疾人康复的保障措施，并对康复服务的内容、提供方式、服务规范等做出相应的规定。同时，对康复服务的相关法律责任进行细化。针对大多数残疾人经济条件较差、负担能力有限的情形，鼓励社会力量从事康复服务，制定专门的立法规范工商登记、税费减免和财政补贴等。参照国外对残疾康复技术和辅助器具提供经费支持的先例，增加对残疾人享受康复服务和辅助器具的支持力度，在立法上逐步扩大减免费用的康复服务范围和辅助器具种类。在进一步研究残疾人康复需求和医疗保险资金平衡的基础上，逐步扩大康复费用的医保报销范围，包含更多的康复项目。

近年来，重立法轻实施的现象一直为人们所诟病。在社会保障法领域，一个突出的现象就是一些法律制定以后，在司法救济中几乎都没有适用过。有些行为规则比如民法、刑法、劳动合同法，在法院的判决书中被频繁、反复地援引适用，但像妇女权益保障法、老年人权益保障法，尤其是残疾人保障法这类的法规，在司法审判这个环节直接援用为法院判决的非常少。那么，我们就有必要考虑这个问题，思考：这类法律的规范意义究竟是什么？它的实施价值何在？它的法律效果是什么？为什么这些法律和司法没有关系？

本次修订，我们以社会保障法领域中这一个具体的话题为序，既表明了我国社会保障法制建设日趋深化与细化，又体现出教学与研究向专门领域的纵深将引领与开拓我国社会保障法制建设的新局面。此外，反映近年来我国社会保障法制建设的发展与变化也是编著者的着力之处。尽量使用新的法规，尽可能选用新的案例，不仅可以保持本门学科的新颖与前沿，也会预示本门学科的发展与趋势。

2015 年 6 月

第四版导言

《社会保险法》的立法解读

《社会保险法》素有民生基本大法之称，涉及养老、医疗、失业、工伤、生育五大险种，是关乎每个公民的基本生存条件和基本生活保障的法律。多年来，我国已经在社会保险领域颁布了大量的行政法规、规章和相关文件，但缺少一部统一的基本性法律。在立法层面上，基本法律的缺失导致各种规定的层级无序、规范分散、效力不清；在实施过程中，基本法律的缺失导致我国社会保险制度难以定型、难以统一、难以稳定。这种状况就会导致社会成员履行社会保险义务的随意性和法律强制力的不足。因此，我国必须通过颁布实施《社会保险法》来解决这些弊端。《社会保险法》对社会保险的原则、各险种的覆盖范围、社会保险待遇项目和享受条件、社会保险经办机构、社会保险基金监督、各项社会保险的缴纳领取等作出了明确规定。

一、《社会保险法》的立法过程

《社会保险法》的立法工作早在1994年就已经起步，八届全国人大也曾将《社会保险法》列入立法计划。在1994年到2001年间，《社会保险法》草案还曾两次向国务院上报。此后一轮起草工作始于2003年，由劳动和社会保障部牵头起草了《社会保险法（草案）》，并于2006年年底上报国务院法制办，且被国务院列入一类立法项目。2007年11月28日，国务院召开常务会议，讨论并原则通过了《社会保险法（草案）》。在国务院常务会议就该法的说明中要求《社会保险法》应当从我国的基本国情出发，坚持广覆盖、保基本、多层次、可持续的方针，明确我国社会保险制度的基本法律框架，对社会保险的覆盖范围、社会保险费的征收、社会保险基金的管理和运营、社会保险经办机构的职责和社会保险监督等作出规定。本次会议决定，《社会保险法（草案）》经进一步修改后，由国务院提请全国人大常委会审议。①

2007年12月23日，《社会保险法（草案）》首次提交全国人大审议，社会保险立法正式驶入快车道。在《社会保险法（草案）》一审稿中，一些重要的法律制度更多地表现为指导性的原则框架。一审稿确定了所有社会群体的多种社会保险框架，为我国的社会保险法律制度和法律体系勾画出了基本轮廓。但在社会保险的具体内容上，一审稿没有给出确定的解决办法，而是通过授权条款，为未来的解决留有空间。例如，关于个人跨地区流动或者发生职业转换需要转移接续社会保险关系的，一审稿规定按照国家有关规定办理。又如，社会保险基金的统筹层次，一审稿规定基本养老保险基金实行省级统筹，其他社会保险基金实行省级统筹的时间、步骤，由国务院规定。再如，社会保险费的征收机构和办法由于争议很大，一审稿采取了回避

① 任波．社会保险法草案获国务院讨论通过．财经，2007－11－28．

的方式，即不作明确规定，而是规定社会保险费的征收机构和征收办法由国务院规定。

时隔一年，《社会保险法（草案）》在2008年12月22日举行的十一届全国人民代表大会常务委员会第六次会议上接受第二次审议。与一审稿相比，二审稿从结构到具体制度都有较大调整。在立法结构上，一审稿在第三、四章集中规定养老保险、医疗保险、工伤保险、失业保险、生育保险的缴费范围和待遇，二审稿则将五大险种分别专章规定，对每个险种的法律规范进行了专门的规定。在具体制度上，最大的亮点是对基本养老保险关系的转移接续方法进行法律规范。由于转移接续制度的缺陷，跨地区就业劳动者的缴费年限不能累计计算，劳动者因此不能享受基本养老保险待遇。每到年底，沿海地区都会出现“退保”高峰。为此，二审稿把一审稿中的“个人跨地区流动或者发生职业转换需要转移接续的，按照国务院有关规定办理”明确为：“个人跨地区就业的，其基本养老保险关系随本人转移。个人退休时，基本养老金按照退休时各缴费地的基本养老金标准和缴费年限，由各缴费地分段计算，退休统一支付。”同时，二审稿在一审稿将社会保险统筹层次提高到省级的基础上，增加了对基本养老保险基金“逐步实行全国统筹”的规定。在社会保险基金的监管方面，二审稿则明确地区应当成立社会保险监督委员会，以实施对社保基金的社会监督。社会保险监督委员会由参加社会保险的用人单位代表、个人代表，以及工会代表、法律专家、精算专家组成，不仅监控社保基金的收支、管理和投资运营情况，对社保工作提出意见建议，还可聘请会计师事务所进行审计。

但是，一审稿遗留的有重大分歧的问题却没有在二审稿中得到解决。比如，按照1999年1月施行的《社会保险费征缴暂行条例》规定，社会保险费的征收机构由省、自治区、直辖市人民政府规定，可以由税务机关征收，也可以由劳动保障行政部门按照国务院规定设立的社会保险经办机构征收。这直接导致税务机构与社保部门的分歧，其后社保费征收改革的议题一直处于部门之间的纠结和纷争之中。对此，一审稿彻底规避了这个问题，二审稿也未能对此进行具体的法律规范，仅原则性地规定为“社会保险费的征收机构和征收办法由国务院规定”。对于社保基金的投资运营这一广为社会各界所关注的事项，二审稿也只是原则性地规定为“社会保险基金在保证安全的前提下，按照国务院有关规定通过投资运营实现保值增值”。在我国资本市场及基金监管体系不完善的情况下，这样的规定没有满足规范相关行为的社会需求，比如，哪一部分资金可以投入市场化运作以及应当如何运作，才能有效地保证社保基金抵御通货膨胀，补充基金来源，减轻劳动者、用人单位和政府的负担?①

2008年12月28日，全国人大常委会办公厅向社会全文公布《社会保险法（草案）》及关于草案修改情况的汇报，并从即日起至2009年2月15日征求社会各界的意见和建议。2009年2月15日前，社会各界可将意见寄送各省、自治区、直辖市人大常委会，也可直接寄送全国人大常委会法制工作委员会，或直接登录中国人大网提出意见。草案在广泛征求意见并作进一步修改后，将提请全国人大常委会会议继续审议。从2008年12月28日到31日12时的三天时间里，中国人大网征集到28 667条意见，对跨地区就业人员的社会保险关系转移接续、社会保险的缴费基数和费率、消除社会保险中的户籍和身份歧视、提高社会保险基金的统筹层次、明确政府在社会保险中所应承担的责任以及加强对社会保险基金的监管等问题提出了修改意见和建议。截至2009年2月15日，全国人大常委会办公厅共收到各界反馈的修改意见和建议70 501件。从地域看，提出意见和建议的有全国三十一个省、自治区、直辖市和香港、澳门、台湾地区；从人群看，提出意见和建议的有企业职工，有城镇居民，有自由职业者，有农民

① 兰方.《社会保险法》二审稿有限进步. 财经，2008-12-22.

工，有农民，有军人，有学者，有公务员，有退休人员。意见和建议数量之大，在历次法律草案公开征求意见中实属罕见，反映了社会各界和广大人民群众对社会保险法的高度关注和热切期盼。①

在草案征求意见期间，全国人大常委会法制工作委员会采取了分阶段汇总各方面意见、向社会反馈的方法，使立法过程更加透明，也更加紧密地与社会公众相联系。2009 年 1 月 12 日，法制工作委员会通报了第一阶段征求意见的情况，反映了群众对《社会保险法（草案）》比较集中的意见。截至 2009 年 2 月 1 日 10 时，共收到意见 56 194 件。其中，通过中国人大网提出的意见 54 206 件，通过《人民日报》、《法制日报》等主要报刊刊登的意见 35 件，来信 1 953 件。在这一年的春节期间，许多群众仍继续献言献策，表现出令人感动的参与热情。大家除继续对社会保险的覆盖范围、降低缴费负担、提高待遇水平、实现待遇公平、提高社会保险的统筹层次、社会保险的转移接续和加强社会保险监督等问题提出意见和建议外，还主要对以下几个方面提出意见和建议：(1) 期待《社会保险法》早日出台。(2) 加大财政投入，明确中央和地方政府的责任。(3) 农民工应当与城镇职工享受同样的社保权利，履行同样的社保义务。(4) 建议降低退休后享受基本医疗保险待遇的门槛。(5) 基本医疗保险应实行医保机构预付费制度。(6) 应当把工伤认定的最终确认权赋予人民法院。(7) 认为社会保险法中没有必要单独设置生育保险制度。(8) 社会保险法应当解决养老保险的历史遗留问题。(9) 立法应当关注困难人群的社会保险，如已退休但不能享受社会保险人员、下岗失业职工、失地农民、自由职业者和残疾人。

在 2010 年 10 月 20 日中国人大网所发布的《中国人大网征求社会保险法草案意见的情况分析》中，公众对于事业单位工作人员以及公务员参加养老保险的问题意见较大。其中，关于草案中“公务员和参照公务员法管理的工作人员参加养老保险的办法由国务院规定”的表述，有 2 125 条意见提出异议。公众的反馈显示，公务员不需缴纳养老保险费而享受高额养老金，同时企业职工缴费负担沉重但养老金水平却远远低于公务员。在过去公务员与有的企业职工都属于干部的历史背景下，这种悬殊的不合理性更加凸显。草案规定将使已有的不平等合法化，建议公务员与企业职工实行统一的养老保险制度。同样，有 1 076 条意见都认为草案应当明确规定社会保险费征收机构，但对具体由哪个部门来征收有分歧。劳动部门的人员认为由社保经办机构征收有利于履行对参保人“记录一生、跟踪一生、服务一生、保障一生”的职责。税务部门的人员则认为由地税来征收更安全、更有效。有的意见从防范道德风险考虑，认为劳动部门自收自付会导致社保基金的滥用和部门利益。而在现实生活中，社会保险费的征收工作形成了由税务部门和社会保险部门“齐抓共管”的格局。一些地方由税务机关征收，另一些地方则由社保经办机构办理。学者们强调，无论由谁征收，“统一征收”、权责一致是必然的导向。②

然而，原定于 2009 年 8 月付诸三审的《社会保险法（草案）》被推迟。三审延后的原因之一是当时经济形势不明朗，为了避免因社保问题加重企业负担。原因之二是公务员养老金制度。《社会保险法（草案）》第 9 条第 3 款规定，公务员和参照公务员法管理的工作人员，“参加基本养老金保险的办法由国务院规定”。该规定被认为有人为造成不同群体间的身份歧视，

① 孙宇挺. 社保法草案征意见截止，意见指体系完善遇好时机. 中国新闻网，2009－02－19.

② 中国人大网征求社会保险法草案意见的情况分析. (2010－05－31). 中国人大网 (www.npc.gov.cn).

让公务员置身“法外”之嫌。[①]

2009年12月22日，全国人大常委会第三次审议《社会保险法（草案）》。许多百姓关注的热点问题，《社会保险法（草案）》三次审议稿时有了回应：第一，养老保险降低缴费“门槛”。按照现行做法，享受基本养老保险待遇的最低缴费年限为15年，缴费不足15年的，退休后不享受基础养老金，其个人账户储存额一次性支付给本人。有些常委委员、地方和社会公众认为该做法不尽合理。三审稿增加规定：参加基本养老保险的个人，达到法定退休年龄时累计缴费不足15年的，可以缴费至满15年，按月领取基本养老金；也可以领取一次性养老保险待遇。第二，明确医保基金先行支付义务。二审稿规定应当由第三人负担的医疗费用不纳入基本医疗保险基金支付范围。但是，实践中由第三人侵害发生的医疗费用，有的第三人拒不支付或者无法确定第三人，参保人员的医疗费用只能由自己承担。三审稿增加规定，“医疗费用依法应当由第三人负担，第三人拒不支付或者无法确定第三人的，由基本医疗保险基金先行支付；基本医疗保险基金先行支付后，有权向第三人追偿”。第三，增加用人单位和参保人员权利。有些常委委员和社会公众提出，草案规定社会保险管理的内容比较多，规定用人单位和参保人员权利的内容比较少，应当增加规定用人单位和参保人员的监督等权利。草案三审稿建议将草案二审稿第4条修改为：“中华人民共和国境内的用人单位和个人依法缴纳社会保险费，有权查询缴费记录、个人权益记录，要求社会保险经办机构提供社会保险咨询等相关服务。”“个人依法享受社会保险待遇，有权监督本单位为其缴费情况。”同时增加规定：“社会保险费征收机构应当按时足额征收社会保险费，并将缴费情况定期告知用人单位和个人。”第四，城乡居民养老保险有望“统一”。国务院《关于开展新型农村社会养老保险试点的指导意见》已出台，要求2009年前开展新型农村社会养老保险试点，2020年之前覆盖全国所有的农村适龄居民等。有的常委委员提出，建立新型农村社会养老保险制度，实现城乡居民在社会养老保险方面的制度平等，社会保险法应当对此作出规定。三审稿增加规定：“新型农村社会养老保险实行个人缴费、集体补助和政府补贴相结合。”“新型农村社会养老保险待遇由基础养老金和个人账户养老金组成。”“参加新型农村社会养老保险的农村居民，符合国家规定条件的，按月领取新型农村社会养老保险。”第五，社会保险费实行统一征收。二审稿第57条第2款规定，社会保险费的征收机构和征收办法由国务院规定。有些常委会组成人员和部门、地方提出，现在有些地方不同险种的社会保险费征收机构不统一，影响了征缴效率，增加了征收成本，同时也不方便单位和个人缴费，建议作出更明确的规定。三审稿将此款修改为：“社会保险费实行统一征收，实施步骤和具体办法由国务院规定。”第六，社保基金应定期公布收支情况。常委会部分成员和全国社会保障基金理事会提出，全国社会保障基金作为社会保障的战略性储备保障资金的属性，应当在社会保险法中作出规定。三审稿增加规定：“国家设立全国社会保障基金，由中央财政预算拨款以及国务院批准的其他方式筹集的资金构成，用于社会保障支出的补充、调剂。全国社会保障基金由全国社会保障基金运营机构负责管理运营，在保证安全的前提下实现保值增值。”“全国社会保障基金应当定期向社会公布收支、管理和投资运营的情况。国务院财政部门、社会保险行政部门、审计机关对全国社会保障基金的收支、管理和投资运营情况进行监督。”第七，加强人大对社会保险基金的监督。有的常委委员和部门、地方提出，对社会保险基金的监督是全社会十分关注的问题，应当加强人大对社会保险基金的监督。三审稿建议

① 社会保险法草案三审被延后，经济形势不明为首因．瞭望东方周刊，2009-08-17.

增加规定：各级人民代表大会常务委员会听取和审议本级人民政府对社会保险基金的收支、管理和投资运营情况进行监督检查的专项工作报告，组织对本法实施情况的执法检查等，依法行使监督职权。[①]

草案三审稿在前两稿的基础上充实完善了社会保险制度的相关规定，但在重大制度方面的授权性条款仍然过多。比如，关于社保基金统筹层次的问题，依然等待“逐步实现全国统筹”，其他或“由国务院规定”。再如，公务员和参照公务员法管理的工作人员养老保险的办法，也将由国务院规定。不同的养老保险制度如何转接，也未提及。而且，仍有不少代表、学者提出“立法时机不成熟”，建议《社会保险法》暂缓出台。

2010年10月25日，十一届全国人大常委会第十七次会议召开，《社会保险法（草案）》第四次上会接受审议。在审议中，认真讨论了下列公众关注的热点问题：达到法定退休年龄时累计缴费不足15年的养老金领取方式；建立异地就医医疗费用结算制度，以便参保人员享受基本医疗保险待遇；社会保险行政部门和其他有关行政部门、社会保险经办机构、社会保险费征收机构及其工作人员应为用人单位和个人的信息保密；社会保险基金不得违法投资运营，不得用于平衡其他政府预算；等等。经过审议，全国人大常委会28日下午高票通过了《社会保险法》。这是最高国家立法机关首次就社会保险制度进行立法。

二、《社会保险法》的立法亮点

（一）确立了社会保险制度的基本框架，构建了我国覆盖城乡全体居民的社保体系

《社会保险法》明确规定个人跨统筹地区就业的，其基本养老保险关系随本人转移，缴费年限累计计算；个人达到法定退休年龄时，基本养老金分段计算、统一支付。基本养老保险包括职工基本养老保险、新型农村社会养老保险和城镇居民社会养老保险。立法对基本养老保险制度的覆盖范围、基本模式、资金来源、待遇构成、享受条件和调整机制等作了规定，并规定了病残津贴和遗属抚恤制度。根据近年来开展新型农村社会养老保险试点的进展，立法对新型农村社会养老保险的主要制度作出了规范。此外，立法还授权省、自治区、直辖市人民政府根据实际情况，可以将城镇居民社会养老保险和新型农村社会养老保险合并实施，为逐步建立统筹城乡的养老保障体系奠定了法律基础。

基本医疗保险包括职工基本医疗保险、新型农村合作医疗和城镇居民基本医疗保险。立法对职工基本医疗保险制度和城镇居民基本医疗保险制度的覆盖范围、资金来源、待遇项目及享受条件、医疗保险费用结算办法等作了规定，对新型农村合作医疗制度作了原则规定，并授权国务院规定管理办法。立法还同时规定了基本医疗保险的转移接续问题：“个人跨统筹地区就业的，其基本医疗保险关系随本人转移，缴费年限累计计算。”

基本养老保险制度和基本医疗保险制度覆盖了我国城乡全体居民。即用人单位及其职工应当参加职工基本养老保险和职工基本医疗保险；无雇工的个体工商户、未在用人单位参加社会保险的非全日制从业人员以及其他灵活就业人员可以参加职工基本养老保险和职工基本医疗保险；农村居民可以参加新型农村社会养老保险和新型农村合作医疗；城镇未就业的居民可以参加城镇居民社会养老保险和城镇居民基本医疗保险；进城务工的农村居民依照本法规定参加社

① 李有军，等．社保法草案回应公众关注．人民日报（海外版），2009－12－23.

会保险；公务员和参照公务员法管理的工作人员养老保险的办法由国务院规定。被征地农民到用人单位就业的，都应当参加全部五项社会保险。对于未就业，转为城镇居民的，可以参加城镇居民社会养老保险和城镇居民基本医疗保险，继续保留农村居民身份的，可以参加新型农村社会养老保险和新型农村合作医疗。

在基本养老保险上，立法首次确立“全国统筹”的目标。此前的法律草案对这一问题的规定不太明确。提高基本养老保险的统筹层次，是经济欠发达地区群众十分关注的问题。通过法律不断调整和缩小东西部之间、城乡之间的社会保险水平差异，就应当在立法上尽量减少允许地方差别的规定，增加制度统一的规定。《社会保险法》在表决前的“最后时刻”就提高社会保险统筹层次作出明确规定：基本养老保险基金逐步实行全国统筹，其他社会保险基金逐步实行省级统筹，具体时间、步骤由国务院规定。

《社会保险法》规定了基本养老保险、基本医疗保险、失业保险的转移接续制度。一是个人跨统筹地区就业的，其基本养老保险关系随本人转移，缴费年限累计计算。个人达到法定退休年龄时，基本养老金分段计算、统一支付。具体办法由国务院规定。二是个人跨统筹地区就业的，其基本医疗保险关系随本人转移，缴费年限累计计算。三是职工跨统筹地区就业的，其失业保险关系随本人转移，缴费年限累计计算。

这些规定建立起了全国一盘棋的社会保险体系，明确了社会保险的国家责任制度和公民的社会保险无差别待遇。长远地看，这是社会保险法律制度的内在需求和现代社会公民基本生活平等保障的应有之义。现实地讲，这有助于从根本上遏制困扰多年的“退保”现象，“退保”不仅是对劳动者社会保险权益的侵害，对于落后地区的经济和社会发展构成长久的影响，也会对社会保险制度本身构成伤害。

（二）强化了用人单位缴纳职工社会保险费的义务，规定了对用人单位不缴纳可以采取的强制措施

对于社会各界一直非常关注的一些单位和个人欠缴保险费的问题，立法规定了具有操作性的应对措施。《社会保险法》第63条规定，用人单位未按时足额缴纳社会保险费的，由社会保险费征收机构责令其限期缴纳或者补足。用人单位逾期仍未缴纳或者补足社会保险费的，社会保险费征收机构可以向银行和其他金融机构查询其存款账户；并可以申请县级以上有关行政部门作出划拨社会保险费的决定，书面通知其开户银行或者其他金融机构划拨社会保险费。用人单位账户余额少于应当缴纳的社会保险费的，社会保险费征收机构可以要求该用人单位提供担保，签订延期缴费协议。用人单位未足额缴纳社会保险费且未提供担保的，社会保险费征收机构可以申请人民法院扣押、查封、拍卖其价值相当于应当缴纳社会保险费的财产，以拍卖所得抵缴社会保险费。用人单位不办理社会保险登记且在社会保险行政部门责令改正期限内不改正的，对用人单位处应缴社会保险费数额一倍以上三倍以下的罚款，对其直接负责的主管人员和其他直接责任人员处五百元以上三千元以下的罚款；用人单位未按时足额缴纳社会保险费的，由社会保险费征收机构责令限期缴纳或者补足，并自欠缴之日起，按日加收万分之五的滞纳金；逾期仍不缴纳的，由有关行政部门处欠缴数额一倍以上三倍以下的罚款。

在工伤保险欠费的情形中，为保证工伤职工得到及时救治，立法还创设了工伤保险待遇垫付追偿制度。用人单位未依法缴纳工伤保险费，发生工伤事故的，由用人单位支付工伤保险待遇。用人单位不支付的，从工伤保险基金中先行支付，然后由社会保险经办机构依照本法规定追偿。由第三人的原因造成工伤，第三人不支付工伤医疗费用或者无法确定第三人的，由工伤

保险基金先行支付后，向第三人追偿。法律还将现行规定由用人单位支付的工伤职工“住院伙食补助费”“到统筹地区以外就医的交通食宿费”和“终止或者解除劳动合同时应当享受的一次性医疗补助金”改为由工伤保险基金支付。这些规定既保障了工伤职工的权益，也减轻了用人单位的负担。

（三）体现了社会保险中的国家责任，对公民的基本生活提供了强有力的国家保障

国家责任是一个国家公民基本生活最为有力的保障，也是社会保险区别于其他类型保险的显著特点，是社会保险相对于其他任何保险不可比拟的优势所在。在这个意义上可以不夸张地说，国家的财力有多强大，公民的养老就有多强大的保障，因为国库里的最后一分钱是公民的养老保险金，是老年公民得以活命的钱。只要国库里还有钱，我们就可以“老有所养、病有所医”。也正是因为有了国家的根本性保障，我们才得以在最近六年连续不断地提高企业退休人员的养老待遇，使他们领取养老金的水平翻了一番。为此，中央财政每年拿出了1 500亿以上的资金来予以支撑。

在《社会保险法》中，有关基本养老保险基金出现支付不足时政府给予补助的规定，有关医疗保险缴费的困难群体由政府给予补助的规定等都为我国公民的基本生活提供了有力的保障，也为社会保险中的基本养老和基本医疗制度提供了强有力的支撑。尤其是“工伤保险基金先行支付”的两项制度，明确了国家在劳动者发生工伤事故后先行承担保险待遇的支付责任，明确了国家可以作为第一责任人对工伤职工承担责任。这些规定对于工伤职工的救治与康复，尤其是在用人单位因各种原因不能承担法律责任时劳动者权益的保障具有特别重要的意义。

（四）加大了社会保险的监管力度，建立健全了社会保险的监管体制

为了加强社会保险监督，维护社会保险基金安全，《社会保险法》从人大监督、行政监督、社会监督等三个方面，构建了社会保险监督体系。

《社会保险法》规定各级人民代表大会常务委员会听取和审议本级人民政府对社会保险基金的收支、管理、投资运营以及监督检查情况的专项工作报告，组织对本法实施情况的执法检查等，依法行使监督职权。

国家对社会保险基金实行严格监管，立法明确了各级人民政府及其社会保险行政部门、财政部门、审计机关在社会保险监督方面的职责。国务院和省、自治区、直辖市人民政府建立健全社会保险基金监督管理制度，保障社会保险基金安全、有效运行。县级以上人民政府社会保险行政部门应当加强对用人单位和个人遵守社会保险法律、法规情况的监督检查。社会保险行政部门对社会保险基金的收支、管理和投资运营情况进行监督检查，有权采取的措施包括：(1) 查阅、记录、复制与社会保险基金收支、管理和投资运营相关的资料，对可能被转移、隐匿或者灭失的资料予以封存；(2) 询问与调查事项有关的单位和个人，要求其对与调查事项有关的问题作出说明、提供有关证明材料；(3) 对隐匿、转移、侵占、挪用社会保险基金的行为予以制止并责令改正。财政部门、审计机关按照各自职责，对社会保险基金的收支、管理和投资运营情况实施监督。

法律规定统筹地区人民政府成立由用人单位代表、参保人员代表，以及工会代表、专家等组成的社会保险监督委员会，掌握、分析社会保险基金的收支、管理和投资运营情况，对社会保险工作提出咨询意见和建议，实施社会监督；听取社会保险经办机构关于社会保险基金的收支、管理和投资运营情况的汇报；聘请会计师事务所对社会保险基金的收支、管理和投资运营

情况进行年度审计和专项审计；对发现存在问题的，有权提出改正建议；对社会保险经办机构及其工作人员的违法行为，有权向有关部门提出依法处理建议。

工会依法维护职工的合法权益，有权参与社会保险重大事项的研究，参加社会保险监督委员会，对与职工社会保险权益有关的事项进行监督。有关部门和单位应当向社会公布或者公开社会保险方面的信息，主动接受社会监督。社会保险行政部门应当定期向社会公布社会保险基金检查结果；社会保险经办机构应当定期向社会公布参加社会保险情况以及社会保险基金的收入、支出、结余和收益情况；社会保险监督委员会应当向社会公开审计结果。

三、《社会保险法》的立法走向

社会立法是以特殊的社会成员为其对象的，残疾人、妇女、儿童、老年人是社会立法所关注的。这些社会成员或因先天的缺憾生活困难，或因后天因素在竞争中处于劣势，需要社会给予特别的关怀，法律给予特殊的关注。正是从这个角度，社会立法鲜明地坚持着关切市场经济条件下不幸的人，而不是那些幸运儿。在社会立法的这些对象中，多重成分交叉与重叠的人是立法最应给力的，例如，残障儿童、孤寡老人、病弱妇女。这些社会成员及他们的家庭在社会生活中常常陷入困境，仅靠其自身的力量难于渡过难关，因而是社会立法中的重中之重。

社会立法对特定社会成员的权利的基本保障重点应当放在四个方面：其一是生活保障。这是一种最低的但也是最根本的保障。在这方面，如何将已有的城乡居民最低生活保障制度法制化、一体化是未来立法的着眼点。其二是医疗保障。医疗保障对于一般社会成员是偶发的、非常态的，但对于这些特殊的社会成员却是多发的和常态的。医疗费用具有不可预知和不可控制的特性，且呈不断增长的趋势，仅靠社会成员自身是难以承受的。对于特殊社会群体而言，无异于雪上加霜。因此，社会立法要在一般医疗保险的基础上为特定的社会成员建立特殊的医疗保障制度。其三是工作保障。“有工作才能有幸福”已经成了当下的社会共识。即便对于残疾人而言，一份工作是他们自信的证明、自尊的保障和自强的体现。在市场经济条件下，对于竞争力不足的社会群体提供特殊的就业保障、提升他们的就业能力、增加他们的就业机会是社会立法的应有之义。其四是护理保障。业已进入老年社会的我国在老年护理上的缺失问题突出，缺乏专门护理的老年人不仅幸福无从谈起，连生存都受到影响，甚至成为犯罪分子的侵害对象。通过社会立法建立专门的国家护理制度已经刻不容缓，其中的老年妇女的护理需求尤为迫切。

社会立法的最大特点是它的非商业化。社会立法提供给社会成员的保障既不是建立在营利的基础之上，也不是等价有偿的相互交换，而是由国家基于社会利益建立的，体现的是人道主义、人人共生、社会和谐等价值观，是以国家的财力作为根本保障的一项现代社会的法律制度。因此，在社会保障中，要旗帜鲜明地强调国家责任。国家责任是一个国家公民基本生活最为有力的保障，也是社会保险区别于其他类型保险的显著特点，是社会保险相对于其他任何保险不可比拟的优势所在。所以，在由国家基本责任、社会补充责任和公民分担责任构成的社会立法责任体系中，国家责任始终是基本的、根本的、最终的和责无旁贷的。

对于《社会保险法》中出现过多次的授权条款是否会造成社会保险权利集中在基层，从而导致各地差异大，带来保险转续更加困难的问题；对于在中国的立法中第一次写了外国人可以参加社会保险，在劳动关系的履行中怎样得到实施的问题；对于有了“基本养老保险基金逐步实行全国统筹”的规定，却没有具体的步骤和时间表予以落实的问题；对于养老保险缴费的标准有些高，而相对享受的保障又偏低的问题；对于社会保险制度中饱受诟病的碎片化问题——既有纵向上统筹层次的问题，也有横向上不同的群体适用不同制度问题，立法对于公务员、公职人员参加社会保险的问题再次采取了回避的问题；对于在农村参加了保险，又在城市里买了房、就了业，重复参加社会保险的问题……社会成员依然表现出了强烈的关心与企盼。

在我国的社会立法中，要着力解决法律规范的操作性不强和法律责任难以落实的问题。在责任主体上，侵犯他人权益责任主体的多元化常常让法律感到有些力不从心，导致相应的法律责任落实不了，必须开展专门性的研究，提出具有操作性的规则和对策。在司法救济程序中，社会权益保障方面的立法在司法审判环节直接援用为法院判决的偏少，要着力探讨这类法律规范的实际效果和实施途径。在专门法的实施中，应当处理好与一般法律实施中的关系，比如《工伤保险条例》这种专门规定的效力应当高于普通法；应当使社会保险中的专门立法更能为司法部门接受，更多地体现在司法实践的有效判决之中。

黎建飞

2011 年 4 月

第三版导言

中国社会保障法制的发展战略

一、立法：批发与零售的考量

社会保障法制发展首先是立法模式的选择：是总体立法还是个别立法，或者说是批发还是零售？所谓批发或者零售是我们应当制定一部完整的社会保障法或者是社会保险法，还是应当在内容上有分别在时间上有先后地制定出工伤、失业、医疗、养老和疾病保险法，以及社会救助、社会优抚、社会福利等法律？

从世界各国来看，两个方面都有现成的例子，都有其实践的经验。后者以社会保险的创始国德国最为典型。1883年至1889年相继通过疾病保险、意外事故保险和老年与残疾保险三项立法，1911年另增孤儿寡妇保险法成为《社会保险法》。这是一种由局部到总体的立法模式，也是老牌资本主义国家共循的一种立法过程。前者以资本主义的后起之秀美国最为典型。美国是一个自由资本主义发展比较晚却又发展比较充分的国家，在社会风险的防范上长期坚持国家不干预的政策。但开始于1929年的经济危机对这一政策产生了根本性的冲击，并进而导致罗斯福的上台和罗斯福的新政。用罗斯福自己的话来说，罗斯福新政的第一块奠基石就是美国的《社会保障法》。这是人类历史上第一部社会保障法，全面规定了养老、失业、疾病、生育和残疾人的保险与救济。虽然当时的标准不高，项目也不尽完善，但美国的社会保障制度就在这个基础上一步步地发展起来了。这就是从总体到一般的发展历程。这两种立法模式和发展各有其自身的历史原因，也各有其经验与教训。

我们正在制定的《社会保险法》，是从一般到具体的立法模式。而实际上我们已经有了《工伤保险条例》《失业保险条例》，也有了关于养老保险、医疗保险等方面的规定。那么，我们究竟应当怎样来整合它们，怎样制定出体系完善、内容充实的法律？这是一个值得好好考虑的问题。

与此相关的是在立法技术层面上，我们是进行纲领性立法还是规范性立法？前者表现为订立出大的框架、大的原则就行了，由它来对实践起到指导和指引作用。而实际上法律本身应该成为行为规范。这种规范必须明确地告诉人们何为令行、何为禁止，它最形象的标志就是路口的红灯与绿灯。法律规则应当像红灯绿灯一样，人们一看到就知道该行走还是该停下来。我们这几年的立法在总体上的倾向是比较宽泛、比较原则。结果是法律是制定出来了，实践当中问题一大堆。有的解决了，有的没解决，有的又产生一些新的问题。法律还没有开始实施，社会上已经迫切需要实施细则了。我觉得这并不是成功的立法经验。所以，我们在《社会保险法》的制定之初就应当明确社会需要的是规范性的法律规则，而不仅仅是纲领性的概括和原则。

接下来我们应该考虑的是立法为先还是实践为先的问题。我们是一个后发达国家，后发达国家在法律上有一个方便的地方，即可以把先发达国家的法律直接拿过来。所以这些年我们国家立法进度比较迅猛，在制定一个法律条文时我们可以援引很多国家的法律条文作为借鉴、进行比较。即便是实践中还没有出现的问题，我们也可以从中预计到这些问题出现的必然性及法律对策。因此，我们可以立法为先，利用先发达国家的法律规范来制定我们自己的法律，通过它来指导实践并为实践预备好规范。由于先发达国家的立法本身是源于实践的，所以可以使我们少走弯路，事先避免一些可能出现的失误。第二种路径就是总结自己的实践经验，总结从新中国成立以来，尤其是从改革开放以来所积累的经验和得到的教训，从我们自己的国情出发，考量我们社会的心理承受能力。比如说我们应当坚持的“高覆盖、低保障”这样一种长期以来的方针，而不把高保险标准作为立法的追求。换言之，我们应该从我们自身的需求和能力出发，而不仅仅是把先进国家的规范体系拿过来，直接把我们的东西装进去。

二、司法：普通法院与专门法院

社会保障法在司法领域是一种专门性法律还是普通性法律，或者说在司法体系内我们是否应当像现在这样把案件放在普通法院中审理，甚至是放在普通法院的民事审判庭来审理？事实上我们都清楚社会保险、社会保障的法律关系是完全不同于民事法律关系的。民事关系的主体平等、等价有偿是其根本要素，甚至可以在实际生活中简化到以一手交钱一手交货来完结一次具体的民事法律行为。而社会保障法的理念与此大异其趣，由此也导致了社会保险或者社会保障的案件由独立于普通法院体系之外的专门法院来审理。德国的社会法院是一种典型的模式，英国的劳工法庭也突出了即便在普通司法体系中社会保障案件审理的特殊性。

那么，这些有别于普通法院的模式能否在我们国家予以考虑？因为法院的设置涉及宪法、涉及人民法院组织法的问题，这些问题究竟应当怎样研究、怎样解决？在德国，不仅社会法院是一个独立的系统，劳动法院、社会法院与普通法院也是完全不同的。社会法院适用一整套社会法的理念和规范进行审理。比如，领取失业保险金的人私下里工作并领取报酬，可能会在社会法院审理后转负刑事责任。

在我国能否适用一套社会法的理念和规范来审理社会保障的案件？这些特殊的理念和规范在我国是否可行？我们将社会保障的案件放到普通法院审理，尤其是放到普通法院的民事审判庭来审理，还要经历劳动争议仲裁程序的一裁二审。这种体制的合理性是需要论证的。因为社会保险或者社会保障的法律规范和法律理念与劳动法也有很大的区别。它并不是劳动关系中的用人单位与劳动者之间的法律关系，而是国家与用人单位或者劳动者之间的法律关系。它也不是一个如同付出劳动后追索劳动报酬的对价关系，甚至都不是一个现实的或者说可以追求到现成的法律后果的法律关系。因为社会保险案件审理后的利益归属并不是提出诉求的劳动者本人，而是归于国家建立的社会保险基金组织。

当然，认识到社会保障在司法中的不同并不等于现实中由专门法院审理的可行。我国甚至已经有过这方面的尝试和先例。数年前有一高级人民法院就设立过社会保险法庭，但却并未支撑太久。这里面的经验和教训都应当在社会保障法制建设的战略发展层面上认真思考和研究。

三、行政：征管中的权力与责任

在社会保障和社会保险的行政管理体制中，应当明确行政管理机构的权力与责任，并且要坚持社会保障法的基本理念。

国家的社会保障行政管理机构负责社会保险费的征缴，并且通过征缴社会保险费建立起社会保险基金，从而保障这一制度的正常运转。但在我们的实践中却有一个近乎于矛盾的现象：社会保险的政策和法律规定了管理部门的征缴权力，并且赋予了这些部门对拖欠社会保险费的单位和个人的处罚权限。这些权力和权限对于社会保障制度的重要性是不言自明的，同时也表明了这些行政管理部门在这方面的责任，即行政管理部门对于不缴或者欠缴社会保险费是不能置之不理的。如果不能有效地行使具有国家强制力的权力去完成征缴任务，无异于没有正确和有效地履行自己的法定职责，应当承担相应的法律责任。

但在现实生活中，社会保险费的征管部门没有征缴到社会保险费——无论是劳动者没有由用人单位代扣代缴还是用人单位没有缴纳各项社会保险费，最后的结果都是劳动者不能享受社会保险待遇。由于养老保险的长久性和持续性，当劳动者在退休时遭遇养老保险费未缴纳或者未全额缴纳的境况时，劳动者就无法享受养老保险待遇。我们还经常看到媒体关于“某工伤劳动者真幸运，其用人单位刚参加了工伤保险”的报道，意即如果其用人单位未参加工伤保险，受到工伤的劳动者就享受不到工伤保险待遇。这也是我国现行《工伤保险条例》（2003 年）的规定，如第 60 条规定：“用人单位依照本条例规定应当参加工伤保险而未参加的，由劳动保障行政部门责令改正；未参加工伤保险期间用人单位职工发生工伤的，由该用人单位按照本条例规定的工伤保险待遇项目和标准支付费用。”这一规定不仅自相矛盾，而且是对用人单位违法行为的认可与宽容，对社会保险行政管理机构失职行为和责任的放纵。因为既然用人单位是“应当参加”的，未参加就是违法，就应当承担未参加的法律责任；既然行政管理机构有征缴的权力，未征缴就是失职，也应当承担失职的法律责任。但这一规定却将二者的过错转嫁给了劳动者，而且是遭遇了因工伤害的劳动者。因为建立工伤保险制度的目的就在于使劳动者劳动风险的转移得到法律保障，就在于使受到伤害的劳动者不论用人单位的存亡都能得到社会的保障。工伤保险制度的根本任务就是割裂受到工伤的劳动者与用人单位的关系，使这些劳动者在全社会的保险体系中享受工伤保险待遇。这一规定有违工伤保险制度建立的初衷，使法定的工伤保险成了用人单位可能选择的保险，成了行政管理机构征缴不力也无须承担责任的保险，劳动者受到工伤后的保险权益只能取决于这二者对法定义务的履行情况。

事实上，按照《工伤保险条例》（2003 年）第 10 条的明确规定，“用人单位应当按时缴纳工伤保险费。职工个人不缴纳工伤保险费”。这清楚地表明了工伤保险是与劳动者个人无关的、劳动者只享受权利而不承担任何义务的社会保险。就劳动者而言，只要身为劳动者就应当无条件地受到工伤保险制度的保障，如果遭遇工伤都应当无条件地享受工伤保险待遇，而且这种待遇必须来源于社会保险，而不是再次回到保障力度完全不能与社会保险同日而语的用人单位保障中去。

所以，我们不仅不应当苛求劳动者在完成每天的劳动任务的同时还必须盯住用人单位是否履行了缴纳社会保险费的法定义务，而且不应当放任用人单位不参加具有法律强制性的社会保险，我们更不应当将用人单位和行政机关的共同过错由受到工伤的劳动者承担后果。

四、社会成员：参与中的权益

2005年以来，每年春节前，从珠三角到长三角都会出现所谓的“农民工退保潮”。而“退保”在伤害劳动者的同时，也对社会保险制度构成了根本性伤害。

社会保险基金依据三方原则建立，用人单位交了其中的大部分，劳动者也交了一部分，受益人是劳动者。这项制度从根本上是排斥“退保”的，因为社会保险的要义在于“社会”而不是特定的用人单位或者劳动者。以养老保险为例，它是将人类社会“儿子养老子”的传统方式社会化，让社会上有工作能力的“儿子”养全社会丧失劳动能力的“老子”。所以，社会保险费的缴纳和使用是分离的，劳动者并不是使用自己缴纳和用人单位为自己缴纳的特定款项，而是以一个劳动者的身份享受全社会劳动所共同创造并且长期积累的社会保险基金。正是在这种意义上，一个刚刚上班就遭遇工伤的劳动者可以理直气壮地享受工伤保险的全部待遇，而不应当在法律上认可其雇主所主张的该名劳动者还未为其创造劳动价值，因而不应承担责任的理由。

“退保”首先是对劳动者社会保险权益的侵害，因为劳动者从“退保”中拿到的仅仅是自己缴纳的那一部分，用人单位为其缴纳的更大部分从此不复存在，以国家财力为最后保险的其他权益也随之消失。如果考虑到这些所谓的“农民工”都是从经济相对落后地区到经济相对发达地区工作，“退保”在一定意义上形成了经济发达地区对经济落后地区的再次“剥夺”。并且，这还会对于落后地区的经济和社会发展造成长久的影响，因为回到这些地区的劳动者在最佳就业阶段没有由劳动者为自己进行的财富储备，当劳动能力减弱和丧失时在给其本人和家庭带来沉重负担的同时，也必然加重这些地区的社会财政压力。

“退保”对于社会保险制度的伤害或许更大。因为全体社会成员的未来都与社会保险制度密切相关，社会保险制度是全体社会成员未来的依靠。如果劳动者在能够劳动时不为社会保险基金添砖加瓦，社会保险的大厦就难以矗立。劳动者虽然能够从社会保险基金中把已经缴纳的钱拿走，但却不能够将自己必然面临的包括年老在内的各项风险消灭。因为任何劳动者无论如何都会变老，而老年人的基本生活都是需要得到保障的。当社会保险不能解决，不能给予保险时，全社会必须为此承担后果。

因此，劳动者参与劳动就应当享受社会保险。劳动者的各项社会保险权利应当通过法律强制来予以保障，不应当出现“退保”之类的现象。社会保障法律制度应当以全社会的力量来保障弱势群体、保障普通劳动者在遭遇各种不幸时能生活下去，并且还能活得比较好。

黎建飞

2008年5月

又：写下这个时间后，呼唤我国社会保障法律制度的例证就在眼前：两天前的地震让家乡的父母姊妹们此时此刻正饥困于风雨中。健全与完善的社会保障制度关乎每一个社会成员的生存，关联每个家庭的安宁，关系中华民族的长存！

第二版导言

我国《社会保险法》的制定工作已历经多年未果，其中有一种观念或者说认识让人疑惑，即社会保障法或社会保险法到底是一种奢侈品还是一种必需品。换句话就是说：制定社会保险法是雪中送炭，还是锦上添花？前者是说下雪天送炭给人，是在他人急需时给以及时的帮助；后者则是在美丽的锦织物上再添加鲜花，喻义好上加好。社会需求和人们赞许的是前者而非后者，如明代学者凌濛初所言："只有锦上添花，那得雪中送炭。"如此，《社会保险法》的制定便是可以少安毋躁的了。

然而，制定《社会保险法》恰恰是雪中送炭，并非锦上添花。

一、社会保险法的历史启示

社会保险法是国家为了维护社会成员的基本生存权利，对由于各种原因而失去生活保障的社会成员给予一定物质帮助的法律制度。它发端于19世纪的工业化鼻祖英国，形成于19世纪末的德意志帝国。

18～19世纪的工业革命摧毁了以家庭为生产单位的自然经济，劳动者在社会经济中的地位降低，对于生产活动中的风险及教育、医疗、赡养等风险，仅有的家庭保障和慈善机构已力不从心，必须由国家立法予以保障。1864年英国颁布了《意外事故法》，第一次以法律形式确认了雇主的责任。从此，雇主对劳动者的安全保障成为不可避免的社会责任。到19世纪后期，雇主责任逐渐扩大到职业病、病假、产假、失业以及解雇等方面。1789年，英国的《斯宾汉姆莱法》承认"在目前的状态下，穷人的确需要得到比过去更进一步的补助"，规定："当每加仑面粉做成的面包重81磅11盎司价值1先令时，每个勤勉的穷人每周应有3先令收入"，其妻及其他家庭成员每周应有"1先令6便士"；如劳动者及其家庭成员的所有收入均达不到此项标准，则应从济贫税中予以补足，并宣布此项补贴随着面包价格上涨而浮动。这部法律的意义不仅在于把济贫的范围扩大到有人就业的贫穷家庭，而且确立了由国家负责救济，使低工资收入者得到了最低限度的生活保障。通过国家立法来实行社会保障是一大进步，国家的干预和介入标志着国家具有了新的社会管理职能，也表明了人类社会自身认识程度的深化。该法的实行使济贫税大为增加，1810年后已超过每年600万英镑，即便如此，当时地主和资本家们仍然愿意承担以避免革命。

在家庭保障职能削弱中还孕育了具有互助意义的"友谊社"（"信托储蓄银行""集捐社"等，宗旨均为"遭遇不幸时互相支援"），通过成员在经济上的互助提供基本保障。会员大都是来自同一行业的技术工人，定期交纳一定数额的会费。当出现不可避免的工伤、失业、贫困、疾病、残疾和年老等风险，不能工作时，可以从“友谊会”领取救济。类似的组织也出现在德国的矿工中。由于矿工的危险性，建立了“矿工兄弟会”的自助机构，在发工资的日子，每个矿工自愿存进一笔钱，作为矿工的医药费或丧葬费。这种工人自发建立的互助储金会，1880 年年底发展到 6 万名会员，1885 年年底猛增到 73.1 万名。①

随着工业化大生产的出现，自助组织与家庭一样失去了社会保障的意义。工作风险的增加、成员间的关系的疏远、人口流动的加剧，使人们在生病、伤残或年迈不能工作时，难以得到其他成员的帮助。社会矛盾的激化使国家干预成为必然。1794 年 2 月 5 日普鲁士立法要求国家对贫民予以救济，规定国家应关心救济那些不能自食其力，又得不到其他人（而这些人按照特殊法律应负有义务）帮助的公民。1881 年年初国会讨论并通过了《工伤事故保险法》，规定工人们在患病、发生事故、伤残和老年经济困难时受到保障，他们有权要求救济。1882 年 5 月 15 日国会通过《疾病社会保险法》，对全体从事工业性经济活动的工人一概实行强制性疾病社会保险，参与保险的工人在医疗和药品服用上均实行免费制。1889 年 5 月 24 日国会通过《老年和残疾社会保险法》，为退休者或因伤残而丧失了劳动能力的人提供保障。

值得一提的是历史法学派在德国社会保险制度建立中的作用。这个学派的主要代表人物古斯塔·斯勒、路德维希·布伦坦诺等关于国家具有管理经济和社会生活的职能，即国家的职能不局限于安定国内秩序和发展军事威力，还必须直接插手经济社会生活的管理，并担负起促进“文明和福利”的职责；经济发展进程要同伦理道德联系起来；劳工问题是最危险的社会问题，国家必须采取有效措施尽快解决的主张，促进了国家通过立法建立社会保险制度。继德国之后，西欧与北欧各国从 19 世纪后半叶起，也先后建立了带有强制性的社会保险体系。

回顾社会保险法历史，其启示在于：社会保障是社会成员所必需的，它是社会成员生存、生活和保持人格尊严必不可少的。正如德国学者霍尔斯特·杰格尔所言：“在每个人的一生中都会出现困境，例如生病、失业、事故、老年、死亡、生育多胞胎、生育一个有残疾的孩子、住户困难等等。在这种情况下，他迫切需要他的家庭、邻居、救济机构、保险机构或者国家的帮助。而人的尊严和价值要求一个有效的保障。只有在充分的社会保障的基础上——同时有精神自由——人们的人格才能得到公平的发展。”② 对于社会保险法“雪中送炭”的性质，德国萨克森州社会法院庭长、德累斯顿技术大学法律系名誉教授格尼尔·施耐德就说得更为直接：“无论是劳动法还是社会保险法，它们的保护目的都是相同的，即从经济上保护职工（及其家庭）不受生活变故的影响……只要社会保险仍与就业有关，与某些生活变故有关，在此种生活变故情况下，因出现一定的保险情形无法提供劳动支付（例如患病、工伤或退休），社会保险就与这种保护需求相关联。”③

同时，社会保险法也不是一种奢侈品，只有等到经济高度发达时才能建立。早在 1770 年，

---

① 和春雷，主编．社会保障制度的国际比较．北京：法律出版社，2001：17.

② 霍尔斯特·杰格尔．社会保险入门——论及社会保障法的其他领域．刘翠霄，译．北京：中国法制出版社，1998：1.

③ 格尼尔·施耐德．中德劳动和社会保障法之比较//中华人民共和国劳动和社会保障部法制司，德国技术合作公司中国法律改革咨询项目，编著．中德劳动与社会保障法比较法文集．北京：中信出版社，2003：17. 英国学者罗伯特·伊斯特也指出：“社会保障的一个基本目的，是向那些被确定为贫穷或者面临贫穷威胁的人提供经济帮助，通常采用支付补贴的形式。它往往是在一个人因为疾病、残疾、失业或者年老等原因不能工作的情况下，向其提供帮助，弥补其经济资源的缺乏。”罗伯特·伊斯特．社会保障法．周长征，等译．北京：中国劳动社会保障出版社，2003：13.

萨缪尔·约翰逊就断言："给穷人体面的供给乃是对文明的真正考验。"① 社会保险法为经济困难的劳动者提供物质帮助，是一种最低的生活保障。由于种种原因不能工作的劳动者，没有或者只有很少的收入来源，生活难以为继的情形并不是经济高度发达后才会出现的社会现象，而是与经济和社会发展同步和共生的社会现象。国家和社会所要做的不是等待经济的发展来消除这种现象，而是在经济发展的过程中解决问题。这些问题的解决是经济和社会发展的前提，未能解决或者解决不好反倒是经济和社会发展的障碍。而且我们也不可能等到经济高速发展了，社会保险法的立法条件也完全成熟了才来创建它。

二、我国社会保险的现实需求

我国的社会保险立法始于20世纪50年代初。1950年颁布《救济失业工人的办法》，对解决旧中国遗留的失业问题发挥了积极作用。1951年颁布《中华人民共和国劳动保险条例》，包括养老、伤残、遗属、疾病津贴、医疗、工伤和职业病、生育待遇等保障项目。但直到20世纪80年代中期，社会保险的覆盖面仅局限于城镇地区，重点是国有企业。

20世纪80年代中期以来，中国对社会保障制度进行了一系列改革。1984年，开始企业职工养老保险制度改革，1986年，建立了城镇失业保险制度，1994年、1996年和1998年分别开始实施生育保险、工伤保险和城镇职工医疗保险制度改革。

目前，我国已经进入人口老龄化社会，本世纪中国人口老龄化可划分为三个阶段：快速老龄化阶段、加速老龄化阶段、重度老龄化阶段。到2023年，老年人口数量将增加到2.7亿，与0～14岁少儿人口数量相等。到2050年，老年人口总量将超过4亿。② 人口老龄化的问题越来越成为重大社会问题。据预测，50年后发展中国家的老年人口数量将是现在的4倍。③ 在人口性别结构中，高龄老人中老年妇女所占比例大。职业妇女工龄短，待遇低，但其寿命长，一旦丧偶后，又体弱多病，处于贫困状态的人数较多。加之越来越多的劳动年龄人口从农村迁移到城市，传统的家庭赡养功能弱化。家庭养老资源减少，子女、孙子因处于激烈的市场竞争中，同时老龄化日趋严重，难以承担照顾老人的重任。我国城镇企业职工养老保险制度始建于20世纪50年代初，1984年开始进行改革，1997年在全国城镇企业建立了统一的、社会统筹与个人账户相结合的基本养老保险制度。养老保险覆盖城镇各类企业职工，并正向在城镇从事个体经营和灵活就业的劳动者扩展。目前企业还建立企业年金，已有一千多万人参加了企业年金计划。④ 1991年后，在部分农村进行了个人账户积累式的养老保险试点，有近5 500万人参加。1986年开始在国有企业实行失业保险。1999年颁布的《失业保险条例》把失业保险制度覆盖范围扩展到城镇所有企业、事业单位及其职工。2005年4月底，参加失业保险的有10 446万人，415万人领取了失业保险金。1998年颁布的《关于建立城镇职工基本医疗保险制度的决定》，开始了城镇职工基本医疗保险制度改革。基本医疗保险覆盖城镇所有用人单位及其职工。目前已经覆盖了1.28亿人。除基本医疗保险之外，还建立了大额医疗费用补助制度，以解决社会统筹基金最高支付限额之上的医疗费用。自20世纪50年代初起，我国实行了雇主责任方

① 罗伯特·伊斯特. 社会保障法. 周长征，等译. 北京：中国劳动社会保障出版社，2003：1.

② 梁捷. 老龄化，我们准备好了吗. 光明日报，2006-02-27.

③ 董之鹰. 全球人口老龄问题研究新思路.［2005-07-02］. www.cnca.org.cn.

④ 黎宗剑. 实现老有所养需要全社会共同努力. 人民日报，2008-05-14.

式的工伤保险制度。1996年颁布《企业职工工伤保险试行办法》，开始在部分地区建立工伤保险制度。2003年4月27日发布的《工伤保险条例》适用于各类企业（包括乡镇企业）、有雇工的个体工商户。工伤保险基金支付的待遇包括工伤医疗费用、伤残津贴、伤残补助金、生活护理费等。全国有7 080万职工参加了工伤保险，2004年有51万人享受了工伤保险待遇。1994年，颁布的《企业职工生育保险试行办法》试行企业职工生育的社会保险制度。生育保险费由参保单位缴纳，职工个人不缴费。职工生育享受不少于90天的生育津贴及生育期间的医疗费用。全国有29个省份开展了生育保险，参加生育保险的人数为3 648万人，有35万职工享受生育保险待遇。2007年年末中国基本养老保险和基本医疗保险参保人数分别达到2亿人以上，基本养老保险、基本医疗保险、工伤保险和生育保险参保人数分别为20 137万人、22 311万人、12 173万人、7 775万人。①

社会保险的建立健全必须依赖于法制。社会保险涉及多方面的社会关系，相互对应的权利义务遍及政治、经济、金融、家庭、政府、企业领域和全体社会成员，只有具有国家强制性的法制手段才能进行有效的调整。养老保险是全体社会成员的老年生活的基本需求，具有长期储蓄和延期支付的特征，其周期性长和风险性大的特点，要求真实的信息交流管理和强制性的信用责任，而这正是法律手段的长处所在。就社会成员个人而言，年轻时的短视使之不愿为老年时付出应有的储蓄，当其年老时就只能依靠他人和社会。但如果社会不强制其成员参加养老保险，则最后的结果便只能是其成员无所依靠。加之失业和贫困的存在，社会中必然有一部分人缺乏进行养老储蓄的可能。金融机构在经营中的风险和保险公司在市场竞争中成败的不确定性，作为个人的社会成员对于自己储蓄回报的不可控制，对于投入商业保险的预期的不能确定，都要求国家依法建立社会养老保险制度。这也是世界上一百六十多个国家实施强制性养老保险的理由所在。在医疗保险中，疾病是人们最不能确定的社会风险之一。医疗服务具有治病救人和追求利润的双重功能，医疗服务专业性强，管理成本高，医务人员和求治病人信息不对称，医疗费用的急剧增长已成为全社会难以承受的困难，制定法律来规范医疗风险的必要性就显而易见了。同时，法律调整社会关系的公平性特征，也与医疗服务的社会公平需求相吻合。社会成员的健康状况会对其经济收入、生活质量和社会地位产生直接的影响，低工资收入者在疾病中极易落入贫困而难于自救，医疗保险立法通过基本的健康服务项目，向他们提供基本的医疗服务，有助于帮助他们克服疾病风险，维持稳定的生活方式。工伤保险进行社会立法的必要性就更为明显。工伤保险是对职业伤害的受害者及其家庭的经济损失、劳动能力损失和生命损失提供的保障。工伤事故发生后，用人单位和劳动者常常在认定及责任上都有重大的分歧，一些企业甚至会在重大事故后无力承担责任进而破产，即便支付一次性赔偿金对于永久丧失劳动能力的劳动者在养老、养残和遗属抚养与赡养上的需求也难以给予有效保障。工伤保险立法规定由用人单位缴费建立统一的统筹基金、统一的支付条件和支付标准，从而有效地解决受到伤害的劳动者在赔偿、救治与生活条件方面存在的困难。

与我国社会保险现实需求不相吻合的是我国社会保险的立法进程。不难看出，我们近年来在这上面作出了努力，但效果并不尽如人意。立法层次低下、立法内容分散、立法体例不规范等问题突出，直接导致实践中相关的争议不能及时有效地解决，更加凸显出加快《社会保险法》制定的紧迫性。

---

① 人力资源和社会保障部，国家统计局，联合发布．2007年劳动和社会保障事业发展统计公报．www.mohrss.gov.cn，2008-06-10．

三、制定《社会保险法》的新问题

1. 就业形式多样化对《社会保险法》适用范围的影响

当前我国的就业格局已经发生重大变化，灵活就业人员约占城镇从业人员的40%，总人数在1亿以上。[①] 灵活就业的种类和涵盖的领域十分广泛，既包括律师、作家、自由撰稿人、翻译工作者、中介服务工作者等高层次的自由职业者，也包括非全时工、临时工、季节工、劳务承包工、家庭小时工等一般劳动者。传统的以“单位”为调整对象的社会保险体系不能适应新形势下的分散化、流动性强，这是社会保险立法必须研究解决的问题。要进一步扩大社会保险覆盖范围，根据所有制结构调整和就业形式变化的需要，以混合所有制、非公有制经济组织从业人员和灵活就业人员为重点扩大社会保险覆盖面，即享受社会保险的对象应当包括社会上不同层次、不同行业、不同所有制形式和不同身份的各种劳动者。在社会保险覆盖面中最突出的是家政服务人员，即我们通常所说的保姆。在原来是不产生这些问题的，因为以前进城当保姆通常只是几年时间，而现在做保姆则是一种就业方式。由于没有将保姆纳入《劳动法》和社会保险的范围，相关问题在实践当中难以进行有效的法律调整。

2. 人均寿命延长对《社会保险法》确定退休年龄的影响

养老保险应当由立法确定一个固定的年龄界限。养老保险的目的是为保障老年人的基本生活需求，为其提供稳定可靠的生活来源。所以，必须由立法确定一个固定的年龄界限，以法定的年龄界限作为切实可行的衡量标准。我国的退休年龄是在新中国成立初期规定的，而现在人均寿命已经比当时延长了大概二十多岁。由于我们还是采用原来的退休年龄，导致退了休的人还是会采取各种形式重新回到工作岗位。目前，每年我国这种已经退休而又占有岗位的人将近一千万人，而按照我国现在的经济增长速度，每年新增的工作岗位只有800万个。所以在这种情况下，让他们以何种方式占有岗位确实是立法所应该考虑和重视的问题。尤其当这些人在工作当中受到伤害，因工致伤、致残，或者死亡的时候，在法律上没有办法解决。所以，究竟什么年龄是适合的退休年龄，确是一个应该认认真真对待的问题。这个问题在起草《劳动法》时就遇到了，当时有一种看法就是采取灵活的退休年龄或者说是弹性的退休年龄，即由立法规定可选择的退休年龄。那么后来为什么没有采用呢？就是因为当时国有企业的工人普遍反映：首先是真正愿意把退休年龄推迟的都不是第一线的工人，尤其是女职工；第二是如果退休年龄选择弹性制，有可能在国有企业出现好的岗位的选择权并不在劳动者本人，管理者可能会采取各种方式让你离开适合你的岗位，而让你到一个你的年龄不能再延长的岗位，这样就会产生新的不公正，也会在国有企业中产生新的矛盾。当然，现在我国非国有的经济成分所占的比重已经相当大了，但这个问题又是以另外一种形式表现出来，即你可以把退休年龄规定为可选择甚至很晚，但是雇主并不会和你保持同样的心态，雇主不会配合职工的选择。现实就是普遍存在的“40、50现象”，即女性到40岁男性到50岁都非常难再就业了。

3. 非法用工单位对工伤保险适用的影响

在非法用工单位，即在无营业执照或者未经依法登记、备案的单位以及被依法吊销营业执照或者撤销登记、备案的单位受到事故伤害或者患职业病的劳动者，或者用人单位使用童工造成的伤残、死亡童工，立法通常采用向伤残或死亡者的直系亲属、伤残童工或者死亡童工的直

① 我国就业格局发生重大变化：灵活就业保持快速增长势头．工人日报，2004-12-13.

系亲属给予一次性赔偿的方式。一次性赔偿包括受到事故伤害或患职业病的职工或童工在治疗期间的费用和一次性赔偿金，治疗期间的费用包括该期间的生活费、医疗费、护理费、住院期间的伙食补助费及所需的交通费等。在非法用工中，农民工问题尤为突出。而农民工又主要集中在一些工伤高风险行业和工种。[①] 在立法中把建筑、矿山等工伤风险较大、职业危害严重行业的农民工纳入工伤保险，让他们得到工伤保障尤其重要。

《社会保险法》应当针对农民工参加工伤保险的特殊性作出规定，解决诸如用人单位注册地与生产经营地不在同一统筹地区，农民工受到事故伤害或患职业病后进行工伤认定、劳动能力鉴定，享受工伤保险待遇的问题；对跨省流动的农民工，其工伤保险长期待遇的一次性支付和长期支付方式的选择问题。虽然现行的《工伤保险条例》对于非法用工单位承担工伤保险责任作出了规定，但实际上却存在法律适用的障碍。如在工伤认定、劳动仲裁或者诉讼中是以非法用工单位做主体，即责任承担者，还是以实际用工的自然人为主体，由其承担责任？如果是前者，则会因其本身不存在而不具有合法的主体资格，存在程序上不可逾越的麻烦；如果是后者，则又与劳动关系主体的相对性原则不符，且会出现执行等方面的困难。类似的问题也会出现在一些小型服务业雇员、小时工、家庭保姆身上。

4.就业压力对失业保险功能的影响

国际劳工局局长索马维亚2004年6月6日在日内瓦举行的第93届国际劳工大会上指出：世界正面临一场从数量到质量的全面就业危机。2004年全球的经济增长率为5%，而就业增长率却不足1.7%，有10亿人失业或没有足够的收入，仅有50%的青年得到就业机会。这场危机成为最紧迫的政治问题，它同时威胁着世界安全、经济发展和民主进程。[②] 我国就业长期面临巨大的压力。劳动力供求总量矛盾与结构性矛盾并存，城镇就业压力大与农村富余劳动力转移速度加快同时出现，新成长劳动力就业与下岗、失业人员再就业问题相互交织。今后几年城镇需要就业的人数仍将保持在2 400万人以上。而在现有经济结构下，每年只能供给1 200万个岗位，年度就业岗位缺口1 200万个左右。

在扩大就业总量的同时促进失业人员就业成为突出的矛盾。在《社会保险法》中规定的失业保险待遇除有失业保险金外，还须考虑到劳动者领取失业保险金期间的医疗补助金、死亡补助金和由其供养的配偶、直系亲属的抚恤金；在此期间接受职业培训、职业介绍的补贴和女性在此期间的生育医疗补助金。对于失业保险金的领取条件，不仅要在立法上认定履行缴费义务的年限，而且在承认失业者权利的同时，要求其必须有能力工作并且要求工作，已经在政府职业介绍所，或者主管部门批准的机构登记并依照国家法律或法规规定，定期与上述机构联系等。失业人员在领取失业保险金期间重新就业、应征服役、移居境外、享受基本养老保险待遇、被判刑收监执行或者被劳动教养、无正当理由拒不接受当地人民政府指定的部门或者机构介绍的工作的，以及有法律、行政法规规定的其他情形的，应停止领取失业保险金，并同时停止享受其他失业保险待遇。切实解决好诸如“宁要低保不要工作”的现象。

---

① 刘声．我国工伤保险面临三大挑战，相关政策即将出台．中国青年报，2004-09-15：2002年我国采掘业、制造业、建筑业工伤事故发生数，较2001年分别增长了23%、17%和16%；死亡人数分别增长了12%、15%和24%。进入城市工作的农民工大多在上述高风险行业工作，受到的职业危害风险大大高于其他行业的从业人员，而他们往往又没有参加工伤保险．

② 国际劳工局局长索马维亚称全球面临就业危机．(2005-07-04)．www.lm.gov.cn．

5. 劳动关系内容变化对生育保险待遇的影响

生育保险是国家依法设立的对女职工产期物质和健康需要所采取的保障措施。生育期间的经济补偿高于养老、医疗等保险。生育保险提供的生育津贴为生育女职工的原工资水平。在现实中，我国的生育保险并存两种形式：第一种是新中国成立以来在国家机关、人民团体、企业、事业单位延续下来的，由职工所在单位负担生育女职工的生育津贴（产假工资）和医疗费。其法律依据是1988年6月国务院发布的《女职工劳动保护规定》，1988年9月劳动部发布了《劳动部关于女职工生育待遇若干问题的通知》。第二种是从1988年以后部分地区在城镇企业中实行的生育保险制度改革。法律依据是1994年劳动部颁布的《企业职工生育保险试行办法》。

在《女职工劳动保护规定》中，第4条规定"不得在女职工怀孕期、产期、哺乳期降低其基本工资，或者解除劳动合同。"第7条规定："女职工在怀孕期间，所在单位不得安排其从事国家规定的第三级体力劳动强度的劳动和孕期禁忌从事的劳动，不得在正常劳动日以外延长劳动时间；对不能胜任原劳动的，应当根据医务部门的证明，予以减轻劳动量或者安排其他劳动。"在这里，无论是不得降低"基本工资"，还是"安排其他工作"，立法的意图都在于对女职工特殊的劳动权利进行保护。"基本工资"的规定在《女职工劳动保护规定》制定的1988年是没有问题的，因为当时的"基本工资"源于国家统一的工资规定，占职工收入的绝大部分。但是现在的"基本工资"是用人单位自行制定的，占职工收入的极少部分。现在仍以不降低基本工资为保护方式，会使处于特殊保护中的女职工丧失大部分权利。女职工的工作岗位也是如此。法律规定当女职工处于特殊时期不能胜任原劳动的，应当根据医务部门的证明，予以减轻劳动量或者安排其他劳动，这是对女职工的保护，对于女职工而言，这是她的权利；相对于用人单位则是其义务。但现实中却出现了权利与义务的换位，即女职工不得不接受用人单位的安排，并且接受随之而来的因岗位变换而大幅度降低的工资。法律的本意在执行法律的名义下走向了自己的反面，遭受损失的则是女职工实实在在的劳动权利。《社会保险法》如何根据劳动关系新的变化来保障女职工生育保险的待遇，是一个必须解决的问题。

致谢：本书第一版由王益英教授主编。自2000年10月面世以来，受到读者的欢迎和好评。王老师作为中国人民大学法学院的资深教授，在劳动法、社会保障法以及经济法、国际贸易法等领域都作出了重要贡献，对我国相关方面的法制建设起到了积极的推动作用。本次再版，王老师一如既往地倾注心血，并为了提携后进，坚辞主编。对于法学前辈的高尚风范，我们在感佩与遵从的同时，也加重了责任。唯尽力做好本书的更新，才无愧于王老师的栽培，也报答读者对我们的肯定。

编著者

2005年10月28日

目　录

第一章
概　论

本章概要

社会保障是现代社会中重要的法律制度。本章介绍社会保障和社会保障法律制度的基本问题，包括社会保障的概念和特征，比较分析了其中的主要观点，概括了它的主要特征。在讲述社会保障法概念的基础上，重点讲解了社会保障法的调整对象、特征和原则。在回顾社会保障制度的历史沿革中，主要介绍了我国社会保障法律制度的建立、发展，尤其是已经和正在进行的社会保障制度改革。

关键术语

社会保障　社会公平　共同责任原则　福利国家

第一节　社会保障的概念

一、社会保障的定义

社会保障作为法律概念，最早出现在美国 1935 年的《社会保障法》中。但作为社会保障法核心内容的“社会保障”，早在 1883 年至 1891 年间就已由德国政府所创立。在社会保障创立后的一百多年历程中，人们对“社会保障”的含义作了多种相关的表述。

联合国国际劳工组织对“社会保障”的定义是：社会通过采取一系列的公共措施来向其成员提供保护，以便与由于疾病、生育、工伤、失业、伤残、年老和死亡等原因造成停薪或大幅度减少工资而引起的经济和社会贫困进行斗争，并提供医疗和对有子女的家庭实行补贴法。

英国《牛津法律大辞典》一书中“社会保障”的定义是：社会保障是对一系列相互联系的、旨在保护个人免除因年老、疾病、残疾或失业而遭受损失的法律的总称。

德国学者的定义是：社会保障旨在使竞争中失败的人不致遭受灭顶之灾，并能获得重新参与竞争的机会；并为那些由于失去劳动能力或遭受意外困难而不能参加竞争的人，提供生活保障。

美国人认为社会保障是根据立法建立的，为人们提供因年老、疾病、失业、伤残等原因中断或丧失劳动能力的经济保护，因结婚、生育和死亡带来的特殊开支以及抚育子女的家庭津贴的保障体系。

日本学者认为社会保障是在国民生活中出现收入中断或永久丧失时，国家为保障其最低生活水平的收入而制定的综合性的措施和制度。

我国在第七个五年计划中开始使用“社会保障”一词。在我国，社会保障是国家通过法律对社会成员在生、老、病、死、伤、残丧失劳动力或因自然灾害面临生活困难时给予物质帮助，以此来保障每个公民的基本生活需要的制度。

上述种种表述的共同点是都认为社会保障是为丧失劳动能力以及需要某些特殊帮助者提供的维持其基本生活需要的保障制度。

二、社会保障的特征

1. 社会保障的根本目的在于保障社会成员的基本生存条件。这表明社会保障是对其社会成员基本生活需求的保障。基本生活需求是社会保障的水平线，也是社会保障制度的关键要素。社会保障是社会按照一定时期生产力的发展水平，对生存发生困难的社会成员的基本生活需要予以物质帮助。这部分人的基本生活需要得不到保证，就要危及他们的生存，以致影响社会的安定。当社会保障水平低于其社会成员的基本经济生活需求时，就失去了“保障”的意义；当社会保障水平过高地超过其社会成员的基本经济生活需求时，就超越了社会保障制度自身的范围。

虽然社会保障的保障水平是相对的，因社会生产力发展水平不同而不同，并随生产力发展水平的提高而逐步提高，但无论在什么情况下，对社会成员由生存而引起的基本生活需要予以物质保障则是社会保障最根本的目的。社会保障的这一特征使社会成员具有安全感，人们可以在社会心理上保持平衡，从而没有后顾之忧地在安定的社会环境中生存并从事创造性的劳动。

2. 社会保障的对象是该社会的全体社会成员，尤其是那些丧失劳动能力以及需要某些特殊帮助者。社会保障对于社会成员来说，应不分部门和行业，不分就业单位的所有制性质或有无职业，不分城市和农村，只要生存发生了困难，都应普遍地、无例外地给予基本生活的物质保障。社会成员之间只存在保障基金的筹集方式、保障的项目、标准以及采取的形式不同，不存在能否享受社会保障待遇的差别。这是社会保障具有普遍性的体现。社会保障的这种普遍性不仅体现在社会福利通常是由全体社会成员所享受，而且体现在当该社会的局部地区出现自然或人为的灾害，以及意外灾害的袭击使他们陷入贫困时，为该地区的全体社会成员提供的物质帮助。

同时，社会保障也对社会成员的特殊对象给予特殊帮助。这表明社会保障的对象由特殊对象和一般对象两部分构成。社会保障的特殊对象主要包括因退休、失业、患病、伤残、生育等造成的失去或中断收入来源而需要社会特殊帮助者。这些成员部分或全部丧失劳动能力与竞争能力，使收入中断、减少或丧失而影响了基本生活，从而获得社会给予的特殊保障。

3. 社会保障是国家通过立法建立和实施的。在现代社会，一个国家社会保障的内容是由法律规定的，其中的大部内容是由国家强制实施的。国家通过立法规定了社会保障的不同层次和范围，当人们的基本生活状况符合法律规定的条件时，他们就能够享受社会保障的权利。社会保障制度通过法律的规范性得以确立并为全体社会成员所接受，通过法律的权威性得以在社会中普遍实施，从而为全体社会成员的生存安全提供稳定的和可信赖的保障。

4.社会保障在维护社会稳定中促进社会发展。社会保障被公认为社会安全网或社会稳定器。这不仅表现在社会保障的根本目的上，而且同时表现在实现该目的的公平方式上。社会保障是一项公平保障制度。社会保障基金的分配虽然不可能绝对平均，但社会成员在享受社会保障的机会和权利上带有较大的机会均等和利益均享的特征。凡是生存发生困难的社会成员，都有均等地获得社会保障的机会和权利。而且每个社会成员从社会保障中获得的物质帮助是基本均等的。

与此同时，社会保障制度也以其特有的方式促进社会的进步和发展。这在作为社会保障主要内容的社会保险制度中尤为明显。社会保险在对暂时或永久丧失劳动能力的劳动者提供基本物质保障的前提下，将劳动者享受保险的待遇与过去的劳动贡献挂钩，体现应有的差别。劳动时间长、劳动贡献大的，物质保障待遇相对就高，这样在维护社会稳定的同时也能鼓励劳动者在职时积极劳动，多劳多得，为社会多作贡献，将来也能更多地享受社会保障待遇。在社会救济方面，对残疾人和无固定职业、无固定收入的社会成员，既给予基本生活的保障，又根据不同的特点安置其就业，鼓励他们从单纯接受救济转变为既接受救济又积极参加力所能及的劳动。对于因自然灾害及其他原因处于危难之中的社会成员，在给予物质保障的同时，鼓励他们发展生产，摆脱贫困。这些都使社会保障具有了既保障社会稳定又促进社会发展的特征。

三、社会保障的内容

（一）社会保险

社会保险，是国家通过立法方式，对劳动者在遇到生、老、病、伤、残、死、失业等困难，暂时或永久丧失劳动能力、暂时失去工作时，给予物质帮助的制度。

社会保险包括养老保险、失业保险、工伤保险、生育保险和疾病医疗保险。社会保险的对象是劳动者，内容是对劳动者在生、老、病、伤、残、死、失业时的基本生活需要提供物质帮助。我国社会保险以前称为劳动保险，在第七个五年计划中将劳动保险改称为社会保险。社会保险构成社会保障的主要内容。

（二）社会福利

社会福利，是为全体成员提供的各种福利性补贴和举办各种福利事业的总称，包括一般的社会福利、职工福利和特殊的社会福利。

一般的社会福利，是国家和社会有关部门及团体举办的社会文化教育事业以及市政建设、社会服务等，享受的对象是全社会成员。职工福利，是职工所在单位通过举办集体福利设施、建立各种补贴、提供劳务或发放实物，以改善职工的物质文化生活，享受的对象是本单位的职工及家属。特殊的社会福利，是国家和社会为残疾人和无劳动生活能力的人举办的福利事业，包括残疾人福利、儿童福利、老人福利等。

（三）社会救济

社会救济，是指国家对于那些因自身、自然和社会原因不能维持最低生活标准的贫困者提供帮助，以保障他们基本生活的制度。社会救济由社会救济、救灾救济和扶贫救济三部分制度构成。

在社会救济中，城市居民最低生活保障制度是国家对城市中的贫困居民，按照最低生活保障线标准给予基本生活保障的制度。这是适应我国社会主义市场经济体制而建立的新型社会救济制度。农村社会救济，是国家和集体对农村中生活困难的贫困对象采取物质帮助、扶持生产等形式保障其基本生活的制度。农村社会救济主要针对无法定扶养义务人、无劳动能力、无生活来源的老年人、残疾人、未成年人，以及因病、灾、缺少劳动能力等生活贫困者。特殊对象的社会救济，是国家对特定对象给予生活救济或困难补助，以保障他们基本生活的制度。

救灾救济是当灾害严重、灾民众多时，对灾民进行有效的救济保障，对灾区群众和集体无力解决的困难给予必要的帮助，以维持灾区的社会稳定，消除灾害造成的社会问题的制度。

扶贫救济是国家采取一系列财政、金融措施用于扶持贫困地区和农村贫困户解决生活困难的制度。内容包括：扶贫贷款，即增加对贫困地区的财政投入和低息信贷资金的供给，以此来促进贫困地区经济发展和提高贫困农户的生产能力；创办扶贫经济实体，即在改革单一分散扶贫方式的基础上，把扶持对象联合起来，进行集中扶持的形式；建立扶贫互助储金会，即以国家给予的一部分救灾扶贫周转金做基础，通过群众自愿缴纳会费和集体资助的形式筹集资金，为群众生产、生活服务。

（四）社会优抚

社会优抚，是国家对维护国家安全或社会秩序作出贡献和牺牲的人员及其家属在物质上给予优待和抚恤的制度。社会优抚制度是伴随着军队的产生而产生，随着军队的发展而逐步完善起来的。社会优抚包括社会优待、残疾抚恤和死亡抚恤。

社会优抚中的社会优待制度，是国家、社会、群众对烈属，因公牺牲、病故军人家属，革命伤残军人，现役军人及其家属，带病回乡复退军人，退伍红军老战士等优抚对象给予帮助和照顾的制度，是社会优抚制度的一项重要内容。残疾抚恤是国家和社会保障特定残疾人员（包括残疾军人、残疾人民警察、残疾机关工作人员、残疾民兵民工）基本生活的优抚制度。死亡抚恤是国家对烈士家属、因公牺牲或病故军人家属及因公牺牲或病故的国家机关工作人员家属、人民警察家属发给一定数额的费用，给予生活帮助的制度。

第二节　社会保障法的概念

一、社会保障法的概念和调整对象

（一）社会保障法的概念

社会保障法是调整社会保障关系的法律规范的总称，既包括以基本法律形式出现的社会保障法，也包括其他法律、法规中有关社会保障的规范，还包括具有法律效力的关于社会保障事项的地方性法规和规章。

社会保障法在内容上除要对社会保障的项目体系、实施范围与实施对象、经费来源、待遇标准、计算公式、申请程序和审批程序等进行规范外，还应当包括：一是社会保障管理与实施机构的性质与职能问题；二是社会保障组织的形式与地位问题；三是社会保障不同对象的管理问题；四是社会保障机构与相关部门的关系问题；五是社会保障基金的筹集、运用和支付问题。

（二）社会保障法的调整对象

社会保障法的调整对象，是国家、各类单位和社会成员在社会保障活动中所发生的各种社会经济关系。或者说，社会保障法是以社会保障关系为其调整对象的。

社会保障关系，从不同角度可以作出多种分类。就直接关系而言，在内容上，社会保障关系可以分为社会保险关系、社会救济关系、社会福利关系、社会优抚关系；在主体上，社会保障关系涉及国家与社会成员之间的关系、社会保障机构与政府之间的关系、社会保障机构与社会成员之间的关系、社会保障机构之间的关系、社会保障机构与用人单位之间的关系、用人单位与劳动者之间的关系。就间接关系而言，在社会保障基金管理与运营中，涉及社会保障机构与投资市场不同主体之间的关系。这些关系都需要社会保障法从不同方面加以规范和调整。

社会保障法具体调整八个方面的关系。

其一，调整国家与全体社会成员之间的关系。即中央政府、地方各级政府与全体社会成员之间的关系，通过法律需要明确政府在社会保障中的职责、社会成员享受社会保障的待遇等。

其二，调整社会保障机构与政府之间的关系。即社会保障机构作为具体管理与实施社会保障项目的组织与政府之间的关系，通过法律明确社会保障机构的性质、任务、地位及其权利与义务。

其三，调整社会保障机构与社会成员之间的关系。即社会保障的组织管理者与参加者、享受者之间的关系，通过法律明确社会保障机构对社会成员的职责和社会成员参加社会保障的权利与义务。

其四，调整社会保障机构与用人单位和乡村集体组织之间的关系。即社会保障组织管理者与社会保障参加义务人之间的关系，通过法律明确用人单位缴纳社会保障费的义务、乡村集体组织发放社会保障款项和物资的职责。

其五，调整用人单位与劳动者之间的关系。即用人单位在社会保障中对劳动者应负的责任和劳动者应有的社会保障权益，通过法律明确用人单位对劳动者应当履行的保障责任、劳动者在用人单位应享受的社会保障待遇。

其六，调整社会保障运行过程中的关系。即社会保障管理机构与其他部门的关系，通过法律明确社会保障管理部门与其他政府部门之间、不同社会保障管理部门之间和社会保障各管理部门内部机构之间的分工、协调与配合。

其七，调整社会保障运行过程中的监督关系。即各种监督方式在对社会保障运行的监督中所形成的关系，通过法律明确有关监督组织的建立、各种监督机构的职责、权限划分及其监督程序。

其八，调整社会保障基金运营中的关系。即社会保障基金的管理与运营中发生的各种关系，通过法律明确社会保障基金在运营中与国家财政、投资市场、有关经济实体之间的权利与义务。

二、社会保障法的特征

（一）社会保障法具有广泛的社会性

广泛的社会性是社会保障法最主要的特征，这一特征表现为社会保障法的权利与义务广泛地涉及全体社会成员。在权利方面，享受社会保障的权利人是全体社会成员。社会保障权利由全体社会成员共同地、平等地享有，并且随着一国社会经济条件的发展，社会保障待遇和项目也逐步扩展——从公民的出生至死亡，从特定的劳动者到不分身份的任何社会成员都是社会保障的受益人。在国际上，一些国家彼此之间还订有社会保障待遇互惠协议，用于保护各种旅居国外的本国公民平等享受旅居国社会保障的权利和待遇。在义务方面，社会保障的义务也由全社会承担。国家通过立法，在社会保障的主要制度上实行强制措施，要求社会中的不同主体都共同承担社会保障的义务，共担风险，共同筹措社会保障基金。在一些特定的保障项目中，还根据实际情况或突发事件向全体社会成员、国际社会的组织和个人筹集经费，用于救济救灾等。

（二）社会保障法是强制性规范与非强制性规范的统一

在社会保障的主要制度中，对于涉及社会成员基本保障权益的项目，社会保障法规定了强制性规范，明确规定国家（各级政府）、社会、企业、个人及有关各方在社会保障中必须履行的义务，社会保障的具体项目、实施范围、资金筹集、待遇标准、计算方式等，有关各方无论其意愿如何，均必须依据法律的规定遵照执行。例如，社会保险中的各项保险义务都是当事人必须履行、不可选择的。其中的一些项目还是部分当事人只尽义务，另一部分当事人只享受权利的，如工伤保险和生育保险。对于这些强制性规范，有关单位和个人必须严格遵行，按期、足额地缴纳社会保险费，否则会受到法律的制裁。而对于一些临时性、突发性事件中的社会保障方式，除基本制度建立中的强制性规定外，还采用非强制性的、自愿的方式。例如，救灾救济、扶贫救济中的捐赠，就是由社会成员自愿选择的、不具有法律强制力的行为。

（三）社会保障法是人道主义与互助共济的统一

人道主义是人类对自身的社会性认识后的理性与情感，是人类社会文明进步的结果。人道主义在社会生活中的重要体现是强者对弱者的帮助和付出。社会保障法通过在社会组织的个人中合理地分配社会保障责任和义务，形成风险共担的社会保障责任机制，实现富裕的对贫困的、健全的对病残的、年轻的对垂老的、强者对弱者的社会关照和社会扶助，体现出尊老爱幼、扶弱济贫、友爱助人、和谐共存的道德伦理原则。与此同时，社会保障法也实行社会成员间互助共济的原则，体现“人人为我，我为人人”的社会准则。以养老保险为例，其实质是家庭养老模式社会化的结果，即由家庭中的儿子养老子放大为社会中的年轻人养活老年人，而任何人都是会由年轻人变为老年人的，因此，年轻人今天的义务与其明天作为老年人的权利是对等的。同样，在生育保险中，生育保险费由社会承担而非生育者自己承担，也是由生育本身的社会性决定的。即使是在有如“捐赠”这种单方付出行为中，也能找到全社会互助共济的根据。因为救济灾民不仅保持了整个社会的稳定，而且有助于灾区的重建，使灾民今后有能力以同样方式救济其他受灾者。

(四) 社会保障法具有实现社会公平的职能

社会公平要求社会以公正的态度对待每一个社会成员，并将这种公正主要体现在社会成员的收益分配与生活状况上。社会保障法规定社会成员平等参与社会保障的权利，任何社会成员不论其地位、职业、贫富等均平等地纳入社会保障的范围中，不存在任何特殊的阶层或个人。通过社会保障，使社会成员能够在基本生活得到保障的前提下参与社会的竞争，不至于因先天不足或生活无保障而生存困难，失去平等参与社会公平竞争的机会。通过对灾祸中的不幸者的灾害救济、为失业者提供失业保险或失业救济、为疾病患者提供医疗保障等，都能够使他们在灾害和困境中尽快恢复正常生活，开始新的生活，从而使社会保障法在一定程度上起到消除社会发展过程中因意外灾害、竞争失败及疾病工伤等因素导致的社会不公平现象的作用。社会保障法的实施，还可以在一定程度上缩小社会分配的不公平。在市场经济条件下，社会成员因自身素质的强弱、劳动技能的高低、家庭人口的多少，在社会收益分配上表现出差异，出现一定程度的贫富分化，甚至导致一部分社会成员贫困化现象出现。社会保障法通过对社会成员收入再分配，在一定程度上缩小了社会分配上的差距。在社会保障的资金筹集上，规定高收入者多缴费，低收入者相对少缴费。在社会保障待遇的享受上，自身条件好、收入高、富裕的社会成员或家庭享受社会保障待遇的机会较少，而贫穷的家庭或处于弱势的社会成员则享受社会保障待遇的机会较多，享受的额度也会较高。这样，社会保障法实际在总体上形成社会成员中强者义务多于权利，弱者权利多于义务的结果，客观上起到了缩小贫富差别，实现社会公平的作用。

(五) 社会保障法律制度由多项法律协调构成

由于社会保障的事项庞杂、内容很多，而且不同事项需要不同的法律方式调整，所以不可能用一部法律来规定全部社会保障事务。各国通常都制定多部社会保障方面的法律和法规来协调，构成社会保障法律制度。在社会保障法律与法律之间、法律与法规之间、法规与法规之间，既有着客观的分工，各自规范着一定范围内的社会保障事务，又存在相互协调的问题。不能重复交叉，而是要相互配合，共同构成一个完整的社会保障法制系统。例如在我国，除《中华人民共和国宪法》第44条对社会成员的退休养老保障作了规定，第45条对国家和社会给予社会成员物质帮助和发展社会保险、社会救助、医疗卫生事业、社会福利事业等作了原则规定外，还有由国家立法机关通过的社会保障专门法律及可以适用于社会保障领域的其他法律，如《中华人民共和国社会保险法》《中华人民共和国残疾人保障法》《中华人民共和国妇女权益保障法》《中华人民共和国老年人权益保障法》等专门法律，它们作为国家立法机关颁行的社会保障法律，是社会保障制度的基本依据；由国家最高行政机关颁行的行政法规，如由国务院颁布的《中华人民共和国劳动保险条例》《军人抚恤优待条例》《农村五保供养工作条例》等，以及有关社会保障法律的实施细则等，它们是社会保障法律的具体实施依据；由地方立法机关或地方权力机关在区域范围内颁布的社会保障法规，它们是在全国性的社会保障法律、法规指导下，根据本地区社会保障问题的实际情况制定的，目的是规范由本地区直接负责的一些社会保障事务。这些法律制度共同构成了一个既相对独立，又分工协调的多层次社会保障法制系统。

第三节 社会保障法的功能和原则

一、社会保障法的功能

现在国际上对社会保障制度进行改革与调整都是通过立法的方式来进行。通过立法改变社会保险基金的筹集模式；通过立法和严格执法措施，改变社会保障资金支出；通过立法改变社会保障的管理体制，完善并增强社会保障的法律实施机制，使社会保障行政管理、事务经办和监督控制分开，确保社会保障活动有效、依法进行；通过立法调控社会保障基金的投资结构，加强社会保险基金的运营管理。社会保障法在社会进步中的功能日渐突出。

（一）社会保障法是建立和发展市场经济的必然要求

市场经济是人类社会历史进步过程中不可逾越的经济发展阶段，而社会保障制度是市场经济建立和发展的必要条件之一。保护劳动力的再生产和合理配置劳动力资源是市场经济的客观要求。在市场经济条件下，竞争机制所形成的优胜劣汰，必然会造成部分劳动者被迫退出劳动岗位，从而使其本人和家庭因失去收入而陷于生存危机；社会保障法通过提供各种帮助，使这部分社会成员获得基本的物质资料，维持基本生活水平，从而使劳动力的再生产成为可能。市场经济要求建立劳动力合理流动机制。社会保障法通过建立全社会统一的保障网络，打破了劳动者自我保障或企业保障的局限，使劳动者在更换劳动岗位和迁徙时没有后顾之忧，促进了劳动力的合理流动与合理配置。此外，随着市场经济的发展，日益增多的社会保障项目，必然给社会成员提供更多的社会保障服务，而社会保障的服务性工作的增多，也会增加劳动者的就业机会。

市场经济要求平衡社会供求关系，保持投资结构的合理化和保证投资收益。对此，社会保障法可以通过调整社会保障待遇的支出发挥积极作用。社会保障支出是随着市场经济的增长或下降的运行变化情况而增减的。在经济发展强劲、失业率下降时，社会保障的支出会相应地缩减，社会保障基金的存储规模必然会因此增大，从而减少社会需求的急剧膨胀；而当经济衰退、失业增加时，社会保障的支出会相应地增多，给失去职业和生活困难的人们提供相应的购买能力，唤起社会的有效需求，并在一定程度上促进社会的经济复苏。可以说，社会保障法具有调节市场经济中供求关系的蓄水池作用，能够在一定程度上平抑经济过热或过冷的现象，促进国民经济良性循环。社会保障基金经过长期的积累，会形成庞大的资产，成为投资融资的一大财源。国家通过立法规定社会保障基金的投资项目和投资比例，指导投资的方向，促使社会保障基金向国家基础设施和重点项目投资，从而成为国家对国民经济进行宏观调控的有效手段。

（二）社会保障法是社会公平的调节器

社会公平，是人类社会发展中产生的一种客观要求。社会公平体现在经济利益方面主要是社会成员之间没有过分的贫富差别，即所谓“不患贫，患不均”。在市场经济条件下，收入分配机制与竞争机制相联系，必然形成社会成员之间在收入分配方面的不均等，甚至贫富悬殊，强者成为富翁，弱者陷于困境。为了解决这一社会问题，就需要运用政府的力量对社会经济生活进行干预，通过社会保障措施，通过对社会成员的收入进行必要的再分配调节方式，将高收入者的一部分收入适当转移给另一部分缺少收入的社会成员，从而在一定程度上缩小社会成员之间的贫富差距，弥补市场经济的缺陷，缓和社会矛盾，以促进社会公平目标的实现。

在这方面，社会保障法起到了对社会成员收入分配进行调节的作用。它以立法的形式，通过税收和强制投保等渠道筹措保障基金，然后由政府进行二次分配，从那些在市场竞争中处于优势的社会成员群体中抽取一部分利益，对那些在市场经济中处于劣势的社会成员群体给予一定的利益补偿，使那些社会上的弱者能分享社会经济发展的成果，从而缓解因分配不公等利益对立而产生的社会负面效应。

（三）社会保障法是维护社会稳定的安全网

没有社会的稳定，就没有经济的发展和社会的进步，而社会保障法则是社会稳定的重要防线。社会保障制度本身就是一种社会安全体系。它通过对没有生活来源者、贫困者、遭遇不幸者和一切工薪劳动者在失去劳动能力或工作岗位后给予救助，满足其基本生活需要，消除社会成员的不安全感，以维护社会稳定。因此，社会保障法又被誉为“社会安全网”和“社会减震器”。

现代资本主义国家社会保障制度的产生和发展，实质是工人阶级为生存权利而斗争，当政者为调整社会利益关系，缓和社会矛盾的结果。资本主义生产方式发展到19世纪，激烈而无情的自由市场竞争客观上产生了建立社会保障制度的需要，同时，资本主义经济的发展也提供了建立社会保障制度的物质基础。1883年，德国俾斯麦政权把各地工人自动组织的互助补助基金“国有化”，制定了《疾病保险法》，其后又相继颁布了《工伤保险法》和《养老、残疾、死亡保险法》，从而奠定了德国社会保险法的基础，德国也由此成为世界上第一个建立社会保险制度的国家。随后，欧洲其他资本主义国家也分别根据本国情况制定了不同的社会保险法律。美国作为后起的资本主义国家，在罗斯福当政时期即颁布了世界上第一部以《社会保障法》为名的法律。罗斯福把《社会保障法》看作是其“新政”的“奠基石”，以此减少社会冲突、稳定社会政治经济秩序。第二次世界大战之后，有一个较长的相对稳定的和平发展时期，应该说各国逐步建立健全的社会保障法律制度在其中起到了一定的作用。

二、社会保障法的原则

社会保障法的原则是调整社会保障法律关系所应遵循的基本准则。它全面地反映了社会保障法所调整的社会关系的客观要求，对社会保障法如何调整社会保障法律关系进行整体的指导和规范。

（一）实行有条件的社会共同责任的原则

在现代社会环境中，全体社会成员都承受着诸如失业、伤残、疾病、老龄等多方面的风险，并会因这些风险的发生而丧失工作能力、失去作为生活来源的收入保障。这种伴随着人类社会工业化进程而出现的伤残、职业病、失业、破产以及人口老龄化等风险，对社会成员的生活甚至生存构成威胁，这些风险的产生在很大程度上也是社会因素导致的。例如，由于工业生产机械化程度的提高，工伤事故发生的概率便随之增加；由于电器设备的使用，工人在生产中伤亡的可能性增多；在技术条件进步的情况下，还会由于人工需求的减少导致失业率上升。因此，人们把这些风险称为社会风险。对于社会风险完全靠个人来承担其后果不仅是不可能的，而且对于社会成员中的弱者是不公平的。这就要求全体社会成员互相帮助，有条件地共同分担社会风险。

体现在社会保障法中，就必须实行由社会成员有条件地共同承担风险的原则，即通过强制性的立法建立社会共同责任机制，使社会风险在一定条件下由全体社会成员共同承担。通过对部分社会成员的特别保护，来达到对全体社会成员的共同保障，从而维护正常的社会秩序，促进社会的顺利发展和进步。

实行有条件的社会共同责任的原则，还意味着社会保障的实施范围应包括所有社会成员。社会保障制度作为社会安全的保障网，在物质上应为所有社会成员提供基本生活保证。有关社会保障的立法应对所有社会成员同等对待，把他们都纳入社会保障法的调整范围之中。所以，社会共同责任与社会成员普遍受益是相辅相成的。

（二）社会保障水平与经济发展相适应的原则

社会保障制度的建立和发展，要与社会发展阶段和经济发展水平相适应。世界各国的社会保障制度，都不是凭空建立起来的，立法所确定的社会保障对象、社会保障项目、社会保障待遇水平，无一不受到本国社会经济发展阶段和经济发展水平的制约与影响。

各国的社会保障制度都随着本国经济的发展，呈现出社会保障对象的范围由窄到宽、社会保障项目由少到多、社会保障标准由低到高的共同趋势。例如，德国于 1883 年建立社会保障制度时，其保障对象仅为工商业和手工业工人，直到 1957 年，农业工人才被纳入社会保障的范围。美国从 1935 年公布《社会保障法》以后，到 1950 年通过立法确定了养老保险待遇标准；从 1950 年到 1998 年，根据美国的社会经济发展水平，此标准先后被修改了 32 次，养老保险待遇水平不断提高。受亚洲金融危机的影响，新加坡经济衰退，1998 年 11 月 24 日，新加坡政府宣布从 1999 年 1 月起的两年内，把雇主向国家交纳的养老抚恤基金的缴款数额由工人工资的 20％下降到 10％；工人和政府官员的薪水削减 5％～8％。

西方工业化国家的历史经验还证明，社会保障水平并非越高越好。社会保障的发展水平应既能保障公民的基本生活，又能促进国民经济的健康发展；既要能保证社会稳定，又要能激励社会成员积极劳动，提高社会成员的素质，促进社会进步。因此，在进行有关社会保障的项目、标准的立法时，一定要从我国经济发展的实际情况出发，从国家、社会以及公民个人可能负担的财力、物力出发。就现阶段而言，满足人民基本生活需求，是我国社会保障制度的重要目标。

（三）社会保障制度的内容和模式应适应本国国情的原则

社会保障制度的内容和模式选择，具有鲜明的国情特点。纵观当今世界各国的社会保障制度，无一不是从本国的国情出发，制定社会保障立法和相应的社会保障措施。例如，美国根据联邦制这一国情，国会通过的联邦统一立法所规定的保障项目和保障标准适用于全国，但允许各州通过立法增加保障内容。世界人口老龄化速度加快，日本的人口老龄化问题更加突出，日本政府率先作出反应，通过立法对原有的养老保险制度进行重大改革，增大养老保险基金的积累，应对养老保险的各种需求，同时延长退休年龄，推迟支付养老金期限。有些国家为了提高国民素质，把义务教育和就业培训列入社会保障项目之中。

中国是世界上最大的发展中国家，仍处在社会主义初级阶段，人口多，底子薄，各地经济发展状况不平衡。要在这样一个具有13.9亿人口的大国建立起与社会主义市场经济体制相适应的完善的社会保障制度，所遇到的情况和问题与经济发达国家是有所不同的。我们必须从自己的国情出发，借鉴和吸取国际社会带有共性的经验，适当参照国际标准但不能照搬，总结我国社会保障法制建设的经验，通过改革和制度创新，建立起具有中国特色的社会保障法律制度。

（四）坚持社会公平与提高经济效益兼顾的原则

在发达国家，随着福利国家制度的推行，社会保障对经济发展的负面效应逐渐显现出来。由于福利国家社会保障的项目多，待遇标准太高，所以人们即使不劳动也能维持不低的生活水平。特别是失业补助金给付期长、标准高，失业者的收入与在业者的收入相差不多，这使得失业者不愿从事新的工作，从而在劳动者中滋长依赖、懒惰情绪。高福利制度体现了形式上的“公平”，却牺牲了经济效益。高福利制度还导致社会保险和津贴标准高，由此提高了企业产品成本，进而影响国家对外竞争能力，同时影响企业的再投资，导致资金外移、科技人员外流等一些不利的后果。

有鉴于此，德国提出社会保障政策绝不能损害国民经济的生产率，也绝不能跟市场经济制度的原则背道而驰。日本也强调一个人如果不是对社会有所贡献，就只能从社会上得到最低的必需品，只有老年人和残疾者才能在经济上依靠国家生活。人们认识到，社会保障制度本身是一种劳动者自身或劳动者之间利益的付出和利益的获取，是取之于劳动者又用之于劳动者和社会成员的经济运行过程。所以，对于社会保障制度，社会成员不但有获取的权利，而且有供给的义务。只有供给和付出的多，才能获取的多。因此，在强调保障社会成员基本生活的前提下，必须加大社会成员个人对社会保障资金的供给份额，建立社会保障资金的获取及确定其份额多少与个人缴纳的社会保障金及其多少有关的机制，缴纳社会保障费与工资挂钩，也与社会保障金的发放程度的高低挂钩，体现多劳动、多贡献，社会保障待遇就高的分配方针。激发劳动者劳动的主动性，从而激励社会成员为获得更高的社会保障而努力劳动和积极缴纳社会保障费。

三、社会保障法与劳动法的关系

社会保障法与劳动法的共通之处在于它们都是关注社会弱势群体的法律，而且社会保障法是在劳动法基础上发展起来的。早期的劳动法从限制童工、改善劳动卫生条件开始为劳动者提供救助；工人中共济组织的成立实际上是社会保障的前身。为劳动者提供生存保障的劳动法中已经包含了社会保障的内容。即便是德国俾斯麦颁布的社会保障法典，也是以保障劳动者的基本生存状况为基本动因的。作为社会保障法主要成分的社会保险法以劳动关系为前提条件，目的在于解决劳动者的养老、疾病、工伤、失业和生育问题。

尽管如此，劳动法与社会保障法的区别仍然显而易见。

劳动法主要调整劳动者与用人单位之间的劳动关系，社会保障法调整国家、用人单位、公民（劳动者）、社会保障经办机构因社会保险、社会救助、社会福利、优抚安置等发生的关系。就直接关系而言，在内容上，社会保障关系可以分为社会保险关系、社会救济关系、社会福利关系、社会优抚关系。在主体上，社会保障关系涉及国家与社会成员之间的关系、社会保障机构与政府之间的关系、社会保障机构与社会成员之间的关系、社会保障机构之间的关系、社会保障机构与用人单位之间的关系、用人单位与劳动者之间的关系。就间接关系而言，在社会保障基金管理与运营中，涉及社会保障机构与投资市场不同主体之间的关系。这些关系都需要社会保障法从不同方面加以规范和调整。

劳动法调整的劳动关系的主体是用人单位和与之建立劳动关系或劳动合同关系的劳动者（公务员、军人等不适用劳动法）；社会保障法的主体包括国家、用人单位、社会保障经办机构和公民（劳动者）。社会保障的对象应当是该社会的全体社会成员，尤其是那些丧失劳动能力以及需要某些特殊帮助的人。社会保障对于社会成员来说，应不分部门和行业，不分就业单位的所有制性质或有无职业，不分城市和农村，只要生存发生了困难，都应普遍地、无例外地给予基本生活的物质保障。社会成员之间只存在保障基金的筹集方式、保障的项目、标准以及采取的形式不同，不存在能否享受社会保障待遇的差别。这是社会保障具有普遍性的体现。社会保障的这种普遍性不仅体现在社会福利通常是由全体社会成员所享受，而且体现在当该社会的局部地区出现自然或人为的灾害、意外灾害的袭击使他们陷入贫困时，为该地区的全体社会成员提供的物质帮助。

同时，社会保障也对社会成员中的特殊对象给予特殊帮助。社会保障的特殊对象主要包括因退休、失业、患病、伤残、生育等造成的失去或中断收入来源而需要社会特殊帮助者。这些成员部分或全部丧失劳动能力与竞争能力，使收入中断、减少或丧失而影响了基本生活，从而得到社会给予的特殊保障。

劳动法的目的主要是协调劳动关系，保障劳动者的合法权益。社会保障法的目的主要是保障社会全体成员在遭受各种意外和风险时的基本生活，促进社会安全。社会保障法律制度被公认为社会安全网或社会稳定器。社会保障是社会按照一定时期生产力的发展水平，对生存发生困难的社会成员的基本生活需要予以物质帮助。这部分人的基本生活需要得不到保证，就要危及他们的生存，以致影响社会的安定。社会保障使社会成员具有安全感，人们可以在社会心理上保持平衡，从而没有后顾之忧地在安定的社会环境中生存并从事创造性的劳动。

劳动法调整的劳动关系的内容是劳动者的劳动；社会保障法调整的内容则是社会保障机构应当给予被保障人的各项待遇，包括社会保险、社会福利、社会救济和社会优抚待遇。社会保险是国家通过立法方式，对劳动者在遇到生、老、病、伤、残、死、失业等困难，暂时或永久丧失劳动能力、暂时失去工作时，给予物质帮助的制度。社会福利是为全体社会成员提供的各种福利性补贴和举办各种福利事业的总称，包括一般的社会福利、职工福利和特殊的社会福利。社会救济是指国家对于那些因自身、自然和社会原因不能维持最低生活标准的贫困者提供帮助，以保障他们基本生活的制度。社会救济由社会救济、救灾救济和扶贫救济三部分制度构成。社会优抚是国家对维护国家安全或社会秩序作出贡献和牺牲的人员及其家属在物质上给予优待和抚恤的制度。社会优抚制度是伴随着军队的产生而产生，随着军队的发展而逐步完善起来的。社会优抚包括社会优待、残疾抚恤和死亡抚恤。

劳动法律关系强调权利与义务相统一的原则；而社会保障关系中的一些项目则并不要求权利义务的对等性。当人们的基本生活状况符合法律规定的条件时，他们就能够享受到社会保障的权利。社会成员在享受社会保障上带有显著的机会均等和利益均享的特征。凡是生存发生困难的社会成员，都可以均等地获得社会保障的机会和权利，而且每个社会成员从社会保障中获得的物质帮助是基本均等的。

在充分体现社会公平的前提下，社会保障法律制度也以其特有的方式促进社会的进步和发展。这在作为社会保障主要内容的社会保险制度中体现尤为明显。社会保险在对暂时或永久丧失劳动能力的劳动者提供基本物质保障的前提下，将劳动者享受保险的待遇与过去的劳动贡献挂钩，体现应有的差别。劳动时间长、劳动贡献大的，物质保障待遇相对就高，从而在维护社会稳定的同时也能鼓励劳动者在职时积极劳动，多劳多得，为社会多作贡献，将来也能更多地享受社会保障待遇。在社会救济方面，对残疾人和无固定职业、无固定收入的社会成员，既给予基本生活的保障，又根据不同的特点安置就业，鼓励他们从单纯接受救济转变为既接受救济又积极参加力所能及的劳动。对于因自然灾害及其他原因处于危难之中的社会成员，在给予物质保障的同时，鼓励他们发展生产，摆脱贫困。这些都使社会保障法具有了既保障社会稳定又促进社会发展的特征。

第四节　社会保障法的历史沿革

一、社会保障法的产生和发展

（一）社会保障法的产生

世界上最早的社会保障法是英国伊丽莎白女王 1601 年颁行的《济贫法》，该法的颁布标志着社会保障从分散走向统一，从临时性走向制度化，从随意性走向法律化。如此巨大的变革是有其深刻的历史背景的。

15 世纪的英国，圈地运动导致大量农民涌入城市，由此造成了城市人口过剩。资本主义经济的自由竞争，又使一部分工商企业破产。社会中失业人口增多，贫富差距急剧增大，流离失所、乞讨度日的人口剧增。当时的救济既未社会化，也不由政府负责，只由世俗和宗教组织的慈善事业来应付。这对于全社会性的贫困对象如同杯水车薪，更不能解决大量因贫困导致的社会问题。因此，当社会性的贫困成了国家经济停滞、社会动荡的动因时，英国政府不得不将救济贫民视为己任，决定由政府干预、以法律推行社会对贫困人口的救济，从而缓和社会矛盾，在社会动荡的形势下以社会保障的变革来谋求社会稳定。

《济贫法》规定的救济对象有三种：（1）有劳动能力的贫民；（2）无劳动能力的贫民；（3）无依无靠的孤儿。《济贫法》规定的救济措施包括：（1）建立地方行政和征税机构；（2）为有能力劳动的人提供劳动场所；（3）资助老人、盲人等丧失劳动能力的人，为他们建立收容场所；（4）组织穷人和儿童学艺，建立贫民习艺所；（5）提倡父母子女的社会责任；（6）从比较富裕的地区征税补贴贫困地区。

尽管《济贫法》在内容上有明显的局限性——以“慈善与矫治”的原则使该法兼有强迫劳动和福利救济的性质，强调对不劳动者的惩罚而较忽略对需求者的帮助，但它毕竟是在人类历史上第一次以专门的法律形式对社会保障事项作了规定。该法把贫民和孤儿作为法定的救济对象，对老人、盲人等丧失劳动能力的人提供资助，从比较富裕的地区征税补贴贫困地区的规定，也为社会保障法的内容提供了范例。

《济贫法》颁布实施后，政府所拨救助款大多流入了封建主和商人的腰包，遭到人民的强烈反对。1832年，国王威廉四世组织“济贫行政与实施委员会”，开始改革济贫行政管理机构。1834年，国会通过《济贫法修正案》，废止由各教区掌握的济贫行政管理权，合并邻近若干教区，成立“济贫协会”；扩大地方济贫的基层管理单位，将地方贫民习艺所列为地方单位的行政管理中心；成立中央济贫法实施委员会，实行中央督导制，将济贫的执行权力集于中央，从而改进了济贫管理监督机制，将济贫权由分散改为集中，避免了地方济贫管理中的腐败现象。

英国《济贫法》的颁布和实施，对稳定当时的社会和促进资本主义经济的发展起到了重要作用。该法也因此为后起的资本主义国家所重视，尤其为欧洲资本主义国家所效仿。

除了英国以外，瑞典也在1763年制定了《济贫法》，由政府征收济贫税，承担救济贫民责任。此后经过多次修订，至1871年把救济的主要对象限定为老年人。

（二）社会保障法的形成

19世纪下半叶，俾斯麦任普鲁士帝国首相。当时德国国内经济萧条，劳动人民生活贫困，社会主义思潮在工人中传播，工人运动不断兴起，无产阶级力量强大，劳工问题是当时社会必须解决的主要问题。国家必须通过立法，实行包括社会保险、孤寡救济、劳资合作以及工厂监督在内的一系列社会政策措施，自上而下地实行各项经济和社会改革。于是，1883年至1889年，议会相继通过了法令，批准由国家建立疾病保险、意外事故保险和老年与残废保险等三项保险法案。1911年，上述三部法律又被确定为德意志帝国统一的法律文本，另增《孤儿寡妇保险法》，而成为《社会保险法典》。1923年又颁布了《矿工保险法》，1927年制定了《职业介绍和失业保险法》。由此，社会保障全面进入了国家立法阶段，实行“统一”和“平等”的社会保障，力图通过国家直接干预和调节社会再分配，来消除社会问题，缓和社会矛盾。这标志着现代社会保障制度的形成。由于这种以社会保险为主体内容的社会保障制度与工业化的进程相吻合，因而为西欧多数国家所仿效。这些国家也先后制定与实施了全面的社会保障法律。法国于1905年颁布《失业保险法》，1910年实行了工业和农业工人强制年金制度，1930年颁布了综合性的《社会保险法》。英国于1908年颁布《老人年金保险法》，对国民养老保险作了法律规定；1911年又颁布《国民保险法》，对健康保险及失业保险作了法律规定。瑞典于1913年通过了《国民年金法》，1918年颁布《工伤事故保险法》，1926年颁布《国民保险法》，1934年颁布《失业保险法》。意大利、澳大利亚、秘鲁、新西兰等国也相继通过法律设立了养老保险、伤残保险、工伤津贴、失业补助、家庭津贴等社会保障项目。

世界范围内大规模社会保障法制化，标志着社会保障法作为一项新兴的独立法律制度已经形成。

（三）社会保障法的发展

20世纪30年代，资本主义世界发生了严重的经济危机。1929年10月24日在历史上被称为“黑色的星期四”。资本主义国家陆续进入了国家干预经济的时代。国家不仅把经济干预和调节的范围扩大到再生产的许多领域，而且扩大到国民收入再分配领域，实行社会保障制度就是国家干预国民收入再分配的一种形式。

1929年美国发生经济危机，造成严重的经济社会后果。美国总统罗斯福1933年上任后，为摆脱危机，缓和国内劳资矛盾，开始实行新政，强调国家干预社会经济生活。罗斯福新政的基石就是由国家向全社会实施社会救济、社会保险和社会福利。新政在社会保障方面的主要内容是：(1) 社会保障是大机器生产的客观需要，是取代已不适应形势的"家庭保障"的新社会政策；(2) 建立以"普遍福利"为核心的社会保障制度，以消除人们对生活中旦夕祸福和兴衰变迁的恐惧；(3) 初期的社会保障项目包括失业补助、养老补助（包括强制性和非强制性的老年社会保险)、生育补助，即"家庭安全、生活保障、社会保险"；(4) 实行强制性多层次养老社会保险，开始由联邦政府承担养老金开支的一半，最终则由自给的保险年金所取代；(5) 社会保险必须促进自我保障意识的建立，即保险资金取之于民，用之于民。

美国国会于 1935 年通过了《社会保障法》，根据法律，联邦政府设立了社会保障署。法律规定社会保障包括：(1) 老年救济；(2) 老年退休年金的失业保险；(3) 对盲人、需要抚养的儿童和其他不幸者的救济。此外，按照社会保障法，联邦政府还要为母亲和儿童卫生机构、残疾儿童服务机构以及儿童福利机构提供资助。

美国 1935 年的《社会保障法》在社会保障立法史上具有重要的历史意义，它是世界上第一部对社会保障进行全面系统规范的法律。社会保障的普遍性和社会性原则得以确立，并成为各国社会保障立法的普遍原则。据此，西方国家纷纷对原有社会保障立法进行补充和修订。到 1940 年，世界上已有六十多个国家设立了工伤保险、医疗保险、家庭津贴等社会保障项目，社会保障制度迅速发展。

二、社会保障法的完善和调整

(一) 社会保障法的完善

第二次世界大战后，资本主义世界各国在经济上有了不同程度的发展。产业结构发生大变革，由此引发了产业工人比例下降、工人白领化、雇员专业化等一系列社会结构性变化。重工业和其他一些劳动力集中的产业的衰落，使大批工人失业或被迫改换工作。面对庞大的失业队伍和为解决日益严重的社会问题，社会保障法的发展进入了新的阶段。

这一阶段以英国工党政府宣布的"福利国家"的建成为标志，"福利国家"的建立和社会保障制度在世界范围内得以普遍推行。被称为"福利国家之父"的贝弗里奇教授，着眼于重建战后和平，使英国人民永获安全感的长远安排，提出《社会保障及有关事务》的报告，强调政府统一管理保障项目的原则；建议政府通过国民收入再分配来实施社会保障措施；提出了一整套对英国公民均适用的福利国家的指导原则，提出国家对于每个公民"从摇篮到坟墓"，即由生到死的一切生活与危险，诸如疾病、灾害、老年、生育、死亡以及鳏、寡、孤、残疾人，都给予安全保障，建立一整套全面广泛的社会福利计划。贝弗里奇的报告成为工党政府社会保障立法的依据。英国政府以实现充分就业和社会福利为纲领，先后通过了一系列重要法律，其中主要有《国民保险法》(1946 年)、《国民健康服务法》(1946 年)、《家庭津贴法》(1945 年)、《工业伤害法》(1946 年)、《国民救济法》(1948 年)，以及规范社会保障主管机构的《国民保险部法》(1944 年)。工党领袖艾德礼 1948 年宣布建成了"福利国家"。在英国的影响下，西欧国家、北欧国家、北美洲国家、大洋洲发达国家、亚洲发达国家和地区，也先后宣布实施"普遍福利"的政策，社会保障制度得以更充分地发展。

社会保障法的完善还体现在这一时期立法的内容上，即立法使社会保障普遍地向全民化、普及化方向发展。1946 年英国的《国民保险法》囊括失业、疾病、生育、死亡、孤寡、退休等方面的保障。根据这一法案，几乎每个公民都可享有保障。联邦德国战后的社会保险立法与俾斯麦时期的社会保障法相比在内容上也是更接近全民化。仅以健康保险为例，全国人口的90%都享有国家健康保险，而其余10%的人口则享有私人保险。法国的社会保障此时也由个别救济向全民保险形式转化。战前法国的主要产业结构是酿酒业、香料及化妆品生产，小型农场规模比较小，工业风险性不大，有关保障的立法都是单向的、救济性的。在战后重建中，法国立法机构在1945年至1947年间，连续通过有关社会保障的立法，在全国设立了保险银行及其分支机构，并且逐步建立起低收入劳动者保险、中等以上收入劳动者保险、全国性的疾病和养老保险，直至包括了个体劳动者和农业劳动者的全民社会保障网。

与此同时，苏联、东欧以及中国和亚洲其他社会主义国家的"国家保险"制度纷纷建立，成为社会保障制度的一种新型模式。在苏联，沙俄时期就建立了工伤和疾病保险制度。苏联建立后，建起了新型的社会保险制度。随后，东欧社会主义国家及中国和亚洲其他社会主义国家，也仿照苏联模式建立了本国的社会保险体系。

在这一时期，联合国主管劳动和社会事务的专门机构——国际劳工组织也积极促进各国社会保障事业的发展与合作。在它的推动下，社会保障在国际上得到了普遍承认，社会保障制度也广泛地为亚洲、非洲和拉丁美洲的国家和地区所接受。国际劳工组织还在总结过去有关社会保障立法的基础上，于1952年制定了《社会保障最低标准公约》，规定了退休待遇、疾病津贴、医疗护理、失业救济、工伤补偿、残疾津贴、子女补助、死亡补助和定期支付应遵守的最低标准。

（二）社会保障法的改革与调整

20世纪70年代中期以来，发达资本主义国家的经济发展进入滞胀阶段，社会保障制度也进入改革与调整时期。

由于发达国家社会保障的范围广，标准高，社会保障开支增长率普遍高于本国经济的增长率，从而出现"福利国家危机"和"福利困境"现象。社会保障支出占国内生产总值的比重不断提高，在政府总支出中所占比重也大幅度上升。庞大的社会保障开支，成为财政上的沉重包袱，导致财政赤字。社会成员交纳的社会保险费与所得税猛增，也影响了国内投资和产品的竞争能力，使失业与通货膨胀加剧。因此，一些西方发达国家从法律制度着手对社会保障进行了调整和改革。美国于1987年7月通过了社会保障制度改革方案。日本于1982年制定《老人保健法》，实行老人医疗收费制度；1984年修改《残疾人福利法》，从康复所的入所者中收取费用；修改《健康保险法》，规定医疗费由本人负担10%；1985年修改《国民养老金法》，调整基本养老金制度；1987年制定《社会福利及护理福利法》；1989年修改《生活保障法》。法国、联邦德国、荷兰、加拿大、比利时等国也先后在立法中提高了保险费率。

从总体上看，这些国家社会保障法的改革与调整主要在于增收节支，即增加社会保障费的收入，减少社会保障金的支出。改革和调整的具体措施包括：一是提高或取消缴纳社会保险费的上限，即不论工资多少，全部都须缴纳社会保险费，从而增加了社会保障的收入。二是提高社会保险费率。由于社会保险费是以社会成员所得工资的一定比例缴纳的，提高比例便增加了社会保障的收入。三是征收社会保障所得税。过去社会保障所得一般不纳税。改革调整后，一些国家对这些所得征收税费，如规定退休金、疾病保险金、残废补贴，甚至失业救济金，都要交一定的所得税。四是修改社会保障金的调整办法。以前，社会保障金随物价、工资或生活费指数进行调整，以免受通货膨胀、生活费上升的影响。为了限制保障金的增长，一些国家采取了措施，无论长期性或短期性津贴，都只和物价挂钩，或者冻结社会保障金的增长。五是减少社会保障金，包括减少或取消对病人、孕妇、残废者、失业者的附加补助，降低了退休金标准，减少了失业救济金和住房、教育补贴。

虽然社会保障法律制度有以上的改革和调整，但都是为了完善社会保障制度，而不是削弱或终结这项制度。社会保障制度在社会发展变革中出现的问题，并不是这一制度本身的问题，而是由于社会经济发展速度缓慢、失业问题严重、老年人口增加等原因。因此，解决的办法是，在社会经济发生变革时通过改革和调整使社会保障制度与之协调。

第五节 我国社会保障法的发展与改革

一、新中国成立前的社会保障法

新中国成立前的新民主主义革命时期，从中国共产党开展革命斗争开始就提出了建立社会保障制度的主张。红色政权在各根据地也制定了有关社会保障的立法。

1922 年 8 月，在中国劳动组合书记部公布的《劳动法案大纲》中，第 17 条即为实行社会保险的基本主张："一切保险事业规章之订立，均应合劳动者参加之，俾可保障政府、公共及私人企业中劳动者所受到的损失，其保险费完全由雇主或国家分担之，不得使被保险者担负。"1926 年 5 月 1 日，在广州举行的第三次全国劳动大会通过了《失业问题决议案》，提出失业保障是工人应有的权利；《劳动法大纲决议案》提出国家设立劳动保险，保险费用由雇主或国库支出。1927 年 6 月，在汉口举行的全国第四次劳动大会通过《产业工人经济斗争决议案》《救济失业工人决议案》《手工业工人经济斗争决议案》，提出对生、老、病、死、伤残等进行全面保障的社会保障要求。要求工人退职时，至少发给一个月的退职津贴，并应根据工作年限及每月的工资数额适当增加；工人患病 3 个月以下照发工资，因工受伤致残时除发给医疗费外，照发工资；工人年老及残废者，由劳动保险金中发给终身养老费、死亡时发给家属抚恤金。这些主张和要求对后来建立新型的社会保障制度具有重要的意义。

土地革命时期，1930 年 5 月全国苏维埃区域代表大会在通过的《劳动保护法》中，规定了"保障与抚恤"和"社会保险"。1931 年 12 月颁布《中华苏维埃共和国劳动法》，其中第十章是关于社会保险的规定，指出："社会保险，对于一切雇佣劳动者，不论他在国家企业，协作社或私人的企业，不论工作时间之久暂及付给工资的形式如何都得施及之。"1933 年修订时，新的劳动法进一步提出："社会保险，对于凡受雇佣的劳动者，不论他在国家企业或合作社企业、私人企业，以及在商店家庭内服务，不问他在工作的性质及工作时间的久暂，与付给工资的形式如何，均得施及之。""关于农业工人、苦力、家庭工人与零工的社会保障，中央劳动部得制定特别章程实施之。"同时，对基金的来源、管理机构以及项目及待遇也作出了相应规定。

抗日战争时期，各抗日根据地制定了《劳动保护条例》等，对劳动保险作了具体规定。在《晋察冀边区施政纲要》中，规定要安置失业工人；女工生产前后例假五星期，工资照给。这些立法尽管是区域性的，其有效范围只在本边区内，但不仅对于当时的革命斗争起到了积极的作用，也为后来的立法积累了经验。

解放战争时期，1948 年 7 月，在哈尔滨举行了全国第六次劳动大会，通过了《关于中国职工运动当前任务的决议》，提出了有关社会保障的立法建议："（六）劳动保险，伤害、疾病、老残等的医疗津贴抚恤，暂由工厂负责办理或由工厂和工会共同办理，其办法由政府规定或批准并监督实行，在工厂集中的城市或条件具备的地方，可以创办劳动的社会保险。职工福利事业由工厂和工会共同负责，或分别负责办理。"这一建议为调整当时相关的社会关系拟定了基本的法律规范。同年公布的《东北公营企业战时暂行劳动保险条例》，在我国社会保险立法史上具有重要地位，是我国第一部劳动保险方面的专门的单行法律。这些立法活动，不仅对支援解放战争发挥了巨大的作用，而且成为新中国社会保障法律制度的雏形和基础。

二、新中国成立后至十一届三中全会期间的社会保障法

这一时期，是与当时计划经济体制相适应的国家保障模式及其立法的产生和形成时期。这一过程大体经历了创立、改革和停滞三个阶段。

（一）从新中国成立初期到 1957 年的创立时期

这一时期主要是制定全国统一的社会保障基本制度，颁布了一些基本立法。

1951 年 2 月，政务院公布了《中华人民共和国劳动保险条例》。这一条例使暂时或长期丧失劳动能力的职工，在生活上有了基本的保障，对于生、老、病、死、伤、残等情况的保险都有了具体规定。条例规定保险经费由企业负担，职工不交纳保险金，劳动保险事业交由工会办理，并且举办各种集体劳动保险事业。

由于当时处于经济恢复时期，国家在救济失业工人方面也颁布了相应的法令，1950 年 5 月政务院发布了《关于救济失业工人的指示》，劳动部公布了《救济失业工人暂行办法》。1952 年 8 月政务院发布了《关于劳动就业问题的决定》。这些法令对于当时解决失业工人的困难和促进失业人员的再就业发挥了积极的作用。

同时，国家机关、事业单位的社会保险制度也以单行法规的形式逐步建立起来。1950 年 12 月内务部颁发了《革命工作人员伤亡褒恤暂行规定》，同年还颁布了五个关于军人优抚的条例，即《革命烈士家属优待暂行条例》《革命残废军人优待抚恤暂行条例》《革命军人牺牲、病故褒恤暂行条例》《革命工作人员伤亡褒恤暂行条例》《民兵民工伤亡抚恤暂行条例》。1952 年 6 月政务院颁布了《关于各级人民政府、党派、团体及所属事业单位的国家工作人员实行公费医疗的指示》，同年又颁布了《各级人民政府工作人员在患病期间待遇暂行办法》。1954 年 4 月颁发了《关于女工作人员生育假期的规定》，1955 年 12 月同时发布了《国家机关工作人员退休处理暂行规定》及《国家机关工作人员退职暂行规定》。1957 年发布了《关于职工生活方面若干问题的指示》。这些规范性文件共同构成了新中国社会保障的基本制度。

（二）从 1958 年至 1966 年的改革时期

1958 年第二个五年计划开始，在第一个五年计划完成的基础上，为了适应形势的发展，对一些不适应经济建设的社会保险制度进行了必要的改革。1958 年国务院公布了《关于工人、职员退休处理的暂行规定》《关于企业、事业单位和国家机关中普通工和勤杂工的工资待遇的暂行规定》《关于国营、公私合营、合作社营、个体经营的企业和事业单位的学徒的学习期限

和生活补贴的暂行规定》《关于工人、职员回家探亲的假期和工资待遇的暂行规定》等四项重要规定。

这些规定是在总结了前几年社会保障工作以后制定的，统筹兼顾，注意了工人阶级内部关系以及工农关系，既照顾了职工的眼前利益，又照顾了长远利益；既照顾了个人利益，也照顾到了国家利益。在内容上，这一时期的法律规范统一了企业与国家机关的退休退职制度，对公费医疗和劳保医疗作了适当的改革，规定了被精减职工的社会保险待遇，制定了职业病范围和职业病患者的待遇，制定、批准职工病伤生育假期办法，调整了学徒的社会保险待遇。

同时，国家还在社会保险、社会福利、社会救济和优抚工作各个方面陆续颁布了大量的法规、规定，使我国社会保障制度在实施范围、保障水平和享受资格等各方面都进行了切合实际的改革。

（三）从1966年至1978年的停滞时期

“文化大革命”期间，社会保险制度遭受到严重的破坏：各项管理机构被撤销，当时负责职工社会保险事务的工会被停止活动，负责社会保障行政管理的劳动部、民政部、卫生部、人事部门等长期处于瘫痪状态，社会保障工作基本无人管理。新中国成立以来建立的各种社会保障法律法规和制度实际被废止，社会保障工作无章可循。退休费用的社会统筹被取消，1969年，财政部颁发《关于国营企业财务工作中几项制度的改革意见》规定：“国营企业一律停止提取劳动保险金，企业的退休职工、长期病号工资和其他劳保开支，在营业外列支。”从此逐步形成了企业自我保障，社会保险的统筹调剂、社会共济无从体现，致使我国社会保障事业停滞和倒退。

三、十一届三中全会以后的社会保障法

1978年党的十一届三中全会确定了改革开放的方针政策，我国的政治经济形势从此发生了根本性的变化。1984年党的十二届三中全会通过了《中共中央关于经济体制改革的决定》，开始了以搞活国有企业为中心环节的经济体制改革，社会保障体制的改革也相应提到了议事日程。

这一时期，我国社会保障制度的改革经历了从1978年党的十一届三中全会到1992年党的十四大社会保障制度改革的探索时期，再到从1993年至今的社会保障制度改革取得突破性进展时期。前一时期社会保障制度改革主要作为国有企业改革的配套措施，在关系国有企业改革的各单项项目上分别进行了探索；后一时期则在继续为国有企业改革做好配套工作的同时，明确了社会保障制度是我国社会主义市场经济框架重要部分。在社会保障项目单项改革继续深化的同时，初步形成了我国社会保障制度改革的总体框架，明确了要建立适应社会主义市场经济的社会保障体系。

1985年9月，在《中共中央关于制定国民经济和社会发展第七个五年计划的建议》中第一次明确地提出了“社会保障”的概念，将我国的社会保险、社会福利、社会救助、社会优抚等制度统一归并于社会保障制度中。社会保障立法在适应经济体制改革中全面展开。1986年颁布的《国营企业职工待业保险暂行规定》在我国初步确立了失业保险制度。1991年发布的《关于企业职工养老保险制度改革的决定》明确了养老保险费实行社会统筹。1992年发布的《工伤与职业病致残程度鉴定标准》在全国范围内统一了各项标准。1989年颁发的《关于公费

医疗保险的通知》开始对公费医疗进行改革。1990 年我国通过了《中华人民共和国残疾人保障法》，并适时地于 2008 年对之进行了修订，以更好地维护残疾人的合法权益。1988 年我国颁发了《军人抚恤优待条例》，并于 2004 年、2011 年进行了较大幅度的修订。

党的十五大报告中提出社会保障制度改革和建设的重点项目是养老、医疗、失业保险和社会救济四个方面，为我国下一阶段社会保障法制建设确立了目标和任务。之后，在党的十七大报告中提出要加快建立覆盖城乡居民的社会保障体系，保障人民基本生活，要以社会保险、社会救助、社会福利为基础，以基本养老、基本医疗、最低生活保障制度为重点，以慈善事业、商业保险为补充，加快完善社会保障体系。这就为我国社会保障事业的发展指明了方向和确立了任务。

在党的十五大报告提出后，社会保障制度的改革和发展取得了显著的成就。例如，扩大了社会保障的覆盖面，养老、失业等重要保障项目已经扩大到非公有制企业。社会保险改变了“企业自保”的模式，建立起社会共济的保障框架。社会保险的基金来源改变了过去国家包揽的状况，实行了国家、单位和职工个人三方合理负担，并在主要项目上实行了社会统筹。加强了社会保障基金管理，完善社会保障财务制度，防止社会保障资金的滥用和挪用。从 1978 年到 1996 年，全国保险福利费用总额增长 34 倍，达 2 725.3 亿元，其中国有单位增长 33 倍，城镇集体单位增长 35 倍。国家财政用于抚恤和社会福利、救济救灾等的支出从 1978 年到 1996 年增长了 6 倍，达 128.03 亿元。

1997 年 7 月 16 日，国务院发布了《关于建立统一的企业职工基本养老保险制度的决定》。2000 年国务院发布了《关于切实做好企业离退休人员基本养老金按时足额发放和国有企业下岗职工基本生活保障工作的通知》。2004 年 2 月 23 日，劳动和社会保障部、中国银行业监督管理委员会、中国证券监督管理委员会和中国保险监督管理委员会联合发布了《企业年金基金管理试行办法》。2011 年 2 月 12 日，人力资源和社会保障部、中国银行业监督委员会等四部委发布了《企业年金基金管理办法》。2003 年 4 月 16 日国务院第五次常务会议通过《工伤保险条例》，2003 年 4 月 27 日中华人民共和国国务院令第 375 号公布，自 2004 年 1 月 1 日起施行。2003 年 9 月 23 日，劳动和社会保障部颁布实施了《非法用工单位伤亡人员一次性赔偿办法》。2005 年 4 月 11 日，劳动和社会保障部、国家安全生产监督管理总局、国防科学技术工业委员会发布了《关于贯彻〈安全生产许可证条例〉做好企业参加工伤保险有关工作的通知》。1999 年 1 月 22 日，国务院发布施行《失业保险条例》。2001 年 1 月 1 日，劳动和社会保障部颁布实施《失业保险金申领发放办法》。1998 年 12 月 14 日，国务院颁布实施《关于建立城镇职工基本医疗保险制度的决定》。2000 年 5 月 20 日，国务院办公厅发布《转发劳动保障部财政部关于实行国家公务员医疗补助意见的通知》。1994 年 12 月 14 日，劳动部颁布实施《企业职工生育保险试行办法》。2004 年 9 月 8 日，劳动和社会保障部办公厅发布了《关于进一步加强生育保险工作的指导意见》。2010 年 10 月 28 日审议通过的《中华人民共和国社会保险法》（2018 年 12 月 29 日修正）更是我国首次将社会保险制度上升到法律层面进行调整和规制，从而为我国的社会保险事业开创了新局面。

四、近年来的社会保障法

2012 年 12 月 28 日和 2015 年 4 月 24 日，全国人民代表大会常务委员会两次修改了《老年人权益保障法》，把“积极老龄化”理念确定为老年人权益保障法的一个基本原则，写入了法律。“积极老龄化”比“健康老龄化”的内涵更加丰富，强调如何保持健康，强调要积极发挥老年人的潜能，继续参与社会发展，要求国家、社会、家庭都要为老年人保持健康和积极参与社会发展创造条件。把“精神慰藉”写入法律，把道德规范上升为法律规范，有利于弘扬尊老敬老精神，弘扬我国传统孝道文化。确立了老年人的监护制度：一方面，老年人生前自己不能准确地判断自己行为后果的时候，他做出的一些重要法律行为必须通过监护人，这样才能有利于维护老年人的利益，减少纠纷，促进社会和谐；另一方面，监护人要履行职责，也有利于对老年人的照顾。增加了“社会服务”内容，改变我国老年人养老主要靠家庭的模式。现在家庭一个方面是小型化，另一个方面是人口流动很大，完全依靠家庭养老，仅靠子女和亲属照料显然已经不适应需要了，需要有社会服务相配合，给其提供一系列的社会化服务，这样才能够使居家养老真正地达到让老年人安享晚年的目的。所以，这次修改确立了以居家为基础、社区为依托、机构为支撑的社会养老体系，并对各方面的职责和职能进行了全面的规定。增加“社会优待”一章，即第五章，用8条规定社会优待问题，社会各方面都要为老年人提供必要和可能的优待，这也是保证老年人健康生活的很重要的方面。新增加“宜居环境”一章，即第六章，规定了8条内容。“宜居”比较突出的是“无障碍设施”，这过去只是在残疾人保障法中进行了规定，但很多老年人也是处于失能、半失能状态，也需要一些适宜老年人生活的环境。因此，这次专门用一章对“宜居环境”建设作了比较全面的规定。①

2016年2月3日，国务院第122次常务会议通过《全国社会保障基金条例》（以下简称《条例》），自2016年5月1日起施行。《条例》规定的全国社会保障基金与社会保险基金不是一个基金。全国社会保障基金是国家社会保障储备基金，由中央财政预算拨款、国有资本划转、基金投资收益和以国务院批准的其他方式筹集的资金构成，用于人口老龄化高峰时期的养老保险等社会保障支出的补充、调剂。在投资运营上，坚持安全性、收益性和长期性原则；由于短期内暂不发生支出，更适宜开展中长期投资。社会保险基金是为了保障公民在年老、疾病、工伤、失业、生育等情况下获得物质帮助而建立的，主要由用人单位和个人缴费构成，包括基本养老保险基金、基本医疗保险基金、工伤保险基金、失业保险基金和生育保险基金，用于公民养老、医疗、工伤、失业、生育等各项社会保险待遇的当期发放。因此，社会保险基金对投资风险的控制要求更高，投资范围较窄，投资运营活动限定条件更多。《条例》在立法目的中明确提出全国社会保障基金要“在保证安全的前提下实现保值增值”。一是明确基金的投资范围、种类和比例，规定全国社会保障基金理事会应当按照国务院批准的比例在境内外市场投资运营基金，合理配置经国务院批准的固定收益类、股票类和未上市股权类等资产。二是完善基金的风险管理和内部控制制度，规定全国社会保障基金理事会制定基金的资产配置计划、确定重大投资项目，应当进行风险评估，并集体讨论决定；制定风险管理和内部控制办法；定期向国务院财政部门、国务院社会保险行政部门报告基金管理运营情况，提交财务会计报告；从符合法定条件的专业投资管理机构、专业托管机构中选聘基金的投资管理人、托管人；风险管理和内部控制办法、有关合同报国务院财政部门等备案。三是强化对投资管理人、托管人的管理，规定全国社会保障基金理事会应当按照公开、公平、公正的原则选聘投资管理人、托管人，并对其进行考评，同时明确了投资管理人审慎投资、托管人安全保管基金的法定职责和禁止行为。规定全国社会保障基金理事会应当通过其官方网站、全国范围内发行的报纸每年向社

---

① 陈斯喜. 老年人权益保障法修订草案有六大亮点. (2012-08-15) [2018-01-01]. http: //www.npc.gov.cn (全国人大网).

会公布基金的收支、管理和投资运营情况，接受社会监督。①

2016年4月28日，人力资源社会保障部颁布实施了《社会保险欺诈案件管理办法》。社会保险欺诈案件由违法行为发生地社会保险行政部门管辖。社会保险行政部门应当建立社会保险欺诈案件管理台账，对社会保险欺诈案件进行统一登记、集中管理，对案件立案、调查、决定、执行、移送、结案、归档等执法办案全过程进行跟踪记录、监控和管理。案件登记和记录内容包括：案件名称、编号、来源、立案时间、涉案对象和险种等案件基本信息情况，案件调查和检查、决定、执行、移送、结案和立卷归档情况，案件办理各环节法律文书签发和送达情况，办案人员情况以及其他需要登记和记录的案件信息。

2016年12月20日，人力资源社会保障部第114次部务会审议通过、财政部审议通过了《企业年金办法》，自2018年2月1日起施行。企业年金是指企业及其职工在依法参加基本养老保险的基础上，自主建立的补充养老保险制度。企业年金所需费用由企业和职工个人共同缴纳，基金实行完全积累，为每个参加企业年金的职工建立个人账户。企业缴费每年不超过本企业职工工资总额的8%，企业和职工个人缴费合计不超过本企业职工工资总额的12%，具体所需费用由企业和职工一方协商确定。企业缴费应当按照企业年金方案确定的比例和办法计入职工企业年金个人账户，职工个人缴费计入本人企业年金个人账户。企业当期缴费计入职工企业年金个人账户的最高额不得超过平均额的5倍。职工企业年金个人账户中企业缴费及其投资收益，企业可以与职工一方约定其自始归属于职工个人，也可以约定随着职工在本企业工作年限的增加逐步归属于职工个人，完全归属于职工个人的期限最长不超过8年，并明确了几种例外情形。职工达到国家规定的退休年龄或者完全丧失劳动能力时，可以从本人企业年金个人账户中按月、分次或者一次性领取企业年金，也可以将本人企业年金个人账户资金全部或者部分购买商业养老保险产品，依据保险合同领取待遇并享受相应的继承权。出国（境）定居人员的企业年金个人账户资金，可以根据本人要求一次性支付本人。职工或者退休人员死亡后，其企业年金个人账户余额可以继承。②

问题与思考

1. 社会保障的含义是什么？
2. 如何理解社会保障的特征？
3. 社会保障的内容有哪些？
4. 社会保障法的调整对象是什么？
5. 社会保障法具有哪些功能？
6. 社会保障法应当实行的基本原则是什么？
7. **案例：** 张照华与湖北丹福钢铁集团有限公司社会保险纠纷案

张某自2007年9月起到湖北丹福钢铁集团有限公司（以下简称“丹福公司”）从事保安

---

① 国务院法制办负责人就社会保障基金条例热点问题答问.（2016-03-28）[2018-01-01]. http：//www.gov.cn.（中央政府门户网站）.

② 人社部、财政部联合印发《企业年金办法》.（2017-12-22）[2018-01-02]. http：//www.gov.cn/xinwen/2017-12/22/content_5249399.htm.

工作，工作期间双方未签订书面劳动合同，丹福公司亦未为张某缴纳各项社会保险。2013 年 8 月，丹福公司因故停产，张某仍坚守门卫工作。后张某为了能够享受相应的社会保险待遇，于 2014 年 10 月 15 日向某仲裁委员会申请仲裁，要求解除与丹福公司的事实劳动关系，公司为张某缴纳 2007 年 9 月至 2014 年 10 月的各项社会保险。仲裁委以张某申请仲裁的事项属于因社会保险费缴纳引发的争议，不属于仲裁范围为由，于 2014 年 12 月 4 日作出不予受理通知书，对张某提出的仲裁申请不予受理。张某对仲裁委作出的不予受理通知不服，遂于 2014 年 12 月 15 日向法院起诉。[①]

问题：本案用人单位是否应为张某缴纳社会保险?

① ［2018－01－02］. http：//www. pkulaw. cn/case.

第二章
社会保险法

本章概要

社会保险是社会保障制度的主要内容，其对象涉及全体社会成员，是国家对公民在患病、伤残、失业、年老等情况下给予帮助的法律制度。本章从社会保险的定义入手，介绍了社会保险的两种概念和其中的共同内容，说明我国社会保险的对象是全体劳动者；分析了社会保险的特点，强调社会保险是由国家立法确认并强制实施的。通过对社会保险法的原则和功能、分类和内容的学习，学生要从总体上理解社会保险法的基本理论问题。社会保险费的缴纳和社会保险基金的建立是建立和健全社会保险法律制度的关键。

关键术语

社会保险　社会保险法　补偿与互助　社会保险费　保险基金

第一节　社会保险和社会保险法

一、社会保险的定义

社会保险，是指国家通过立法建立的，对劳动者在其生、老、病、死、伤、残、失业以及发生其他生活困难时，给予物质帮助的制度。对年老、疾病或丧失劳动能力的人给予物质帮助是公民的基本权利。我国《宪法》第45条第1款规定：“中华人民共和国公民在年老、疾病或者丧失劳动能力的情况下，有从国家和社会获得物质帮助的权利。国家发展为公民享受这些权利所需要的社会保险、社会救济和医疗卫生事业。”《宪法》赋予我国公民的这一基本权利，就劳动者而言，主要通过社会保险实现。我国《劳动法》第70条规定：“国家发展社会保险事业，建立社会保险制度，设立社会保险基金，使劳动者在年老、患病、工伤、失业、生育等情况下获得帮助和补偿。”

社会保险在概念上有广义和狭义的两种。广义的社会保险是国家在其患病、伤残、失业、年老等情况下给予物质帮助的各种制度的总称，其对象涉及全体社会成员。狭义的社会保险仅对企业、事业单位职工和国家机关工作人员等用人单位的职工和赡养亲属给予经济保障。广义的社会保险在内容上除包括职工的各项社会保险项目外，还涉及职工生活困难补助以及其他社会救助项目，在管理上也涉及民政、劳动、人事等多个部门。狭义的社会保险主要包括生育保险、疾病保险、工伤保险、失业保险及养老保险。

对社会保险定义有不同的理解和不同的表述，但都包含了一些共同的内容。其一，它是一项法定的社会保障制度。其二，它是要求劳动者及其用人单位强制参加的。其三，它是国家对劳动者履行的社会责任，也是劳动者应该享受的基本权利。其四，社会保险是社会保障的重要组成部分。

劳动者作为社会保险对象在不同国家也有区别。在发达国家，通常将一切被雇佣的工作人员，无论是工商企业，还是文、教、卫、行政机关的工作人员，都纳入强制保险的范围。也有一些国家的社会保险法规定，只有生产达到一定规模的企业劳动者才能参加社会保险。还有一些国家把劳动者达到一定收入水平作为参加社会保险的条件，只有当劳动者的收入水平达到法定的数额，才能参加社会保险，享受社会保险待遇。但社会保险法也对一些从事特定职业的劳动者强制规定其必须参加保险。在这些职业中工作的劳动者，不论其收入水平高低，也不管是被雇佣者还是自由职业者，都应无条件地参加保险。一些福利国家更是将全体公民都作为社会保险的对象。我国社会保险制度中的养老保险和医疗保险覆盖所有人群，工伤保险、失业保险、生育保险的对象则是全体劳动者。

二、社会保险的特点

（一）社会性

社会保险的社会性主要表现在三个方面。

1. 保险范围的社会性。即享受保险的对象范围广泛，包括社会上不同层次、不同行业、不同所有制形式和不同身份的各种劳动者。社会保险对象的范围广泛，是社会保险的最核心特点之一。然而，长期以来，我国一些主要的社会保险制度，只在国家机关、事业单位和全民所有制企业中实施，城镇集体所有制企业一般只是“参照执行”，其他多种形式的经济组织的劳动者至今未实行社会保险制度，或者保险待遇条件不等同。这种社会保险体制与现行的市场经济的统一、平等原则完全背离。我国《劳动法》将社会保险的范围扩大到中华人民共和国境内所有的企业、事业单位、国家机关、社会团体、个体经济组织的劳动者，不仅克服了以前社会保险制度的覆盖面小和不统一的缺陷，而且完全符合社会主义市场经济体制的要求。例如，《北京市农民工养老保险暂行办法》就规定：用人单位自招用农民工之日起，就必须为其办理参加养老保险的手续。养老保险费由用人单位和农民工共同缴纳，用人单位为每一位农民工每月缴纳的养老保险费为本市上一年职工月最低工资标准的19%，农民工本人缴纳的费用是本市上一年职工月工资标准的7%至8%。农民工与用人单位解除劳动关系时，经本人同意，农民工可一次性领取养老金，并终止其养老保险关系。劳动和社会保障部也采取措施改善进城务工人员的就业环境。具体措施包括：进一步消除限制农村劳动力合理流动的歧视性政策，全面推行劳动合同制度，推动进城务工人员全面参加工伤保险，逐步将进城务工人员纳入医疗保险，建立和完善适合进城务工人员特点的养老保险制度。[①]

当然，对社会保险的社会性的理解，也不能作无限扩大，即不能将社会所有的成员纳入社会保险的范围之内。尽管《宪法》规定我国公民享有物质帮助权，并且社会保险又属于物质帮助权的基本形式，然而，并非所有的公民都是社会保险的对象。《宪法》规定的物质帮助权制度，是一项综合性的制度，它由社会保险、社会救济等具体制度构成。公民在成为劳动者之前，其物质帮助权主要通过社会救济等制度实现，作为劳动者的物质帮助权，则主要通过社会保险实现。因此，社会保险的对象范围在原来的实践中只限于劳动者，不过 2010 年 10 月 28 日颁布的《社会保险法》在一定程度上对之进行了突破，即将其中的养老保险和医疗保险从仅仅覆盖劳动者扩至覆盖所有人群。

2.保险目的的社会性。建立并实施社会保险制度，既反映社会的政治进步，也促进社会的经济发展。保障劳动者在年老、疾病、工伤、失业、生育和丧失劳动能力的情况下，获得最基本的生活保障，对于坚持社会主义人道主义，促进社会稳定和进步以及保护生产力，协调社会经济关系，促进经济持续稳定发展，都具有十分重要的意义。

3.保险组织和管理的社会性。社会保险主要是一种政府保险制度，它由国家通过立法确认和规定，并在保险资金的筹集、发放、调剂、管理等方面，由政府组织实施。

（二）互济性

凡属保险，通常都具有互济性，因为它们都通过集中与分散资金来分散危险，而且都尽力扩大危险所分散的范围。社会保险的互济性，一方面表现在保险基金实行社会统筹，并依据调剂的原则集中和使用资金，解决不同情况下的劳动者的特定的基本生活需要，使由于年老、患病、工伤、失业、生育和丧失劳动能力等事件，对劳动者所遭受的经济损失，通过互济共助使其获得帮助。另一方面，劳动者寿命长短、生病与否以及生病严重程度、伤残或丧失劳动能力与否以及其丧失劳动能力程度等，不以人们意志为转移，并且不可能完全等同，而社会保险的目的则是相同的，即保障劳动者的基本生活需要。因此，社会保险实质上是通过多方筹集基金后进行平衡调剂，将个别劳动者在特定情况下的损失和负担，在缴纳保险费的多数主体间进行分摊。这就决定了劳动者按同等标准缴纳社会保险费，而不可能从社会领回同等数量的生活费。这一差别充分反映了社会保险互济性的特征。

（三）补偿性

社会保险的补偿性主要表现在三个方面。

1.劳动者通过劳动创造的价值或财富，除了一部分表现为劳动报酬返回给劳动者之外，另一部分作为社会的各项扣除，纳入了政府收入的范畴。在社会保险基金的来源中，国家负担部分，其最初来源于劳动者的劳动。国家通过社会保险将这部分再返回给劳动者，其实质是对劳动者过去劳动的一种补偿。

2.劳动者在向社会提供劳动能力，并以此获取劳动报酬的期间，按照国家规定标准将报酬的一定比例，作为劳动保险基金缴纳，待年老、患病、负伤、失业、生育和丧失劳动能力时，又依照国家规定标准领回，是社会保险补偿性的具体体现。

---

① 步正发. 进城民工纳入医疗保险.（2015－10－19）. http：//www.lm.gov.cn.

3. 在因工伤残或者患职业病的情况下，劳动者所享有的社会保险待遇，直接反映了社会保险的补偿性。因此，《劳动法》第 70 条将社会保险确定为劳动者在特定条件下获得帮助和补偿，是符合实际的，也是科学的。

三、社会保险和社会保障的关系

社会保险，属于社会保障的范畴，它同社会福利、社会救济共同构成了社会保障的主要内容体系。由于社会救济不必然涉及劳动范畴，救济的对象也不仅仅是劳动者，因而从劳动法律体系方面构建社会保障体系，只能通过社会保险和社会福利实现。《劳动法》第九章“社会保险和福利”，正是以构建社会保障体系为目的而设计的。

以社会保险和社会福利为核心内容的社会保障体系的建立，是我国《劳动法》的一大贡献，它不仅结束了几十年来我国社会保障体系残缺不全、层次单一和多头管理的历史，而且更重要的是为我国市场经济大目标的实现奠定了基础。

逐步建立和完善社会主义市场经济体制，是我国的既定目标。为实现这一目标，促进经济的发展和社会的稳定，必须建立与之相适应的社会保障体系。没有社会保障制度的市场经济体制是不完整的，也是难以长久支撑的。因此，社会保障制度是与我国社会主义市场经济体制相配套的社会系统工程，是市场经济不可缺少的组成部分。通过《劳动法》确立了社会保险和社会福利制度，经济体制的全面改革就有了前提性保障，社会主义市场经济才能顺利实现。

虽然社会保险、社会福利和社会救济同属于社会保障范畴，并构成社会保障体系的三个子系统，然而三者之间在保障方式及地位上都不相同。

1. 在权利义务方面，社会保险是双向的，既强调国家和社会对劳动者个人的责任，又强调劳动者个人本身应当履行的义务；而社会福利和社会救济都是单向的，一般只强调国家和社会对个人的责任。

2. 在资金来源方面，社会保险强调劳动者个人、社会（包括劳动者所在用人单位或雇主）、国家三方合理负担，分别按一定比例缴纳保险基金；而社会福利和社会救济则强调由国家和社会向个人提供。

3. 在保障手段方面，社会保险是预防型的，强调用人单位和劳动者预先筹措和积累，防患于未然；而社会福利和社会救济是被动型的，是出现了生活困难和社会问题才采取的补救性措施。

4. 在保障对象方面，社会保险的对象不是全体公民，而是在特殊情况下需要给予物质帮助的劳动者；而社会福利和社会救济所保障的对象不仅仅限于劳动者，而是全体公民。

5. 在保障水平方面，由于劳动者是其家庭经济的主要支柱，社会保险对劳动者提供的保障水平就不仅是对劳动者本人基本生活的保障，而且包括其家庭成员的生活保障，因而社会保险的待遇与优抚保障的待遇一样，是整个社会保障体系中较高的；而社会救济和社会福利的水平却是最低的，目的仅在于减轻受益者的家庭负担。

同时，社会福利和社会救济也不相同。社会福利是国家出资或动用社会力量，举办文化、教育、卫生等公共福利设施，或对公民普遍发放某项补贴，目的是使公民获得物质帮助，减少消费支出，从而改善生活。因此，社会福利具有超前于现实的供给水平的性质。社会救济是国家出资，对残疾人、孤老幼者、贫困户以及遇到灾害的农民等发放物资或救济款，目的是解决天生能力欠缺者、需要社会特别照顾者或灾民长期或一时的困难。因此，社会救济具有滞后于现实的需求水平的性质。由此，社会保险是一种较为合理的、先进的保障方式，在社会保障体系中具有特别重要的地位。社会保障制度也应当以社会保险为主要运作机制，只有在社会保险发挥不了作用的地方或场合，才施以社会救济；社会福利则主要应从提供设施和服务条件方面考虑，改善和提高人们的生活条件和水平。

社会保险与商业保险不同。虽然二者都具有社会性和互济性，但社会保险另外还具有强制性和福利性。商业保险则具有经营性和金融性，属于国家其他金融机构的范畴，并且通常都不具有强制性特点，由被保险人自愿参加。由于商业保险具有经营性，所以，在任何情况下都不具备福利性特点。

四、社会保险法的概念

社会保险法是调整社会保险法律关系的法律规范。它对社会保险的项目体系、实施范围与实施对象、经费来源、待遇标准、发放办法等内容作出法律规定，并且明确社会保险机构的性质与职能、社会保险的组织形式与地位、社会保险的管理与监督等事项。

社会保险法调整的社会关系主要有：社会保险管理机关与管理相对人之间的关系，主要是明确规范各自的权利与义务；社会保险经办机构与用人单位和劳动者之间的关系，主要是规范征收社会保险资金和发放社会保险待遇，保证劳动者实现其社会保险权益，规范用人单位对劳动者的社会保险义务；社会保险监督机构与社会保险管理和经办机构、用人单位和劳动者之间的关系，包括监督机制的建立以及各种监督机构的职责、权限划分及其协调等。

社会保险法的主体包括四个方面。一是国家或政府。国家（通过政府）直接参与社会保险活动，并对社会保险的运行和实施给予财政上的支持，从而成为社会保险法制系统中的特殊主体。二是社会保险的管理和实施机构。它们直接承担着管理和实施社会保险的责任，既依法享有面向企业、个人等征收社会保险费等的权利，又承担着具体运作社会保险项目、向劳动者发放社会保险待遇的义务。三是用人单位，它们承担向社会保险机构缴纳社会保险费的责任，这是社会保险费的主要来源，因而对社会保险法律制度的正常运行和实施具有特别重要的意义。四是劳动者及其家庭。劳动者及其家庭是社会保险的直接受益对象，劳动者本人也需要承担一定的缴纳社会保险费的责任，从而也是社会保险法律制度中的重要因素。

第二节　社会保险法的功能和原则

一、社会保险法的功能

（一）维护社会秩序的稳定

社会保险法作为社会保障法律体系的主要部分，与其他社会保障项目一道维护着社会秩序的稳定。

社会保险法通过在遇到各种风险时向社会成员提供帮助，起到维护社会秩序的稳定的作用。当人们遭受年老、疾病、伤残、失业、死亡、生育等风险，生活面临困难时，根据社会保险法律制度，他们能够得到一定的物质帮助，使他们重新振作，渡过难关，或者顺利地安度晚年。社会保险与商业保险的最大不同是它以国家为后盾，聚集了全社会的经济力量来建立社会保险基金，使参加保险的社会成员都享有均等的物质帮助权，这有利于消除和缓解社会矛盾，增强社会成员应付意外伤害和不测事变的能力。并且，社会保险与商业保险的区别还在于它不以经营和营利为目的，从而也不存在社会保险组织倒闭的风险。当社会保险经费入不敷出时，由政府财政予以补贴。例如，1990 年联邦德国财政用于社会保险事业的补贴就达 540 亿马克。我国 2010 年大力支持就业再就业和社会保障工作，促进社会和谐发展。“继续推进关闭破产国有企业退休人员参保工作，628 万原未参保的关闭破产国有企业退休人员已纳入职工医保，统筹解决了近 200 万其他关闭破产企业退休人员和困难企业职工的参保问题。”[1] 因此，社会保险法对消除社会不安定因素起到的重要作用是任何其他制度所不可取代的。正是在这个意义上，人们把社会保险誉为社会秩序的“安全网”和“减震器”。

（二）促进社会发展和进步

社会保险法促进社会发展和进步的作用可以在三方面得到体现：就劳动者而言，社会保险法为劳动者解除了后顾之忧，使其能够专心致力于工作和生产劳动，极大地激发了劳动者的积极性和创造性，提高了劳动者的劳动热情和劳动素质，从而促进生产技术的进步和劳动生产率的提高。对于用人单位而言，国家通过社会保险，减轻了用人单位的压力和负担，为用人单位解除了后顾之忧。用人单位能够集中精力从事生产经营，提高经济效益，增强市场竞争力。用人单位经济效益的提高，又为其向所在单位职工提供补充养老保险、增强单位内部的凝聚力、促使生产的经济效益的进一步提高创造了条件。从劳动力再生产的角度看，社会保险法是保证劳动力再生产的必要条件。社会保险法解决了劳动者本人和家庭靠自己力量难以解决的困难，使劳动者得以生息和繁衍。

劳动者的素质和劳动力的再生产是社会扩大再生产的基础，生产的发展和劳动生产率的提高，从根本上取决于劳动力的更新和劳动者素质的提高。在这些方面，社会保险法的作用是十分明显的，例如，社会保险法中的医疗和疾病保险使劳动者在患病时能够得到及时治疗，病假时的工资可以维持劳动者病休时的基本生活需要，使其疾病康复后能够继续从事原有的劳动。而女职工的生育保险，更直接地体现了社会保险法不仅维护女职工本人的身体健康，保护了已有劳动力，而且也减轻了职工繁衍后代的经济困难，使新生的劳动力具有良好的存活和生长条件。

（三）调节国民收入的分配和再分配

社会保障法通过调节国民收入的分配和再分配，来缩小社会成员之间的贫富差距。在市场经济条件下，由于社会成员的自身素质和经济状况的不同，在社会生存和发展中受到资本大小、劳动技能高低、身体素质强弱、家庭人口多少等因素的影响，并具体表现为收益分配上的差异，从而客观上会导致贫富差距的扩大，导致部分社会成员的贫困化。对此，社会保险法所具有的收入再分配功能能够在一定程度上缩小差距。根据社会保险法，在筹集社会保险资金

---

① 人力资源和社会保障部 2010 年第三季度新闻发布会实录.（2010-10-22）. http://www. china. com. cn（中国网）.

时，要求高收入者多缴纳费用，低收入者少缴纳费用；在支付社会保险待遇时，那些收入高的富裕家庭或社会成员因其生活水平高而享受的机会少，而贫穷的低收入家庭或社会成员享受的机会多。通过对国民收入的再分配，客观上起到了缩小贫富差别的作用。

在国民收入的分配上，许多国家通过开征社会保险税进行调节，也起到了缩小贫富差距的作用。随着社会生产力的发展，生产社会化程度的提高，各国用于社会保障方面的开支将日益增大。社会保险法通过调节国民收入分配的方式，对国民收入进行再分配用以保障劳动者的基本生活，缩小社会成员在社会物质占有程度上的差距，使其共同分享经济发展的利益。

（四）促进社会的精神文明建设

社会保险法通过建立社会互助共济的法律制度，使社会成员对社会中的人道主义、对其他社会成员的生存和发展都会有更深刻的认识和更直接的关注。由于与社会成员密切相关的社会保险制度的实施，人们更加明白人类社会的发展必须是整体的共同发展的道理。社会中的富裕者对贫困者、健全者对病残者、年轻人对老年人、强者对弱者都应该体现人道主义精神。尊老爱幼、扶弱济贫、友爱助人、和谐共存，应该成为人们自觉遵守的行为规范。在社会中，全体社会成员是一个整体，每一个社会成员都应该拥有相同的权利与机会。当部分社会成员由于自身或社会的原因遇到困难和不幸时，社会保险法在以法律手段帮助弱者及困难群体的同时，也在全社会倡导和促进了社会成员的精神文明建设，提高了社会成员的精神文明程度。

二、社会保险法的原则

社会保险法的原则是贯穿在全部社会保险法律规范中的基本精神和指导思想。根据社会保险法的特征及功能，社会保险法主要遵循以下几项原则。

（一）社会保险水平与社会生产力发展水平相适应的原则

确定社会保险水平是社会保险法的一项重要内容。在确定社会保险水平时，必须体现社会保险水平与社会生产力发展水平相适应的原则。社会保险水平指社会保险费用支出占国内生产总值的比重，它直接与社会生产力的发展水平和国民经济的增长水平相联系，并且直接影响投资、储蓄、失业率等经济活动。社会保险需要社会生产力的发展为其提供可能、创造条件。只有当生产力发展到一定水平，社会财富较为丰富时，国家才有能力承担巨额的社会保险费。

同时，社会生产力的发展水平还制约着社会保险的水平。社会保险水平过高或过低，都会阻碍社会生产力的发展。社会保险水平过高，政府，尤其是用人单位在经济上难以承受，影响用人单位的投资和生产积极性，反而导致失业率的上升和劳动者享受社会保险的待遇降低；社会保险水平过低，劳动者的基本生活难以保证，会导致社会动荡和不稳定，也会最终影响社会保险制度的正常运行和发展。

因此，要根据生产力发展水平和各方面的承受能力，恰当地确定社会保险的范围、项目和水平。现阶段我国还不具备实行发达国家社会保险水平的条件，因而无论在参加社会保险的社会成员选择上，还是在社会保险待遇的发放标准上都不能搞得太大和提得太高。我国社会保险的水平在总体上应建立在我国尚不发达的现实基础上，以为劳动者提供生存资料、保障劳动者本人和其家庭的基本生活需要为目标，以后再随着经济的发展逐步提高。我国《劳动法》第71条规定："社会保险水平应当与社会经济发展水平和社会承受能力相适应。"因此，社会保险的程度和水平，不仅要考虑社会保险的目的，即保障劳动者基本生活的需要，而且应充分考虑我国的国情国力，使社会保险水平在保证实现其基本目标的前提下，随着我国社会经济的不断发展、逐步提高，建立与经济发展水平相协调的社会保险联动机制。

（二）社会保险权利与义务相统一的原则

社会保险制度的运行和发展在很大程度上取决于社会保险基金的建立，而社会保险基金的建立不是能够由某一组织或少部分人承担责任的，而是由国家、用人单位和劳动者共担责任的。社会保险基金的筹集，要由社会保险的经办机构受国家委托，并根据国家法律规定，采取强制性手段统一筹集，将社会保险范围内的用人单位和劳动者的社会保险费征缴上来，集中统一使用。

因此，承担社会保险责任的用人单位和劳动者个人，必须首先尽到缴纳社会保险费的义务，才能由此享受社会保险待遇的权利。只有最大限度地集中全社会的力量，才能解决和承担劳动者所发生的风险。在我国的计划经济时期，社会保险义务主要由国家和企业承担。现阶段国企改革的重要内容就是社会保险费由国家负担的部分将逐渐减少，用人单位负担的部分将成为社会保险基金的主要来源，劳动者个人负担的部分也将逐步增加。

（三）社会保险一体化和社会化相统一的原则

在市场经济条件下，劳动力市场化是实现资源最佳配置的重要方面，而社会保险一体化则是劳动力市场化的必不可少的维系机制。为此，社会保险制度应当实行一体化原则，即统一社会保险的项目、统一社会保险或基本社会保险的标准、统一社会保险的管理与实施机制等，这样，无论劳动者如何流动，均有同样的社会保险制度解除其后顾之忧，从而为实现劳动者自由流动和劳动力资源的最佳配置提供了保障条件。同时，社会保险作为国民收入的一种再分配方式，目的在于调节收入差距。劳动者的保险待遇差别也因此应小于初次分配的差别，用人单位之间的社会保险负担也应大体平衡，充分发挥社会保险的互助互济功能。

实行社会保险的社会化是社会保险能够健康发展的重要条件。现代社会的社会保险是全体社会成员的共同事业，应当鼓励本国社会成员主动参与社会保险事务，包括参与分担缴费、参与监督社会保险制度的实施等，使社会保险事业具备更为坚实的社会和经济基础。例如，在社会保险模式的选择方面，其他国家就有一些社会化的成功经验，如新加坡的公积金制度、智利的养老社会保险基金由私营机构经办等，都表明社会保险的形式是多样的。社会保险管理的社会化也是社会保险自身的客观要求，应当把各部门、各单位分散管理的形式，逐步转为统一的社会化管理，将用人单位承担的社会保险方面的事务性工作转为社会化服务，逐步健全社会统一的社会化服务组织。

社会保险的一体化和社会化要在立法中充分得到体现。作为社会主义市场经济重要组成部分的社会保险制度，必须符合市场经济的统一、平等的基本规则。长期以来，我国社会保险改革和立法的不统一、多头分散的管理体制，不仅为经济体制改革带来了困难，而且与市场经济体制严重背离，通过《劳动法》推动社会保险制度的改革，正是我国经济体制改革和构建社会主义市场经济体系的基本要求。为此，我国《劳动法》一方面实行保险基金社会统筹，建立起统一的社会保险基金制度；另一方面将社会保险的对象扩大到凡是建立了劳动关系的劳动主体的范围之内，并形成覆盖面宽的平等的社会保险主体体系。《社会保险法》在养老保险和医疗保险的对象上突破了缔结劳动关系的劳动者，而扩至职工、城镇居民、农民。这些规定和制度的建立，都充分反映了我国关于社会保险立法的一体化和社会化原则。

（四）建立起多层次的社会保险制度的原则

我国《劳动法》颁布之前，社会保险层次单一，企业职工因年老丧失劳动能力或其他原因丧失劳动能力时，只能从企业这个单一渠道领取法定的社会保险待遇，除此之外没有其他经济来源，以致在许多情况下生活得不到保障，如遇企业亏损或发生经济困难，普通劳动者的生活更无法得到保障。为此，我国《劳动法》规定“国家发展社会保险事业，建立社会保险制度”。《社会保险法》规定：“国家建立基本养老保险、基本医疗保险、工伤保险、失业保险、生育保险等社会保险制度，保障公民在年老、疾病、工伤、失业、生育等情况下依法从国家和社会获得物质帮助的权利。”

这个多层次的社会保险制度包括如下内容。

1.以社会保险基金为主渠道的社会保险。根据《劳动法》第72条的规定，社会保险基金按照保险类型确定资金来源，逐步实行社会统筹。这是最基本的一个层次的社会保险，通常由国家、用人单位和劳动者个人三方出资负担。当然有些种类的社会保险资金不一定是三个方面的来源，如生育保险、工伤保险等。

2.用人单位补充保险。补充保险是以提高保险待遇，或者在特殊情况下不致使保险待遇水平降低而设立的社会保险措施。它由用人单位建立并负担费用。目前，用人单位的补充保险制度的建立实行自愿原则，由用人单位根据自身情况决定是否建立。对此，我国《劳动法》第75条第1款规定：国家鼓励用人单位根据本单位实际情况为劳动者建立补充保险。

3.储蓄性保险。即由劳动者个人以储蓄方式，预防发生困难时生活需要所采取的措施。储蓄性保险，符合我国劳动者传统习惯，对于保障劳动者在意外困难时的经济需要，具有普遍意义。因此，《劳动法》第75条第2款规定：国家提倡劳动者个人进行储蓄性保险。

（五）保障功能与激励机制相结合的原则

社会保险是国家为满足劳动者的基本生存需要提供的物质保障。在这个意义上，社会保险制度是为实现社会公平而设立的，社会保险待遇在许多情况下也都是劳动者人人有份的。但社会保险在实质上不是超越劳动者自身行为以外的恩赐，它是全体劳动者参与和获取的社会群体行为。社会保险需要每个劳动者的投入，与每个劳动者的切身利益挂钩。因此，社会保险法在对劳动者具有保障作用的同时，还要对其进行激励。

社会保险的保障功能与激励机制相结合原则要求劳动者不能只存在依赖，不存在动力；只讲权利，不讲义务，缺乏自我保障的意识，不愿为自己的生老病死积累资金和缴纳任何费用，人们的社会保险意识淡薄，个人参与感低，社会保险只成了养人而不是激励人的一种制度，这不利于激励劳动者努力劳动和工作，不利于提高生产和工作效率。目前一些西方国家的失业补贴一般高达原薪的80%，有的国家甚至无时间限制，导致这些国家的少数人宁愿长期失业而不愿重新就业。

因此，我国的社会保险法应处理好公平与效率、保障与激励的关系，既要坚持公平原则，又不能忽视效率；既要保障劳动者职工的基本生活，又要与个人缴费多少、贡献大小挂钩。例如，在养老保险中将社会统筹和个人账户相结合，在养老保险待遇上适当显出差距；失业保险应将失业救济与促进就业结合起来，限定领取失业救济金的时间；医疗保险要建立遏制医疗费用恶性膨胀的机制，实行医疗期限制度，杜绝小病大养等弊端。

第三节　社会保险法的分类和内容

一、社会保险法的分类

社会保险法的基本目标是满足劳动者因各种原因产生困难时的基本生活需要。要实现这一目标，必须从多方面实施保障措施。由于劳动者产生困难的原因和情形的不同，保障方式和保障水平以及保障基金的筹集、基本规则的建立等也各有差异。因此，对社会保险法进行科学的分类，是建立社会保险法律制度的基础。

（一）社会保险法的一般分类

依据不同的划分标准，社会保险可划分为不同的种类。

1. 根据保险待遇的性质，社会保险分为生育保险、疾病保险、养老保险、伤残和死亡保险四类。

2. 按照参加保险的主体范围，社会保险分为用人单位内部保险（即职工在职期间的劳动保险）和用人单位外部保险（包括养老保险、失业保险）两大类。

3. 根据保险的社会风险性，社会保险分为老年保险、健康保险、失业保险、工伤保险。

4. 按照缴纳费用的负担方式，社会保险分为雇员责任保险（即须由雇员本人负责缴纳部分费用的保险，如除工伤保险、生育保险外的其他社会保险项目）、雇主责任保险（即须由雇主负责缴纳费用的保险，如工伤保险、企业内部补充保险项目）和政府责任保险（即由政府为其雇员负责缴纳费用的保险）。

5. 按照提供保险待遇的形式，社会保险分为现金补贴保险和实物补贴保险。现金补贴保险是以发放现金的形式提供保险待遇。这种形式适用范围广，有利于劳动者安排好自己的基本生活，因而是大多数社会保险项目所采用的形式。实物补贴保险则是以实物为劳动者提供保险待遇。实物补贴保险的适用范围很小，但在某些特定场合比现金补贴更能对劳动者起到保险作用（如医疗保险和生育保险的部分待遇）。

6. 按照领取保险金的时间长短，社会保险分为短期保险和长期保险。短期保险是领取保险金的时间较短的项目（如失业保险、生育保险），长期保险则是劳动者能长期领取保险金的项目（如养老保险）。

（二）我国社会保险法的分类

参照其他一些国家和国际通行的划分标准，我国《劳动法》第73条和《社会保险法》第2条把社会保险分为：养老保险、疾病保险、失业保险、工伤保险和生育保险。

对社会保险的这种分类的主要意义如下。

1. 与社会主义市场经济相适应，并且同国际标准接轨。根据国际劳工组织1952年通过的第102号《社会保障最低标准公约》的规定，社会保险全部项目有九个，分别是：医疗、疾病、失业、老年、工伤、家庭补助、生育、伤残和遗属。各国立法可以根据情况选择保险项目的多少，可以是全部项目，也可以是其中几个项目。但批准该公约的国家必须至少实行上述九项中的三项，并逐步实行全部项目。

我国在社会保险的项目选择上，包括了除家庭补助（为减轻多子女家庭的负担，定期为有关家庭支付一定数量的生活费用）以外的全部八个项目。早在 1951 年政务院颁布的《中华人民共和国劳动保险条例》中就对养老、工伤、医疗、疾病、伤残、遗属、生育等七个项目作了具体规定。1986 年《国营企业职工待业保险暂行规定》和后来的相关法规又为我国建立了失业保险制度。我国《劳动法》沿用了这些法律的有关规定，将八个项目都纳入了社会保险的体系中。《社会保险法》亦在《劳动法》的基础上确立了相应的社会保险体系。

2. 充分反映了各类保险的特殊性，使依据这种分类形成的具体社会保险制度具有科学性和合理性。我国《劳动法》在全部规定八个社会保险项目内容的前提下，又对分类作了科学的合并，将医疗、疾病和普通伤残合并为疾病保险；将工伤和职业病合并为工伤保险；将遗属、养老合并为养老保险。《社会保险法》继续沿用了此归类。这种归类更充分地体现了不同种类保险的区别和同类保险的共性，有利于在保险种类上更合理地确定缴费标准和相关待遇。

二、社会保险法的内容

（一）养老保险

养老保险是通过向用人单位和劳动者本人征收养老保险费形成养老保险基金，用以解决劳动者退休后的基本生活保障问题。养老保险的基本待遇是养老保险金的支付，它是社会保险制度中的主要项目。

养老保险以前主要限于用人单位和劳动者，2010 年 10 月 28 日审议通过的《社会保险法》不仅保留了原有的对象范围，还将其扩至城镇居民和农民，但更为全面的养老保险应当包括其他各类职业的劳动者，如国家公务员、家庭服务人员、军人和农民，并按照其职业特点分别建立起公务员养老保险制度、家庭服务人员养老保险制度、军人养老保险制度、农民养老保险制度等，它们共同构成社会保险制度中的养老保险制度。

（二）失业保险

失业保险是通过向用人单位和劳动者本人筹集失业保险基金，用以解决劳动者在失业期间的基本生活保障问题。失业保险的基本待遇是发放失业保险金，也有扩至享受免费再就业培训及其他待遇的。它是适应劳动力市场化发展需要，缓和失业可能带来的社会问题的稳定与保障机制。

失业保险虽然在某种程度上与养老保险有相类似之处，但二者在作用、目的等方面各不相同。(1) 失业保险是对暂时失去工作的劳动者给予的一种物质帮助；养老保险是对永久性丧失劳动能力（从法律上认定）的劳动者的一种物质帮助。(2) 失业保险的目的，除了保障劳动者的基本生活需要之外，还具有促进劳动者恢复和重新就业的作用；养老保险仅仅是一种需求性的保障措施。(3) 失业保险是对非自愿失业者提供的保险，因此，在承认被保险人权利的同时，要求具备取得资格的条件，如必须有能力工作并且准备工作，已经在政府职业介绍所或者主管部门批准的机构登记并依照国家法律或法规规定，定期与上述机构联系等；养老保险则只强调权利，而不考虑取得资格。(4) 失业保险通常有一个时间期间限制，超过期限，便转入社会救济；而养老保险则无期间限制，直至死亡时止。

（三）工伤保险

工伤保险是通过向用人单位筹集工伤保险基金，用以补偿劳动者因工伤事故而导致的收入丧失和医疗保障待遇的一种社会保险制度。工伤保险的基本待遇包括工伤期间的收入保障、工伤抚恤、工伤医疗和康复保障等，是国家以预防和使受到职业伤害者及其家属恢复正常生活为目的而采取的社会保障措施。工伤事故风险是随着现代工业的产生而产生的，随着生产规模的扩大化、社会化发展而发展，所以在工业化国家工伤保险早已成为与养老保险制度一样普及的社会保险制度。

工伤保险作为社会保险的一项具体制度，其本质特征在于职业伤害。根据我国《劳动法》，在这一基础之上建立的工伤保险制度包括两类：（1）劳动者因工负伤或残废而暂时或永久丧失劳动能力，以及因工死亡所获得的补偿和物质帮助制度。我国《劳动法》称这类保险为因工伤残保险。（2）劳动者长期从事职业劳动，并因职业原因发生疾病时，获得的补偿和物质帮助制度。我国《劳动法》称这类保险为职业病保险。随着实践的发展，宜将这两种保险归为一类，其共同基础在于二者都由职业性伤害引起，同时，在性质、特点、保险原则等方面具有共同性。《社会保险法》因此将两种保险统一归为工伤保险。

工伤保险与其他种类的社会保险相比，虽同属社会保险范畴，有相同之处，但也有自身特殊性。（1）社会保险的性质不同。养老保险、疾病保险、失业保险主要以保障劳动者基本生活为目的，具有补偿性。而工伤保险除了具有补偿性质以外，还具有赔偿的性质。一些国家就将与职业伤害保险相联系的法规称为职业赔偿法。（2）由于工伤保险既具有补偿性，又具有赔偿性，所以保险待遇标准普遍高于其他社会保险待遇标准，其医疗保险项目的范围也较之疾病保险范围宽。（3）在保险费用的分担方面，养老保险、疾病保险、失业保险一般都由国家、用人单位和劳动者个人三方负担，而工伤保险则根据"无责任补偿"原则，由用人单位单方负担，实行社会统筹。正是基于这些性质和特点，我国《劳动法》才将疾病保险与工伤保险分别作为独立的社会保险种类，并建立两项不同的社会保险制度。个别企业在与劳动者订立合同时，往往规定"死伤概不负责"的条款，以此作为推卸自己应承担责任的"理由"。我国法律法规明确禁止这种情况。《劳动法》规定：劳动者因工作致残或患职业病，依法享受社会保险待遇。《工伤保险条例》也规定工伤保险费用由企业全部负担。1988 年，最高人民法院针对有的企业在招工登记表中注明"工伤概不负责"之类的免责条款明确作出司法解释："这种行为既不符合宪法和有关法律的规定，也严重违反了社会主义公德，应属于无效的民事行为。"1992 年，劳动部在《关于企业内部个人承包中保险待遇的问题复函》中也指出，企业内部承包合同中关于"伤亡由个人负责"的条款不具有合法性。2008 年 1 月 1 日起施行的《劳动合同法》第 26 条第 1 款第 2 项也规定："用人单位免除自己的法定责任、排除劳动者权利的"，劳动合同无效或部分无效。

（四）生育保险

生育保险是向用人单位筹集生育保险基金，用以解决生育妇女孕产哺乳期间的收入与生活保障问题的。其基本待遇是提供生育医疗保障、产假及产假工资等。

生育保险的范围，从时间角度而言，包括法律规定的分娩前和分娩后的特定期限；从目的角度而言，是对女职工生产或暂时不能参加劳动，或不直接参加强体力劳动和有毒有害劳动给予的物质帮助和休息保障；从内容角度而言，包括给予适当的医疗条件和医疗费用，产假或产假期间的工资及其产假期间的生活费等待遇。

由于生育保险主要是对女职工的一种产期保障，因而就其本质上讲属于社会保险的范畴。当然，生育保险与社会福利也有相似之处，如二者都是单向的，即资金由国家或社会负担，劳动者个人无须承担。但是二者有本质区别：社会福利以改善劳动者物质生活条件和生活水平为目的，具有消费的超前性。而社会保险以保障劳动者基本生活需要为目的。生育保险正是以女职工产期的基本需要为前提的，如给予特定的产假，是保障女职工身体健康的基本需要；产假期间工资照发，是保障女职工和婴儿产期基本生活的需求等。

生育保险与劳动保护，特别是对女职工孕期、经期、哺乳期的特殊保护有相似之处，如都具有保护女职工身体健康的性质，都是对女职工特殊保护的具体内容。但是二者也有着本质的差别。劳动保护主要通过向劳动者提供保护条件、劳动保护设施以及劳动保护用品实现，它不直接进入劳动者的基本生活的消费；而社会保险则主要通过向被保险人支付费用的方式实现，并且该项费用通常直接进入其基本生活消费领域，如生育保险中的产假期的工资等。同时，劳动保护是劳动法律关系中用人单位最基本的一项法定义务，所涉及的费用全部由用人单位负担，并且不实行社会统筹；而社会保险的保险费则实行社会统筹。因此，《劳动法》和《社会保险法》将生育待遇作为社会保险的基本内容之一，是完全恰当的。

（五）疾病保险

疾病保险是指对劳动者患病或非因工负伤发生困难时的一种社会保险制度。疾病保险制度的产生，根源于不以劳动者意志为转移的患病和意外人身伤害事实，以及由此而产生的劳动者难以承受的医疗经济负担。疾病保险的目的，就在于使劳动者因疾病或伤害而产生经济困难时，能够获得经济援助，并克服遇到的经济困难。疾病保险是一个引起世界各国广泛关注的问题，在我国也成为广大劳动者和各级政府以及各用人单位关心的热点问题。

由于疾病的风险难以预测，医疗费用难以控制，所以医疗保险与劳动者的安全感的要求联系在一起，人们的疾病保险意识得到了普遍加强。疾病保险首先应具有预防性，即将一个群体的资金集中起来，共同承担医疗风险。风险难以预测，以及风险是否实际产生的不确定性，必然产生疾病保险的互助共济性。这是医疗保险基金实行社会统筹的基础。

由于历史的原因，我国长期实行医疗保险资金全部由国家或企业包起来的制度。这种方式从社会福利角度分析，尽管有其先进性和社会进步意义，但严重脱离我国经济发展水平和国情，使我国的疾病保险制度成为国家长期以来必须解决，而又难以解决的社会问题。对此，我国《劳动法》虽然未作出详细的规定，但已经从劳动基本法地位确立了我国疾病保险基金来源于各层次的结构，以及保险费用实行社会统筹的基本原则。2010 年《社会保险法》的出台，为疾病保险的建立和完善提供了法律依据。

第四节　社会保险费的缴纳和社会保险基金的建立

社会保险费的缴纳与社会保险基金的建立，是社会保险法律制度的核心内容。它以科学的社会保险的分类为基础，依据不同种类的社会保险的性质、目的和基本特征，在社会保险各层次的结构框架中，按照不同保险类型，确定资金来源，建立资金由社会统筹的各类社会保险基金制度。

一、社会保险费率制定的原则

社会保险费率是指社会保险机构在一定时期计算和收取保险费的比率。社会保险费率的制定，是直接关系到社会保险制度能否稳定发展的重要工作。

社会保险费率直接关系到国家、用人单位和劳动者个人的利益分配关系，也关系到社会保险自身的建立与发展。社会保险费率是征缴保险费的依据和标准，社会保险费本身则是社会保险工作所需要的正常开支和保险待遇支付的资金来源。因此，从总体上讲，社会保险费率要以保证待遇支付和正常的业务支出为标准。

社会保险费率定得过高，必然加重用人单位和劳动者个人的经济负担，不利于社会保险事业的发展；社会保险费率定得过低，社会保险机构收取的保险基金不足，必然致使社会保险难以维持。

因此，社会保险费率的制定应当遵循以下四项原则。

一是应以所收缴的社会保险基金总体上与社会保险待遇的给付大致持平，否则将入不敷出。

二是应保证社会保险基金有一定程度的积累。因为在社会保险制度中，养老保险基金是劳动者年轻时为年老时所做的准备，劳动者退休后领取的养老金实质上是劳动者在职时由用人单位和劳动者本人所缴纳的保险费的积累；失业保险风险也往往具有周期性，客观上要求在失业率低时为失业率高时作保险基金的积累。

三是应满足社会保险支出逐年增长的需要。因为在现代社会保障制度中，社会保险待遇的支出呈逐年增长的趋势，并受到社会保险项目能上不能下、水平能升不能降、范围能扩不能缩等因素的影响。如 1978 年至 1983 年，不少国家的社会保险支出占整个社会保障支出总额的比重和社会保险支出绝对额均有所上升：美国的社会保险支出占该国社会保障总支出的比重从 55.8%上升到 63.4%，绝对额由 1 547 亿美元增长到 2 746.1 亿美元；日本的同一比重由 66.3%上升到 68.3%，绝对额由 128 299 亿日元增长到 202 604 亿日元；加拿大的同一比重由 66.5%上升到 72.7%，绝对额则由 247.1 亿加元增长到 465.5 亿加元。

四是不得以营利为目的。因为社会保险的目的是保障劳动者的基本生活和社会稳定，社会保险的管理运行机构在具体经营过程中，不得为了营利而提高社会保险费率。

二、社会保险费的筹集

社会保险费是用于社会保险的专项资金。社会保险费的筹集涉及保险费的来源和保险费的分担两个问题。

（一）社会保险费的来源

社会保险费从总体上讲是来源于整个社会，具体说是由用人单位、劳动者和国家三方合理负担的。

劳动者参加社会保险，缴纳合理的社会保险费，是享受社会保险权利和履行社会保险义务相统一原则的具体表现。但是，在劳动者尽了缴费义务，为社会保险金的支付提供了部分来源后，其所缴纳的保险费并不足以支付全部的社会保险待遇。因为社会保险保障的范围不仅包括劳动者本人，还包括其亲属；而且，劳动者只有有工作并得到劳动报酬时才能履行缴费义务，但能否找到工作及得到足以履行缴费义务的报酬并非劳动者自己所能决定。劳动者没有或不能工作时恰恰是其需要得到社会保险待遇的时候。因此，仅仅依靠劳动者个人缴费而形成的社会保险基金必然会小于社会保险待遇支付的金额，导致支出大于收入。

作为社会保险对象的劳动者，在劳动和寻求工作中所面临的风险，很大程度上取决于国家的产业政策和用人单位的经营管理。对于这些风险，劳动者本人不能控制，更不应该完全由劳动者自己来承担。因此，用人单位和国家都要承担一定的责任，社会保险的费用理应由三方共同负担。

劳动者的劳动不仅为用人单位创造了效益，也为国家的发展作出了贡献。社会保险制度为劳动者个人及其家属提供基本生活保障，使劳动者及其亲属不至于因保险事故发生生活困难，既有效地保证了劳动力的再生产，为社会经济的发展和用人单位经济效益的提高创造了条件，也维护了社会稳定，为国家的进一步发展创造了条件。在这个意义上说，用人单位、国家和劳动者一样，都是社会保险的受益者，为此承担相应的责任是合情合理的。相反，如果三方中任何一方不尽自己的责任，不履行社会保险的义务，都将使社会保险难以开展。如果国家不履行社会保险义务，由于国家调整经济政策而导致的大量失业的后果就将由劳动者自己承担；如果用人单位不履行义务，用人单位在使用劳动力过程中对劳动者造成的损害也由劳动者自己承担，这些不仅从根本上说是不合理的，而且必然导致用人单位和国家同样受到损害。

（二）社会保险费的分担方式

根据社会保险项目的不同，社会保险费有不同的分担方式。

1. 由劳动者负担

巴西等国在失业保险等少量项目上采取社会保险费全部由劳动者负担的方式。这种方式一方面是为了增强劳动者的责任感，减轻国家和用人单位的负担，另一方面却增加了劳动者的经济负担。而且，由于劳动者的收入参差不齐，受到失业等因素影响，收入低的劳动者常常因缴费困难而更陷入困境，也影响到有关保险项目的正常发展。因此，经济发达国家往往不采取这种方式。

2. 由用人单位负担

法国、意大利等国的工伤保险采取全部由用人单位负担的方式。这种方式有利于加强用人单位的安全生产，促使用人单位采取更为积极的安全措施，减少工伤事故的发生，同时，也有利于减轻劳动者的经济负担和后顾之忧，有利于减轻国家的财政负担。因此，工伤保险由用人单位缴纳全部保险费是许多国家通用的方法。

3. 由政府负担

英国、德国等国的某些社会保险项目采用了由政府全部承担费用的方式。这种方式主要是为了扶持某些社会保险项目的发展，同时也是为了加强政府对社会保险的宏观控制。政府全部负担保险费的前提条件是国家有较为宽裕的财政资金，而一般国家是难以负担社会保险的全部费用的。

4. 由劳动者和用人单位共同负担

这是一种由来已久并被普遍采用的方式。自从德国创设社会保险时，疾病保险费就由劳动者和用人单位共同负担。现在，绝大多数国家的疾病保险均采取这种负担方式。此外，法国、新加坡等国的老年、残疾和遗属保险，挪威、阿根廷等国的生育保险，以及瑞典、法国的失业保险，保险费也都由劳动者和用人单位共同负担。这种方式有助于加强用人单位内部的风险管理，避免风险事故的发生，也有利于劳动力资源的合理流动与配置，有利于用人单位自身的经济发展。

5. 由劳动者和政府共同负担

澳大利亚、瑞士和法国等国的疾病和生育保险采用保险费由劳动者与政府共同负担的方式。其特点是用人单位不负担保险费用支出，绝大部分由政府支付，劳动者只负担少量的保险费。这种方式减轻了用人单位的经济负担，有利于用人单位自身的发展和资金积累，也有助于政府推行社会保险。

6. 由用人单位和政府共同负担

经济发达国家如德国、日本、韩国等国的工伤保险、意大利的失业保险以及瑞典等国的疾病生育保险，都采取了由用人单位与政府共同负担保险费的方式。其特点在于劳动者不承担缴费义务。这种方式是政府和用人单位为减轻劳动者的经济负担，扩大社会保险范围而采用的。

7. 由劳动者、用人单位和政府三方共同负担

这是目前世界上多数国家采用的缴纳社会保险费的方式，也是最早在德国1889年创建的养老保险中采用的方式。这种方式能较好地调动各方积极性，便于推广社会保险，也有助于社会保险的正常运行和发展。在我国目前实行的养老、失业、工伤、医疗和生育五项保险中，养老保险实行社会统筹和个人账户相结合，医疗保险在此次《社会保险法》中淡化了实践所采取的“个人账户”的做法并为未来停止建立或取消个人账户预留了立法空间，失业保险要求企业和职工都缴费，这三项最重要的社会保险项目是国家、用人单位和劳动者个人三方负担的，对于工伤和生育两项保险，劳动者个人不缴纳社会保险费。

（三）社会保险费的分担比例

就一般情况而言，社会保险费负担比例因社会保险项目不同，在不同国家三方所负担的比例有所不同。在从总体上讲，劳动者大于或等于政府的负担比例；用人单位大于劳动者和政府的负担比例；政府负担着最后的支付责任。具体而言，社会保险费的分担比例由下列因素决定：第一，社会保险项目的性质是确定三方负担比例的重要因素。对社会的影响较大、涉及面广的项目通常由政府负担的比例较高。第二，国家的社会保险政策也是影响三方负担比例的因素，尤其是当国家为发展或限制某些社会保险项目时，常常分别采用对该项目的社会保险费负担比例或大或小的办法进行鼓励或限制。第三，劳动者、用人单位和政府三方各自负担社会保险费的能力，即纳费三方收入情况也是确定负担比例的重要方面。目前在绝大多数国家中，劳动者和用人单位按工资总额的一定百分比率缴纳保险费，政府根据财力所能提供补充，共同构成社会保险的经费体系。第四，国家在一定时期的经济政策也不同程度地影响到三方负担的比例。国家可以根据一定时期社会经济的发展状况，加大或减少用人单位的负担比例，达到对经济进行宏观调控的目的，从而也对三方的负担比例产生影响。

（四）社会保险费的筹集方式

社会保险费的筹集由主管社会保险业务的部门负责办理，筹集方式有四种。

1. 由用人单位将应缴纳的保险费和代扣劳动者的保险费，统一向国家税务局缴纳，构成国

家财政的一种特别基金，由有关部门管理使用。

2. 多数国家的大部分险种由用人单位将应交的保险费和代扣劳动者的保险费，统一上缴其所属的地方各级社会保险部门，并由各级社会保险部门统一管理和使用。

3. 委托银行或合作社代收社会保险费。

4. 由各级社会保险部门、工会联合会、劳动和公共卫生部门、福利部门和各级财政部门征收、管理和使用社会保险费。①

三、社会保险基金制度

社会保险基金制度是按照互助共济、保障生活的原则建立的，旨在为实施社会保险项目，保证收支平衡，专款专用的制度。我国《全国社会保障基金条例》规定，国家设立全国社会保障基金。全国社会保障基金由中央财政预算拨款、国有资本划转、基金投资收益和以国务院批准的其他方式筹集的资金构成。全国社会保障基金是国家社会保障储备基金，用于人口老龄化高峰时期的养老保险等社会保障支出的补充、调剂。国家根据人口老龄化趋势和经济社会发展状况，确定和调整全国社会保障基金规模。

（一）社会保险基金的性质

社会保险基金具有专款专用的性质，即社会保险基金只能按照特定的范围、特定的标准用于劳动者的养老、工伤、医疗、失业、生育保险等项目的支出，而不允许挪作他用，更不能用于弥补政府的财政赤字。这是各国在社会保险发展进程中一致遵循的原则。

社会保险基金的专款专用关系到社会保险能否建立在可靠的物质基础之上，能否保证各项社会保险项目支付的需要和社会保险能否持续发展的重要问题。因此，对于社会保险基金日常的收缴、支付、存放和运营，都要有严格的管理制度，接受审计和监督，避免保险基金的浪费和不合理开支，以保证基金的合理支付。这样才能做到专项基金专项使用，不挪作他用。

（二）社会保险基金的积累

社会保险基金应当实行全社会统筹，否则条块分割，画地为牢，搞行业保险、部门保险或企业自我保险都是和社会保险的性质不符的。但社会保险基金的统筹也需要逐步实施，不可能一步到位。同时，社会保险基金的积累对于保障社会保险的发展具有更为重要的意义。因此，在建立社会保险基金时，要考虑到社会保险的长久性和风险高峰时的过渡，在现收现付基础上要有适量的积累。积累的比例也不能过高，要从国家的经济实力和缴费者的承受能力出发，采用低积累率的方式进行。

2017 年 8 月 22 日。财政部、人力资源社会保障部和国家卫生计生委发布了《社会保险基

① 据报道，我国目前“五险”的缴费比例，企业为 29.8%，个人为 11%左右，合计超过个人工资的 40%，有的地区五险缴费比例甚至达到工资的 50%。根据清华大学教授白重恩的测算，我国的社保缴费率在全球 181 个国家中排名第一，约为“金砖四国”其他三国平均水平的 2 倍，是北欧五国的 3 倍，是 G7 国家的 2.8 倍，是东亚邻国的 4.6 倍。在如此高的比例之下，社保最低缴费基数仍在不断上涨。公开资料显示，2012 年北京社保缴费基数下限为 1 869 元，2014 年已提高到 2 317 元；浙江的缴费基数下限也从 2012 年的 1 908 元提高到了 2014 年的 2 230 元。财政部发布的历年全国社会保险基金也呈连年上涨态势。社保为何越来越贵：部分退休者收入高于上班族.（2015-01-11）. http://news.163.com/15/0111/00/AFKVM3KC00014Q4P.html.

金财务制度》，基金财务管理的任务是：（1）贯彻执行国家法律法规和方针政策，依法筹集和使用基金，确保各项基金应收尽收和社会保险待遇按时足额发放；（2）合理编制基金预算，强化收支预算执行，严格编制基金决算，真实准确反映基金预算执行情况；（3）健全财务管理制度，加强基金核算分析，积极稳妥开展基本养老保险基金投资运营，实现基金保值增值；（4）加强基金财务监督和内部控制，确保基金运行安全、完整、可持续。

社会保险基金财务管理和会计核算一般采用收付实现制，基本养老保险基金委托投资等部分经济业务或事项采用权责发生制。基金纳入社会保障基金财政专户，实行“收支两条线”管理。基金按照险种及不同制度分别建账、分账核算、分别计息、专款专用。基金之间不得相互挤占和调剂，不得违规投资运营，不得用于平衡一般公共预算。

（三）社会保险基金的管理

社会保险基金的管理包括社会保险基金的运用、保值和增值。社会保险基金的运用、保值和增值有两方面的含义：其一，从劳动者享受社会保险基金待遇的角度看，是指随着社会其他成员的收入水平或生活费用的变化，特别是随着物价的变化，如何保证领取社会保险金的劳动者实际所得能够保值和增值。其二，从社会保险基金自身的角度看，是指对于一部分处于暂时闲置状态的结余基金或后备金，采用何种方式使之保值、增值和有效运用。就前者而言，主要是社会保险金待遇标准的调整问题，后者则要求结余基金或后备金必须确保其实际价值，进而使基金获得价值的增加。社会保险基金的管理主要应着眼于后者。

社会保险基金的保值、增值方式，通常有三种：一是将基金存入银行，或是购买国家及地方政府部门发行的债券。二是由社会保障机构将基金直接用于兴办各种实业，如开办矿山、兴办银行或是参股合资。三是将基金存入银行或委托投资公司，委托它们进行投资，所获利润按合同规定共同分享。我国《基本养老保险基金投资管理办法》规定，养老基金投资应当坚持市场化、多元化、专业化的原则，确保资产安全，实现保值增值。养老基金资产独立于委托人、受托机构、托管机构、投资管理机构的固有财产及其管理的其他财产。委托人、受托机构、托管机构、投资管理机构不得将养老基金资产归入其固有财产。委托人、受托机构、托管机构、投资管理机构因养老基金资产的管理、运营或者其他情形取得的财产和收益归入养老基金资产，权益归养老基金所有。受托机构、托管机构、投资管理机构和其他为养老基金投资管理提供服务的法人或者其他组织因依法解散、被依法撤销或者被依法宣告破产等原因进行清算的，基金资产不属于其清算财产。

社会保险基金的保值、增值运用，不仅关系到社会保险基金自身，而且直接关系到广大劳动者，尤其是已经失去劳动能力的劳动者的生活来源和社会稳定。因此首先必须保证其安全性，尤其是将社会保障基金用于投资时一定要慎重，要经过周密的可行性研究与反复论证，确保其安全。同时，能够获得较高收益是社会保障基金投资的直接目的。在具体投资过程中，要正确处理基金安全与基金收益两者间的关系。在国际上，社会保险基金的保值、增值方式通常有五种：一是购买政府公债或视为政府岁入盈余，充国库之用；二是储存于国家银行或民营银行，由银行选择借款人；三是直接以银行家身份出现，向需要资金的公司贷款或购买有价证券；四是投资于不动产，直接取得经营权，以获得收益；五是对于享受社会保险金待遇的劳动者或其家属提供消费性借贷服务。但不同国家采取的方式不尽相同，只有根据本国的具体情况进行管理，才能真正确保其保值、增值。我国对社会保险基金管理的改革已取得了一定进展。由于种种原因，我国在基金管理方面曾探索了不同的做法。如对基本养老保险基金，长期采用了由社会保险部门经管，并提取一定比例管理费的做法；对医疗保险基金实行预算内管理，医疗保险机构的管理经费经主管部门审批后，列入财政预算，由财政拨款。

社会保险基金具体的管理制度有三项：一是业务管理，即审查、登记用人单位和劳动者个人的有关资料，以保证基金的及时征集和拨付。业务管理是实现基金正常运转的基础。二是会计管理。会计管理除具有正常的记账、算账、报账等功能外，要负责对基金征收和拨付的再审查，以保证社会保障基金征收和发放的准确性。三是财务管理。财务管理主要是运用财务手段对基金的收支活动实施全面的监督和检查，保证社会保障基金能够经济安全地运转，并保证基金尽可能大程度地增值。

（四）社会保险基金的监督

对社会保险基金的管理还包括审计和监督，主要是监督社会保险基金是否在管理上做到了专款专用，专户存储；审查基金收支能否实现平衡，是否用于平衡当地财政赤字等；是否将基金用于风险投资，以及投资的经济安全性。近年在基金的管理上出现了严重挤占、挪用基金的问题，有的提取和滥支管理费挥霍浪费，有的对存入财政专户的基金截留利息等。这些更说明加强对社会保险基金管理的紧迫性和通过审计监督，防止营私舞弊、贪污挪用以及浪费基金等现象的必要性。2010 年审议通过的《社会保险法》用16个条文专章分别规定“社会保险基金”和“社会保险监督”的原因即在此。

2000 年 2 月 18 日，最高人民法院颁布实施了《关于在审理和执行民事、经济纠纷案件时不得查封、冻结和扣划社会保险基金的通知》，针对少数法院在审理和执行社会保险机构与其他企业、单位的经济纠纷案件时，查封社会保险机构开设的社会保险基金账户，影响了社会保险基金的正常发放，不利于社会的稳定的情况，指出：社会保险基金是由社会保险机构代参保人员管理，并最终由参保人员享用的公共基金，不属于社会保险机构所有。社会保险机构对该项基金设立专户管理，专款专用，专项用于保障企业退休职工、失业人员的基本生活需要，属专项资金，不得挪作他用。因此，各地人民法院在审理和执行民事、经济纠纷案件时，不得查封、冻结或扣划社会保险基金；不得用社会保险基金偿还社会保险机构的债务。

2001 年 5 月 18 日，劳动和社会保障部颁布实施《社会保险基金行政监督办法》，规定社会保险基金监督包括以下内容：（1）贯彻执行社会保险基金管理法律、法规和国家政策的情况；（2）社会保险基金预算执行情况及决算；（3）社会保险基金征收、支出及结余情况；（4）社会保险基金管理的其他事项。

2011 年的《社会保险法》对社会保险基金的管理进行了严格的规定。各项社会保险基金按照社会保险险种分别建账，分账核算，执行国家统一的会计制度。社会保障基金专款专用，任何组织和个人不得侵占或者挪用。社会保险基金通过预算实现收支平衡。社会保险基金不得违规投资运营，不得用于平衡其他政府预算，不得用于兴建、改建办公场所和支付人员经费、运行费用、管理费用，或者违反法律、行政法规规定挪作其他用途。社会保险经办机构应当定期向社会公布参加社会保险情况以及社会保险基金的收入、支出、结余和收益情况。2004 年 12 月 24 日，劳动和社会保障部第 9 次部务会议通过《企业年金基金管理机构资格认定暂行办法》，自 2005 年 3 月 1 日起施行。劳动和保障部负责企业年金基金管理机构资格认定。从事企业年金基金管理业务的机构，必须取得相应的企业年金基金管理资格。

我国《全国社会保障基金条例》规定，国家建立健全全国社会保障基金监督制度。任何单位和个人不得侵占、挪用或者违规投资运营全国社会保障基金。国务院财政部门、国务院社会保险行政部门按照各自职责对全国社会保障基金的收支、管理和投资运营情况实施监督；发现存在问题的，应当依法处理；不属于本部门职责范围的，应当依法移送国务院外汇管理部门、国务院证券监督管理机构、国务院银行业监督管理机构等有关部门处理。

问题与思考

1. 社会保险的概念和特点是什么？

2. 如何理解社会保险与社会保险法的关系？

3. 什么是社会保险法的功能和原则？

4. 我国社会保险法的分类有哪些？

5. 确立社会保险费筹集方式中应当注意的问题是什么？

6. 如何加强社会保险基金的管理？

7. **案例：**鲁某于2015年7月4日到奥申公司从事普工工作。工作期间，双方签订了劳动合同，但奥申公司未给鲁某缴纳社会保险费。2015年12月2日鲁某在奥申公司工作时右足被压砸受伤，被送往解放军第二十三医院住院治疗，2015年12月11日出院，住院9天，出院医嘱全休四周。2016年4月12日，鲁某在新疆医科大学第六附属医院关节外科住院检查，2016年4月17日出院，住院5天。2016年4月25日，鲁某在新疆医科大学第六附属医院住院治疗，诊断为右足开放性骨折术后，右足陈旧性损伤。2016年5月30日出院，住院35天，出院医嘱全休3个月。鲁某受伤后再未到奥申公司处工作。另查：2015年12月21日，鲁某填写了《离职审批表》，奥申公司向鲁某支付款项12 198元，其中包括2015年11月份的工资2 831元及2015年12月1日、2日的工资。2015年7月—11月每月工资发放中奥申公司给鲁某每月发放了800元的社会保险补贴费，共计4 000元。2016年度乌鲁木齐市职工月平均工资为4 783元。

经鲁某申请，2017年1月26日乌鲁木齐市人力资源和社会保障局认定鲁某为工伤。2017年4月18日乌鲁木齐市劳动能力鉴定委员会初次鉴定鲁某为九级伤残。

问题：(1) 社会保险制度对劳动者、用人单位和社会有什么作用？

(2) 本案中鲁某依法享有哪些社会保险权利？[①]

---

① [2018-01-02]. http://www.pkulaw.cn/case.

第三章
养老保险

本章概要

养老保险是国家通过立法，保障劳动者因年老而丧失劳动能力时获得物质帮助，以保障其晚年基本生活的法律制度。养老保险是社会保险体系中社会性最强、涉及面最广的一项制度。养老保险的法律特征和作用，决定了它的重要意义，世界上已有近一百四十个国家实行了不同程度、不同类型的养老保险制度。我国的养老保险在适用范围、保障对象、保障方式上都经历了不同的发展过程。现阶段正在进行的养老保险制度改革，使我国的养老保险制度更加适合社会主义市场经济体制的需要。

关键术语

养老保险　养老保险法　养老保险金　养老保险基金　部分积累式　缴费年限
补充养老保险　企业年金

第一节　养老保险的概念和作用

一、养老保险的概念和法律特征

养老保险，又称老年社会保险或年金保险，是指在劳动者达到法定老年年龄并从事某种劳动达法定年限后，由国家和社会依法给予一定物质帮助，以维持其老年生活的一种社会保险法律制度。劳动者只要达到法定年龄，并从事某种劳动达法定年限，被依法解除法定劳动义务后，就可享受养老保险待遇。养老保险作为社会保险制度的重要内容，是人类社会发展到社会化大生产阶段和市场经济发展的产物。

养老保险作为社会保险的组成部分，除具备社会保险的一般法律特征，即适用普遍性、国家强制性、社会保障性、互助救济性、预防性、福利补偿性和储蓄性等外，还有如下特有的法律特征。

1.劳动者达到法定老年年龄，并从事某种劳动达到法定年限，是享受养老保险的法定条件。这是养老保险区别于其他社会保险的主要特征。

养老保险的对象是老年人，即享受养老金者必须达到法定的老年年龄，因此老年的界定就至关重要。对于“老年”的界定，各国因劳动力资源状况、社会经济发展状况、劳动者体质状况等多种因素的不同而有所不同。达到老年年龄只是享受养老保险的条件之一，同时法律还要求劳动者从事某种劳动达法定年限，也即把劳动者的工龄、身体条件和劳动条件等作为补充条件加以规定。还有一些国家规定缴纳养老保险费必须达到一定年限。例如，德国法律规定，领取保险金的前提是必须缴满5年保险费。

2.劳动者被依法解除法定劳动义务是享受养老保险的事实前提。

达到法定老年年龄并从事某种劳动达法定年限，就符合了享受养老保险的法定条件，实际享受养老保险尚须符合事实前提，即劳动者被依法解除法定劳动义务。养老保险是在法定范围内的老年人退出社会劳动生活后才发生作用，是以劳动者与生产资料的脱离为前提。法定的年龄界限在各国有不同的标准。

3.国家和社会依法提供一定物质帮助给被解除法定劳动义务的劳动者，以维持其老年生活是养老保险的宗旨。

鉴于养老保险的唯一宗旨就是提供一定物质帮助给被解除法定劳动义务的劳动者，以维持其老年生活，养老保险待遇的确定既非按劳分配，也非按需分配，而是以劳动者解除劳动义务后的基本生活需要、劳动者的劳动贡献和社会经济发展状况等作为基本依据。

4.养老保险是适用范围最为广泛的社会保险项目。

养老保险作为社会保险的一种，其具有适用范围最为广泛的特点。由于生理原因，步入老年是每个劳动者无法回避的问题，所以养老保险保障的范围应为全体劳动者。养老保险是世界各国普遍实行的一种社会保障制度，由国家立法强制实行，企业单位和个人都必须参加。由于享受人多且时间较长，费用支出庞大，因而必须设置专门机构统一规划和管理。

二、养老保险的作用

基于养老保险的固有含义和特征，养老保险作为社会保险制度的重要内容，具有重要作用。

1.养老保险的首要作用就是使劳动者老有所养，保证劳动者在被依法解除法定劳动义务之后能够获得一定生活保障。这样，劳动者在从事劳动期间就能安心工作，不必为老年生活而犯愁、奔波，从而影响劳动者的工作积极性。

2.养老保险具有调节收入分配的作用。养老保险具有收入再分配的功能，能使劳动者在劳动期间和退休期间的收入达到合理分配。劳动者有从事劳动的义务（权利），当然在退休后也有享受养老保险的权利。因劳动者在劳动期间创造了物质财富，不但在劳动期间要获得工资等形式的收入，而且在解除法定劳动义务后也应获得生活补偿，这就是养老保险的基本作用。

3.养老保险具有调动劳动者积极性和提高劳动生产率的作用。养老保险保证了劳动者解除法定劳动义务后的基本生活，解除了劳动者的后顾之忧，有利于激发劳动者的劳动积极性，从而促进劳动生产率的提高。

4. 养老保险具有保障社会安定的作用。每个劳动者都很关心自己的老年生活保障，如果每个劳动者在老年都能获得可靠的生活保障，则必将促进整个社会的安定，促进社会的进步和发展。

第二节　养老保险的适用范围

所谓养老保险适用范围，也就是养老保险的保障对象和保障的程度，是指养老保险适用于哪些人，即哪些人有权享受养老保险；以及享受养老保险的保障程度，即获得物质帮助以维持老年生活所应达到的水平。

一、养老保险的保障对象和保障程度

养老保险的保障对象解决的是养老保险应适用于哪些人，即哪些人有权享受养老保险待遇。在社会保险制度中，养老保险保障对象最为广泛。从一般意义上而言，养老保险的保障对象为全体劳动者，换言之，每个劳动者都有权利获得他们年老时所需要的生活帮助和补偿。但由于受社会经济发展状况等多种因素的影响，并非全体劳动者都能一体享受到养老保险待遇，全体劳动者都享受到养老保险有一个渐进发展的过程。我国的《社会保险法》将养老保险的保障对象还扩至城镇居民和农民。

作为养老保险适用范围的重要内容，养老保险的保障程度，是指获得养老保险待遇的人应获得何种程度的物质帮助以维持其老年生活并达到何种水平。养老保险的保障程度与一个国家社会经济发展状况和人力资源紧密相关。养老保险待遇的提高，有赖于社会经济的发展和劳动力资源的充分利用。

二、确定养老保险适用范围的原则

养老保险适用范围的科学界定至关重要，脱离社会经济发展实际情况、无原则确定养老保险适用范围，非但不利于劳动者退休后切实享受到养老保险待遇，而且有害于养老保险的发展和发挥养老保险对社会的作用。因此，确定科学的养老保险适用范围必须遵循如下原则。

（一）养老保险适用范围与社会经济发展水平和社会承受能力协调发展原则

养老保险本身就是社会化大生产的产物，养老保险的宗旨是国家和社会依法提供一定物质帮助给被解除劳动义务的劳动者以维持其老年生活。养老保险更深层次的意义在于保证社会安定，促进经济发展，减轻企业办社会的负担，使企业公平参与竞争。因此，养老保险适用范围的界定，不能脱离生产力发展水平，而必须保证养老保险适用范围与社会经济发展水平和社会承受能力的协调发展，保证社会消费基金的增长率不超过可供分配的国民收入增长率，劳动者工资、奖金和社会保险费提取数额的增长不超过劳动生产力的增长率。我国《劳动法》就明确规定“社会保险水平应当与社会经济发展水平和社会承受能力相适应”。遵循此原则，不但有利于社会生产力发展水平的提高，而且有利于我国养老保险水平的稳步提

高，强化社会稳定。

（二）普遍性保护与选择性保护相结合的原则

从广义上讲，养老保险的保障对象应为全体劳动者，《社会保险法》将养老保险的保障对象扩至没有缔结劳动关系的城镇居民和农民，保障程度也应统一，全体劳动者乃至全体人群一体享受统一的养老保险待遇是我们的理想。但养老保险适用范围的确定应符合社会经济发展和劳动力资源状况等，不可能脱离社会实际而随意确定。因此，界定养老保险的适用范围，一要坚持普遍性保护原则，最大限度地保护所有劳动者乃至所有人群；二要根据社会实际，采纳选择性保护原则，随着社会经济的发展而逐步扩大养老保险的适用范围。目前我国应根据经济发展状况和劳动力资源状况，有选择地确定养老保险的适用范围。

（三）权利与义务相统一原则

权利的享受必须与义务的履行相统一，在界定养老保险适用范围时必须坚持这一原则。履行缴纳养老保险费的义务，是享受养老保险的条件之一。只有坚持这一原则，才能科学界定养老保险的适用范围。

三、我国养老保险适用范围的历史、现状及改革目标

（一）我国养老保险保障对象的历史与现状

在西方发达国家，并非从开始就是所有劳动者都享有养老保险权利，为养老保险所覆盖，其保障对象也经历了逐步扩大普及的历史。如法国于 1669 年制定的《年金法典》就只规定对于不能继续从事海上工作的老年海员发给养老金。以后，随着国家经济的发展，西方国家才逐步将养老保险的保障对象覆盖到全体劳动者。

我国养老保险的保障对象也不例外，也有个发展过程：在实行养老保险改革以前，原有养老保险只适用于全民所有制企业职工，集体企业职工参照执行，全体农民被排除在外；而且在后期完全变成了国营企业和集体企业职工实行企业保险，由各企业负责各自退休人员退休金的给付；国家机关和事业单位职工的养老由国家财政负担，政府发给退休金。《社会保险法》通过以后，除公务员和参照公务员法管理的工作人员之外的其他人员都应当或可以参加养老保险。

（二）我国养老保险保障对象的改革目标

我国《劳动法》第 70 条明确规定："国家发展社会保险事业，建立社会保险制度，设立社会保险基金，使劳动者在年老、患病、工伤、失业、生育等情况下获得帮助和补偿。"从这一规定看，我国法律已赋予全体劳动者享受养老保险的权利。但实际情况并非如此，这是因为法律规定权利的实现尚受到国家社会经济发展状况和经济体制的影响，全体劳动者乃至全体人群都享受到养老保险是一个渐进的过程。

国务院《关于深化企业职工养老保险制度改革的通知》、劳动部《关于贯彻〈国务院关于深化企业职工养老保险制度改革的通知〉的实施意见》、劳动部于 1995 年 5 月制定的《基本养老覆盖面及计划》、民政部于 1992 年发布的《县级农村社会养老保险基本方案（试行）》和农

业部于1992年12月发布的《乡镇企业职工养老保险办法》几个文件已确定了我国养老保险的保障对象要达到的目标，即将基本养老保险的实施范围扩大到各类企业，包括国有企业、集体企业、外商投资企业、华侨和台港澳商投资企业、联营企业、股份制企业、私营企业，打破劳动者的所有制界限和企业隶属关系界限；将基本养老保险的实行范围扩大到城镇各类企业的全部劳动者，包括所有的固定工、劳动合同工（含农民工）等订立了劳动合同的，此外还包括临时工以及各类企业的离退休人员，破除劳动者身份界限；将基本养老保险的实施范围逐步扩大到城镇个体工商户及其帮工；将基本养老保险的实施范围扩大到城镇私营企业主，有条件的地区还可以扩大到自由职业者。养老保险的保障对象逐步扩及农民劳动者。

1997年7月16日，国务院发布了《关于建立统一的企业职工基本养老保险制度的决定》，明确了要建立适应社会主义市场经济体制要求，适用城镇各类企业职工和个体劳动者，资金来源多渠道、保障方式多层次、社会统筹与个人账户相结合、权利与义务相对应、管理服务社会化的养老保险体系。企业职工养老保险要贯彻社会互济与自我保障相结合、公平与效率相结合、行政管理与基金管理分开等原则，保障水平要与我国社会生产力发展水平及各方面的承受能力相适应。

2005年12月3日，国务院常务会议讨论并通过了《关于完善企业职工基本养老保险制度的决定》，指出随着人口老龄化、就业多样化和城市化的发展，企业职工基本养老保险工作出现了一些新情况和新问题，企业职工基本养老保险制度需要进一步改革和完善。完善企业职工基本养老保险制度要统筹考虑当前和长远的关系，坚持覆盖广泛、水平适当、结构合理、基金平衡的原则，完善政策，健全机制，加强管理，实现可持续发展。当前和今后一个时期要做好以下工作：一是继续把确保企业离退休人员基本养老金按时足额发放作为首要任务，确保不发生新的拖欠。二是进一步扩大基本养老保险覆盖范围，统一非公有制企业、城镇个体工商户和灵活就业人员参保政策，帮助就业困难人员参保缴费。三是抓好东北三省做实个人账户试点工作，改革基本养老金计发办法。四是全面落实《社会保险费征缴暂行条例》的各项规定，严格实行收支两条线管理，进一步加强基本养老保险基金征缴和监管。

2010年出台的《社会保险法》沿用了扩大基本养老保险覆盖范围的做法。首先，职工应当参加基本养老保险。其次，无雇工的个体工商户、未在用人单位参加基本养老保险的非全日制从业人员以及其他灵活就业人员可以参加基本养老保险。再次，农民可以参加新型农村社会养老保险。最后，城镇居民可以参加城镇居民社会养老保险。

2015年年初，国务院发布《关于机关事业单位工作人员养老保险制度改革的决定》，改革后机关事业单位及其工作人员都要缴纳养老保险费。单位按工资总额的20%缴费；个人按本人缴费工资的8%缴费。个人缴费全部计入个人账户，统一计息。这与企业职工基本养老保险政策是基本一致的。[①]

---

① 有统计数据显示，目前机关事业单位现有在职职工3 000多万人，退休人员1 500多万，而机关事业单位养老保险缴费、工资的供款渠道主要是财政资金的供给，各级财政还是要负重要责任，因此如果要同时筹措1 500多万人的养老保险基金，还要筹措单位缴费、个人缴费，显然这两块相加会增加财政负担。养老金并轨后可持续性待解. (2015-02-11) [2015-03-01]. http://biz.xinmin.cn/2015/02/11/26789945.html.

第三节 养老保险的立法与改革

一、养老保险立法的概念

所谓养老保险立法，是指享有立法权的国家机关，依照立法权限和程序，制定或认可养老保险法律规范的活动。养老保险的推行，必须以国家强制力为后盾，强制劳动者和单位参加养老保险，这就要求加强养老保险立法。养老保险立法的含义可从如下几个方面理解和把握。

1.养老保险立法的主体是享有立法权的国家机关，既包括国家立法机关（在我国为全国人民代表大会及其常务委员会）和地方权力机关，也包括经国家立法机关授权的行政机关（如国务院），即授权立法。一般而言，国家立法机关制定养老保险基本法，经授权的行政机关制定养老保险基本法的配套法规及具体实施办法，地方权力机关根据本区域实际情况制定配套法规。

2.养老保险立法活动必须符合立法权限规定并遵循立法程序。

3.养老保险立法是立法机关的能动活动。立法机关必须根据社会经济发展情况和国家劳动力资源状况，根据养老保险原理，借鉴世界各国的科学规定和国际惯例，主动积极制定养老保险法。

二、养老保险立法的历史

现代意义的养老保险是与其立法相伴随而生的。与自给自足的自然经济相适应的家庭保险，在前资本主义社会曾发挥了其应有的作用。但随着社会化大生产和市场经济的发展，家庭保险已变得不现实了。社会经济的发展，劳动者的斗争，决定了养老保险法的诞生。了解养老保险立法史，有助于我国进行养老保险改革事业和实施养老保险立法活动。

（一）国外养老保险立法史

现代意义上的养老保险立法发端于德国。德国于1889年颁布《残废和老年保险法》，该法标志着现代意义的养老保险法的诞生，并确定了养老保险的基本原则。在德国实施《残废和老年保险法》之后，奥地利、英国、卢森堡和瑞典等欧洲国家分别颁布了有关养老保险的法律，开始实行养老保险制度。美国的养老保险立法可以追溯到19世纪末期。由于美国是联邦制国家，各州相继制定了养老保险法：新泽西州于1896年颁布了《教员年金法》，亚利桑那州于1914年制定了《老年退休计划》，到1935年前已有30个州建立了老年退休金制度。直到1935年，美国才颁布了以养老保险为主要内容的《社会保障法》，并于同年实行年金保险制度。

20世纪下半叶，新兴的发展中国家和社会主义国家也相继创立了养老保险法。苏联及东欧国家大都于20世纪20年代开始实行年金保险，到50年代，许多发展中国家也相继建立起养老保险制度。

20世纪50年代初以来，养老保险立法得到了国际社会的重视和支持，1952年国际劳工组织通过的《社会保障最低标准公约》强调，要“使受保护者获得养老补助金而无虞”。

1982年在维也纳召开的老龄问题世界大会提出，“必须解决保障、保护及维护老年人收入的问题”，会议通过的《行动计划》建议各国政府采取行动保证所有老龄者能有适当的最低收入，根据对所有老年人都提供保险的原则建立或制定社会保险制度。

通过国际社会和各国政府与有关组织的努力，养老保险立法得到迅速发展。世界上建立养老保险制度的国家，1944年仅有44个；迄今，全世界一百五十多个国家和地区实行了养老保险制度。

（二）我国养老保险立法史

我国自解放战争时期就十分重视养老保险立法。新中国成立至今，我国的养老保险立法经历了六个阶段。

1. 20世纪50年代，是养老保险初创阶段。以1951年颁布的《中华人民共和国劳动保险条例》为标志，基本形成了养老保险法律体系。此阶段的养老保险实行两套立法：一是城镇全民所有制企业职工的养老保险制度，内涵于《劳动保险条例》之中；二是国家机关工作人员的养老保险制度，由若干单行法规组成，国家机关工作人员的养老保险与企业职工的养老保险相比较，主要在待遇标准上不统一。

2. 1958年至1966年，是我国养老保险的调整发展时期。就劳动者的退休、退职等规定进行修订，进一步完善了我国的养老保险法律体系。1958年，国家根据当时的情况，将企业和国家机关、事业单位的两套养老保险立法，在适当放宽养老条件和提高待遇标准的基础上作了统一规定，企业职工的养老保险从《劳动保险条例》中分离出来。

3. 第三个阶段是“文化大革命”时期，我国的养老保险法律体系遭到严重破坏。“文化大革命”开始后不久，财政部于1969年2月颁发了《关于国营企业财务工作中几项制度的改革意见》，规定不再向国营企业提取“劳动保险费”，企业支付的退休金改在企业“营业外列支”。1978年，国家为妥善安置参加革命工作较久、因年老体衰担任现职有一定困难的老干部，在1958年规定的基础上对干部、工人的养老保险，分别颁布了国务院《关于安置老弱病残干部的暂行办法》和《关于工人退休、退职的暂行办法》。至此，全国范围的企业退休基金不存在了，养老保险完全变成了“企业保险”。养老保险制度出现了倒退和瘫痪状况，这种状况一直持续到1978年十一届三中全会召开。

4. 自20世纪80年代以来，我国的养老保险进入改革时期，正在逐步重建新的养老保险法律体系。此次养老保险改革的主要内容为：逐步推行退休费的社会统筹，先以市、县为统筹范围，最后扩大到以省、直辖市、自治区为统筹范围；建立了劳动合同制工人的养老保险制度，进行了基本养老金计发办法改革；开展了补充养老保险的试点，为建立多层次养老保险体系奠定了基础。

在总结各地改革经验的基础上，国务院于1991年6月26日颁布了《关于企业职工养老保险制度改革的决定》，对养老保险改革的原则、养老保险制度、筹资渠道和方式、待遇标准和保险基金管理等作了原则规定。

80年代以来进行的企业职工养老保险制度改革，对保障企业离退休人员的基本生活、维护社会稳定和促进经济发展发挥了重要作用，但由于这次改革尚处于探索阶段，还不能适应建立社会主义市场经济体制的要求，存在的主要问题是覆盖面窄，渠道单一，保险基金收缴困难。

5.养老保险改革深化阶段。为了指导养老保险改革的深入进行，国务院于1995年3月1日发布了《关于深化企业职工养老保险制度改革的通知》，进一步明确了企业职工养老保险改革的方向、原则和主要任务。同时，农村养老保险的建立也提上日程。1991年，国务院授权民政部在全国农村20个县进行社会养老保险试点工作，并于1992年发布了《县级农村社会养老保险基本方案（试行）》；1992年12月，农业部也颁布了《乡镇企业职工养老保险办法》。1997年国务院《关于建立统一的企业职工基本养老保险制度的决定》，规定了企业缴纳基本养老保险费的比例和个人缴纳基本养老保险费的比例；要求为职工建立基本养老保险个人账户，个人缴费全部记入个人账户，其余部分从企业缴费中划入；参加工作的职工个人缴费年限累计满15年的，退休后按月发给基本养老金；基本养老金由基础养老金和个人账户养老金组成。决定实施前已经离退休的人员，仍按国家原来的规定发给养老金；决定实施前参加工作、实施后退休且个人缴费和视同缴费年限累计满15年的人员，按照新老办法平稳衔接、待遇水平基本平衡等原则，在发给基础养老金和个人账户养老金的基础上再确定过渡性养老金，过渡性养老金从养老保险基金中解决。

2001年劳动和社会保障部《关于完善城镇职工基本养老保险政策有关问题的通知》规定，参加城镇企业职工养老保险的人员，不论因何种原因变动工作单位，包括通过公司制改造、股份制改造、出售、拍卖、租赁等方式转制以后的企业和职工，以及跨统筹地区流动的人员，都应按规定继续参加养老保险并按时足额缴费。职工与企业解除或终止劳动关系后，职工养老保险关系应按规定保留，由社会保险经办机构负责管理。国有企业下岗职工协议期满时，实行劳动合同制以前参加工作、年龄偏大且接近企业内部退养条件、再就业确有困难的，经与企业协商一致，可由企业和职工双方协议缴纳养老保险费，缴费方式、缴费期限、资金来源、担保条件及具体人员范围等按当地政府规定执行。失业人员实现再就业，新的用人单位必须与其签订劳动合同，并按规定参加养老保险。自谋职业者及采取灵活方式再就业人员应继续参加养老保险，有关办法执行省级政府的规定。城镇个体工商户等自谋职业者以及采取各种灵活方式就业的人员，在其参加养老保险后，按照省级政府规定的缴费基数和比例进行缴费。

2003年12月30日经劳动和社会保障部第7次部务会议通过《企业年金试行办法》，自2004年5月1日起施行。规定符合条件的企业可以建立企业年金：（1）依法参加基本养老保险并履行缴费义务；（2）具有相应的经济负担能力；（3）已建立集体协商机制。企业年金方案的内容包括：（1）参加人员范围；（2）资金筹集方式；（3）职工企业年金个人账户管理方式；（4）基金管理方式；（5）计发办法和支付方式；（6）支付企业年金待遇的条件；（7）组织管理和监督方式；（8）中止缴费的条件；（9）双方约定的其他事项。企业年金方案适用于企业试用期满的职工。

2005年6月10日，劳动和社会保障部、财政部和中国残疾人联合会颁布实施了《关于城镇贫困残疾人个体户参加基本养老保险给予适当补贴有关问题的通知》，针对部分困难残疾人个体户参加基本养老保险能力不足等实际困难，采取补贴措施，扶持残疾人个体户参保。残疾人就业保障金有结余的地方，可对具有当地城镇户口、持残疾人证从事个体经营并领取工商营业执照、经所在地有关部门确认的贫困残疾人个体户缴纳基本养老保险费给予适当补贴。符合条件的城镇贫困残疾人个体户，可向残疾人就业服务机构提出基本养老保险缴费补贴申请，并提供相关证明材料。劳动保障部门要加强对残疾人个体户参加基本养老保险工作的指导，社会保险经办机构要为残疾人缴费提供便利服务。财政部门要根据上年残疾人就业保障金收支结余情况，及时安排补贴资金，加强对资金使用情况的监督和检查。残疾人联合会及残疾人就业服务机构要在政策的宣传、补贴申请的受理、参保的组织实施等方面提供及时周到的服务，指定专人负责残疾人参保工作，对行动不便的重度残疾人，要主动上门服务。

随着我国社会主义市场经济体制的日趋完善，社会各界对制定社会保险法的呼声越来越高。2006年8月，吴邦国委员长、温家宝总理对加快起草制定社会保险法作出重要批示。国务院有关部门对《社会保险法（草案）》送审稿先后4次征求了全国人大财经委、全国人大常委会法工委、最高人民法院、中央编办、财政部、人事部、人民银行、审计署等七十多个中央部门和各省、自治区、直辖市人民政府以及有关专家学者的意见。2007年11月19日，国务院法制办就草案的起草审查情况向全国人大财经委、全国人大常委会法工委作了汇报。草案于2007年11月28日国务院第197次常务会议讨论通过。

2007年12月6日国务院将《社会保险法（草案）》提请全国人民代表大会常务委员会审议。草案总共经过四次审议。

《社会保险法》的四个草案审议稿坚持以下总体思路：一是坚持社会保险水平与我国经济社会发展水平相适应。草案在扩大社会保险覆盖范围的同时，对具体制度设计充分考虑我国经济社会发展的承受能力，体现“广覆盖、保基本、多层次、可持续”的方针。二是立足当前，为改革留有余地。三是分类规范，逐步完善。

6.基本养老保险上升到法律层次开创新局面的时期。2010年10月28日通过的《社会保险法》在第二章专章规定了“基本养老保险”，并把基本养老保险体系划分为职工基本养老保险、城镇居民社会养老保险、新型农村社会养老保险三大类。未来的趋势是将按照这三种养老保险的类型进行更深层次的发展和完善。

三、我国养老保险制度的改革

（一）我国养老保险制度的改革动因

我国原有养老保险制度是传统计划经济体制的产物，随着社会经济的发展和市场经济的建立、发展和逐步完善，养老保险制度的改革势在必行。

1.原有养老保险制度适用范围狭窄，不适应社会化大生产和市场经济发展的需要。

原有养老保险制度和改革中实行的基本养老保险制度主要适用于城镇的国有企业，城镇区、县以上集体企业和外商投资企业参照执行，区、县以下集体企业、私营企业、城镇个体劳动者基本上还没有实行法定的养老保险制度；全民和集体企业中的劳动合同制职工、临时工，以及区、县以下的集体与私营企业、新产生的股份制企业和个体劳动者，至今没有统一的养老保险制度；国家机关和事业单位职工的养老问题由国家财政解决；广大农民被排除在外，形成了以所有制为界限确定养老保险对象的特征。

2.原有养老保险制度实行两套立法模式，不符合社会化大生产和市场经济所提出的统一立法要求。国家机关和事业单位职工的养老保险与城镇全民企业职工的养老保险分别立法，分类实施，形成以干部和工人身份为界限确定养老保险待遇的特征。

3.原有养老保险制度社会化程度低，抗风险能力差；同时由于实行企业养老保险，社会调剂功能差，形成以劳动者的企业隶属界限确定养老保险的特征。

4.养老保险基金来源不合理。原有养老保险制度保险基金完全由国家和企业负担，职工个人只享受待遇，不缴纳或少缴纳保险费用。

5.养老保险金计发标准脱离实际。原有养老保险金以标准工资为计发基数，存在如下缺陷：(1) 标准工资在职工工资收入中占比重越来越小，保障功能弱。(2) 以标准工资作为养老金计发基数的办法也不利于劳动工资制度的改革。(3) 现行计发标准，与基本养老保险费用社会统筹的改革措施不配套，给养老保险制度的整体改革带来阻力。

6. 没有建立养老金的正常调整机制。传统计划体制下我国养老保险金标准一经确定，很少进行调整。养老保险金标准只有不断随着社会经济的发展进行调整，才能更好地体现养老保险的保障功能。

(二) 养老保险制度的改革方式

我国自20世纪80年代以来就开始对原有的养老保险制度进行改革，各地进行了诸多的改革探索和尝试。建立社会主义法治国家是我国的既定方针，因此我们主张通过立法形式进行养老保险制度改革，并以法律形式确定和巩固养老保险的改革成果。

1. 1991年6月26日国务院发布的《关于企业职工养老保险制度改革的决定》，标志着我国养老保险制度改革的开始。

2. 1994年7月5日发布，于1995年1月1日起生效的《中华人民共和国劳动法》，以劳动基本法形式确立了养老保险制度的地位，对养老保险作了原则性规定。

3. 根据《中共中央关于建立社会主义市场经济体制若干问题的决定》精神，国务院于1995年3月发布的《关于深化企业职工养老保险制度改革的通知》，标志着我国养老保险制度改革的进一步深化，同时指明了我国养老保险改革的方向。

4. 劳动部发布的有关养老保险制度改革的规章制度，是实施养老保险改革的具体措施。

(三) 养老保险的改革目标

1. 根据国务院发布的《关于企业职工养老保险制度改革的决定》的规定，我国养老保险制度改革的目标是：随着经济的发展，逐步建立起基本养老保险与企业补充养老保险和职工个人储蓄性养老保险相结合的制度；并改变养老保险完全由国家、企业包下来的做法，实行国家、企业、个人三方共同负担的原则；逐步建立多层次的统一的养老保险制度，建立养老保险基金，实行社会化管理。

2. 随着养老保险制度改革的进一步深化，根据国务院发布的《关于深化企业职工养老保险制度改革的通知》的规定，进一步明确了养老保险制度改革的目标：到20世纪末，基本建立起适应社会主义市场经济体制要求，适用城镇各类企业职工和个体劳动者，资金来源多渠道、保障方式多层次、社会统筹与个人账户相结合、权利与义务相对应、管理服务社会化的养老保险体系。基本养老保险应逐步做到对各类企业和劳动者统一制度、统一标准、统一管理和统一调剂使用基金。

3.《社会保险法》坚持了国务院《关于企业职工养老保险制度改革的决定》和《关于深化企业职工养老保险制度改革的通知》中的目标方向，并将基本养老保险改革进程中的优秀成果吸纳进来。

(四) 养老保险改革的内容

1. 养老保险适用范围的改革

扩大养老保险适用范围，建立一体化的基本养老保险制度，将基本养老保险的适用范围逐步扩大到城镇所有国有企业、集体企业、外商投资企业、私营企业、股份制企业、联营企业及其职工，具备条件的地区可以扩展到城镇个体劳动者和私营企业主，直至农民劳动者；并实行适用于各类劳动者的统一制度、统一标准、统一管理和统一调剂使用基金的基本养老保险制度。《社会保险法》关于基本养老保险的适用范围已扩至对于公务员和参照公务员法管理的工作人员之外的人群。

2. 建立多层次养老保险相结合的制度

多层次养老保险是指基本养老保险与企业补充养老保险和职工个人储蓄性养老保险相结合的一种养老保险制度。我国《劳动法》在规定建立基本养老保险制度，保证劳动者退休后基本生活的同时，还规定：国家鼓励用人单位根据本单位实际情况为劳动者建立补充保险。国家提倡劳动者个人进行储蓄性保险。

（1）基本养老保险，又称法定养老保险，是指由国家立法强制实行，适用于各类企业职工，标准基本统一，保险费用实行国家、企业和劳动者个人三者共同负担，基金实行社会统筹。我国20世纪90年代之前，企业职工实行的是单一的养老保险制度。1991年后逐步建立起多层次的养老保险体系。在这种多层次养老保险体系中，基本养老保险为第一层次和最高层次的保险。

（2）企业补充养老保险又称为企业年金，是指企业及其职工在依法参加基本养老保险的基础上，自主建立的补充养老保险制度，以提高职工退休养老的生活水平。这是企业及其职工自愿建立的补充养老保险制度，是多层次养老保险体系的组成部分。企业年金与基本养老保险的区别主要体现在层次和功能上。需要指出的是，企业年金的作用领域仅限于企业，对于其他类型的用人单位则不适用，因此用“职业年金”的提法来为用人单位构筑补充养老保险系统可能更符合社会进步的趋势和潮流。

企业年金所需费用由企业和职工个人共同缴纳。企业缴费每年不超过本企业职工工资总额的8%。企业和职工个人缴费合计一般不超过本企业职工工资总额的12%。企业年金基金实行完全积累，采用个人账户方式进行管理。职工在达到国家规定的退休年龄或者完全丧失劳动能力时，可以从本人企业年金个人账户中按月、分次或者一次性领取企业年金，也可以将本人企业年金个人账户资金全部或者部分购买商业养老保险产品，依据保险合同领取待遇并享受相应的继承权；出国（境）定居人员的企业年金个人账户资金，可以根据本人要求一次性支付给本人；职工或退休人员死亡后，其企业年金个人账户余额可以继承。未达到上述企业年金领取条件之一的，不得从个人账户中提前提取资金。职工变动工作单位时，企业年金个人账户资金可以随同转移。职工升学、参军、失业期间或新就业单位没有实行企业年金制度的，其企业年金个人账户可暂时由原管理机构继续管理，也可以由法人受托机构发起的集合计划设置的保留账户暂时管理；原受托人是企业年金理事会的，由企业与职工协商选择法人受托机构管理。因履行企业年金基金管理合同发生争议的，当事人可以依法提请仲裁或者诉讼；因订立或者履行企业年金方案发生争议的，按国家有关集体合同的规定执行。

（3）个人储蓄性养老保险，是指职工个人在自愿的基础上根据收入状况储备一定资金，为将来养老所用。职工个人储蓄性养老保险是我国多层次养老保险体系的一个组成部分，是由职工自愿参加、自愿选择经办机构的一种补充保险形式。实行职工个人储蓄性养老保险在于扩大养老保险经费来源，多渠道筹集养老保险基金，减轻国家和企业的负担；有利于消除长期形成的保险费用完全由国家“包下来”的观念，增强职工的自我保障意识和参与社会保险的主动性。

由社会保险机构经办的职工个人储蓄性养老保险，职工个人根据自己的工资收入情况，按规定缴纳个人储蓄性养老保险费，记入当地社会保险机构在有关银行开设的养老保险个人账户，并应按不低于或高于同期城乡居民储蓄存款利率计息，以提倡和鼓励职工个人参加储蓄性养老保险，所得利息记入个人账户，本息一并归职工个人所有。职工达到法定退休年龄经批准退休后，凭个人账户将储蓄性养老保险金一次总付或分次支付给本人。职工跨地区流动，个人账户的储蓄性养老保险金应随之转移。职工未到退休年龄而死亡，记入个人账户的储蓄性养老保险金应由其指定人或法定继承人继承。

3. 改革养老保险资金来源负担

要打破传统养老保险完全由国家或企业包下来，职工个人不缴费的做法，实行基本养老保险费用由企业和个人共同负担，并由国家财政予以补贴的办法。1991 年国务院《关于企业职工养老保险制度改革的决定》第 2 条规定：随着经济的发展，逐步建立起基本养老保险与企业补充养老保险和职工个人储蓄性养老保险相结合的制度。改变养老保险完全由国家、企业包下来的办法，实行国家、企业、个人三方共同负担，职工个人也要缴纳一定的费用。

1995 年国务院《关于深化企业职工养老保险制度改革的通知》也明确指出：深化企业职工养老保险制度改革的原则是：保障水平要与我国社会生产力发展水平及各方面的承受能力相适应；社会互济与自我保障相结合，公平与效率相结合；政策统一，管理法制化；行政管理与保险基金管理分开。基本养老保险费用由企业和个人共同负担。实行社会统筹与个人账户相结合。在理顺分配关系，加快个人收入工资化、工资货币化进程的基础上，逐步提高个人缴费比例。1997 年国务院《关于建立统一的企业职工基本养老保险制度的决定》具体规定了企业与职工个人的缴费比例。2010 年《社会保险法》明确规定基本养老保险基金的来源由用人单位和个人缴费以及政府补贴等组成。

4. 社会统筹与个人账户相结合

对于基本养老保险，在继续实行养老保险费社会统筹的同时，建立职工个人养老保险账户，将个人缴费部分与用人单位缴纳养老保险费的一部分一并记入个人账户，累计储存到职工退休养老时使用。《社会保险法》通过以后，则强调养老保险用人单位缴费部分，记入基本养老保险统筹基金而不再记入个人账户，对于职工缴费部分，记入个人账户。这个制度在基本养老保险基金的筹集上采用传统型的基本养老保险费用的筹集模式，即由国家、单位和个人共同负担；基本养老保险基金实行社会互济；在基本养老金的计发上采用结构式的计发办法，强调个人账户养老金的激励因素和劳动贡献的差别。

实行社会统筹与个人账户相结合是我国近年来养老保险制度改革的经验，是建立基本养老保险制度模式之一。建立这一模式既有普遍性，又有灵活性，有利于建立一体化的养老保险制度；既增加了职工个人的参与和责任，又保持了社会统筹的互济功能，有利于贯彻公平与效率相结合的原则。

5. 实现养老保险基金筹集、管理、监督和发放的社会化

养老保险基金的筹集、管理、监督和发放必须实现社会化，应设置专门的养老保险基金管理机构，负责养老保险基金的管理服务工作。改变企业各自负担本企业退休费的办法，改由社会保险机构或税务机关按照一定的计算基数与提取比例向企业和职工统一征收退休费用，形成由社会统一管理的退休基金，企业职工的退休费用由社会保险机构直接发放，或委托银行、邮局代发以及委托企业发放，以达到均衡和减轻企业的退休费用负担，为企业的平等竞争创造条件。2000 年 4 月 18 日，劳动和社会保障部颁布实施了《关于加快实行养老金社会化发放的通知》，要求积极推进养老保险社会化管理和服务，逐步做到退休人员与企业事业单位相脱离，尽快实现养老金社会化发放的要求，要在全国范围内大力推进养老金社会化发放工作，使当年 80%左右的企业离退休人员实现基本养老金社会化发放。

6.建立正常养老保险基金调节机制

随着社会化程度的提高，退休费用不仅在市、县范围内的企业之间进行调剂，而且在地区之间进行调剂，逐步由市、县统筹过渡到省级统筹。《社会保险法》对养老保险的统筹层次提出了更高的要求，即基本养老保险基金要逐步实行全国统筹。

7.实行养老保险行政管理与基金管理、执行机构与监督机构分设的管理体制①

第四节　养老保险基金的募集

一、养老保险基金的概念

养老保险基金就是为保障劳动者享受养老保险待遇而多方筹集的，在劳动者达到法定老年年龄，并从事某种劳动达法定年限之后提供给劳动者，以维持其基本生活水平的资金集合。对养老保险基金应从如下几个方面理解。

1.建立养老保险基金的目的是保障劳动者切实享受到养老保险待遇，以维持劳动者在达到法定老年年龄并从事某种劳动达法定年限被依法解除法定劳动义务之后的基本生活水平。不建立养老保险基金，劳动者的养老保险权利的实现只是“空中楼阁”。

2.养老保险基金是通过多种渠道筹集而成，在我国主要由国家、用人单位和劳动者三方共同按比例负担。

3.养老保险基金是资金的集合，即通过社会统筹，将不同的用人单位、劳动者和国家的资金统一集中，形成养老保险基金。现在，因各地区经济发展不平衡，我国的养老保险基金统筹处于县、市级和省级统筹阶段，尚未达到全社会统筹程度。

二、养老保险基金募集的立法模式

养老保险基金募集的立法模式，实质上就是通过立法建立何种养老保险基金募集制度，以快捷实现养老保险资金的集中。建立何种养老保险基金制度，与一国的经济发展和社会实际情况紧密相关。

（一）养老保险基金募集立法模式的种类

在当代实行养老保险制度的国家，养老保险基金的募集包括统筹型养老保险、强制储蓄型养老保险和部分积累式养老保险三种模式。

① “养老保险的社会统筹，从一开始筹划到具体负责实施，基本上是由一个经办机构负责的，在有关制度建立以后，养老保险基金的收、支、管、用，与政策制定者为同一主体，对养老基金的收入、支出和收益情况缺乏监督和监督机构，出现大量基金挪用，管理费用支出过高等情况。据财政部对10个省市的调查，1992年至1995年挪用资金达60亿元，被挪用的资金主要用于固定资产投资、自行放贷、投资入股、投资办企业等。”陈佳贵．中国社会保障发展报告（1997—2001）．北京：社会科学文献出版社，2001：50.

1.统筹型养老保险的基本特征是国家（或通过国有企业）利用自己的财政资金发放退休金，不专为老年社会保险事业设立专项基金，也不向劳动者个人收缴老年保险费，这是一种非基金化的筹资模式。传统计划经济体制下的我国实行的就是这种模式。

2.强制储蓄型养老保险是以远期纵向收支平衡为指导，遵循现在基金的积累与未来养老保险金的支付相适应原则，开始就收取较高的费率，以保证有足够的储蓄，并不断进行增值，其最大意义是不受老龄化的影响，但有负面影响，即受货币贬值的影响、加大企业成本且不具备社会保险的社会互济功能。美国早期实行的就是这种模式。

3.部分积累式养老保险是指设立专门的养老保险基金，以对职工的养老提供必要的保障。为了平稳地度过养老金支付高峰，按当前的实际需要，加上一定的储蓄因素提取养老保险基金，可以在相当长的时间内保持基金的收支平衡，不过多地增加积累率。此种模式为现代社会的通行模式。

（二）我国养老保险基金募集应采取的模式

根据我国社会经济发展状况和人口老龄化状况，采取部分积累式养老保险基金筹集模式最为科学。

党的十四届三中全会提出的“社会统筹与个人账户相结合”的社会养老保险模式，以及国务院《关于企业职工养老保险制度改革的决定》第3条中明确规定：“基本养老保险基金由政府根据支付费用的实际需要和企业、职工的承受能力，按照以支定收、略有结余、留有部分积累的原则统一筹集。”这是对部分积累式养老保险基金模式的权威性认可。《社会保险法》更是在法律层面确认了基本养老保险基金筹集模式采取部分积累式。

建立部分积累式养老保险基金筹集模式应注意以下事项。

1.在加强财政收支平衡和精算平衡的基础上，建立可预见的稳定机制，使保险基金统筹费率保持相对较长的平衡期。

2.建立与统筹费率密切相关的信息动态体系。测定统筹费率要考虑工资增长、通货指数、利息率、人口变动、平均寿命、失业率相关因素的影响。

3.加强部分积累式养老基金运用的监督。采取立法手段，建立强有力的审计监督、行政监督和社会监督，切实保证养老基金的完整性与运营收益的回笼。

4.养老保险基金的积累要追求投资收益。根据国务院的规定，积累基金除规定留足2个月的支付费用外，80%左右用于购买国家发行的社会保险特种定向债券。这是一种稳定而保守的投资，很难达到养老保险基金保值、增值的目标。应制定切实措施，使养老保险基金以适当方式参与股票市场、基金市场、信托投资市场和房地产市场等领域的投资。

5.部分积累式养老保险基金筹集模式下，社会统筹与个人账户相结合，奠定了企业与个人在基本养老金缴纳上的具体指标，财政的责任是在基本养老保险费税前列支、个人养老保险费不交个人所得税的前提下实现的，且在养老保险基金支付能力欠缺时，由同级财政给予支持，从而确定了同级财政的终极责任。

三、养老保险基金的负担

（一）养老保险基金负担的原则

从目前世界上实行养老保险的国家来看，大部分国家实行国家、雇主和劳动者三方共同出资，并以企业和个人为主的原则。

在传统计划经济体制下，我国养老保险费采取完全由国家和企业包下来和劳动者不承担任何费用的办法。1991 年颁布的国务院《关于企业职工养老保险制度改革的决定》第 2 条中规定："改变养老保险完全由国家、企业包下来的办法，实行国家、企业、个人三方面共同负担，职工个人也要缴纳一定的费用。"从此，我国确立了养老保险基金由国家、用人单位和劳动者三方共担的筹措原则，合理地界定了国家、用人单位和劳动者个人三方的责任界限。《社会保险法》亦以法律的形式明确要求基本养老保险基金由用人单位、个人以及政府三方负担。

（二）养老保险基金负担的主体

养老保险基金的负担，又称为养老保险基金的筹资渠道或来源，即由谁负责养老保险费的缴纳。根据养老保险基金负担的原则，养老保险基金负担主体包括国家、用人单位和劳动者个人，并以用人单位和劳动者个人为主。

1. 用人单位缴纳养老保险费

在我国现阶段，用人单位缴纳的养老保险费，是养老保险基金的最主要的来源。《社会保险法》就用法律的形式明确规定了用人单位缴纳养老保险费的义务。

用人单位缴纳养老保险费的方式，一般是按单位职工工资总额和当地政府规定的比例在税前提取，由单位开户银行按月代为扣缴。在条件尚未成熟地区，也可按当地规定工资总额和退休人数的一定比例，在国家征收企业所得税之前缴纳养老保险费。1991 年 6 月 26 日国务院颁布的《关于企业职工养老保险制度改革的决定》第 4 条第 2 款中明确规定："企业缴纳的基本养老保险费，按本企业职工工资总额和当地政府规定的比例在税前提取，由企业开户银行按月代为扣缴。"

用人单位缴纳的养老保险费在税前提取，实际上是国家以让利的形式给予养老保险的资助。据估算，这相当于国家负担了 30％的养老保险费。这充分体现了国家、用人单位和劳动者个人三方共同负担的原则。

至于提取的比率，则要由社会保险的主管机构经过详细测算后统一确定，报经政府通过立法的程序来实现，这个比率有的是在相当长的时间里不变，有的是一年或几年调整一次。1997 年国务院《关于建立统一的企业职工基本养老保险制度的决定》规定，企业缴纳基本养老保险费的比例，一般不得超过企业工资总额的 20％（包括划入个人账户的部分），具体比例由省、自治区、直辖市人民政府确定。少数省、自治区、直辖市因离退休人数较多、养老保险负担过重，确需超过企业工资总额 20％的，应报劳动部、财政部审批。

2. 劳动者个人缴纳养老保险费

劳动者个人缴纳的养老保险费，也是养老保险基金的重要来源和组成部分。《社会保险法》亦明确规定了劳动者个人缴纳养老保险费的义务。

实行劳动者个人缴费制度，是每一个劳动者享受养老保险权利应尽的义务，在 1991 年 6 月 26 日国务院颁布的《关于企业职工养老保险制度改革的决定》中有明确规定。劳动者个人由不缴费到缴费，这是养老保险制度改革的重要内容。

劳动者个人缴纳养老保险费的比例和方式，在 1991 年国务院《关于企业职工养老保险制度改革的决定》第 4 条第 3 款作了原则性规定："职工个人缴纳基本养老保险费，在调整工资的基础上逐步实行，缴费标准开始时不超过本人标准工资的 3％，以后随着经济的发展和职工工资的调整再逐步提高。职工个人缴纳的基本养老保险费，由企业在发放工资时代为收缴。"

1995年3月1日国务院发布的《关于深化企业职工养老保险制度改革的通知》以及《企业职工基本养老保险社会统筹与个人账户相结合实施办法》，对个人缴费作了具体规定：职工个人以上一年度月平均工资作为个人缴纳养老保险费的工资基数。月平均工资应按国家统计局规定列入工资总额统计的项目计算，其中包括工资、奖金、津贴、补贴等收入。

1997年国务院《关于建立统一的企业职工基本养老保险制度的决定》又调整了个人缴纳基本养老保险费的比例：1997年不得低于本人缴费工资的4%，1998年起每两年提高1个百分点，最终达到本人缴费工资的8%。有条件的地区和工资增长较快的年份，个人缴费比例提高的速度应适当加快，最终达到8%。本人月平均工资低于当地职工平均工资60%的，按当地职工月平均工资的60%缴费；超过上一年本市职工月平均工资300%以上的部分，不缴纳基本养老保险费，也不作为计发基本养老金的基数。本人无法确定月平均工资的，以上一年本市职工月平均工资作为缴纳基本养老金的基数。企业按全部职工个人缴费工资基数之和缴纳基本养老保险费。

3. 国家的财政补贴

国家从财政收入中予以补贴，这是养老保险基金正常运转的可靠保证。我国《宪法》第44条明确规定："国家依照法律规定实行企业事业组织的职工和国家机关工作人员的退休制度。退休人员的生活受到国家和社会的保障。"《社会保险法》第13条明确规定："国有企业、事业单位职工参加基本养老保险前，视同缴费年限期间应当缴纳的基本养老保险费由政府承担。基本养老保险基金出现支付不足时，政府给予补贴。"这些是国家对养老保险承担责任的法律依据，以此彰显养老保险中的国家责任。

我国国家财政承担养老保险基金份额的方式有：(1) 让税：税前提取保险费，养老保险基金增值不征税，退休金超过一定限额不征调节税；(2) 让利：对存入国家金融机构的养老保险基金给予偏高利率；(3) 补贴：养老保险基金收不抵支时由财政拨款。

2014年4月，国务院发布《关于建立统一的城乡居民基本养老保险制度的意见》，提出：按照全覆盖、保基本、有弹性、可持续的方针，以增强公平性、适应流动性、保证可持续性为重点，全面推进和不断完善覆盖全体城乡居民的基本养老保险制度。2020年前，全面建成公平、统一、规范的城乡居民养老保险制度。年满16周岁（不含在校学生），非国家机关和事业单位工作人员及不属于职工基本养老保险制度覆盖范围的城乡居民，可以在户籍地参加城乡居民养老保险。城乡居民养老保险基金由个人缴费、集体补助、政府补贴构成。个人缴费标准设为每年100元至2 000元12个档次。集体补助标准由村民委员会召开村民会议民主确定。政府对符合领取城乡居民养老保险待遇条件的参保人全额支付基础养老金，其中，中央财政对中西部地区按中央确定的基础养老金标准给予全额补助，对东部地区给予50%的补助。地方人民政府应当对参保人缴费给予补贴，对重度残疾人等缴费困难群体，地方人民政府为其代缴部分或全部最低标准的养老保险费。[①]

---

① 国务院关于建立统一的城乡居民基本养老保险制度的意见. 国发［2014］8号. ［2015-05-26］. http://www.mohrss.gov.cn/SYrlzyhshbzb/ldbk/shehuibaozhang/yanglao/201405/t20140527_131029.htm.

第五节　养老保险基金的管理和监督检查

养老保险基金的管理和监督，对于养老保险基金的保值、增值、安全和社会保障功能的有效发挥有重要意义，因此，必须做好养老保险基金的管理和监督检查工作。我国《劳动法》第74条明确规定："社会保险基金经办机构依照法律规定收支、管理和运营社会保险基金，并负有使社会保险基金保值增值的责任。社会保险基金监督机构依照法律规定，对社会保险基金的收支、管理和运营实施监督。社会保险基金经办机构和社会保险基金监督机构的设立和职能由法律规定。任何组织和个人不得挪用社会保险基金。"《社会保险法》用16个条文专章分别规定了"社会保险基金"和"社会保险监督"，足见养老保险基金的管理和监督的重要性之所在。我国养老保险基金的管理和监督检查也必须遵守这些规定。我国应按照分工负责、互相配合、互相制约和机构精简的原则，设立养老保险基金的管理和监督检查机构。

一、养老保险基金管理机构及基金的管理

（一）养老保险基金管理机构及其职责

根据《企业职工养老保险基金管理规定》第3条规定，在全国设置劳动部社会保险管理机构，在地方相应设置地方社会保险管理机构。根据社会保险统一管理和机构精简的原则，养老保险基金管理机构应为社会保险管理机构的内部机构之一。

1.在劳动部社会保险管理机构内，设专门的养老保险基金管理部门，其职责为负责全国养老保险基金的管理工作，并指导地方各级社会保险管理机构的基金管理工作。

2.在地方社会保险管理机构内，设专门养老保险基金管理部门，其职责为负责所辖区域养老保险基金管理工作。

3.在经国务院批准实行系统统筹部门的社会保险管理机构内部，设置专门养老保险基金管理部门，其职责为负责本部门、总公司的直属国有企业养老保险基金管理工作。

国家有关部门通过对社会保障基金收支管理的监督检查，发现瞒报社会保险缴费基数、少缴社会保险费、骗取或违规支付社会保险金等问题时有发生，为进一步加强社会保障基金管理，确保基金安全，维护社会稳定，劳动和社会保障部、财政部、信息产业部、中国人民银行、审计署、国家税务总局、国家邮政局于2002年7月15日颁布实施了《关于加强社会保障基金监督管理工作的通知》，要求各级劳动保障、财政、审计、税务、邮政部门和人民银行分支行，要按照各自职能，加强对社会保障基金管理和运营机构贯彻执行基金管理法规和政策情况进行监督检查，实施对社会保险费征缴、社会保险金发放、基金管理和运营各个环节的全过程监督。

劳动保障行政主管部门要切实负起责任，加强对社会保险费征收机构、社会保险金发放机构、社会保障基金管理和运营机构征缴、支付和管理运营基金情况的监督，定期不定期地对基金收入户、支出户及财政专户等各类社会保障基金银行账户进行监督检查。各级财政部门要加强对社会保障基金财务、会计制度执行情况的监督，定期不定期地对基金收入户、支出户及财

政专户基金管理情况进行监督。各级审计部门要依法对社会保障基金管理及使用情况进行审计监督，对基金收入户、支出户及财政专户基金管理情况进行审计。实行税务机关征收社会保险费的地区，各级税务机关要对征收社会保险费的情况进行监督检查。中国人民银行各分支行，要对社会保障基金账户的开立和使用情况进行监督检查。各级邮政部门要对邮政机构代发社会保险金情况进行监督检查。各级劳动保障、财政、审计、税务、邮政部门和人民银行分支行按照各自职能实施检查时，有权要求被检查单位提供或报送社会保险费征缴、社会保险金支付和基金存储运营情况，社会保障基金预算或收支计划、预算执行情况、决算和财务报告以及其他有关资料；有权查阅被检查单位与社会保障基金管理有关的会计凭证、会计账簿、会计报表以及其他有关资料；有权纠正和制止检查发现的违反社会保障基金管理法规政策的行为，并及时通报主管部门。有关部门要严厉查处挤占挪用基金行为，追究有关领导和直接责任人的责任。涉及政府机关及其工作人员违纪问题的要移送监察机关，涉嫌犯罪的要移交司法机关。各级社会保险费征收机构、社会保险金发放机构、社会保障基金管理和运营机构及基金开户银行，要自觉接受监督，配合有关部门做好检查工作。对拒绝监督检查、不提供有关资料或不如实反映问题的机构，应建议有关部门视情节轻重，对有关领导和直接责任人给予党纪、政纪处分。

（二）养老保险基金的基本管理

加强养老保险基金的管理，是养老保险基金管理机构的职责。养老保险基金的管理主要为如下几个方面。

1.养老保险费缴纳的管理：（1）企业和职工个人缴纳的养老保险费和国家给予的财政补贴转入社会保险管理机构在银行开设的养老保险基金专户；（2）企业补充养老保险费和个人储蓄性养老保险费，转入社会保险管理机构在银行开设的补充养老保险基金专户；（3）以存入银行的基金按照人民银行规定的同期城乡居民储蓄利率计息，所得利息分别并入基本养老保险基金、补充养老保险基金和个人储蓄性养老保险基金。

2.基本养老保险周转金的管理：应根据本地区基金月平均全额结算收入数额，从基金中留足1～1.5个月的基本养老保险周转金。

3.基金存款和债券的管理：对到期的基金银行存款和用基金购买的债券，必须及时办理转存和兑付。

4.基本养老保险基金转移的管理：凡跨地区流动的新招劳动合同制职工转出与转入时，应办理基本养老保险基金的转移手续；基本养老保险基金按照转出地区人民政府规定的缴纳标准转移，转移前后的缴费年限合并计算。

5.基金制度管理：建立健全基金的财务、会计、统计和内部审计等基金管理的各项制度，编制基金年度收支和管理服务费预、决算，报当地人民政府在预算中列收列支，各省、自治区和直辖市编制的基金和管理服务费收支的预、决算和会计报表、统计报表，按规定时间上报劳动部。

6.管理服务费的管理：养老保险基金管理机构可根据工作实际需要和节约的原则，从养老保险基金中提取管理服务费，具体的提取比例由当地劳动部门提出，经同级财政部门审核，报养老保险基金委员会批准；管理服务费主要用于人员经费、公务费、业务费、设备车辆购置费、房屋基建修缮费、退休人员管理活动经费和其他必须开支的费用；管理服务费的使用，要符合国家的财经政策和有关规定，必须先提后支；管理服务费年度收支预算一经批准，要严格执行，如遇特殊情况需要调整时，应按规定程序报批。

7.稽核管理：养老保险基金管理机构有权稽核参加统筹单位的有关账目、报表、企业工资总额、离退休费用和在职职工、退休人员花名册，核准计提基金的各个基数以及应支付的离退休费用。

（三）养老保险基金的运营管理

1.养老保险基金运营目标：保值和增值

要保证养老保险基金充分发挥保障功能，就必须做好养老保险基金的运营工作，实现养老保险基金的保值和增值。根据《企业职工养老保险基金管理规定》第 20 条的规定，要求养老保险基金管理机构保证养老保险基金的保值和增值。《社会保险法》亦提出了在保证安全的前提下实现保值增值。各级社会保险管理机构对历年滚存结余的养老保险基金，在保证各项离退休费用正常开支 6 个月的需要，并留足必要的周转金的情况下，按照安全、有效的原则，可运用一部分结余基金增值。基金增值所获得的纯收益不计征税费。基金增值部分应全部转入基金，不准挪作他用。《社会保险法》亦做了相关规定。

2.养老保险基金的投资渠道

现在我国从安全角度出发，对养老保险基金的运营范围和投资渠道限制甚严。根据《企业职工养老保险基金管理规定》的规定，养老保险基金的投资渠道有：（1）银行定期存款；（2）购买国库券；（3）购买国家银行发行的债券；（4）委托金融机构放款。

以上第（1）、（2）和（3）种投资方式最为安全，但收益有限；随着物价变动和通胀的影响，其保值和增值目标难以实现。第（4）种方式属于委托贷款，贷款风险由委托人承担，从这些年信托投资公司运营的情况看，这已不是应采取的投资办法，不但收益不高，风险也较大。同时，禁止养老保险基金直接投资于如下领域：（1）直接放款；（2）经商；（3）办企业；（4）投资股票买卖；（5）提供担保。《社会保险法》亦从反面规定，禁止基金违规投资运营，不得用于平衡其他政府预算，不得用于兴建、改建办公场所和支付人员经费、运行费用、管理费用，或者违反法律、行政法规规定挪作其他用途。

2001 年 12 月 13 日，财政部与劳动和社会保障部颁布实施了《全国社会保障基金投资管理暂行办法》，明确了社保基金投资运作的基本原则是在保证基金资产安全性、流动性的前提下，实现基金资产的增值。社保基金资产是独立于理事会、社保基金投资管理人、社保基金托管人的资产。财政部会同劳动和社会保障部拟订社保基金管理运作的有关政策，对社保基金的投资运作和托管情况进行监督。中国证券监督管理委员会和中国人民银行按照各自的职权，对社保基金投资管理人和托管人的经营活动进行监督。

社保基金投资的范围限于银行存款、买卖国债和其他具有良好流动性的金融工具，包括上市流通的证券投资基金、股票、信用等级在投资级以上的企业债、金融债等有价证券。划入社保基金的货币资产的投资，按成本计算，应符合下列规定：（1）银行存款和国债投资的比例不得低于 50%。其中，银行存款的比例不得低于 10%。在一家银行的存款不得高于社保基金银行存款总额的 50%。（2）企业债、金融债投资的比例不得高于 10%。（3）证券投资基金、股票投资的比例不得高于 40%。单个投资管理人管理的社保基金资产投资于一家企业所发行的证券或单只证券投资基金，不得超过该企业所发行证券或该基金份额的 5%；按成本计算，不得超过其管理的社保基金资产总值的 10%。委托单个社保基金投资管理人进行管理的资产，不得超过年度社保基金委托资产总值的 20%。

社保基金净收益全额纳入社保基金，按国家有关规定分配使用和投资。社保基金投资管理人提取的委托资产管理手续费的年费率不高于社保基金委托资产净值的 1.5%。社保基金托管人提取的托管费年费率不高于社保基金托管资产净值的 0.25%。社保基金投资管理人按当年收取的社保基金委托资产管理手续费的 20%，提取社保基金投资管理风险准备金，专项用于弥补社保基金投资的亏损。社保基金投资管理风险准备金在托管银行专户存储，余额达到社保基金委托管理资产净值的 10%时可不再提取。理事会按社保基金净收益的 20%提取一般风险准备金，专项用于弥补社保基金投资发生重大亏损时，社保基金投资管理人所提管理风险准备金不足以弥补的亏损。一般风险准备金余额达到社保基金资产净值的 20%时可不再提取。

理事会、社保基金投资管理人、社保基金托管人应当报告社保基金投资运作的情况，保证报告内容没有虚假、误导性陈述或者重大遗漏，并对所报告内容的真实性、完整性负责。理事会的信息披露和报告应符合以下要求：(1) 每年一次向社会公布社保基金资产、收益、现金流量等财务状况。(2) 每季度一次向财政部、劳动和社会保障部提交社保基金财务会计报告、投资管理报告。(3) 单个社保基金委托资产管理合同到期后，向财政部、劳动和社会保障部提交经具备证券从业资格的会计师事务所审计的报告，对社保基金委托资产的投资情况作出说明。(4) 社保基金发生重大事件，立即报告财政部、劳动和社会保障部，并编制临时报告书，经核准后予以公告。社保基金投资管理人应按社保基金委托资产管理合同及理事会的要求，定期和不定期向理事会提供社保基金委托资产投资运作报告。社保基金托管人应按托管合同和理事会要求，定期和不定期向理事会提供社保基金托管资产报告，并对社保基金投资管理人编制的报告的有关内容复核，向理事会出具书面复核意见。

二、养老保险基金监督检查机构及基金的监督检查

(一) 养老保险基金行政监督检查机构及其职责

根据《企业职工养老保险基金管理规定》第 2 条，养老保险基金的行政监督检查机构应为劳动部及地方各级劳动行政部门。这一设置符合机构精简、分工负责和社会保险统一管理的原则。

该监督检查机构的职责为：劳动部负责制定养老保险基金管理的各项制度和政策，监督检查全国基金管理情况；地方各级劳动行政部门负责制定本地区基金管理制度的实施办法，监督检查本地区基金管理情况。

《社会保险法》对基本养老保险基金的监督亦做了相关的规定，以保障基金的安全有效运行。

(二) 养老保险基金的监督检查体系

养老保险作为一项与国家和社会的整体利益和长远利益密切联系的重要社会事业，应当由国家和社会实行监督。在其监督体系中，应当包括以下内容。

1. 权力机关和政协机关监督。即各级人民代表大会及其常设机构和各级人民政协对同级政府和社会保险经办机构的社会保险工作进行监督。

2. 劳动行政部门监督。即各级行政部门对同级社会保险经办机构实施社会保险业务监督。

3. 社会保险监督机构监督。设有社会保险经办机构的地区，应当设立由政府、用人单位和工会三方面代表组成的社会保险监督机构，它在同级人大常委会的领导下，负责对社会保险基

金管理进行监督。

4. 国家审计机关监督。即国家各级审计机关对社会保险经办机构的财务收支情况进行审计。

5. 群众监督。即用人单位和劳动者对社会保险工作实行监督，不仅有权对社会保险机构及其工作人员的违法行为，而且有权对任何单位和个人在社会保险申报、缴费、领取待遇等方面的隐瞒、欺诈等违法行为进行举报。

《社会保险法》认可了此监督体系，并作出了较为详细的规定。

（三）行政监督检查机构的监督检查

为确保养老保险基金的安全，必须加强对养老保险基金管理的监督检查。

1. 各级劳动行政部门要加强对养老保险基金管理和社会保险管理机构服务费使用情况的监督检查，定期进行内部审计。

2. 设立由劳动行政部门代表、企业代表、职工代表和退休人员代表组成的社会保险基金监事会，负责对养老保险基金管理和管理服务费使用情况的监督与检查；社会保险管理机构向养老保险基金委员会汇报基金管理情况，必须事前听取监事会的意见。

3. 社会保险管理机构要主动接受财政、审计、检查机关和工会对养老保险基金以及管理服务费的监督检查，提供有关账目和原始凭证等资料。

根据《社会保险费征缴暂行条例》的规定，国务院劳动保障行政部门负责全国的社会保险费征缴管理和监督检查工作。县级以上地方各级人民政府劳动保障行政部门负责本行政区域内的社会保险费征缴管理和监督检查工作。

缴费单位必须按月向社会保险经办机构申报应缴纳的社会保险费数额，经社会保险经办机构核定后，在规定的期限内缴纳社会保险费。缴费单位不按规定申报应缴纳的社会保险费数额的，由社会保险经办机构暂按该单位上月缴费数额的110%确定应缴数额；没有上月缴费数额的，由社会保险经办机构暂按该单位的经营状况、职工人数等有关情况确定应缴数额。缴费单位补办申报手续并按核定数额缴纳社会保险费后，由社会保险经办机构按照规定结算。

缴费单位未按规定缴纳和代扣代缴社会保险费的，由劳动保险行政部门或者税务机关责令限期缴纳；逾期仍不缴纳的，除补缴欠缴数额外，从欠缴之日起，按日加收千分之二的滞纳金。滞纳金并入社会保险基金。

缴费单位应当每年向本单位职工公布本单位全年社会保险费缴纳情况，接受职工监督。社会保险经办机构应当定期向社会公告社会保险费征收情况，接受社会监督。劳动保障行政部门或者税务机关依法对单位缴费情况进行检查时，被检查的单位应当提供与缴纳社会保险费有关的用人情况、工资表、财务报表等资料，如实反映情况，不得拒绝检查，不得谎报、瞒报。劳动保障行政部门或者税务机关可以记录、录音、录像、照相和复制有关资料；但是，应当为缴费单位保密。

任何组织和个人对有关社会保险费征缴的违法行为，有权举报。劳动保障行政部门或者税务机关对举报应当及时调查，按照规定处理，并为举报人保密。社会保险基金实行收支两条线管理，由财政部门依法进行监督。审计部门依法对社会保险基金的收支情况进行监督。

用人单位不办理社会保险登记的，由社会保险行政部门责令限期改正；逾期不改正的，对用人单位处应缴社会保险费数额1倍以上3倍以下的罚款，对其直接负责的主管人员和其他直接责任人员处500元以上3 000元以下的罚款。

缴费单位违反有关财务、会计、统计的法律、行政法规和国家有关规定，伪造、变造、故意毁灭有关账册、材料，或者不设账册，致使社会保险费缴费基数无法确定的，除依照有关法律、行政法规的规定给予行政处罚、纪律处分、刑事处罚外，依照《社会保险费征缴暂行条例》第10条的规定征缴；迟延缴纳的，由劳动保障行政部门或者税务机关依照第13条的规定决定加收滞纳金，并对直接负责的主管人员和其他直接责任人员处5 000元以上20 000元以下的罚款。缴费单位的缴费个人对劳动保障行政部门或者税务机关的处罚决定不服的，可以依法申请复议；对复议决定不服的，可以依法提起诉讼。缴费单位逾期拒不缴纳社会保险费、滞纳金的，由劳动保障行政部门或者税务机关申请人民法院依法强制征缴。

税务机关、社会保险经办机构征收社会保险费，不得从社会保险基金中提取任何费用，所需经费列入预算，由财政拨付。①

第六节　养老保险金的发放

一、发放养老保险金的条件

发放养老保险金的条件，又称为劳动者享受养老保险金的条件，主要包括年龄、工龄以及缴费年限三个条件；其他还包括一些与就业或缴费无关的条件，如规定被保险人必须是永久居民或本国居民或在国内居住满一定期限等。

---

① 2015年4月，人力资源和社会保障部办公厅发布《关于开展2015年养老保险基金检查工作的通知》，开展机关事业单位养老保险基金及企业职工退休审核审批专项检查。机关事业单位养老保险基金检查的检查对象为社会保险经办机构，必要时可延伸检查至基金财政专户管理机构、参保单位、参保和待遇享受人员等。检查内容包括：(1)制度建设情况：是否结合实际制定各项业务管理规章制度；经办机构是否建立有效的内控制度并严格执行等。(2)基金征缴情况：是否依规按时足额征收，有无擅自更改缴费基数、费率，有无违规减免、缓收或核销养老保险费，有无少报少缴养老保险费；是否依规对欠费进行管理和追缴；缴费是否及时足额缴入基金收入户或财政专户；有无隐匿、转移、侵占、挪用征收的养老保险费，是否存在财政出资不到位问题等。(3)基金管理情况：基金是否纳入财政专户，实行收支两条线管理；基金是否专款专用，是否存在挤占挪用等违法违规行为；是否单独记账、及时计息、单独核算，核算是否准确；是否建立个人账户并准确记录有关信息；是否存在违规投资运营行为等问题。(4)基金支付情况：基金支出项目和支付标准是否符合规定；是否按时足额发放养老金；领取养老金人员是否符合领取条件；是否对待遇领取人员进行资格认证；是否存在虚列支出、转移资金、欺诈冒领违法违规问题等。对于企业职工退休审核审批检查的主要内容为：是否建立有效的退休审核审批工作制度并严格执行，内控制度是否严密；正常退休是否符合相关条件并履行相应程序；特殊工种提前退休是否符合要求的岗位和年限；非因公致残或因病丧失劳动能力是否提供符合要求的劳动能力鉴定材料；其他提前退休是否符合相关文件依据要求；是否存在审核审批不严、违规审核审批等问题；待遇核定依据是否合法合规；核定的待遇是否符合相关规定并履行相应的程序；待遇核定结果是否准确，有无篡改养老保险待遇计算结果等问题；退休审核审批相关材料留存和归档情况，是否存在未按规定归档、擅自销毁档案等问题。人力资源社会保障部办公厅．关于开展2015年养老保险基金检查工作的通知．人社厅发〔2015〕60号．［2015-05-27］．http：//www.mohrss.gov.cn/SYrlzyhshbzb/ldbk/shehuibaozhang/jijinjiandu/201505/t20150511_160797.htm.

（一）年龄条件

老年年龄，是一个国家根据社会经济发展的需要、人口的平均寿命及劳动力供求状况对老年年龄所作的规定。对老年年龄的规定，一般采用老年起点的方式规定。

老年年龄的高低直接影响养老保险基金的筹集和发放。降低老年年龄，支付的养老保险金相对增多，同时对国家人力资源供给产生重大影响。

我国现行法律规定：男性年满60周岁，女性年满50周岁达到老年，有权享受养老保险待遇。法律、法规对劳动者的老年年龄有特殊规定者，从其规定。

近年来，人力资源和社会保障部多次表示，相应推迟退休年龄已是一种必然趋势，将适时提出弹性延迟领取基本养老金年龄的政策建议。退休年龄的调整是一项复杂的社会经济政策，涉及人口结构、人力资源供求、代际关系、社会保障基金平衡等多方面因素。延长退休年龄争执已久。有观点认为，延长退休年龄利于进一步开发人力资源，增加退休后收入；也有利于养老保险和医疗保险基金的收支平衡。另有观点认为，当前我国就业形势总体仍供大于求，延长退休年龄，可能会挤压岗位供给，进一步加剧就业紧张形势。还有观点认为，每个人身体状况差异很大，是否延长退休或领取养老金年龄可根据自愿，采取“弹性”政策，不应成为强制性或“一刀切”①。

（二）工龄条件

工龄也是发放养老保险金的重要依据之一。工龄是劳动者以工资收入为其全部或主要生活来源的劳动年限。各国有关工龄的规定不尽一致，短的为15年，长的为40年，有的国家还规定男女职工退休工龄不同。在实行劳动者个人缴纳养老保险费制度的国家，退休工龄即为缴费年限，有的国家规定为3年，多数国家规定为15年至20年之间。

我国曾规定，职工连续工龄满10年，国家公务员提前退休一般须连续工龄满20年，连续工龄满30年者提前退休可不受年龄限制；因工伤致残而完全丧失劳动能力的职工，退休不以连续工龄为条件。符合工龄条件，才有权享受养老保险待遇。不过，《社会保险法》并没有对工龄条件作出具体要求。

---

① 常红. 靠老人多工作五年，养老金缺口只是减缓扩大而空账仍在.（2012-06-05）. 人民网. 另参见黎建飞. 谨慎看待弹性退休. 光明日报，2012-07-05：“弹性退休”并非新发明，20世纪90年代参与起草劳动法时，笔者曾对此进行过专项调研。当时，在各省市劳动部门的配合下，通过问卷调查、专题论证、现场讨论等方式，得出了反对者众的结论，尤以国有大中型企业为甚。其中，笔者印象最深的是回到先前工作过的车间，与师傅们进行座谈。他们说，如果搞弹性退休，被“弹性”掉的只能是我们这些一线普通工人。即便赋予工人自己选择退休的权利，但工作岗位是不能由你选择的。一旦实行弹性退休，生产一线的工作，尤其是苦脏累工种，想不退都不行；二线工作，尤其是相对轻松的工种不仅成了在职者的特权，而且还会变成他们晚退休的固定资产。顺着工人师傅们的思路，我们不难想到，弹性退休一旦成为现实，新的不正之风有可能应运而生，权力寻租进而可能成为权利寻租。这无疑是在工人中制造新矛盾，在不同社会群体中增加新的摩擦点。当我们看似周全地以“使有劳动能力又有就业意愿的人能够多工作，使缺乏劳动能力非常愿意按时退休的人及时退休”作为弹性退休的理由时，却忽略了“劳动能力”并不存在一个客观的和绝对的标准，劳动能力的“有”与“无”既因人而异，更因事而异。在同一家企业同一生产车间内，或许我不能搬运重物，不能在机床前站立8小时，却可以在许多其他的岗位上应付自如、游刃有余，而且我是“有就业意愿”的，为什么不让我“弹性”五年后才退休？我并不“缺乏劳动能力”，缺乏的只是搬运重物或者在机床前工作8小时的劳动能力。换句话说，我缺乏的只是一个不需要搬运重物或者站立8小时的工作岗位。

（三）缴费年限

缴费年限是指企业和职工个人共同缴纳养老保险费的年限。规定缴费年限的目的在于：（1）避免一些人在即将临近退休年龄才缴纳保险费并获得退休金；（2）避免一些新移民纯粹为了获取退休保障而迁入；（3）体现对参加养老保险者的公平；（4）体现劳动者权利与义务的对等关系。

各国一般都规定一个最低缴费年限，即最低保龄。最低保龄是参照人的正常寿命和可能的工作年限并结合保险金支出的财务状况估算而确定的。关于最低保龄的长短，国际劳工组织建议为15年，我国一些地区规定的缴费年限为10年。最低缴费年限的计算有连续计算和累计计算两种。采取累计计算保龄办法较适宜。若采用连续计算保龄办法，应该对中断工作和中断缴费的不同情况作出界定。

《社会保险法》采取了累计缴费15年的做法，以更好地保障参保人员的利益，同时规定达到法定退休年龄时对于累计缴费不足15年的，允许补缴或转成其他类型的养老保险。

二、养老保险金发放标准

（一）养老保险待遇发放项目

按我国现行规定，我国职工养老保险待遇，从其退休的第二个月起停止发放工资，每月按规定标准发给退休金，直至死亡为止。医疗待遇和死亡待遇与在职期间相同。其他待遇，如住房补贴、冬季取暖补贴等均按规定的标准执行。

劳动者如退职，即经医院证明完全丧失劳动能力，但不具备退休条件并经批准后退出了工作岗位并获得一定物质帮助的待遇水平低于退休待调，其项目包括：（1）按月发给相当于本人退职前基本工资一定比例的退职生活费，其数额不得低于国家规定的最低标准；（2）医疗待遇和死亡待遇与在职职工相同。

（二）养老保险金发放标准

1.养老保险金标准的确定

养老保险金，又称年金，是指退休人员依法领取的一定金额的生活费用，是养老保险待遇的主要组成部分。

养老保险金一般以劳动者在职时的工资收入为基础，再辅之以工龄或缴费年限和退休年龄进行计算。一般认为，养老待遇水平在任何情况下不能高于在职时的收入，因此退休金不可能是原工资的100%，而只是其一定的百分比，这种百分比，称为“退休金的工资取代率”。国际劳工大会1967年第128号《残疾、老年和遗属津贴公约》规定，缴费和就业年限，并有一个符合养老条件的配偶，正常的养老保险金不得低于工资收入的40%～50%。

2.我国养老保险金标准的确定

我国职工的养老保险金计发基数是建立在等级工资制度基础上的，自1954年确立以标准工资为计发基数以来，一直未作改变。但随着工资制度改革的深化，工资结构发生了很大变化，标准工资在职工工资收入中所占的比重明显下降，已由1978年的85.7%下降到近几年的55%左右，以标准工资为养老金计发基数的办法受到了极大的冲击。若按照国家规定的计划养老金标准75%计算，职工退休后的养老金实际只相当于在职时工资收入的40%，如此低的养老保险金难以保障劳动者老年时的正常生活。

为此，1991年6月26日国务院颁布的《关于企业职工养老保险制度改革的决定》第6条第1款规定："职工退休后的基本养老金计发办法目前不作变动，今后可结合工资制度改革，通过增加标准工资在工资总额中的比重，逐步提高养老金的数额。"但从改革现实来看，在实行工资总额与经济效益挂钩的情况下，标准工资占工资收入的比重偏低的现象很难调整过来。因此，我们认为，养老保险金的标准应以劳动者在职时实际工资收入的全部为基数进行计算，而不应以现行的标准工资为基数。《社会保险法》关于基本养老金根据缴费工资等一系列因素确定的条文，就需要将其中的"缴费工资"理解为"劳动者在职时实际工资收入的全部"才更符合社会法保障弱者利益的属性。

3. 养老保险金标准的调整

社会经济在发展，人类生活水平在普遍提高，养老保险金标准应随着社会经济的发展而不断调整。1982年老龄问题世界大会提出："继续调整受益水平，以使老年人分享国民生产率和生活水平的提高。"国际劳工组织1994年第67号《收入保障建议书》提出："社会保障待遇标准应该随着主要收入水平或生活费用的任何变化而重新审查。"这就是养老保险待遇应适当分享社会经济发展成果的原则。

世界通行的养老保险金调整方式主要有四种：一是养老保险金根据物价指数的变化进行调整，以美国和日本为代表。二是养老保险金根据工资水平的变化进行调整，以法国和德国为代表。三是养老保险金与物价和工资的变化双挂钩，以英国为代表。四是在基本养老保险金外再加发与工资收入挂钩的补充养老金，以挪威和加拿大为代表。①

在传统计划经济体制下我国养老保险金标准一经确定，很少变化；自从20世纪80年代改革以来，国家才根据物价变化情况，为离退休人员增发物价补贴和生活补贴，但立法上未作出规定。1991年6月26日国务院发布《关于企业职工养老保险制度改革的决定》规定："国家根据城镇居民生活费用价格指数增长的情况，参照在职职工工资增长情况对基本养老金进行适当调整，所需费用从基本养老保险基金中开支。"这是我国首次以立法形式确定了养老保险金标准调整的方式，即根据物价指数、工资变化来调整养老保险金，由此可见我国采用的是养老保险金与物价、工资双挂钩的方式。《社会保险法》继续沿用了此双挂钩的方式。

1995年国务院发布的《关于深化企业职工养老保险制度改革的通知》还规定："为了保障

---

① 国外主要采用三种方法调整养老金：一是参照消费物价指数。这一指标是目前各国养老金调整过程中使用最多的参照指标，采用国家包括美国、英国、加拿大、比利时等。调整频率大都是每年一次，通常当消费物价指数上涨大于规定幅度时，各国会对基本养老金作出相应调整。各国的调整幅度略有差异，但大都与消费物价指数上涨程度成正比。这种调整方法的优点是可以让养老金的涨幅跟上物价上涨的速度，退休人员能够保持退休初期的生活水平，缺点是无法提高原有生活水平。二是参照工资增长率。采用这一参照指标的国家主要包括德国、斯洛文尼亚、塞浦路斯等。调整频率是每年一至两次，按照工资增长率确定基本养老金的调整幅度。这种调整方法的优点是可以保持退休人员养老金替代率（养老金与在职收入的比值）不会降低，但单纯参照工资增长率，若工资涨幅高于物价涨幅，政府支付的养老金将大大增加，给在职者带来沉重负担；若物价涨幅高于工资涨幅，那养老金就跟不上价格增长，退休人员的实际生活水平将降低。三是综合参照物价指数和实际工资增长率。采用这一调整方法的国家主要包括瑞典、保加利亚、爱沙尼亚等。调整频率基本每年一次，各国对物价指数上涨幅度和实际工资增长率确定相应权重，综合计算出基本养老金的上涨幅度。这种调整方法虽然相对更为复杂，但是对于退休人员来讲，既可以避免由于通货膨胀带来的养老金贬值，也可以同在职者分享经济增长的成果。养老金11连涨背后：退休早缴费年限短，领钱反而多. 现代金报，2015-01-17. [2015-04-01]. http://business.sohu.com/20150117/n407859647.shtml.

企业离退休人员基本生活，各地区应当建立养老金正常调整机制。基本养老金可按当地职工上一年度平均工资增长率的一定比例进行调整，具体办法在国家政策指导下由省级人民政府确定。”劳动部贯彻该通知的实施意见规定：按照通知精神，各地区可以在每年7月1日，按当地职工上一年度平均工资增长率的40%～80%调整企业离退休人员的基本养老保险金。具体调整比例由各省、自治区、直辖市根据养老保险基金的支付能力等情况，在上述范围内自行确定；在特殊情况下，也可以按低于40%的比例进行调整。

三、养老保险金的发放办法

（一）养老保险金发放的法律规定

《劳动法》第73条第4款规定：“劳动者享受的社会保险金必须按时足额支付。”如何发放养老金至关重要，一般而言，养老金的发放有用人单位发放和社会保险机构发放两种方式。对于养老保险金的发放，国务院《关于深化企业职工养老保险制度改革的通知》规定：各地区和有关部门应积极创造条件，提高养老保险管理服务的社会化程度，逐步将企业发放养老金改为社会化发放，技术条件和基础工作较好的地区，可以实行由银行或者邮局直接发放；暂不具备条件的地区，可以由社会保险经办机构发放。社会保险经办机构也可以通过在大型企业设立派出机构等办法，对企业离退休人员进行管理服务。

（二）实现养老保险金发放社会化的工作

实现养老保险金发放社会化，必须做好以下工作。

1.依照国家技术监督局发布的社会保险号码建立《职工养老保险手册》，手册的内容主要包括基本养老保险、企业补充养老保险和个人储蓄性养老保险缴费记载。

2.建立《企业职工花名册》和《企业职工构成、人员变化、缴费情况汇总表》，企业应指定专人对单位和职工缴纳基本养老保险费的情况在“花名册”和“汇总表”中进行记载。

3.养老保险管理机构每年对单位、职工缴费情况进行审核，审核的数据作为下一年度企业和职工缴纳基本养老保险费的基数，直至职工退休为止。

4.逐步实行计算机管理。因为对所有退休人员的待遇要随养老金每年的变动而加以调整，这就增加了工作量，所以建立健全职工养老保险数据库，逐步实行计算机管理是必要的。

2000年4月18日，劳动和社会保障部颁布实施了《关于加快实行养老金社会化发放的通知》，规定养老金社会化发放的基本形式是社会保险经办机构在国有商业银行或邮局为企业离退休人员建立基本养老金账户，按月将规定项目内的应付养老金划入账户，保证离退休人员能够按时支取养老金。

2016年11月28日，人力资源社会保障部发布《关于城镇企业职工基本养老保险关系转移接续若干问题的通知》，针对跨省流动就业人员的养老保险关系转移接续工作中部分参保人员养老保险关系转移接续存在困难，就“关于视同缴费年限计算地问题”，强调：“基本养老保险关系在户籍所在地的，由户籍所在地负责办理待遇领取手续；基本养老保险关系不在户籍所在地，而在其基本养老保险关系所在地累计缴费年限满10年的，在该地办理待遇领取手续；基本养老保险关系不在户籍所在地，且在其基本养老保险关系所在地累计缴费年限不满10年的，将其基本养老保险关系转回上一个缴费年限满10年的原参保地办理待遇领取手续；基本养老保险关系不在户籍所在地，且在每个参保地的累计缴费年限均不满 10 年的，将其基本养老保险关系及相应资金归集到户籍所在地，由户籍所在地按规定办理待遇领取手续。缴费年限，除另有特殊规定外，均包括视同缴费年限。”由于各地政策或建立个人账户时间不一致等客观原因，参保人员在跨省转移接续养老保险关系时，转出地无法按月提供 1998 年 1 月 1 日之前缴费信息或者提供的 1998 年 1 月 1 日之前缴费信息无法在转入地计发待遇的，转入地应根据转出地提供的缴费时间记录，结合档案记载将相应年度计为视同缴费年限。参保人员在建立临时基本养老保险缴费账户地按照社会保险法规定，缴纳建立临时基本养老保险缴费账户前应缴未缴的养老保险费的，其临时基本养老保险缴费账户性质不予改变，转移接续养老保险关系时按照临时基本养老保险缴费账户的规定全额转移。跨省流动就业人员转移接续养老保险关系时，对于符合国家规定一次性缴纳养老保险费超过 3 年（含）的，转出地应向转入地提供人民法院、审计部门、实施劳动保障监察的行政部门或劳动争议仲裁委员会出具的具有法律效力证明一次性缴费期间存在劳动关系的相应文书。

第七节　补充养老保险

一、补充养老保险的立法

我国以基本法及行政规章制度等形式对补充养老保险作了规定，具体如下。

1. 1991 年 6 月 26 日国务院颁布的《关于企业职工养老保险制度改革的决定》提出：“随着经济的发展，逐步建立起基本养老保险与企业补充养老保险和职工个人储蓄性养老保险相结合的制度”。自此，我国企业补充养老保险制度已产生并付诸实施。

2.《劳动法》第 75 条第 1 款规定：“国家鼓励用人单位根据本单位实际情况为劳动者建立补充保险。”这就从立法上确定了补充养老保险的地位。

3.《关于深化企业职工养老保险制度改革的通知》规定：“国家在建立基本养老保险保障离退休人员基本生活的同时，鼓励建立企业补充养老保险和个人储蓄性养老保险。企业按规定缴纳基本养老保险费后，可以在国家政策指导下，根据本单位经济效益情况，为职工建立补充养老保险。”这进一步指明了建立补充养老保险的条件，即根据用人单位经济效益情况建立补充养老保险。

4. 劳动部《关于建立企业补充养老保险制度的意见》虽已被 2004 年出台的《企业年金试行办法》所废止，但该意见从实施主体和条件、资金来源、计发方式和投资运营等方面对补充养老保险作了详细规定。

5. 2000 年 12 月 25 日国务院发布的《关于印发完善城镇社会保障体系试点方案的通知》中首次提出“企业年金”的概念，并决定将“企业补充养老保险”更名为“企业年金”，实行市场化管理运营。

6. 2004 年，一系列关于企业年金的规章制度出台，以 2004 年 1 月 6 日劳动和社会保障部发布的《企业年金试行办法》最为关键。

7. 2010 年 10 月 28 日通过的《社会保险法》对于社会保险坚持多层次的方针，从而为企业年金的建立和完善开创了新局面。

二、补充养老保险的特征

补充养老保险作为一项新制度，具有如下特征。

1. 立法的半强制性。一方面，国家以立法形式鼓励有能力的用人单位根据经济效益情况建立补充养老保险，具有强制性；另一方面，又具有较大的弹性，即用人单位在不具备实施补充养老保险条件时可以不建立补充养老保险。

2. 分配的直接性。补充养老保险金由用人单位直接分配给职工或委托经办机构发放，不存在社会统筹问题，没有调剂功能。

3. 基金来源的单一性。补充养老保险金主要由用人单位负担，也可由用人单位和劳动者个人共同负担，但个人缴款部分不能占太大比例。

4. 实施的灵活性。它随用人单位经济发展而建立、变化，从时序上讲，用人单位有先有后，可连续也可中断，不要求起始一致和始终如一。用人单位自主确立分配水平，对职工还可因人、因时而异。用人单位之间不统一标准，允许有差别。

三、补充养老保险的适用范围和条件

1. 补充养老保险的适用范围：补充养老保险的适用范围为城镇各类企业的劳动者。目前立法有向各类用人单位的劳动者扩张的趋势，而不仅仅局限于城镇各类企业的劳动者。

2. 补充养老保险的条件包括：用人单位参加了基本养老保险的社会统筹，并按时足额缴纳养老保险费；用人单位生产经营情况比较稳定，经济效益较好；用人单位民主管理基础好。

四、补充养老保险资金的来源

企业补充养老保险的资金主要由企业负担，企业可以在企业工资储备金中列支；也可以将企业基本养老保险缴费中超过职工平均工资 300%以上的部分，由社会保险经办机构返还企业作为补充养老保险资金；也可以经当地政府批准，将不超过本企业工资总额一定比例部分记入企业相关成本费用。在实行企业和个人共同负担的情况下，个人缴费部分不得超过缴费总额的一半，个人缴款从个人工资收入中按一定比例或绝对额缴纳。

五、补充养老保险金的计发

企业补充养老保险一般采用个人账户方式，补充养老保险待遇按个人账户养老金储存额的多少由企业或委托的机构计发。

2003 年 12 月 30 日，劳动和社会保障部第 7 次部务会议通过《企业年金试行办法》，自 2004 年 5 月 1 日起施行。该办法要求建立企业年金，应当由企业与工会或职工代表通过集体协商确定，并制定企业年金方案。国有及国有控股企业的企业年金方案草案应当提交职工大会或职工代表大会讨论通过。企业年金方案适用于企业试用期满的职工。企业年金所需费用由企业和职工个人共同缴纳。企业缴费的列支渠道按国家有关规定执行；职工个人缴费可以由企业从职工个人工资中代扣。

企业年金方案应当包括以下内容：(1) 参加人员范围；(2) 资金筹集方式；(3) 职工企业年金个人账户管理方式；(4) 基金管理方式；(5) 计发办法和支付方式；(6) 支付企业年金待遇的条件；(7) 组织管理和监督方式；(8) 中止缴费的条件；(9) 双方约定的其他事项。企业年金方案应当报送所在地区县以上地方人民政府劳动保障行政部门。中央所属大型企业企业年金方案，应当报送劳动保障部。劳动保障行政部门自收到企业年金方案文本之日起 15 日内未提出异议的，企业年金方案即行生效。

企业缴费应当按照企业年金方案规定比例计算的数额计入职工企业年金个人账户；职工个人缴费额计入本人企业年金个人账户。企业年金基金投资运营收益，按净收益率计入企业年金个人账户。职工在达到国家规定的退休年龄时，可以从本人企业年金个人账户中一次或定期领取企业年金。职工未达到国家规定的退休年龄的，不得从个人账户中提前提取资金。出境定居人员的企业年金个人账户资金，可根据本人要求一次性支付给本人。职工变动工作单位时，企业年金个人账户资金可以随同转移。职工升学、参军、失业期间或新就业单位没有实行企业年金制度的，其企业年金个人账户可由原管理机构继续管理。职工或退休人员死亡后，其企业年金个人账户余额由其指定的受益人或法定继承人一次性领取。

劳动和社会保障部、中国银行业监督管理委员会、中国证券监督管理委员会、中国保险监督管理委员会于 2004 年 2 月 23 日发布《企业年金基金管理试行办法》，规定一个企业年金计划应当仅有一个受托人、一个账户管理人和一个托管人，可以根据资产规模大小选择适量的投资管理人。同一企业年金计划中，受托人与托管人、托管人与投资管理人不得为同一人：建立企业年金计划的企业成立企业年金理事会作为受托人的，该企业与托管人不得为同一个；受托人与托管人、托管人与投资管理人、投资管理人与其他投资管理人的总经理和企业年金从业人员，不得相互兼任。企业年金基金缴费必须归集到受托财产托管账户，并在 45 日内划入投资资产托管账户。企业年金基金财产独立于委托人、受托人、账户管理人、托管人、投资管理人和其他为企业年金基金管理提供服务的自然人、法人或者其他组织的固有财产及其管理的其他财产。并非因企业年金基金财产本身承担的债务，不得对基金财产强制执行。企业年金基金财产限于境内投资，投资管理人不得从事使企业年金基金财产承担无限责任的投资。

2013 年 12 月，财政部、人力资源和社会保障部、国家税务总局发布了《关于企业年金、职业年金个人所得税有关问题的通知》，明确企业和事业单位根据国家有关政策规定的办法和标准，为在本单位任职或者受雇的全体职工缴付的企业年金或职业年金单位缴费部分，在计入个人账户时，个人暂不缴纳个人所得税。年金基金投资运营收益分配计入个人账户时，个人暂不缴纳个人所得税。

领取年金的个人所得税处理：个人达到国家规定的退休年龄，按年或按季领取的年金，平均分摊计入各月，每月领取额全额按照"工资、薪金所得"项目适用的税率，计征个人所得税。对个人因出境定居而一次性领取的年金个人账户资金，或个人死亡后，其指定的受益人或法定继承人一次性领取的年金个人账户余额，允许领取人将一次性领取的年金个人账户资金或余额按 12 个月分摊到各月，就其每月分摊额计算缴纳个人所得税。①

---

① 财政部、人力资源社会保障部、国家税务总局．关于企业年金、职业年金个人所得税有关问题的通知．财税〔2013〕103 号．［2015-05-27］．http：//www.mohrss.gov.cn/SYrlzyhshbzb/ldbk/shehuibaozhang/yanglao/201312/t20131206_118845.htm.

2016年末，全国共有7.63万户企业建立了企业年金，参加职工人数2 325万人，企业年金基金累计结存11 075亿元。《企业年金办法》自2018年2月1日开始实施。

经过多年的改革发展，企业职工基本养老保险已覆盖城镇各类企业及其职工、社会组织及其专职工作人员、机关事业单位编制外工作人员等。企业年金实行完全积累，为每个参加企业年金的职工建立企业年金个人账户。职工企业年金个人账户下设企业缴费子账户和个人缴费子账户，分别记录企业缴费分配给个人的部分及其投资收益，以及本人缴费及其投资收益。企业年金基金按照国家有关规定进行投资运营，投资运营收益并入企业年金基金。企业缴费应当按照企业年金方案确定的比例和办法计入职工企业年金个人账户，职工个人缴费计入本人企业年金个人账户。企业可以根据职工岗位、责任和贡献等不同，在分配企业缴费时存在一定的区别，体现企业年金的激励作用；同时也应兼顾公平、控制差距，企业当期缴费计入职工企业年金个人账户的最高额不得超过平均额的5倍。

对于企业是否可以中止缴费的问题，《企业年金办法》明确规定企业在经营亏损、重组并购等情况下，经与职工一方协商，可以中止缴费。不能继续缴费的情况消失后，企业和职工恢复缴费，并可以根据本企业实际情况，按照中止缴费时的企业年金方案予以补缴，补缴的年限和金额不得超过实际中止的年限和金额。人社部负责人解释，这样既符合企业年金的运行实际，体现了制度灵活性，以及对企业市场主体地位的照顾，又有利于企业及职工根据自身经济情况合理补缴中止的缴费，能更好维护职工权益。

企业年金待遇领取方式比较灵活。倡导按月领取，以发挥企业年金长期养老保险的作用。允许分次领取，有利于退休人员根据本人企业年金个人账户资金额，结合企业年金个人所得税政策和自己的需要，选择合适的领取次数。保留一次性领取方式，更加人性化，给予退休人员更多选择。可以购买商业养老保险产品，进一步丰富补充养老保险方式。

2017年6月29日，国务院办公厅发布《关于加快发展商业养老保险的若干意见》。发展商业养老保险，对于健全多层次养老保障体系，促进养老服务业多层次多样化发展，应对人口老龄化趋势和就业形态新变化，进一步保障和改善民生，促进社会和谐稳定等具有重要意义。《意见》提出：到2020年，基本建立运营安全稳健、产品形态多样、服务领域较广、专业能力较强、持续适度盈利、经营诚信规范的商业养老保险体系，商业养老保险成为个人和家庭商业养老保障计划的主要承担者、企业发起的商业养老保障计划的重要提供者、社会养老保障市场化运作的积极参与者、养老服务业健康发展的有力促进者、金融安全和经济增长的稳定支持者。丰富商业养老保险产品供给，为个人和家庭提供个性化、差异化养老保障。支持商业保险机构开发多样化商业养老保险产品，满足个人和家庭在风险保障、财富管理等方面的需求。积极发展安全性高、保障性强、满足长期或终身领取要求的商业养老年金保险。支持符合条件的商业保险机构积极参与个人税收递延型商业养老保险试点。针对独生子女家庭、无子女家庭、"空巢"家庭等特殊群体养老保障需求，探索发展涵盖多种保险产品和服务的综合养老保障计划。允许商业养老保险机构依法合规发展具备长期养老功能、符合生命周期管理特点的个人养老保障管理业务。鼓励商业保险机构投资养老服务产业。支持商业保险机构为养老机构提供风险保障服务。建立完善老年人综合养老保障计划。推进商业养老保险资金安全稳健运营。研究制定商业养老保险服务实体经济的投资支持政策，完善风险保障机制，为商业养老保险资金服务国家战略、投资重大项目、支持民生工程建设提供绿色通道和优先支持。落实好国家支持现代保险服务业和养老服务业发展的税收优惠政策，对商业保险机构一年期以上人身保险保费收入免征增值税。

问题与思考

1. 养老保险有哪些法律特征？
2. 如何确定养老保险的适用范围？
3. 我国养老保险改革的原因和重点是什么？
4. 建立养老保险基金筹集模式应注意哪些问题？
5. 我国养老保险基金管理监督中的问题与对策是什么？
6. 补充养老保险的意义和作用是什么？
7. 我国企业年金制度有哪些内容？

8. **案例：** 2004 年 8 月孙某被聘为万源市中心医院护理部的职工，从事护理工作，双方于 2004 年 8 月 10 日签订了劳动合同，合同期限为 2004 年 8 月至 2005 年 6 月，合同到期后于 2005 年 6 月 1 日又签订了劳动合同，合同期限为 2005 年 7 月至 2006 年 6 月。2006 年 9 月 15 日，万源市中心医院因孙某未通过全国护士执业证考试而与其解除劳动合同。2007 年 10 月 18 日，万源市中心医院再次聘用孙某为其职工，双方签订了劳动合同，合同期限为 2007 年 9 月 21 日至 2010 年 9 月 20 日，合同第五条约定："保险和福利待遇同医院正式职工（财政拨款补助项目除外）"。2013 年 1 月 5 日双方第四次签订劳动合同，合同期限为 2013 年 1 月 1 日至 2015 年 1 月 31 日，合同第十一条规定："甲方应按国家和四川省有关社会保险的法律、法规和政策规定为乙方足额缴纳基本养老、基本医疗、失业、工伤、生于保险费用；社会保险费个人缴纳部分，甲方可从乙方工资中代扣代缴"。万源市中心医院从 2013 年 1 月 1 日开始为孙某购买养老保险。2016 年 7 月 13 日，孙某向万源市劳动人事争议仲裁委员会申请劳动仲裁，要求万源市中心医院为其缴纳 2007 年 9 月 21 日至 2012 年 12 月 31 日的基本养老保险。①

问题：（1）万源市中心医院是否应当为孙某缴纳养老保险？

（2）万源市中心医院为孙某缴纳养老保险的期间应是何时？

9. **案例：** 杨某原系黑化集团职工，杨某与黑化集团于 2000 年 9 月 1 日所签订的劳动合同于 2011 年 7 月 31 日解除（终止），解除（终止）劳动合同证明书中显示：社会保险费缴至 2011 年 7 月 31 日。双方劳动关系存续期间，基本养老保险费个人应缴纳部分黑化集团每月已从杨某工资中代扣，但未完全向社会保险费征收机构缴纳。2015 年 4 月 8 日，杨某向社会保险费征收机构补缴了所欠的截止到 2011 年 8 月份的基本养老保险费共计 18 076.76 元（包括个人应缴纳的基本养老保险费企业代扣后未上缴部分和企业应缴纳的基本养老保险费部分），其中 2011 年 8 月的基本养老保险费共计 546.00 元（个人缴费部分的缴费本金为 130.00 元、缴费利息为 15.60 元；单位缴费划入统筹部分的缴费本金为 357.50 元、缴费利息为 42.90 元）。现杨某对黑化集团提起诉讼，请求黑化集团返还杨某交付的基本养老保险费 18 076.76 元。②

问题： 如果你是法官，应当如何判决？

① [2018-01-05]. http://www.pkulaw.cn/case.

② [2018-01-05]. http://www.pkulaw.cn/case.

第四章
失业保险

本章概要

失业保险是社会保险制度的重要组成部分。建立失业保险制度，是在市场经济条件下建立统一的劳动力市场的必要条件。本章介绍了失业及失业保险的概念、特点，概述了中外失业保险立法的发展、建立失业保险制度的意义，系统论述了失业保险的对象和范围，失业保险基金的筹集、统筹、开支和管理，失业保险金的发放、失业保险的管理以及失业培训与再就业等问题。在论述上述内容时，还特别介绍了国外的一些立法规定，以期通过借鉴国外的立法经验，有助于建立和完善适应我国社会主义市场经济体制的失业保险制度。

关键术语

失业　失业保险　失业保险金　失业保险金的统筹　失业保险金的开支

第一节　失业保险概述

一、失业的概念和特点

（一）失业保险的概念

失业是指具有劳动能力并有劳动意愿的劳动者得不到劳动机会或者就业后又失去工作的状态。关于失业的定义，各国有不同的界定。如美国将失业定义为：年满 16 周岁、没有工作或正在寻找工作的人。国际劳工组织特别对失业的定义作了如下界定：失业是指在调查期内达到一定年龄并满足以下条件者：（1）没有工作，即未被雇佣同时也未自谋职业者；（2）目前可以工作，即可被雇佣或自谋职业者；（3）正在寻找工作，即在最近特定时期已经采取明确步骤寻找工作或自谋职业者。

从失业理论对失业进行分析，失业可分为自愿性失业和非自愿性失业。前者是指劳动者不愿接受现行的工资水平和工作条件而引起的失业。后者是指劳动者愿意接受现行的工资水平和工作条件但仍然处于失业的状态。从失业的不同形态对失业进行分类，失业又可分为：(1) 结构性失业，又称技术性失业，是指某些劳动者因不能适应技术水平的变化和产业结构的调整而失去工作。(2) 周期性失业，是指因经济萧条和经济危机的出现，使劳动力供大于求而出现的失业。(3) 季节性失业，是指在某些行业中，受生产周期的季节性影响而产生的失业，如因气候、产品的式样、劳务与商品的消费需求等季节性因素的影响，使得某些行业出现劳动力的闲置，从而产生失业，如建筑业、旅游业、晒盐业等。(4) 摩擦性失业，是指劳动力的供给结构与需求结构不相适应，一些行业劳动力供给小于需求，使劳动力短缺，而另一些行业劳动力供给大于需求，使劳动力富余，从而造成失业。①

在我国传统计划经济体制下，并不承认社会主义制度下会产生失业，因而也没有使用失业的概念，对于出现的失业问题，我们是以待业概念来取代。直至我国社会主义市场经济体制建立，我们才使用了失业的概念。但在我国的失业统计工作中，沿用的仍是传统计划经济体制下待业的概念。目前，我国的失业是指在城镇非农户口的劳动年龄内（男 16～50 岁、女 16～45 岁）有劳动能力，无业而要求就业并在当地劳动部门所属的劳动服务公司进行失业登记的人员。我国关于失业的概念有以下几个特点：(1) 失业人员仅指城镇非农业户口的劳动者，而不包括农村劳动者，因而，大量进城务工的民工并不在失业人员统计之列；(2) 失业人员的年龄限于男 16～50 岁、女 16～45 岁，该年龄的上限比我国法定退休年龄，即男 60 岁、女 50 岁要低；(3) 失业率的统计是以每一日历年的最后一天的失业人数来计算，而没有采用国际上通行的月度失业率统计方法。从上述方面看，目前我国的失业率并不能真实地反映失业的状况。

在我国，造成失业的原因主要有：一是劳动力供大于求。一方面，我国是世界第一人口大国，20 世纪 80 年代以来，我国进入劳动年龄人口的高峰期，劳动年龄人口占总人口的比重明显上升，十年间上升近十个百分点。另一方面，我国又是一个发展中国家，经济发展水平相对较低，其他经济资源相对短缺，制约了劳动力资源的开发利用。而且，随着城市化、工业化进程的加快，大量的农村富余劳动力需转移到非农领域就业，向城镇转移的规模将不断增加。二是我国正在对经济结构进行重大调整，与之相适应，劳动力结构必然要进行相应调整，不可避免地会造成部分人员失业，这种结构性失业的状况增加了失业压力。三是伴随着科技进步和劳动生产率的提高，一些领域特别是第一、第二产业的传统部门，不仅不能扩大就业容量，反而会减少用人，分流部分劳动力，致使失业人员数量增加。四是由于许多失业人员技能单一，职业技术水平不高，难以适应用人单位的需要，加上择业观念陈旧，不能依靠自身的努力开辟就业门路，加大了实现再就业的难度。

---

① 《金融论坛报》2015 年 5 月 20 日报道，伊朗合作、劳工和社会福利部副部长帕兰德（Kourosh Parand）指出，目前伊朗有 570 万大学毕业生“没有在经济生产中发挥任何作用”。最新数据显示，大学毕业生失业率为 18.9%，其中男性失业率 12.9%，女性失业率 31.3%。帕兰德指出，计算机、渔业、林业、环境科学专业的失业人数最多，其中计算机专业失业率最高，为 27.2%。他还说：“现在在校的 450 万学生，66%是文学学士和理学学士，即将涌入就业市场寻找工作。”伊朗大学生失业率为 18.9%. [2015-05-27]. http://finance.sina.com.cn/roll/20150524/121822253496.shtml.

（二）失业保险的特点

失业保险是指国家通过建立失业保险基金，使因失业而暂时中断生活来源的劳动者在法定期间内获得失业保险金，以维持其基本生活水平的一项社会保险制度。它是社会保障体系的重要组成部分，是社会保险的主要项目之一。失业保险是为了保障有工资收入的劳动者失业后的基本生活而建立的，其覆盖范围包括劳动力队伍中的大部分成员。参保单位应不分部门和行业，不分所有制性质，劳动者不分用工形式，不分家居城镇、农村，解除或终止劳动关系后，只要本人符合条件，都有享受失业保险待遇的权利。失业保险与其他社会保险制度一样，具有强制性、保障性和社会性等特点，但与其他社会保险制度相比，失业保险还具有以下特点。

第一，失业保险的对象为失业劳动者。失业劳动者是指在劳动年龄内有劳动能力，目前无工作，并以某种方式正在寻找工作的人员，包括就业转失业的人员和新生劳动力中未实现就业的人员。在法定劳动年龄内的人员都可以寻求职业，从事社会生产经营等活动，并取得合法收入。但在法定劳动年龄内的人员，若不具备相应的劳动能力，也不能视为失业人员，如精神病人、完全伤残不能从事任何社会性劳动的人员等。对那些目前虽无工作，但没有工作要求的人不能视为失业人员。这部分人自愿放弃就业权利，已经退出了劳动力的队伍，不属于劳动力，也就不存在失业问题。

我国《失业保险条例》所指失业人员只限定为就业转失业的人员，对失业保险对象进一步限定为已经就业但非因本人意愿中断就业的，并办理失业登记的那部分劳动者，未曾就业者不在此列。《社会保险法》亦肯定了此做法。我国的法定劳动年龄是16～60岁。企业中男年满60周岁、女年满50周岁的职工和机关事业单位中男年满60周岁、女年满55周岁的职工实行退休制度。

第二，享受失业保险待遇有一定期限。不像养老保险和工伤保险那样，劳动者可以长期享受保险待遇，失业保险只能在法定期限内享受，超过法定期限，即使劳动者仍处于失业期间，也不可再享受。如我国规定劳动者领取失业金的最长期限为24个月。

第三，失业保险费由用人单位和劳动者缴纳。在各项社会保险中，工伤保险和生育保险的保险费由用人单位缴纳，劳动者不需缴费。过去我国的待业保险制度也规定，待业保险费由企业缴纳，职工在待业期间可享受待业保险金。新的失业保险制度建立后，改变了原来劳动者个人不缴费的做法，规定劳动者要按工资的一定比例缴纳保险费，才可享受失业保险待遇。不履行缴费义务的单位和个人都应当承担相应的法律责任。失业保险基金主要来源于用人单位和个人，缴费比例、缴费方式相对稳定，筹集的失业保险费，不分来源渠道，不分缴费单位的性质，全部并入失业保险基金，在统筹地区内统一调度使用，以发挥互济功能。

二、失业保险立法概况

（一）国外失业保险立法概况

失业保险在各种社会保险制度中是发展较晚的。失业是市场经济伴生的一种现象，是由市场经济运行的波动性和周期性所决定的。这种波动性在生产要素市场上，表现为需求的扩张与收缩。在劳动力市场上，当经济发展时，会形成对劳动力需求的扩张；当经济萧条时，则会形成对劳动力的收缩，这就需要有足够的劳动力以适应市场的变化。而周期性则表现为生产季节的变化对劳动力需求的变化，要求有一定的劳动力作为后备资源。因此，失业是市场经济运行的必然结果。在资本主义自由竞争时期，政府对失业现象采取了放任的政策，失业问题完全由市场来调整。然而，市场竞争的残酷却使得许多劳动者陷于失业，丧失了收入来源，生活处于困境，而且，失业人口的增多加深了无产阶级与资产阶级的矛盾，引发社会动荡，对社会安全造成极大冲击。为了维护资本主义生产的有序进行，既发挥失业在市场运行中的作用，又减轻失业对社会的负面影响，各国政府开始将失业纳入社会保险的范畴，并开始了有关失业保险的立法。

1905 年法国率先颁布了失业保险法，建立了非强制性失业保险制度。随后挪威、丹麦也分别于 1906 年和 1907 年建立了类似于法国的失业保险制度。1911 年英国颁布国民保险法，实行国民强制保险制度，失业保险被纳入国民保险范围。以后，包括意大利、奥地利、波兰、德国等在内的许多国家纷纷效仿，也实行了强制失业保险制度。美国在 20 世纪 30 年代的经济危机中，失业问题成为严峻的社会问题，1933 年全美失业人口高达 1 283 万人，失业者及其家属的人数占美国总人口的 1/3。面对严重的经济危机和失业问题，美国政府采取了国家干预的政策，于 1935 年通过了《社会保障法》，实行包括失业保险在内的综合性社会保障体系。据美国社会保障总署的统计，迄今为止，全世界已有四十多个国家和地区建立了失业保险制度，失业保险已成为社会保障制度中的重要内容。

目前，世界各国实施的失业保险制度大致可分为以下几种类型：（1）强制性失业保险制度。即由政府通过立法强制实施的失业保险制度。在实行失业保险制度的国家，大多实行了强制性失业保险制度，包括美国、英国、日本、加拿大等三十多个国家，我国实行的失业保险也属于此类。（2）非强制性失业保险制度。即非由国家立法强制实施，而是由劳动者的意愿而决定是否加入。目前，这种类型主要以丹麦为代表，其实行以工会为主建立失业保险基金，并由政府予以资助而建立失业保险的办法。（3）双重失业保险制度。失业保险既有强制性失业保险，又有由政府提供资金，以调查经济状况为发放失业金依据的补贴制度，如德国；或者采取失业救济制度与非强制失业保险制度相结合的办法，如瑞典和芬兰等。（4）附条件的失业救济制度，即并非所有失业人员都能享受失业保险，而只有符合一定条件的失业者才能领取失业救济，如澳大利亚、匈牙利、新西兰等国。此外，还有些国家实行全部由政府负担费用的失业援助制度，有些实行储蓄性失业保险制度等。近年来，世界各国的失业保险制度已从传统的救济失业向促进就业转化。一些国家因失业率长期居高不下，失业保险金的支出不堪重负，许多国家开始改变失业救济的办法，如缩短失业人员领取失业金的期限，以促使失业者尽快就业；或者通过颁布立法以改良失业保险的目的，如法国 1967 年通过了对失业保险制度进行改革的法令，提出失业补偿的目的应适应技术变革的基础结构的前景，失业人员应加强专业机能以适应这种变化。日本于 1975 年颁布了《雇佣保险法》取代了 1947 年的失业保险法，将促进就业作为失业保险的首要目的。许多国家愈来愈重视失业保险的预防失业和促进就业的职能。

（二）我国失业保险立法概况

早在新中国成立初期，为了解决旧中国遗留下来的失业问题，我国开始了有关解决失业问题的立法。1950 年，政务院发布了《关于救济失业工人的暂行办法》和《关于救济失业教师与处理学生失学问题的指示》。为了救济失业工人，政府采取了“以工代赈”、生产自救、还乡生产等措施，对于生活特别困难的失业工人，政府实行了发给救济金的办法，政务院在相当困难的情况下，决定拨出4亿斤粮食作为救济失业工人的基金，以解决失业工人的基本生活。20世纪50年代中期，随着我国经济建设的全面恢复和发展，失业率大大降低。1957年，我国政府宣布消灭了失业。有关失业救济的办法也被废除了。

我国真正建立失业保险制度是在20世纪80年代中期。随着经济体制改革的全面深化，我国开始了以实行劳动合同制为主的劳动制度改革，1986年7月，国务院发布了《国营企业职工实行待业保险暂行规定》，这标志着我国失业保险制度正式建立。该规定仅适用于国营企业，范围包括宣告破产企业的职工，濒临破产的企业法定整顿期间被精减的职工，企业终止、解除劳动合同的工人和企业辞退的职工。待业保险基金由企业按照其全部职工标准工资总额的1%缴纳。待业救济金按本人标准工资的50%～75%发放。据统计，自1986年10月至1988年6月，全国共登记的失业人员为6.3万人，筹集的失业保险基金为8.1亿元，同期发放的失业救济金为313万元，享受失业救济的人员达5.83万人次。与此同时，全国性的失业保险管理机构初步建立，各地基本形成了失业保险管理网络。1989年，劳动部发布了《国营企业职工待业保险基金管理办法》，以加强对失业保险基金的统筹和管理。1990年劳动部又发布了《关于使用职工待业保险基金解决部分企业职工生活问题的通知》，要求应妥善解决治理整顿期间关停企业的职工生活问题。

进入20世纪90年代以来，随着我国社会主义市场经济体制的建立，国家加快了国有企业改革的步伐，企业下岗失业人员增多，失业保险运行机制加快，至1992年年底，参加失业保险的职工人数达7 440万人，全国共建立了两千一百多个失业保险的专门管理机构。1993年4月，国务院发布《国有企业职工待业保险规定》，失业保险的适用范围除1986年规定的四种情形外，还增加了以下几种：按照国家有关规定被撤销、解散企业的职工，按照国家有关规定停产整顿企业被精减的职工，企业除名或者开除的职工，以及依照法律、法规规定或者按照省、自治区、直辖市人民政府规定享受待业保险的其他职工。

1999年1月，国务院颁布了《失业保险条例》。该条例的颁布，使我国初步建立起了与市场经济体制相适应的失业保险制度。各省、自治区、直辖市在制定地方性法规、规章和规范性文件方面也取得了明显进展，劳动保障部门也都完成了地方性法规、规章的起草工作。扩大失业保险覆盖面、加强基金征缴方面的工作取得了明显成效。2000年10月10日，劳动和社会保障部颁布《失业保险金申领发放办法》，自2001年1月1日起施行。该办法规定参加失业保险的城镇企业事业单位职工以及按照省级人民政府规定参加失业保险的其他单位人员失业后，申请领取失业保险金、享受其他失业保险待遇适用该办法。

2010年通过的《社会保险法》以专章的形式规定了“失业保险”，从而在法律的层面上对失业保险制度的完善产生了深远的影响。

三、建立失业保险制度的意义

（一）建立失业保险制度，有利于建立和培育劳动力市场

市场经济的最大特征是通过市场来实现资源的合理配置，建立起发达的生产要素市场，包括资金市场、商品市场和劳动力市场等。企业的生产主要决定于市场的需求，而市场的波动性使得生产对劳动力的需求也会发生不断的变化，这种变化必然导致对劳动力需求不足或过剩的情况，这就要求有一定比例的失业人员存在以适应市场的变化。因此，必须建立起统一的劳动

力市场，打破各种所有制的限制，使劳动力能够合理流动，为企业生产提供足够的和合格的劳动力。要保证能够长期维持市场运行所需要的劳动力结构，必须建立起失业保险制度，使从生产领域游离出来的失业人员得到必要的保障，以适应市场经济对劳动力的需求。

（二）有利于保证失业劳动者的基本生活

竞争机制是市场经济的重要法宝，其通过竞争的优胜劣汰来实现资源的配置。一方面，企业作为市场的主体要参与市场竞争，如果企业的经营方式落后，产品没有竞争力，必然要被市场所淘汰。社会经济领域就像自然界一样，是在不断的新陈代谢过程中发展的，新技术的发明和应用、新资源的开发、新市场的出现等因素都会引起社会经济的变化，竞争的结果，必然使一些落后的企业和生产方式落败，也会使一些决策失误的企业落败，这些企业的劳动者最终加入到失业大军的行列。另一方面，劳动力市场的建立，劳动者个人之间也必然形成竞争的机制，竞争就业，竞争上岗，没有良好素质和技术的劳动者也必然遭淘汰，成为失业人员。劳动者因失业而退出工作岗位，因此失去了工资收入，使得其本人和家庭陷于生存困难，因此，必须对失业劳动者提供失业保险，保证其本人及其家庭的基本生活。

（三）有利于促进失业劳动者的再就业

面对不可避免的失业问题，政府必须考虑如何采取措施实现劳动者的再就业。在市场经济发达的国家，劳动者失业后，主要通过失业保险制度保证其基本生活，并通过劳动力市场来实现其再就业。而目前我国劳动力市场尚不发达，劳动力供求又不均衡，在劳动力供远大于求的情况下，劳动力市场体系还难以解决大量劳动者失业后的再就业问题。因此，需要发挥失业保险的作用，借助政府的力量帮助失业人员解决再就业的问题。在失业保险的开支中，专门规定有一部分基金可用于职业介绍和职业培训上，以帮助失业人员通过职业介绍和职业培训，尽快实现再就业。

我国建立失业保险制度的积极作用主要表现如下。

一是有效地保障了失业人员的基本生活，通过施行失业保险制度，给付失业保险待遇，保障了失业人员的基本生活，帮助他们渡过了难关，特别是近几年来，使用失业保险基金每年救助的人员都在300万人次左右，对维护社会稳定发挥了积极作用。

二是促进了失业人员再就业。按照我国有关规定，从失业保险基金中支出部分资金，用于失业人员开展生产自救、转业训练、职业介绍活动，帮助其中半数以上人员重新走上就业岗位，实现了再就业。

三是支持了企业改革。实施失业保险制度，保障了失业人员的基本生活，一方面，减轻了国有企业的就业压力和改革的压力，推动了改革措施的顺利出台和实施。许多地方还运用基金支持“关、停、并、转”企业妥善分流安置富余人员。另一方面，通过为非国有企业的从业人员提供失业保险，有利于劳动力向这些企业流动，促进非国有企业更快发展。

四是推进了事业单位的企业化管理。随着改革的推进，对事业单位的用人制度加快改革，按照市场原则优化人员结构，减员增效将成为事业单位的必然选择，因此将事业单位人员纳入失业保险，对事业单位特别是国有事业单位按照市场用人机制进行人事管理，促进其自身发展具有重要意义。

第二节　失业保险的对象和范围

一、失业保险的对象

由于失业保险是对受失业风险、暂时丧失工资收入的失业者设计的，所以其涵盖范围在创始阶段界定得十分明确和严格。一般限于正式参加经济活动，有了稳定的职业，暂时失去工作岗位的工资劳动者。职业不稳定、不正规的临时工、季节工人、家庭佣人、农业工人，职业相当稳定的国家公务员、有独立收入的个体劳动者以及中等以上的学校毕业生，均不包括在承保范围内。但随着社会经济的发展，对失业概念的解释也发生了变化，失业的涵盖范围也在相应扩大。

国际劳工组织1988年举行的第75届劳工大会对失业的界定为：凡有能力参加经济活动，可以寻找工作并确实在寻找职业而未能得到适当工作，以致没有收入，生活无着落的劳动者，都是失业者，都应得到失业保险的涵盖。于是，今天的失业保险对象，已不仅是1911年英国推出世界上第一部失业保险法所界定的保险对象，也不是1919年国际劳工大会第一次通过的《建立有效的失业保险制度的建议书》所涵盖的失业保险对象，而是扩展了失业涵盖范围的保险对象，同时已注重将失业保险与促进就业相结合。因而，自20世纪60年代起国际劳工组织通过的有关失业问题的决议称为《就业公约》。现在国际劳工组织及一些发达国家对失业新界定为：凡达到一定年龄、具有劳动能力但没有职业或工作负荷达不到一定标准而正在为获取收入寻找工作，并已向职业介绍机构登记者，均为失业者，作为失业保险的对象。

二、享受失业保险的资格条件

失业者要获得失业保险的权利，必须要有一定的资格条件。对此，为了保证将失业保险金支付给规定范围内的失业者，防止失业者产生依赖心理和不劳而获的观念，各国失业保险的资格条件规定得十分具体和严格，概括起来主要有以下几个。

一是失业者必须符合劳动年龄条件，即必须是处于法定最低劳动年龄与退休年龄之间的劳动者，才有可能享受失业保险。关于劳动年龄，各国的规定不一。英国和澳大利亚均为男16～64岁、女16～59岁，世界银行统一规定为15～65岁。失业保险不包括未达到法律规定最低劳动年龄和超过法定退休年龄的人。这是因为，只有处于劳动年龄的就业者才谈得上失业，才有权享受失业保险待遇。未达到劳动年龄的人和超过劳动年龄的退休者，不负有法定的社会劳动义务。各国为保护其身体健康均明文禁止使用童工；超过劳动年龄的人已享受有养老保险，故这两种人均不属于社会生产中的劳动力，也就不存在失业问题，不属于失业保险的对象。

二是失业必须是非自愿失业。失业原因并非出于本人意愿，而是由于超出其所能控制的各种社会或经济因素所造成的，各国对此均有一致的规定，这是为了防止故意失业以获取失业保险金。自愿失业者不在失业保险给付范围之内，因为自愿失业责任全在失业者本人，或是出自获取更体面的工作岗位和更优惠工资的考虑，或是出自其他个人考虑，这种自愿离开原工作岗位而暂时失业的现象理应由个人负责，企业和国家没有义务给予其失业保险待遇。而非自愿失业的责任不在失业者本人，是由与失业者本人无关的非本人能力所能控制的一些原因造成的，对非自愿失业人员理应提供失业保险。

三是失业者必须满足一定的合格期条件。为了贯彻社会保险权利和义务对等原则，失业保险规定失业前必须达到一定的就业年限或交足一定期限和数额的失业保险金。交费期限和就业时间，大多数国家一般以失业前一年中的6个月为准。我国的《社会保险法》规定失业前需要缴费满一年。有些国家还规定，失业者失业前在有关国家居住一定期限，才具有享受失业保险给付的资格。

四是失业者必须具有劳动能力和就业意愿。失业保险所保障的对象是那些具备劳动能力和就业意愿的失业者。为了检查失业者的就业意愿和劳动能力，各国均规定，失业者在申请失业给付前，须先到就业辅导机构登记申请辅导就业，并在领取失业救济金期间定期向就业辅导机构报到，主要包括：(1) 失业者必须在规定期限内到职业介绍所或失业保险管理机构进行登记并要求重新工作。(2) 失业者失业期间必须定期与失业保险机构联系，报告个人情况，这是为及时掌握失业者就业意愿的变化和向就业机构传递就业信息。(3) 失业者表示愿意接受职业训练和合理的工作安置。若失业者拒绝，则认定无再就业意愿，停止保险金的发放。

失业者必须具备上述条件，才有资格享受失业保险待遇。

三、我国失业保险的覆盖范围

衡量失业保险制度是否完善的一个重要标准是覆盖范围。我国《失业保险条例》将失业保险的覆盖范围从国有企业及其职工、企业化管理的事业单位及其职工扩大到城镇所有企业、事业单位及其职工。同时还规定，省、自治区、直辖市人民政府根据当地实际情况，可以决定本条例适用于本行政区域内的社会团体及其专职人员、民办非企业单位及其职工、有雇工的城镇个体工商户及其雇工。

1999年8月30日，劳动和社会保障部颁布了《关于事业单位参加失业保险有关问题的通知》，要求事业单位在单位所在地进行社会保险登记，按时申报并足额缴纳失业保险费。事业单位职工失业后，应到当地经办失业保险业务的社会保险经办机构办理失业登记，对符合享受失业保险待遇条件的，由经办机构按规定支付失业保险待遇。

2000年11月8日，劳动和社会保障部、财政部颁布实施了《关于银行系统单位参加失业保险有关问题的通知》，规定中国人民银行及其分支机构，不纳入失业保险实施范围。中国人民银行所属的各类企业事业单位及其职工，应按规定参加单位所在地的失业保险。各商业银行及其职工，均应参加单位所在地的失业保险。各国家政策性银行及其职工，均应参加单位所在地的失业保险。参加失业保险的银行系统单位及其职工，应当认真履行规定的缴费义务。其职工失业后，按规定享受失业保险待遇。

劳动和社会保障部办公厅于2000年9月7日发布《关于对刑满释放或者解除劳动教养人员能否享受失业保险待遇问题的复函》，规定在职人员因被判刑收监执行或者被劳动教养，而被用人单位解除劳动合同的，可以在其刑满、假释、劳动教养期满或解除劳动教养后，申请领取失业保险金。失业保险金自办理失业登记之日起计算。失业人员在领取失业保险金期间因被判刑收监执行或者被劳动教养而停止领取失业保险金的，可以在其刑满、假释、劳动教养期满或解除劳动教养后恢复领取失业保险金。失业人员在领取失业保险金期间，按照规定同时享受其他失业保险待遇。失业保险金及其他失业保险待遇标准按现行规定执行。

劳动和社会保障部办公厅、人事部办公厅、解放军总后勤部司令部于2002年2月22日发布《关于对军队机关事业单位职工参加失业保险有关问题的复函》，规定军队机关事业单位参加失业保险，应按照规定如实提供职工人数、缴费工资基数等情况。失业保险经办机构应按照军队机关事业单位提供的参保人员名单和缴费工资等情况，为缴费单位和缴费个人办理参保手续、建立缴费记录。军队机关事业单位中的参保人员失业时，对符合条件的失业人员，要按时足额发放失业保险金，并提供相应的服务。①

2013年7月，人力资源和社会保障部、财政部、总参谋部、总政治部、总后勤部联合发布《关于退役军人失业保险有关问题的通知》，就军人退出现役后失业保险有关问题作了规定：(1) 计划分配的军队转业干部和复员的军队干部，以及安排工作和自主就业的退役士兵（以下简称退役军人）参加失业保险的，其服现役年限视同失业保险缴费年限。军人服现役年限按实际服役时间计算到月。(2) 退役军人离开部队时，由所在团级以上单位后勤（联勤、保障）机关财务部门，根据其实际服役时间开具《军人服现役年限视同失业保险缴费年限证明》并交给本人。(3) 退役军人在城镇企业事业等用人单位就业的，由所在单位或者本人持《缴费年限证明》及军官（文职干部）转业（复员）证，或者士官（义务兵）退出现役证，到当地失业保险经办机构办理失业保险参保缴费手续。失业保险经办机构将视同缴费年限记入失业保险个人缴费记录，与入伍前和退出现役后参加失业保险的缴费年限合并计算。(4) 军人入伍前已参加失业保险的，其失业保险关系不转移到军队，由原参保地失业保险经办机构保存其全部缴费记录。军人退出现役后继续参加失业保险的，按规定办理失业保险关系转移接续手续。(5) 根据《关于自主择业的军队转业干部安置管理若干问题的意见》（[2001] 国转联8号），自主择业的军队转业干部在城镇企业事业等用人单位就业后，应当依法参加失业保险并缴纳失业保险费，其服现役年限不再视同失业保险缴费年限，失业保险缴费年限从其在当地实际缴纳失业保险费之日起累计计算。(6) 退役军人参保缴费满一年后失业的，按规定享受失业保险待遇。②

2010年审议通过的《社会保险法》在《失业保险条例》的基础上将失业保险的覆盖范围进一步扩大，以逐步推动我国失业保险制度的完善。

第三节　失业保险金的筹集

一、失业保险金的概念

建立失业保险基金是失业保险制度的重要内容。我国的《失业保险条例》及《社会保险

---

① 此前，人事部、劳动和社会保障部、中国人民解放军总后勤部《关于军队后勤保障社会化改革中人事和劳动保障工作有关问题的通知》规定："军队机关事业单位职工，从2000年7月1日起，按国家规定参加当地失业保险，缴纳失业保险费，享受失业保险待遇"。其中，"军队机关事业单位职工"，是指军队机关事业单位中无军籍的所有职工，即列入军队队列编制员额的职工和不列入军队队列编制员额的职员、工人（含合同制）以及聘用的其他职工（不含离退休人员）。

② 人力资源社会保障部、财政部、总参谋部、总政治部、总后勤部关于退役军人失业保险有关问题的通知. 人社部发 [2003] 53号. (2013-07-30) [2015-05-27]. http://www.mohrss.gov.cn/SYrlzyhshbzb/ldbk/shehuibaozhang/shiye/201309/t20130916_113649.htm.

法》规定，失业保险基金由下列各项构成：（1）用人单位和职工缴纳的失业保险费；（2）失业保险基金的利息；（3）财政补贴；（4）依法纳入失业保险基金的其他资金。

失业保险基金是社会保险基金中的一种专项基金，是国家法定建立的用以保障失业人员失业期间基本生活的资金。其特点如下。

一是强制性。即国家以法律规定的形式，向规定范围内的用人单位、个人征缴社会保险费。缴费义务人必须履行缴费义务，否则构成违法行为，承担相应的法律责任。也就是说，哪些单位、哪些人员要缴费，如何缴费都是由国家规定的，单位或个人没有选择的自由。

二是无偿性。即国家征收社会保险费后，不需要偿还，也不需要向缴费义务人支付任何代价。

三是固定性。即国家根据社会保险事业的需要，事先规定社会保险费的缴费对象、缴费基数和缴费比例。在征收时，不因缴费义务人的具体情况而随意调整。同时还表现在社会保险基金在使用上要实行专款专用。

四是社会性。失业保险带有很强的社会性，它只能由社会筹集失业保险基金，由失业保险管理机构给付。

发展失业保险事业是国家的一项重要职责，一方面，政府要组织好失业保险费的征缴和管理工作；另一方面，在失业保险费不能满足需要时，也有责任通过财政补贴的形式保证基金支出的需要。征缴的失业保险费按规定存入银行或购买国债，取得的利息收入并入基金，这是保证基金不贬值的重要措施。其他资金是指按规定加收的滞纳金及应当纳入失业保险基金的其他资金。罚款不在此列。

二、失业保险费的缴费基数和缴费比例

缴纳失业保险费，世界上大体有两种情况：一种是由雇主缴纳。其是考虑到一般情况下，失业是劳动者非自愿的原因造成的，因此，劳动者本人不缴纳失业保险费。另一种是由雇主（企业）和雇员（劳动者）两方缴纳。我国是用人单位和职工双方缴费的国家。让职工负担一定比例的失业保险费有利于促进职工个人对失业风险的认识，增强职工提高自身素质的自觉性。

失业保险费的缴费基数（即费基）是指计算缴费单位或者缴费个人缴纳失业保险费的资金起点数目。在我国，缴费单位的缴费基数是该单位的工资总额，职工的缴费基数是本人工资。缴费单位的工资总额按照国家有关工资政策认定其构成和计算方式。它是指单位在一定时期内直接支付给本单位全部职工的劳动报酬总额。职工个人工资是指由单位支付的劳动报酬，一般包括基础工资、职务工资、级别工资、工龄工资和奖金，各种补贴和福利不计入职工个人的工资当中。

失业保险费的费率高低，直接影响失业保险基金的支付能力。因此，有必要确定科学合理的缴费比例，并建立相应的费率调整机制。即如果根据已确定的费率，在保证一定收缴率的情况下，失业保险基金能够支付失业人员的失业保险金、有关人员的其他失业保险待遇，以及其他应当从失业保险基金中支付的项目，这时，已确定的失业保险费率就无须调整。如果根据已确定的费率，在保证一定收缴率的情况下，失业保险基金在支付失业人员的失业保险金、有关失业人员的其他失业保险待遇以及其他应从失业保险基金中支出的项目时，出现资金困难，在省级调剂和地方财政补贴后仍解决不了问题时，失业保险费率就应适当提高。反之，失业保险

费率也应适当降低。

2015年2月，人力资源和社会保障部、财政部发布了《关于调整失业保险费率有关问题的通知》，降低了失业保险费率，即从2015年3月1日起，失业保险费率暂由现行条例规定的3%降至2%，单位和个人缴费的具体比例由各省、自治区、直辖市人民政府确定。①

2017年7月11日，国家税务总局发布《关于进一步贯彻落实降低失业保险费率有关工作的通知》，要求继续适当降低“五险一金”有关缴费比例，允许失业保险总费率为1.5%的省（区、市）将总费率阶段性降至1%。

2017年9月6日，财政部 在《关于政协十二届全国委员会第五次会议第3740号（经济发展类195号）提案答复的函 》中，针对袁伟霞等6位委员提出的“关于企业缴纳的失业金返还问题”，答复为：“近年来，为减轻企业经营负担，中央出台了一系列政策。一是2015—2017年，中央先后三次降低失业保险费率，失业保险费率由3%降至1%，降幅达67%。二是出台稳定岗位补贴政策，对符合条件的企业按不超过企业及其职工上年度实际缴纳失业保险费总额的50%给予稳定岗位补贴。三是出台新型学徒制政策，按规定为企业新招用人员和转岗人员提供培训补贴。根据失业保险权利义务对等原则，为保障政策的公平性，避免其他企业和群体攀比，不宜全额返还化解过剩产能企业缴纳的失业保险费。”②

三、失业保险金筹集的方式

失业保险资金一般按照尽量做到资金筹集与资金支出相平衡的基本原则来筹集。筹集方式在多数国家是实行现收现付方式。一般有以下几种情况。

一是由政府、企业、被保险人三方共同负担，如德国、加拿大、日本、瑞士等国家，其比例视本国社会保险政策而定。

二是由企业和被保险人分担，如法国、荷兰、希腊等国家采用该方式。

三是由政府和企业双方分担，如美国（个别州除外）、意大利等国。

四是全部由企业负担，如印度尼西亚、加纳等国家。

五是全部由政府负担，如英国、澳大利亚、巴西、匈牙利、新西兰、卢森堡等国家。

我国失业保险制度建立以来，一直实行基金制，在基金来源上采取用人单位及个人缴费和财政补贴的方式。失业保险基金的特点是强制性，即国家以法律规定的形式，向规定范围内的用人单位和个人征缴社会保险费。缴费义务人必须履行缴费义务，否则构成违法行为，承担相应的法律责任。国家征收社会保险费后，不需要偿还，也不需要向缴费义务人支付任何代价。国家根据社会保险事业的需要，事先规定社会保险费的缴费对象、缴费基数和缴费比例。在征收时，不因缴费义务人的具体情况而随意调整。固定性还体现在社会保险基金的使用上，实行专款专用。

---

① 人力资源和社会保障部、财政部关于调整失业保险费率有关问题的通知. 人社部发［2015］24号. (2015-02-27)［2015-05-27］. http://www.mohrss.gov.cn/SYrlzyhshbzb/ldbk/shehuibaozhang/shiye/201503/t20150306_153344.htm.

② 财政部关于政协十二届全国委员会第五次会议第3740号（经济发展类195号）提案答复的函. (2017-09-06)［2018-01-06］. http://jjs.mof.gov.cn/jytafwgk_8360/2017jytafwgk/2017zxwytafwgk/201711/t20171109_2746921.html.

第四节　失业保险金的管理

一、失业保险金的管理

从对失业保险基金的管理体制上看，多数国家是由政府部门管理，有些是由自治机构管理，这种自治机构一般由受保人、雇主和政府三方代表组成。有些国家已将失业保险和就业服务合并管理，目的是促进失业人员尽快实现再就业。

1988年国际劳工大会通过《促进就业和失业保护公约》与建议书，这是失业保险方面国际劳动立法的一个标志。以前的标准侧重强调为失业者提供生活保障，而新的标准则倡导把失业保护措施同促进就业结合起来。公约要求采取适当的步骤使失业保护制度同就业政策相协调，确保失业保护制度，尤其要使失业津贴的提供有利于促进充分的、生产性的和自由选择的就业。

公约对失业保险制度的组织和管理作出如下规定。

一是保护的范围。失业保险制度应为有能力工作、可以工作并且确实在寻找工作的完全失业者提供保护，还应努力将保护范围扩大到工作时间不充分而导致收入减少的半失业者。有条件的国家应使参加失业保险的人数达到工资劳动者的85%，其他国家不应低于50%。

二是资金来源。可以采取缴费基金制，也可以采取非缴费制，或是两种办法结合。

三是失业津贴的形式和标准。失业津贴一般不低于投保人以前收入的50%或最低工资的50%。

四是等待期和津贴支付期限。等待期一般为7天，最多不超过10天。

五是取消或削减失业津贴。在下列情况下，可以拒付、取消、停发或削减本应支付的失业津贴：(1) 当事人不在国内期间；(2) 主管机关断定失业是当事人自愿离职造成的；(3) 在发生劳资纠纷期间，当事人停工参与纠纷处理或由于劳资纠纷导致停工，当事人无法参加工作；(4) 当事人通过欺骗手段试图获得或已经获得失业津贴时；(5) 当事人无正当理由不利用职业安置、职业指导、职业培训、重新培训或重新安置合适工作的机会；(6) 当事人除家庭补助外得到了国家立法规定的别的收入补助，而且这种补助数额超过了失业津贴的数额。

六是争议的处理。在失业津贴被拒付、取消、停发或削减时，或对津贴数额有争议时，当事人应向管理津贴的机构或其他有关的机构提出上诉。

我国《失业保险条例》规定劳动保障行政部门管理失业保险工作，对失业保险费的征收和失业保险待遇的支付进行监督检查，负责失业人员的登记、调查、统计，按照规定负责失业保险基金的管理，按照规定核定失业保险待遇，开具失业人员在指定银行领取失业保险金和其他补助金的单证，拨付失业人员职业培训、职业介绍补贴费用，为失业人员提供免费咨询服务。财政部门和审计部门依法对失业保险基金的收支、管理情况进行监督。社会保险经办机构所需经费列入预算，由财政拨付。

二、失业保险调剂金

失业保险互助互济的特点要求基金在较大范围内实行统一调度、统一管理和使用，这是保证基金支付需要的重要手段。我国政府规定，失业保险基金在直辖市和设区的市实行全市统筹；其他地区的统筹层次由省、自治区人民政府规定。

所谓统筹，是指失业保险基金在一定的行政区域内实行统一筹集、管理和使用的形式。1986年我国政府曾要求对失业保险基金实行省级统筹，1993年改为市、县统筹。总结实践结果，1999年颁布的《失业保险条例》再次对统筹层次作了调整。适当提高统筹层次，有利于发挥失业保险的互济作用，增强基金承受能力。《社会保险法》又再次明确申明失业保险要逐步实行省级统筹。

为了使失业保险基金能够在更大范围内发挥调剂余缺的作用，我国《失业保险条例》规定，省、自治区可以建立失业保险调剂金。失业保险调剂金以统筹地区依法应当征收的失业保险费为基数，按照省、自治区人民政府规定的比例筹集。统筹地区的失业保险基金不敷使用时，由失业保险调剂金调剂，地方财政给予补贴。失业保险调剂金的筹集、调剂使用以及地方财政补贴的具体办法，由省、自治区人民政府规定。

建立失业保险调剂金的目的，是在省、自治区所属统筹地区因经济发展差异、就业压力不同、发生自然灾害或其他原因造成失业问题严重，失业保险基金不敷使用时，由调剂金给予适当补充，以解决资金不足问题。

失业保险调剂金按一定比例从统筹地区应征收的失业保险费中筹集。具体比例由各省、自治区确定。在确定比例时，应全面掌握各统筹地区的基金状况，并对其支出趋势进行科学预测，以既能满足实际需要又不发生过多积累为原则，在此基础上，合理确定筹集比例。之所以规定以应征收失业保险费为基数，不以实际征收的失业保险费为基数，是为了避免个别地区为省缴调剂金而放松征缴工作。

由于省级调剂金规模一般不大，通常不可能大量、集中地投向某一地区，所以在使用调剂金的同时，统筹地区财政还必须承担相应的补贴责任。这也是实践经验的总结，有许多地方规定对统筹地区资金不足部分采取由调剂金补贴一定比例、地方财政补贴一定比例的办法解决，实践证明，这种办法效果较好。特别要注意的是，按照《失业保险条例》规定，调剂金只能用于统筹地区基金发生困难时的补充，不能用于其他情况。

三、失业保险金的监督

失业保险基金是失业人员的“保命钱”，同时也是失业保险制度正常发挥作用的重要物质保证。加强对失业保险基金的管理，不但对基金安全，而且对维护失业人员切身利益有着十分重要的作用。为保证失业保险基金安全与完整，防止挤占、挪用和贪污、浪费失业保险金现象，失业保险基金必须存入财政部门在国有商业银行开设的社会保障基金财政专户，必须加强管理，做到专户存储、专项管理、专款专用，不得挤占、挪作他用，不得用于平衡财政收支，以保证基金的保值增值，防止流失。对此，我国实行了收支两条线管理。

实行收支两条线管理是指负责社会保险费征缴的机构、财政部门和失业保险经办机构在国有商业银行分别开设“社会保险基金收入”“社会保障基金财政专户”“失业保险基金支出户”。

收入户用于暂存收缴的各项基金收入，除按规定向社会保障基金财政专户划拨资金外，一般只收不支；支出户主要用于支付基金开支项目，除按规定接受财政专户拨入的资金外，一般只支不收；财政专户用于存储基金，其作用是接受从收入户划入的资金并向支出户拨付资金。失业保险基金的各项支出必须从支出户拨付。

失业保险基金收入户的资金应定期全部划入社会保障基金财政专户。财政部门按照失业保险基金预算，按月或季将资金从社会保障基金财政专户划拨到失业保险基金支出户。出现特殊情况需要临时调整失业保险基金支付数额时，由经办机构提出用款计划，经财政部门审核后划拨资金；需要调整预算的，按调整后的预算执行。财政部门除根据失业保险基金预算和经办机构提出的用款计划核拨资金外，不得自行安排和使用失业保险基金。

第五节　失业保险金的发放

失业保险金如何使用，关系到失业保险金的承受能力，关系到失业保险功能能否充分发挥。许多国家都通过立法来规定失业保险金的支出项目。

我国规定，失业保险金主要支出项目是：（1）失业保险金；（2）缴纳基本医疗保险费；（3）领取失业保险金期间死亡的失业人员的丧葬补助金和其供养的配偶、直系亲属的抚恤金；（4）领取失业保险金期间接受职业培训、职业介绍的补贴；（5）国家规定或者批准的与失业保险有关的其他费用。

失业保险金，是指失业保险经办机构按规定支付给符合条件的失业人员的基本生活费用，它是最主要的失业保险待遇。我国建立失业保险制度以来，一直使用失业救济金的概念，改用失业保险金是为了与失业保险相对应。应当说，失业保险金和社会救济金是两个不同的概念。

第一，失业保险金属于社会保险范畴，只要失业的劳动者及其失业前所在单位依法参加了失业保险，履行了缴费义务，不管失业人员家庭经济状况如何，只要符合领取失业保险金的条件，都能得到应得的失业保险金；而救济金属于社会救济性质，劳动者不管是在职还是失业，只要其家庭生活处于当地政府规定的最低生活保障标准以下，都能领取相应的救济金。

第二，失业保险金按法定的应发额度发放，我国原来的失业保险金的标准按照高于当地城市居民最低生活保障标准，低于当地最低工资标准的原则，由省级人民政府确定来发放。而救济金视家庭经济情况确定发放金额。《社会保险法》取消了我国失业保险金低于当地最低工资标准的上限。

第三，失业保险金发放是有期限的，各国都有不同的规定。而救济金发放一般不受时间限制。我国失业人员领取失业保险金的期限，根据失业人员失业前所在单位和本人累计缴费时间长短计算。具体规定为：累计缴费时间满 1 年不足 5 年的，领取失业保险金的期限最长为 12 个月；累计缴费时间满 5 年不足 10 年的，领取失业保险金的期限最长为 18 个月；累计缴费时间 10 年以上的，领取失业保险金的期限最长为 24 个月。

第四，失业保险金的来源是投保者缴纳的失业保险费，而救济金则来自政府的税收收入。

失业保险期间的医疗补助金，是指支付给失业人员的在其领取失业保险金期间发生的医疗费用的补助。我国目前医疗保险制度尚不健全，长期实行的公费医疗和劳保医疗制度都是对有工作单位的劳动者实行医疗保障，而未将失业人员纳入医疗保险范围。近年来，在实行医疗保险制度改革的地区，为劳动者建立了医疗保险的个人账户，当劳动者失业后，医疗费用可以按规定从其在职时所建立的个人账户中支取，但因个人账户的资金很有限，失业人员承担医疗费用的能力较弱，难以保障失业者在失业期间的基本医疗需要。在这种情况下，从失业保险基金中给予必要的补助，可以在一定程度上减轻失业人员的经济负担，这也是保障失业人员基本生活的重要措施。医疗补助金一般采取门诊费定额补助和住院费按比例补助的办法，具体标准和申领程序由各地根据情况确定。不过《社会保险法》取消了医疗补助金的做法，而改为由失业保险基金为失业人员缴纳基本医疗保险费，以参加职工基本医疗保险，享受基本医疗保险待遇。

失业保险期间死亡的失业人员丧葬补助金和其供养的配偶、直系亲属的抚恤金，是指针对死亡的失业人员家属的开支项目。长期以来，我国对城镇单位职工死亡后的丧葬费用和其供养的配偶、直系亲属所需生活费用提供补助的资金，都是由职工所在单位负担。这是一项具有中国特色的社会保障措施。目前，在劳动用人制度改革中，考虑到减轻企业的负担和失业人员家属的经济负担，我国政府规定了可从失业保险基金支出中，领取失业保险金期间死亡的个人的丧葬补助金和其供养的配偶、直系亲属的抚恤金。

失业保险期间职业介绍和职业培训的补贴，是指从失业保险基金列支用于促进失业人员再就业的资金。对失业人员提供一部分资金，其目的是减轻失业人员的经济负担，帮助他们及时地得到就业服务，促进他们积极参加职业培训，提高劳动技能，从而提高再就业能力，重新获得就业机会。

一、失业保险金的给付标准

失业保险能否达到帮助失业者维持基本生活、促使其重新就业的目的，关键是要正确制定失业保险给付标准。

（一）确定失业保险给付的原则

目前，各国普遍遵循以下原则。

一是确保失业者及其赡养者的基本生活需要。对于失业者来说，失业保险金是其主要收入来源，因此，失业者及其家属的生活水平就由失业保险金给付水平确定。为了维护失业者的基本生活需要，失业保险金要起到保障作用，最低生活水平是失业保险的最低界限，失业保险给付标准不应低于也不应等于最低生活水平所需的收入。因为失业保险的目的是保障失业者享有基本的而不是最低生活水平，否则，若其标准是最低生活水平，则是失业救济的功能，而非失业保险的功能。

二是给付标准应适当低于失业者原有的工资水平。这是因为，给付应以奉献为准绳。在失业期间，失业者对单位、国家和社会都无所奉献，理应获得低于就业时的收入水平，并限制一定的给付期限。超过此期限者，则按社会救助的标准给付，这样有利于促进就业。否则，若给付标准等于原有的工资水平，既会增加失业保险的财政负担，也会混淆就业与失业的区别，使失业者坐吃失业保险，不愿意重新就业。

三是失业保险权利和义务相对等的原则。劳动者失业后有获得基本生活保障的权利，失业前也有为社会劳动、缴纳保险费的义务。因此，失业保险金的给付应与被保险人的工龄、交费年限和原工资收入相联系，使工龄长、交费次数多、原工资收入水平高的失业者获得较多的失业保险金；反之，所获得的失业保险金就少些。

（二）失业保险给付标准的内容

一是等待时间，是指失业者在领取失业保险金之前需要等待的一段时间。此项规定有助于减少小额给付的烦琐工作，并可以控制给付数量。大部分国家规定等待期限为3天～7天，个别的国家如比利时、瑞士最长为36天。同时，多数国家规定每次受领失业给付前均须有一定等待期间，如同一年内遇有第二次失业时，不需要经过等待时间。

二是失业保险给付比率，是指对失业保险的给付比率和给付金额。一般有以下几种情况：(1）工资比例制。即按失业保险给付金额占被保险人在失业前一定时期平均工资收入的比率给付失业保险金的方式。通常依据工龄、受保期限、工资水平和缴费年限等因素确定。给付标准通常为工资的45％～75％，各国不一。(2）均一制。又称固定金额制，是对符合条件的失业者一律按同一绝对数额给付失业保险金，而不与失业前的工资收入相联系的方式。一般按日、周计算。(3）混合制。即失业保险金采取比例制和均一制相结合计发的方式。一部分按失业前工资收入的一定比例给付，另一部分则按绝对数给付。(4）一次性给付。即对失业者一次性支付一定数额的失业保险金或解雇金，其数额根据工资和工龄而定。

三是失业保险的给付期限。失业保险的给付期限是失业者享受领取失业保险金的最长时间。多数国家均有一定限制，通常为8～36周，一般为26周。国际劳工大会1952年规定失业保险给付期为12个月内发26周，1988年又规定24个月内可以支付30周，特殊情况下可支付52周。规定此期限的目的主要是促进再就业。

在享受待遇条件上一般都规定，非自愿性失业，缴纳一定期限的保险费或在受保职业工作一定年限；申请者具有工作能力并愿意寻找工作。另外，对无正当理由而自愿离职的，由于行为不端被解雇的，或参加劳资纠纷导致停产而使自己失业的，一般规定要取消其享受资格或降低给付标准，有的还要推迟给付时间。

失业保险金的标准为其最近一段时期平均工资的一定比例。大多数国家计算失业补助金的替代率，为平均收入的40％～75％。一些国家规定，如果失业人员已成家，除发给基本补助金外，还要对其配偶及子女加发一定的补助金。

2017年9月20日，人力资源社会保障部、财政部发布《关于调整失业保险金标准的指导意见》，明确指出："确定失业保险金具体标准，要统筹考虑失业人员及其家庭基本生活需要和失业保险基金运行安全，坚持'保生活'和'促就业'相统一，既要保障失业人员基本生活需要，又要防止待遇水平过高影响就业积极性。各省要在确保基金可持续前提下，随着经济社会的发展，适当提高失业保障水平，分步实施，循序渐进，逐步将失业保险金标准提高到最低工资标准的90％。各省要发挥省级调剂金的作用，加大对基金支撑能力弱的统筹地区的支持力度。"①

二、失业保险待遇的享受条件

规范申领失业保险待遇的条件和程序，有利于保障失业人员的合法权益，有利于强化失业

---

① 人力资源社会保障部财政部关于调整失业保险金标准的指导意见．人社部发［2017］71号．［2018－01－07］．人力资源社会保障部网站．

保险的功能。各国对申请领取失业保险金的条件都依法作出了规定。我国规定，参加失业保险的城镇企业、事业单位职工失业后要领取失业保险金，必须符合以下条件：

一是按照规定参加失业保险，所在单位和本人已按规定履行缴费义务满 1 年。这是最主要的条件。按照规定参加失业保险，是指失业人员原来在用人单位工作，并非新生劳动力，如果缴费时间不满 1 年，失业后不能领取失业保险金。

二是非因本人意愿中断就业。一般来讲，中断就业的原因分为两种：非自愿中断就业，即失业人员不愿意中断就业，但因本人无法控制的原因而被迫中断就业；自愿中断就业，即失业人员因自愿离职而导致失业。只有非自愿失业才能领取失业保险金，这是国际上大多数国家在失业保险立法中所遵循的一条基本原则，也是为了杜绝有的职工故意失业而获取失业保险金。我国借鉴国际通行做法，也将自愿中断就业人员排除在享受失业保险待遇的范围之外。

三是已办理失业登记，并有求职要求。办理失业登记是失业人员领取失业保险金的必经程序，目的是掌握失业人员的基本情况，确认其资格。失业登记是失业人员进入申领失业保险待遇程序的重要标志。失业人员享受失业保险待遇，还须有求职要求。这是考虑到失业保险的一个重要功能是促进失业人员再就业。实现这一目的，一方面需要加快经济发展，创造更多的就业岗位，同时，还需要发展和完善就业服务事业，为失业人员实现再就业提供服务；另一方面也要求失业人员积极主动地利用各种就业机会和就业服务设施，不断提高自身素质，增强竞争就业的能力。在认定失业人员是否有求职要求时，应以其是否在职业介绍机构登记求职，并参加再就业活动为衡量的标准。

如果失业人员在享受失业保险待遇期间重新就业，或者在此期间其生活待遇可以通过其他的途径和来源得到保障，在这种情况下，就应当停止其享受失业保险待遇。

根据我国失业保险的实际情况，我国规定失业人员在领取失业保险金期间有下列情形之一的，停止领取失业保险金，并同时停止享受其他失业保险待遇：(1) 重新就业的人员；(2) 应征服兵役的人员；(3) 移居境外的人员；(4) 享受基本养老保险待遇的人员；(5) 无正当理由，拒不接受当地人民政府指定部门或者机构介绍的适当工作或者提供的培训的人员。

三、申领失业保险待遇的程序

失业人员申领失业保险待遇，应当按照一定的程序进行。当职工失业后，应由其失业前所在的用人单位及时出具终止或解除职工劳动关系的证明。证明应当注明失业人员的姓名、年龄等基本情况及解除或终止劳动关系的时间、原因等内容，并告知失业人员失业后，可按照有关规定享受失业保险待遇，应在多长时间内，向哪个经办机构提出申领失业保险金的申请等。同时，用人单位还应将失业人员的名单，自终止或解除劳动关系后 15 日内报所在地的社会保险经办机构备案。

失业人员应持本人身份证明、原所在用人单位出具的终止或解除劳动关系的证明等材料，及时到失业保险关系所在地的社会保险经办机构办理失业登记手续。

社会保险经办机构对申领失业保险待遇的申请进行审核，内容包括：申请人提供的证明材料是否真实可靠、申请人参加失业保险和缴纳失业保险费的情况、是否进行过求职登记等。对不符合领取条件的申请人，应当书面告知其理由，并告知申请人有异议时可在规定时间内向有关部门提出复议申请。对经审核符合条件的，经办机构应及时为失业人员办理领取失业保险待遇的手续。

我国规定，符合享受失业保险待遇的失业人员，其失业保险金自失业人员办理失业登记之日起计算。失业保险金按月发放。因此，失业人员应在办理领取失业保险金的有关手续后，按规定的日期，凭有关证件及时到社会保险经办机构领取失业保险金，或由社会保险经办机构开具单证，到指定的银行领取失业保险金。

四、通过失业保险促进再就业

我国法律明确规定保障失业人员的基本生活、促进其再就业，是建立失业保险制度的根本目的。职工失业，也就失去了主要的生活来源，本人及其家庭生活都要受到影响。一般来讲，失业状况总会持续一段时间。在这一期间，通过失业保险给予失业人员经济上的帮助，解决其生活上的困难，使他们的基本生活得到相应保障，是维护劳动者权利的重要手段，也是稳定社会的必要措施，更是现代社会文明的一个主要标志。通过完善失业保险制度，政府和社会要为失业人员创造更多的就业机会，提供就业服务，帮助他们尽快实现再就业，从根本上解决失业问题。

问题与思考

1. 简述失业保险的概念和特点。
2. 建立失业保险制度有什么意义？
3. 我国失业保险的范围和对象是什么？
4. 我国立法对失业保险基金的筹集、开支和管理有哪些规定？
5. 如何理解失业保险与再就业的关系？
6. **案例：**杜某于2012年9月1日起在四川省江油市太平镇学校从事寝室管理员工作。2015年8月30日，双方最后一次签订书面劳动合同，合同约定：工作期限为2015年9月1日至2016年6月30日，工资标准为每月1 290元。合同签订后，杜某按合同约定完成了工作任务，太平镇学校也按合同约定向杜某支付了劳动报酬。双方签订的劳动合同期满后，太平镇学校终止了与杜某的劳动合同关系，但太平镇学校未给杜某出具终止劳动合同的证明。2017年6月1日，杜某以在太平镇学校处工作的四年期间，太平镇学校未给杜某办理失业保险登记和缴纳过失业保险金，向江油市劳动人事争议仲裁委员会申请劳动仲裁，要求太平镇学校赔偿杜某在该校工作期间因学校未按规定为杜某办理失业保险登记和缴纳失业保险费，造成杜某在与学校终止劳动合同失业后无法按规定领取的失业保险金7 728元。同日，江油市劳动人事争议仲裁委员会以杜某主体不适格，作出江劳人仲不字（2017）11号不予受理通知书。

杜某向四川省江油市人民法院法院起诉，请求：（1）被告江油市太平镇学校赔偿原告在该校工作期间（2012年9月—2016年8月）因学校未按规定为本人办理失业保险登记和缴纳失业保险金，造成原告在与学校终止劳动合同失业后无法按规定领取失业保险金7 728元；（2）本案的诉讼费由被告承担。法院先查明：杜某2015年9月至2016年6月正常月工资为1 290元（其中基本工资650元、考核工资150元、保险费490元）。太平镇学校从2016年7月份起就未再给杜某发工资。从2015年7月1日起绵阳市最低工资标准已由每月1 250元调整为每月

1 380 元。法院再查明：杜某已参加城镇居民基本养老保险，将于 2018 年 2 月 28 日退休。①

问题：（1）杜某的请求是否能够得到法院支持？

（2）杜某的失业保险在其劳动合同终止后能否补办？

7. **案例：**2011 年 5 月 10 日，罗某与长河湾公司订立书面劳动合同。2016 年 3 月 18 日，长河湾公司向罗某下发了解聘通知书。罗某就保险待遇纠纷向贺兰县劳动人事争议仲裁委员会就长河湾公司拖欠工资、补缴养老、医疗保险费及赔偿罗某自 2011 年 5 月 10 日至 2016 年 3 月 18 日的失业保险待遇损失费 13 560 元等请求提起书面仲裁申请。2016 年 6 月 14 日，贺兰县劳动人事争议仲裁委员会作出贺劳人仲字［2016］第 41 号仲裁裁决书，驳回了罗某主张的失业保险待遇损失的仲裁请求。罗某以失业保险待遇未得到法律保护为由诉至法院，请求长河湾公司补偿失业保险损失。在审理过程中，法院向贺兰县就业创业和人才服务局失业保险科进行调查，核实了长河湾公司未为罗某缴纳 2011 年 5 月 10 日至 2016 年 3 月 18 日期间的失业保险费，因此罗某不能领取 10 848 元失业保险金。

长河湾公司辩称，罗某与长河湾公司关于失业保险待遇纠纷不属于民事诉讼案件受理范围。②

问题：（1）长河湾公司辩称是否应当得到支持？

（2）罗某的请求是否应当得到支持？

① ［2018－01－05］. http://www.pkulaw.cn/case.

② ［2018－01－05］. http://www.pkulaw.cn/case.

第五章

工伤保险

本章概要

工伤保险的对象是在工作中受到事故伤害和患职业病的劳动者。工伤保险对于在现代化生产条件下工作的职工具有特别重要的作用。工伤保险法实行“无过失责任”原则，从而有效地保护劳动者在劳动过程中的合法权益。工伤的认定和职业病范围的确定是由法律规定和由政府主管部门负责的，各国也有不同的做法。工伤保险基金的建立和工伤待遇的支付，关系到劳动者的切身利益，历来为各国法律和国际公约所重视。我国目前的工伤保险制度在建立过程中同样经历着改革。

关键术语

工伤保险　工伤事故　职业病　工伤待遇　责任原则　浮动费率　职业康复

第一节　工伤保险的概念和意义

一、工伤保险概述

工伤保险是世界上产生较早的社会保险项目，德国于1884年就制定了《劳工伤害保险法》，目前已有近一百三十个国家或地区建立了工伤保险制度。

我国企业职工的工伤与职业病保障制度建立于20世纪50年代。1951年2月26日，中央人民政府政务院颁布实施《中华人民共和国劳动保险条例》，其第12条就对工伤保险待遇作了规定：(1) 工人与职员因工负伤，全部治疗费、药费、住院时的膳费与就医路费，均由企业行政或资方负担。在医疗期间，工资照发。(2) 因工负伤致残，完全丧失劳动力退职后，饮食起居需人扶助者，发给本人工资75%的因工残废抚恤费，付至死亡时止。(3) 因工负伤致残，完全丧失劳动力退职后，饮食起居不需人扶助者，发给本人工资60%的因工残废抚恤费，付至恢复劳动能力或死亡时止。(4) 部分丧失劳动力尚能工作者，企业应给予适当工作，并按其残废后丧失劳动力的程度，发给本人残废前工资10%～30%因工残废补助费，至退职养老或死亡时止。

1957年2月28日，卫生部制定颁布《职业病范围和职业患病者处理办法的规定》，首次在我国将职业病伤害列入工伤保险的保障范畴，并确定了将危害工人、职员健康和影响生产比较严重、职业性比较明显的职业中毒、尘肺、职业性皮肤病等14种职业病正式列入职业病范围。规定患职业病的病人、职员，在治疗或休养期间及医疗终结确定为残废或治疗无效而死亡时，根据《中华人民共和国劳动保险条例》有关规定按因工待遇处理。1958年2月9日颁布的国务院《关于工人、职员退休处理暂行办法》和1978年6月2日颁布的国务院《关于工人退休退职的暂行办法》中，曾先后两次对工人工伤保险待遇作了调整和提高。

20世纪50年代建立的工伤保险制度持续了四十多年，其特点是单位保险，保险基金的提取和保险待遇的支付完全由用人单位负责。这种保险制度在历史上对保障工伤职工及其家属的权益、稳定社会起到了积极作用，但不适应市场经济条件下协调工伤保险关系的需要。

1994年颁布的《中华人民共和国劳动法》规定：劳动者有享受社会保险和福利待遇的权利；劳动者在因工伤残或患职业病的情形下，依法享受社会保险待遇。1996年8月12日劳动部发布的《企业职工工伤保险试行办法》，将工伤保险作为一项独立的社会保险制度组织实施。2001年10月27日第九届全国人民代表大会常务委员会第二十四次会议通过、2002年5月1日起施行的《中华人民共和国职业病防治法》第6条规定：用人单位必须依法参加工伤社会保险。2002年4月18日卫生部、劳动和社会保障部发出关于印发《职业病目录》的通知，规定的职业病共有10大类、115种。2013年12月23日，根据《中华人民共和国职业病防治法》，国家卫计委、安监总局、人社部和全国总工会联合组织对职业病的分类和目录进行了调整，印发了新的《职业病分类和目录》。

2003年4月27日，国务院发布《工伤保险条例》，并于2010年12月8日进行修订审议通过。根据《工伤保险条例》的规定，工伤保险是一项重要的社会保险制度，它通过社会统筹、建立工伤保险基金、由社会保险经办机构管理等，保障劳动者及其供养亲属实现享受工伤保险的权利。

二、工伤保险的概念

工伤保险又称职业伤害保险，是劳动者在工作中或法定的特殊情况下发生意外事故，或因职业性有害因素危害，而负伤（或患职业病）、致残、死亡时，对其本人或供养亲属给予物质帮助和经济补偿的一项社会保险制度。工伤保险具有以下特征。

1.工伤保险的投保人为用人单位，被保险人是与该用人单位建立了劳动关系的职工。

2.工伤保险所保之“险”为职业危险，指在生产工作中发生的工伤事故和职业性有害因素对职工健康和生命造成的危险。这种危险客观存在，由外界直接伤害引起，危险发生与否具有不确定性。

3.工伤保险的方式为：对已经遭受工伤危害的职工及其供养亲属给予物质帮助和经济补偿。

4.工伤保险是强制性保险，是法律规定必须为职工办理的一种社会保险。《工伤保险条例》

第 2 条规定："中华人民共和国境内的企业、事业单位、社会团体、民办非企业单位、基金会、律师事务所、会计师事务所等组织和有雇工的个体工商户（以下称用人单位）应当依照本条例规定参加工伤保险，为本单位全部职工或者雇工（以下称职工）缴纳工伤保险费。中华人民共和国境内的企业、事业单位、社会团体、民办非企业单位、基金会、律师事务所、会计师事务所等组织的职工和个体工商户的雇工，均有依照本条例的规定享受工伤保险待遇的权利。"第 62 条规定："用人单位依照本条例规定应当参加工伤保险而未参加的，由社会保险行政部门责令限期参加，补缴应当缴纳的工伤保险费，并自欠缴之日起，按日加收万分之五的滞纳金；逾期仍不缴纳的，处欠缴数额 1 倍以上 3 倍以下的罚款。依照本条例规定应当参加工伤保险而未参加工伤保险的用人单位职工发生工伤的，由该用人单位按照本条例规定的工伤保险待遇项目和标准支付费用。用人单位参加工伤保险并补缴应当缴纳的工伤保险费、滞纳金后，由工伤保险基金和用人单位依照本条例的规定支付新发生的费用。"第 65 条规定："公务员和参照公务员法管理的事业单位、社会团体的工作人员因工作遭受事故伤害或者患职业病的，由所在单位支付费用。"

5. 工伤保险实行无过失责任原则，即发生工伤事故，只要不是职工的故意行为所致，无论受到伤害的职工是否有过失，都应该享受工伤保险待遇。

6. 工伤保险是一项社会保险。它与商业性的人身保险都是为被保险人的生命、健康设置的保险制度，但二者有本质的区别。

（1）投保人不同。人身保险的投保人是指与保险人订立了保险合同，并按照保险合同承担支付保险费义务的公民、法人和其他组织；工伤保险的投保人为与被保险人建立了劳动关系的用人单位。

（2）被保险人不同。人身保险的被保险人为：人身受保险合同的保障，享有保险金请求权的人，可以是一切公民；工伤保险的被保险人仅限于与投保人建立了劳动关系的职工。

（3）保险人不同。人身保险的保险人是指与投保人订立了保险合同，并承担赔偿或给付保险金责任的保险公司；工伤保险的保险人是劳动行政部门及社会保险机构。保险公司是以营利为目的的企业；劳动行政部门、社会保险机构是政府的具体行政部门，政府具体行政部门不以营利为目的。

（4）保险的性质不同。人身保险是任意性保险，保险关系因当事人自愿签订保险合同而建立；工伤保险为强制性保险，保险关系由法律规定必须建立。

（5）适用的法律不同。人身保险属民事法律关系，调整民事法律关系，适用民事法律法规；工伤保险属劳动法律关系，调整劳动法律关系，适用劳动法律法规。

三、工伤保险的意义

在劳动领域中，由外界直接伤害引起的危险，即工伤事故和职业性有害因素危害引起损害的危险客观存在，由此发生的工伤和职业病给职工造成的打击和经济损失，职工个人往往难于承受。建立工伤保险制度，设立工伤保险基金，实行工伤保险基金社会统筹，对工伤职工提供物质帮助、经济补偿和社会化管理服务，具有重要意义。

1. 保障遭受工伤事故和患职业病的职工获得医疗救治、经济补偿和职业康复的权利，保障工伤职工及其供养亲属获得物质帮助的权利，尊重和肯定劳动者工作的价值和为工作奉献的精神，解除了劳动者及其家庭的后顾之忧，有利于社会安定。

2.分散用人单位的工伤风险。在生产工作中，工伤事故给用人单位造成的风险客观存在。发生工伤事故，不但会损害职工的健康甚至生命，也会给用人单位造成较大的经济损失。实行工伤保险，以社会统筹的工伤保险基金为职工提供物质帮助和经济补偿，有利于用人单位分散工伤风险，保障用人单位在发生工伤事故后，生产工作能正常进行。

3.促进工伤预防。工伤保险实施的过程，就是贯彻“安全第一，预防为主”的方针的过程。通过对保险金缴纳实行差别费率和浮动费率等措施，督促用人单位加强劳动安全卫生工作，保护职工健康和安全，积极改善劳动条件，有利于促进工伤预防，减少工伤危险造成的伤害。

第二节 工伤保险的对象和范围

一、工伤保险的对象

工伤保险的对象是工伤保险法律法规所调整的社会关系，即劳动关系中的工伤保险关系以及与该项劳动关系密切相关的其他社会关系。这些社会关系包括如下几种。

1.用人单位和与之建立劳动关系的职工之间的工伤保险关系。用人单位与职工之间工伤保险的权利义务因劳动关系的建立而产生，工伤保险的权利义务关系具有人身关系和财产关系的特点。职工与用人单位之间工伤保险的权利义务关系因职工隶属于该用人单位而成立；工伤事故是因工对职工人身造成致伤（患职业病）、致残、致死的事故，由于生命和健康的损失无法计算，保险方式只能是对因生命健康遭受工伤伤害所造成的经济损失、经济困难的帮助和补偿。

2.工伤保险经办机构与投保人、被投保人之间的行政业务关系。用人单位一旦参加工伤保险，就与劳动行政部门的社会保险经办机构建立了工伤保险的行政业务关系，属于行政关系。工伤保险行政业务关系的主体是政府社会保险经办机构，行政相对人是投保人和被投保人，投保人为参加工伤保险并缴纳工伤保险费的机构，被保险人为依法享受工伤保险待遇的职工及其家属。按照《工伤保险条例》的规定，社会保险经办机构与投保人、被保险人之间的关系为：社会保险经办机构具体承办工伤保险事务，负责收缴工伤保险费、管理工伤保险基金的支出；按规定核定工伤保险待遇、为工伤职工或者其直系亲属免费提供咨询服务；用人单位必须依法参加工伤保险，为本单位全部职工缴纳工伤保险费；中华人民共和国境内的企业、事业单位、社会团体、民办非企业单位、基金会、律师事务所、会计师事务所等组织的职工和个体工商户的雇工，均有依法享受工伤保险待遇的权利。

3.社会保险行政部门与用人单位、工伤事故的职工当事人之间的劳动行政管理关系。工伤劳动行政关系的主体是政府劳动行政部门，行政相对人是企业、工伤事故的职工当事人。《工伤保险条例》第5条第1、2款规定：“国务院社会保险行政部门负责全国的工伤保险工作。县级以上地方各级人民政府社会保险行政部门负责本行政区域内的工伤保险工作。”第17条第1、2款规定：“职工发生事故伤害或者按照职业病防治法规定被诊断、鉴定为职业病，所在单位应当自事故伤害发生之日或者被诊断、鉴定为职业病之日起30日内，向统筹地区社会保险行政部门提出工伤认定申请。遇有特殊情况，经报社会保险行政部门同意，申请时限可以适当延长。用人单位未按前款规定提出工伤认定申请的，工伤职工或者其近亲属、工会组织在事故伤害发生之日或者被诊断、鉴定为职业病之日起1年内，可以直接向用人单位所在地统筹地区社会保险行政部门提出工伤认定申请。”第20条前两款规定：“社会保险行政部门应当自受理工伤认定申请之日起60日内作出工伤认定的决定，并书面通知申请工伤认定的职工或者其近亲属和该职工所在单位。社会保险行政部门对受理的事实清楚、权利义务明确的工伤认定申请，应当在15日内作出工伤认定的决定。”依据第55条规定，申请工伤认定的职工或者其近亲属、该职工所在单位对工伤认定结论不服的，可以依法申请行政复议，也可以依法提起行政诉讼。

4. 工伤事故的职工或者其直系亲属、该职工所在单位与劳动鉴定机构之间因劳动鉴定和工伤评残而发生的社会关系。根据《工伤保险条例》的规定，职工发生工伤，经治疗伤情相对稳定后存在残疾、影响劳动能力的，应当进行劳动能力鉴定。劳动能力鉴定由用人单位、工伤职工或者其直系亲属向设区的市级劳动能力鉴定委员会提出申请。设区的市级劳动能力鉴定委员会应当自收到劳动能力鉴定申请之日起60日内作出劳动能力鉴定，必要时可以延长30日，劳动能力鉴定应当及时送达申请鉴定的单位和个人。申请鉴定的单位和个人对鉴定结论不服的，可以在收到鉴定结论之日起15日内向省、自治区、直辖市劳动能力鉴定委员会提出再次鉴定申请，省、自治区、直辖市劳动能力鉴定委员会作出的劳动能力鉴定结论为最终结论。

5. 其他与工伤保险关系密切相关的社会关系，如工会代表职工因工伤认定与劳动行政部门、企业发生的社会关系，等等。

二、工伤保险的范围

工伤保险的范围，是指工伤保险法律法规的适用范围或效力范围，即工伤保险法律规范何时、何地对何人发生法律效力。

（一）工伤保险的时间效力范围

工伤保险的时间效力范围是指工伤保险法律法规从何时开始生效，何时终止效力，以及是否具有溯及既往的法律效力。新中国成立以来我国颁布的规范工伤保险的法律法规主要有：1952年2月26日政务院发布、1953年1月2日政务院修正发布的《中华人民共和国劳动保险条例》，1953年1月26日劳动部公布试行的《中华人民共和国劳动保险条例实施细则修正草案》，1994年7月5日第八届全国人民代表大会常务委员会第八次会议通过、自1995年1月1日起生效的《中华人民共和国劳动法》，1996年8月12日劳动部发布、1996年10月1日起试行并生效的《企业职工工伤保险试行办法》，2003年4月27日国务院公布、2004年1月1日起施行的《工伤保险条例》，2010年10月28日审议并自2011年7月1日起施行的《社会保险法》。《社会保险法》出台后，2010年12月《工伤保险条例》按照《社会保险法》的精神和内容进行了修订，并自2011年1月1日起施行。上述法律法规未规定终止效力的时间，以及是否具有溯及既往的效力，按照法律适用新法优于旧法的原则，在工伤保险法律规范的适用上，新法与旧法发生冲突的，旧法自然失效，新法的规定具有法律效力。法律没有明确规定具有溯及力的，一般不具有溯及既往的法律效力。

卫生部、劳动和社会保障部于2002年4月18日发出的关于印发《职业病目录》的通知规定：“……1987年11月5日卫生部、劳动人事部、财政部和全国总工会联合颁布的《职业病范围和职业病患者处理办法的规定》中的职业病名单同时废止。”

原《工伤保险条例》第64条明确规定：“本条例自2004年1月1日起施行。本条例施行前已受到事故伤害或者患职业病的职工尚未完成工伤认定的，按照本条例的规定执行。”新修订之后的《工伤保险条例》依旧保留了本条内容（条文序号调整为第67条）。根据这一规定，《工伤保险条例》对于“施行前已受到事故伤害或者患职业病的职工尚未完成工伤认定的”，具有溯及既往的效力。

（二）工伤保险的空间效力范围

工伤保险的空间效力范围，指工伤保险法律法规在什么地方具有法律约束力。我国工伤保险实行属地管理，根据《劳动法》《工伤保险条例》的规定，中华人民共和国境内的企业、事业单位、社会团体、民办非企业单位、基金会、律师事务所、会计师事务所等组织和有雇工的个体工商户应当依照《工伤保险条例》的规定参加工伤保险。国务院劳动保障行政部门负责全国的工伤保险工作。县以上地方各级人民政府的劳动保障行政部门负责本行政区域内的工伤保险工作。

（三）工伤保险对人的效力范围

工伤保险对人的效力范围，指工伤保险法律法规对哪些人适用并发生法律效力。工伤保险最初是在高风险的行业、职业和较大的企业中实行，对象主要是那些靠工资收入从事有危险工作的工人，主要是体力劳动者，后来才逐步扩展到其他劳动者。一些国家至今仍把农业工人、保姆和家庭工人、独立劳动者排除在工伤保险外。但从总的发展趋势看，世界各国都在逐步扩大工伤保险的范围。

国际劳工组织《社会保障最低标准公约》第33条规定的工伤保险对象包括：（1）规定类别的雇员，其在全体雇员中的构成不低于50%，如死亡者为供养人，为照顾起见，包括其妻子和孩子。（2）在根据第3条所作声明业已生效的情况下，在雇用20人或20人以上的工业工作场所的规定类别的雇员，其在全部雇员中的构成不低于50%，如死亡者为供养人，为照顾起见，包括其妻子和孩子。

1964年《工伤事故和职业病津贴公约》第4条规定：（1）关于工伤事故和职业病津贴的国家法规，应保护包括合作社在内的公营或私营部门的全体雇员（包括徒工），并在家庭供养人死亡时，保护各类受益人。（2）但会员国可就下列情形规定它认为必要的例外：（a）在雇主企业外工作的临时工；（b）在家工作的工人；（c）在雇主家里生活，为雇主做工的雇主家属；（d）其他种类的雇员，其人数不得超过雇员总人数的10%。

1964年《工伤事故和职业病津贴建议书》中要求各会员国将有关工伤和职业病津贴的国家法律的实施范围必要时逐步扩大（扩大到根据1964年《工伤事故和职业病津贴公约》第4条本不属该公约保护之列的任何一类的雇员），并且要求各会员国应根据规定的条件，确保对下述人员实施工伤、职业病补偿的规定。

1. 从事生产活动或提供服务的合作机构的成员。

2. 规定的各类独立劳动者，特别是小企业者或积极从事小商业、小农场经营活动者。

3. 某些不领取工资的劳动者。这些人员包括：（1）正在接受培训或者正在试用期内的人员（包括大学生）；（2）承担抢险救灾或维护社会秩序与法制任务的志愿人员；（3）其他从事公益活动或参与公民义务事业的人员；（4）从事主管当局指定或批准的工作的囚犯和在押人员。

我国劳动法对人的效力范围采取属地主义原则。《劳动法》第 2 条规定："在中华人民共和国境内的企业、个体经济组织（以下统称用人单位）和与之形成劳动关系的劳动者，适用本法。"《工伤保险条例》第 2 条第 1 款规定："中华人民共和国境内的企业、事业单位、社会团体、民办非企业单位、基金会、律师事务所、会计师事务所等组织和有雇工的个体工商户（以下称用人单位）应当依照本条例规定参加工伤保险，为本单位全部职工或者雇工（以下称职工）缴纳工伤保险费。"根据上述法律法规的规定，我国工伤保险对人的范围如下。

1. 中华人民共和国境内的各类企业，包括国有企业、集体企业、私营、中外合资、中外合作企业、外商独资企业等各类企业，事业单位、社会团体、民办非企业单位、基金会、律师事务所、会计师事务所等组织以及有雇工的个体工商户。

2. 与上述企业、经济组织建立劳动关系（含事实劳动关系）的职工。

3. 国家机关、事业组织、社会团体和与之建立劳动合同关系的职工。

4. 职工的供养亲属。

2014 年 6 月 18 日，最高人民法院公布了《关于审理工伤保险行政案件若干问题的规定》，其第 3 条规定："社会保险行政部门认定下列单位为承担工伤保险责任单位的，人民法院应予支持：（一）职工与两个或两个以上单位建立劳动关系，工伤事故发生时，职工为之工作的单位为承担工伤保险责任的单位；（二）劳务派遣单位派遣的职工在用工单位工作期间因工伤亡的，派遣单位为承担工伤保险责任的单位；（三）单位指派到其他单位工作的职工因工伤亡的，指派单位为承担工伤保险责任的单位；（四）用工单位违反法律、法规规定将承包业务转包给不具备用工主体资格的组织或者自然人，该组织或者自然人聘用的职工从事承包业务时因工伤亡的，用工单位为承担工伤保险责任的单位；（五）个人挂靠其他单位对外经营，其聘用的人员因工伤亡的，被挂靠单位为承担工伤保险责任的单位。前款第（四）、（五）项明确的承担工伤保险责任的单位承担赔偿责任或者社会保险经办机构从工伤保险基金支付工伤保险待遇后，有权向相关组织、单位和个人追偿。"

根据《工伤保险条例》与劳动和社会保障部 2003 年 9 月 18 日颁布的《因工死亡职工供养亲属范围规定》，供养亲属范围如下。

（1）因工死亡职工供养亲属，是指该职工的配偶、子女、父母、祖父母、外祖父母、孙子女、外孙子女、兄弟姐妹。所称子女，包括婚生子女、非婚生子女、养子女和有抚养关系的继子女。其中，婚生子女、非婚生子女包括遗腹子女；所称父母，包括生父母、养父母和有抚养关系的继父母；所称兄弟姐妹，包括同父母兄弟姐妹、同父异母、同母异父的兄弟姐妹、养兄弟姐妹、有抚养关系的继兄弟姐妹。

（2）上述人员必须是依靠因工死亡职工生前提供主要生活来源，并有下列情形之一的，可按规定申请供养亲属抚恤金：完全丧失劳动能力的；死亡职工配偶男年满 60 周岁、女年满 55 周岁的；死亡职工父母男年满 60 周岁、女年满 55 周岁的；死亡职工子女已经死亡或完全丧失劳动能力，其孙子女、外孙子女未满 18 周岁的；死亡职工父母均已死亡或完全丧失劳动能力，其兄弟姐妹未满 18 周岁的。

因工死亡职工供养亲属享受抚恤金待遇的资格，由统筹地区社会保险经办机构核定。因工死亡职工供养亲属的劳动能力鉴定，由因工死亡职工供养亲属生前所在地区的劳动能力鉴定委员会负责。

此外，对外国人在我国境内遭受工伤事故危害的，按照我国政府批准的《本国工人与外国人关于事故赔偿的同等待遇公约》第 1 条的规定："凡批准本公约的国际劳工组织会员国，承允对于已批准本公约的任何其他会员国的人民在其国境内因工业意外事故而受伤害者，或对于需其赡养的家属，在工人赔偿方面，应给予与本国人民同等的待遇”。我国对批准该公约的其他会员国的人民在我国境内遭受工伤事故危害的，应给予与本国人民同等的待遇。

对我国被派遣出境工作的职工，《工伤保险条例》规定，我国的职工被派遣出境工作，依据前往国家或者地区的法律应当参加当地工伤保险的，参加当地工伤保险，其国内工伤保险关系中止；不能参加当地工伤保险的，其国内工伤保险关系不中止。

2016 年 3 月 28 日，人力资源社会保障部《关于执行〈工伤保险条例〉若干问题的意见（二）》规定，达到或超过法定退休年龄，但未办理退休手续或者未依法享受城镇职工基本养老保险待遇，继续在原用人单位工作期间受到事故伤害或患职业病的，用人单位依法承担工伤保险责任。用人单位招用已经达到、超过法定退休年龄或已经领取城镇职工基本养老保险待遇的人员，在用工期间因工作原因受到事故伤害或患职业病的，如招用单位已按项目参保等方式为其缴纳工伤保险费的，应适用《工伤保险条例》。

劳务派遣单位跨地区派遣劳动者，应根据《劳务派遣暂行规定》参加工伤保险。建筑施工企业按项目参保的，应在施工项目所在地参加工伤保险。

第三节 工伤保险的原则

一、工伤保险的一般原则

1. 严格区别工伤与非工伤的原则。劳动法对工伤与非工伤在待遇上有所区别。劳动者因工伤残是劳动者个人在工作中付出的代价，应规定较高的待遇，包括在生活上的照顾，在精神上的奖励和安慰。其社会保险待遇属于“损害补偿”性质。非因工伤残，虽然个人也付出了代价，但不是为社会劳动所付出的代价，保险待遇应适当低一些。它同社会保险中的医疗保险一样，属于“物质帮助”的范畴。

对工伤造成的直接与间接经济损失区别对待。因工伤残造成的直接或间接的经济损失均应得到补偿，但对二者可以区别对待。所谓造成的直接经济损失，是指劳动者在发生伤残事故后个人所受的经济损失。劳动者的直接经济损失是和他的直接经济收入相关的，是其全部收入的主要部分——工资收入。直接经济损失影响本人及其家属生活，影响劳动力再生产。对劳动者所遭受的直接经济损失必须给予全部的补偿。间接经济损失是指职工直接经济收入以外的其他经济收入的损失，包括兼职收入、业余其他劳动收入等。这部分收入不是人人都有，是不固定的、时有时无的额外收入。社会保险主要是保障其基本生活，因而这部分经济损失不应与前者同等对待。

2. 补偿与预防、康复相结合原则。工伤保险制度也包括预防事故发生和帮助伤者康复。世界各国的立法都要求用人单位对劳动者的康复承担责任。用人单位应努力减少事故发生，改善劳动条件，加强对劳动者的安全培训，及时发现事故隐患，及时纠正排除。一旦发生事故要及时治疗，采取包括度假、治疗等措施促进职工早日康复。帮助工伤残疾人员恢复劳动力，为伤残人员生活和劳动创造条件。职业康复旨在帮助工伤残疾人员尽可能恢复劳动能力和提高生活能力。为此，用人单位应积极兴办职业康复事业。有条件的地区，应当通过工伤保险基金提留、民间赞助等方式筹集资金，逐步兴办工伤职业康复事业，或利用现有条件，培训残疾人员。对具有一定劳动能力并需要通过专门培训恢复或提高劳动能力的工伤残疾人员，劳动行政部门及用人单位都有责任积极组织专门培训。

3.工伤保险与生产力发展水平相适应的原则。如工伤保险基金统筹的水平越高，抗风险的能力就越大；工伤保险待遇越高，职工的权益越能得到更大的保障。但是，由于我国正处在社会主义初级阶段，现阶段生产力水平和医疗管理水平有限，工伤保险基金只能实行省、地、市级统筹；工伤保险待遇也必须与生产力发展水平相适应。

二、工伤保险的责任原则

工伤保险的责任原则是指发生工伤事故后，确定职工工伤保险的责任由谁承担的基本准则。

鉴于在生产和工作中，职业的危险客观存在的事实已得到普遍认同，1884 年 7 月 16 日德国公布的工伤保险法案《工人灾害保险法》中，第一次明确规定：劳动者受到工业伤害而负伤、致残、死亡，不管过失或责任在何方，雇主均有义务赔偿工人的收入损失，伤残者均有权获得经济补偿。此后，这一原则被称为“职业的危险”或“无责任补偿”原则。到 20 世纪初，几乎所有的工业化国家都将这一原则写进本国的劳动法规，“职业的危险”或“无责任补偿”原则成为世界各国确定工伤保险责任时普遍适用的准则。

在劳动关系中，用人单位对劳动者在劳动过程中的安全和健康负有保护义务，这也是用人单位对国家的责任。劳动者遭受职业伤害，意味着用人单位违反了劳动保护义务，用人单位就应对受伤害的劳动者负赔偿责任。这种责任是基于法律规定而非合同约定所产生，既不能通过合同约定减免这种责任，也不能以劳动者有过失为由来改变这种责任。同时，由于现代工业生产是有高度危险来源的场合，在机器生产和现代化生产条件下，职业危险因素属于高度危险来源。当损害事故发生时，高度危险来源本身就应当承担赔偿责任，而不必考虑赔偿者有无过错。

根据“无责任补偿”原则，或者“无过失补偿”原则，工伤保险立法要求用人单位在发生工伤事故进行补偿时，无论事故的责任在用人单位或劳动者本人，都应给予劳动者经济补偿。鉴于劳动者在工作中受到事故伤害，不但身心受到极大的痛苦，而且会影响或断绝正常收入，实行“无责任补偿”，给予伤残者以及时的物质帮助，是工伤保险法的首要原则。

我国工伤保险实行无过失责任原则，即在各种工伤事故中只要不是受害职工本人故意行为所致，无论受到伤害的职工是否有过失，都应该享受工伤保险待遇。

我国工伤保险实行无过失责任原则，包括以下内容。

1.工伤保险费由用人单位全额缴纳，职工个人不需缴纳。

在工伤保险中，保险费是由用人单位缴纳的，劳动者个人不缴纳任何费用。这是工伤保险区别于养老保险、失业保险等其他社会保险的特点之一。由于工伤是对劳动者造成的伤害，使劳动者部分或者完全丧失劳动能力，而这种损失是在为用人单位劳动中发生的，所以不应要求劳动者个人缴纳工伤保险费。为了保障因工受伤的劳动者及其家庭的基本生活，用人单位应依法给劳动者缴纳全部工伤保险费，以此承担对劳动者的工伤赔偿责任。用人单位按照规定缴纳保险费后，该用人单位的工伤风险即由社会承担。

2. 无过失责任。对依法认定为工伤的职工，无论本人是否有过失，都给予工伤保险待遇。

无过失责任原则不适用于职工故意犯罪、醉酒或者吸毒、自残或者自杀的情况。发生这些情况，不应认定为工伤。

认定职工工伤，给予职工工伤保险待遇，并不影响企业按规定对违章操作的职工给予其他处分。

现行《工伤保险条例》虽然保留了劳动者在上下班途中受到机动车事故伤害的应当认定为工伤的规定，但新增加了“非本人主要责任”的内容。人力资源和社会保障部《关于执行〈工伤保险条例〉若干问题的意见》第 2 条规定：“《条例》第十四条第（六）项规定的‘非本人主要责任’的认定，应当以有关机关出具的法律文书或者人民法院的生效裁决为依据。”

3. 损害补偿。发生工伤事故，劳动者付出的不仅是经济收入损失，而且是健康与生命的代价。因此工伤保险在确定给付待遇时应坚持损害补偿原则，以减免劳动者因执行工作任务致伤、残、病或死亡时遭受的经济损失。

第四节　工伤认定和劳动能力鉴定

工伤认定包括工伤认定和职业病确定。工伤认定必须符合一定的条件和程序。

一、工伤认定的条件

工伤事故必须与工作、工作时间和地点相关。1921 年的国际劳工大会《关于工人赔偿（包括农业工人）公约》中，对工伤事故的提法是“由于工作直接或间接引起的事故为工伤事故”。1952 年《社会保障最低标准公约》第 32 条规定，覆盖范围内的意外事故应包括下列因工作造成的事故或疾病：（1）病态；（2）根据国家法律和条例的规定，由于病态而造成不能工作并停发工资；（3）全部丧失挣钱能力，或部分丧失这种能力，但超过规定程度并且可能是永久性的，或相应丧失功能；（4）寡妇或孩子由于供养人死亡而丧失依靠，对于寡妇，享受津贴的权利可根据国家法律或条例以估计其不能自立的条件。

工伤事故的范围从最初仅包括工业上的意外事故，扩展到把上下班途中发生的意外事故也算为工伤。1964 年《工伤事故和职业病津贴建议书》要求把下列事故作为工伤事故：（1）不论其原因，只要是在作业时间内，在作业地点或附近或在作业场所外的任何地点因工作而发生的事故。（2）在工作前后一段合理的时间内，从事与工作有关的诸如运输、清理、备料、安全、储存、收拾工具和衣服等预备和收尾性工作时发生的事故。（3）在直通作业地点的路上发生的事故，包括：在直通雇员主要和第二停留处的路上发生的事故；在直通雇员经常用餐地点的路上发生的事故；在直通雇员接受报酬的地点的路上发生的事故。

在我国，《工伤保险条例》对工伤及视同工伤的范围，不得认定工伤或视同工伤的情形规定如下。

第 14 条：“职工有下列情形之一的，应当认定为工伤：（一）在工作时间和工作场所内，因工作原因受到事故伤害的；（二）工作时间前后在工作场所内，从事与工作有关的预备性或者收尾性工作受到事故伤害的；（三）在工作时间和工作场所内，因履行工作职责受到暴力等意外伤害的；（四）患职业病的；（五）因工外出期间，由于工作原因受到伤害或者发生事故下落不明的；（六）在上下班途中，受到非本人主要责任的交通事故或者城市轨道交通、客运轮渡、火车事故伤害的；（七）法律、行政法规规定应当认定为工伤的其他情形。"①

第 15 条："职工有下列情形之一的，视同工伤：（一）在工作时间和工作岗位，突发疾病死亡或者在 48 小时之内经抢救无效死亡的；（二）在抢险救灾等维护国家利益、公共利益活动中受到伤害的；（三）职工原在军队服役，因战、因公负伤致残，已取得革命伤残军人证，到用人单位后旧伤复发的。职工有前款第（一）项、第（二）项情形的，按照本条例的有关规定享受工伤保险待遇；职工有前款第（三）项情形的，按照本条例的有关规定享受除一次性伤残补助金以外的工伤保险待遇。"

第 16 条："职工符合本条例第十四条、第十五条的规定，但有下列情形之一的，不得认定为工伤或者视同工伤：（一）故意犯罪的；（二）醉酒或者吸毒的；（三）自残或者自杀的。"

最高人民法院《关于审理工伤保险行政案件若干问题的规定》第 1 条规定："人民法院审理工伤认定行政案件，在认定是否存在《工伤保险条例》第十四条第（六）项'本人主要责任'、第十六条第（二）项'醉酒或者吸毒'和第十六条第（三）项'自残或者自杀'等情形时，应当以有权机构出具的事故责任认定书、结论性意见和人民法院生效裁判等法律文书为依据，但有相反证据足以推翻事故责任认定书和结论性意见的除外。前述法律文书不存在或者内容不明确，社会保险行政部门就前款事实作出认定的，人民法院应当结合其提供的相关证据依法进行审查。《工伤保险条例》第十六条第（一）项'故意犯罪'的认定，应当以刑事侦查机关、检察机关和审判机关的生效法律文书或者结论性意见为依据。"

第 4 条规定："社会保险行政部门认定下列情形为工伤的，人民法院应予支持：（一）职工在工作时间和工作场所内受到伤害，用人单位或者社会保险行政部门没有证据证明是非工作原因导致的；（二）职工参加用人单位组织或者受用人单位指派参加其他单位组织的活动受到伤害的；（三）在工作时间内，职工来往于多个与其工作职责相关的工作场所之间的合理区域因工受到伤害的；（四）其他与履行工作职责相关，在工作时间及合理区域内受到伤害的。"

第 5 条规定："社会保险行政部门认定下列情形为'因工外出期间'的，人民法院应予支持：（一）职工受用人单位指派或者因工作需要在工作场所以外从事与工作职责有关的活动期间；（二）职工受用人单位指派外出学习或者开会期间；（三）职工因工作需要的其他外出活动期间。职工因工外出期间从事与工作或者受用人单位指派外出学习、开会无关的个人活动受到

---

① 例：崔某是亮丽晶厂的氧气工，其与另一名同事在同一工作岗位上轮流交替工作，由于是在高温环境下工作，每人工作半小时就休息半小时。2012 年 5 月 4 日崔某的上班时间是 16 时至凌晨 0 时，当日 17 时崔某在单位工作一段时间后返回出租屋吃晚饭，17 时 50 分许，崔某饭后骑自行车返回单位继续上班途中摔伤左脚。后崔某被送院治疗，并被诊断为左胫骨下段粉碎性开放性骨折、左腓骨中段粉碎性骨折、左小腿骨筋膜室综合征早期。南海人社局作出《工伤认定书》，认为崔某于 2012 年 5 月 4 日受伤符合《工伤保险条例》第 14 条第 2 项规定，即工作时间前后在工作场所内，从事与工作有关的预备性或者收尾性工作受到事故伤害的，认定其受伤属工伤。亮丽晶厂不服提起诉讼。一审法院认为崔某事发当日的就餐时间、地点应视为其工作时间、工作场所的合理延伸，其在用餐后返回单位继续上班途中摔伤，应认定为工伤。亮丽晶厂上诉后，二审法院认为崔某系在其工作阶段性结束后，回家就餐后返厂时骑车意外摔伤，其受伤与其履行工作无直接关系，并非属于在工作场所内从事与工作有关的预备性或者收尾性工作受到的事故伤害，故其受伤情形不符合《工伤保险条例》第 14 条第 2 项的规定。《工伤认定书》将《工伤保险条例》第 14 条第 2 项规定的工作时间、工作场所以及工作内容过于宽泛理解，致使适用法律错误，依法撤销南海区人社局作出的佛南人社伤认（2013）04886 号《工伤认定书》。李迎春．骑自行车上班途中摔伤工伤认定二审案．（2014－11－14）[2015－02－12]．http：//www.labourlaw.org.cn/detail_show_c_alpx_336.aspx.

伤害，社会保险行政部门不认定为工伤的，人民法院应予支持。”

第 6 条规定：“对社会保险行政部门认定下列情形为‘上下班途中’的，人民法院应予支持：（一）在合理时间内往返于工作地与住所地、经常居住地、单位宿舍的合理路线的上下班途中；（二）在合理时间内往返于工作地与配偶、父母、子女居住地的合理路线的上下班途中；（三）从事属于日常工作生活所需要的活动，且在合理时间和合理路线的上下班途中；（四）在合理时间内其他合理路线的上下班途中。”

二、职业病的确定

1952 年国际劳工会议同意把三种疾病划进职业病的范围，即铅中毒、汞中毒和炭疽病感染。1964 年《工伤事故和职业病津贴公约》把 15 种疾病列入了职业病。国际劳工会议于 1980 年公布了新的国际职业病名录，有各种职业病共 29 组。

在我国，职业病是指劳动者在生产劳动及其他职业活动中，接触职业性有害因素引起的疾病。根据卫生部、劳动和社会保障部 2002 年 4 月 18 日印发的《职业病目录》，我国规定的职业病范围有：尘肺 13 种；职业性放射性疾病 11 种；职业中毒 56 种；物理因素所致职业病、生物因素所致职业病、职业性皮肤病、职业性眼病、职业性耳鼻喉口腔疾病、职业性肿瘤、其他职业病等共 10 类 115 种。2013 年 12 月 23 日，根据《职业病防治法》，国家卫计委、安监总局、人社部和全国总工会联合组织对职业病的分类和目录进行了调整，印发了新的《职业病分类和目录》。

根据《职工工伤与职业病致残程度鉴定》的规定，确定职业病，必须经卫生行政部门批准的具有职业病诊断权的医疗卫生机构出具的诊断证明。

三、工伤认定的程序

工伤的认定是由法律规定的机构对特定伤害是否属于工伤范围的确认，是确定给付工伤保险待遇的依据。

工伤认定必须经过法定的程序。在我国，根据《工伤保险条例》的规定，工伤认定必须经过以下程序。

1. 报告与申请

（1）职工所在单位应当自事故发生之日或者按照职业病防治法规定被诊断、鉴定为职业病之日起 30 日内，向统筹地区社会保险行政部门提出工伤认定申请。遇有特殊情况，经社会保险行政部门同意，申请时限可以适当延长。

（2）用人单位未按规定提出工伤认定申请的，工伤职工或者其直系亲属、工会组织在事故伤害发生之日或者被诊断、鉴定为职业病之日起 1 年内，可以直接向用人单位所在地统筹地区社会保险行政部门提出工伤认定申请。

提出工伤认定申请应当提交：工伤认定申请表（应写明事故发生的时间、地点、原因以及伤害程度等）、职工与用人单位存在劳动关系（含事实劳动关系）的证明、医疗证明和职业病诊断证明。

最高人民法院《关于审理工伤保险行政案件若干问题的规定》第 7 条规定：“由于不属于职工或者其近亲属自身原因超过工伤认定申请期限的，被耽误的时间不计算在工伤认定申请期限内。有下列情形之一耽误申请时间的，应当认定为不属于职工或者其近亲属自身原因：（一）不可抗力；（二）人身自由受到限制；（三）属于用人单位原因；（四）社会保险行政部门登记制度不完善；（五）当事人对是否存在劳动关系申请仲裁、提起民事诉讼。”

《关于执行〈工伤保险条例〉若干问题的意见（二）》规定：“有下列情形之一的，被延误的时间不计算在工伤认定申请时限内。（一）受不可抗力影响的；（二）职工由于被国家机关依法采取强制措施等人身自由受到限制不能申请工伤认定的；（三）申请人正式提交了工伤认定申请，但因社会保险机构未登记或者材料遗失等原因造成申请超时限的；（四）当事人就确认劳动关系申请劳动仲裁或提起民事诉讼的；（五）其他符合法律法规规定的情形。”

2. 受理与认定

社会保险行政部门受理工伤认定申请后，根据审核需要对事故伤害进行调查核实；对职业病诊断和诊断争议的鉴定，依照《职业病防治法》的有关规定执行。

社会保险行政部门应当自受理工伤认定申请之日起60日内作出工伤认定的决定，并书面通知申请工伤认定的职工或者其直系亲属和该职工所在单位。

四、劳动能力鉴定

劳动能力鉴定，亦称丧失工作能力鉴定，是鉴定机构根据法定的鉴定标准，对因工伤事故或患职业病的劳动者劳动功能障碍程度和生活自理障碍程度的等级鉴定。

劳动能力鉴定是工伤保险管理工作的一个重要环节，是确定职工享受工伤保险待遇和工伤职工安置的主要依据。根据《工伤保险条例》的规定，劳动能力鉴定标准由国务院社会保险行政部门会同国务院卫生行政等部门制定。劳动能力鉴定一般都由专门的机构负责组织实施，具体的鉴定工作一般委托有条件的医疗机构或者聘请具有鉴定资格的医生组成专家组进行。

（一）我国劳动能力鉴定的机构

我国劳动能力鉴定的机构是各省、自治区、直辖市劳动鉴定委员会和设区的市级劳动能力鉴定委员会。上述劳动能力鉴定委员会分别由省、自治区、直辖市和设区的市级社会保险行政部门、卫生行政部门、工会组织、经办机构代表以及用人单位代表组成。

根据《工伤保险条例》的规定，劳动能力鉴定委员会建立医疗卫生专家库，列入专家库的医疗卫生专业技术人员应当具备下列条件：（1）具有医疗卫生高级专业技术职务任职资格；（2）掌握劳动能力鉴定的相关知识；（3）具有良好的职业道德。

劳动能力鉴定工作应当客观、公正。劳动能力鉴定委员会组成人员或者参加鉴定的专家与当事人有利害关系的，应当回避。

（二）劳动能力鉴定的内容

劳动能力鉴定的内容是对受工伤事故伤害或患职业病的劳动者，进行劳动功能障碍程度和生活自理障碍程度的等级鉴定。劳动功能鉴定分为十个伤残等级，最重的为一级，最轻的为十级；生活自理障碍分为三个等级：生活完全不能自理、生活大部分不能自理和生活部分不能自理。

按照原劳动和社会保障部、卫生部于2006年11月发布、2007年5月1日起实施的《劳动能力鉴定 职工工伤与职业病致残等级》（国家标准GB/T16180—2006，以下简称评残标准），对因工伤或者患职业病的职工伤残后丧失劳动能力的程度和护理依赖程度进行等级鉴定。

（三）劳动能力鉴定的程序

职工发生工伤，经治疗伤情相对稳定后存在残疾、影响劳动能力的，应当进行劳动能力鉴定。按照《工伤保险条例》的规定，劳动能力鉴定应遵循以下程序。

劳动能力鉴定由用人单位、工伤职工或者其直系亲属向设区的市级劳动能力鉴定委员会提出申请，并提供工伤认定决定和职工工伤医疗的有关资料。

劳动能力鉴定委员会收到劳动能力鉴定申请后，应当从其建立的医疗卫生专家库中随机抽取 3 名或者 5 名专家组成专家组，由专家组提出鉴定意见。设区的市级劳动能力鉴定委员会根据专家组的鉴定意见，作出工伤职工劳动能力鉴定结论。

设区的市级劳动能力鉴定委员会应当自收到劳动能力鉴定申请之日起 60 日内，作出劳动能力鉴定结论，必要时可以延长 30 日。劳动能力鉴定结论应当及时送达申请鉴定的单位和个人。

申请鉴定的单位或者个人对设区的市级劳动能力鉴定委员会作出的鉴定结论不服的，可以在收到该鉴定结论之日起 15 日内，向省、自治区、直辖市劳动能力鉴定委员会提出再次鉴定申请。省、自治区、直辖市劳动能力鉴定委员会作出的劳动能力鉴定结论为最终结论。

第五节　工伤保险待遇

一、工伤保险待遇

工伤保险待遇关系到劳动者的切身利益，历来为各国法律和国际公约所重视。如关于工伤医疗待遇，1952 年《社会保障最低标准公约》提出：工伤保险对工伤工人提供的所需每一种类型的医疗照顾都不允许工人分担费用，对工伤工人提供不受时间限制的医疗照顾。公约规定的医疗包括：普通开业医生和专家的住院和门诊治疗，包括出诊；牙科治理；家庭护理或在医院或其他医疗机构的护理；在医院、休养所、疗养院或其他医疗机构中的休养；牙科、药物和其他内、外科供应等；由在任何时候都可被法律承认的与医务相关的其他行业的人员在开业医生或牙医的监督下提供的治疗。1964 年《工伤事故和职业病津贴公约》又增加了对遭受严重意外事故的人的紧急治疗和对那些伤势不重并不需要中断工作的人的疾病定期检查，等等。

在我国，根据《工伤保险条例》及《社会保险法》的规定，主要有以下几类工伤保险待遇。

（一）工伤医疗待遇

职工因工负伤或者患职业病进行治疗，享受工伤医疗待遇。工伤医疗待遇从工伤保险基金支付，包括。

1. 工伤医疗费用。职工治疗工伤所需的符合工伤保险诊疗项目目录、工伤保险住院服务标准的全部费用。

2. 康复性治疗费用。

3. 住院伙食补助费。这原本是由用人单位支付的项目，但《社会保险法》及新修订的《工伤保险条例》出于工伤保险是分散用人单位劳动风险的社会保险的考量，将住院伙食补助费明确规定改由工伤保险基金支付。

4. 到统筹地区以外就医的交通食宿费。与住院伙食补助费一样，按照旧《工伤保险条例》第 29 条第 4 款的规定，这原本是由用人单位支付的项目，但《社会保险法》及新修订的《工伤保险条例》将该项费用改由工伤保险基金支付。

5. 辅助器具安装配置费用。工伤职工因日常生活或者就业需要，经劳动能力鉴定委员会确认，可以安装假肢、矫形器、义眼、义齿和配置轮椅等辅助器具，所需费用按国家规定标准从工伤保险基金支付。

《工伤保险辅助器具配置管理办法》经人力资源社会保障部部务会、民政部部务会、国家卫生计生委委主任会议讨论通过，自 2016 年 4 月 1 日起施行。其中规定：工伤职工配置辅助器具的费用包括安装、维修、训练等费用，按照规定由工伤保险基金支付。辅助器具达到规定的最低使用年限的，工伤职工可以按照统筹地区人力资源社会保障行政部门的规定申请更换。配置的辅助器具应当符合相关国家标准或者行业标准。统一规格的产品或者材料等辅助器具在装配前应当由国家授权的产品质量检测机构出具质量检测报告，标注生产厂家、产品品牌、型号、材料、功能、出品日期、使用期和保修期等事项。有下列情形之一的，经办机构不予支付配置费用：（1）未经劳动能力鉴定委员会确认，自行配置辅助器具的；（2）在非协议机构配置辅助器具的；（3）配置辅助器具超目录或者超出限额部分的；（4）违反规定更换辅助器具的。

（二）伤残待遇

1. 一次性伤残补助金。其中一至四级伤残的保留劳动关系、退出工作岗位，从工伤保险基金领取一次性伤残补助金，标准为：一级伤残为 27 个月本人工资；二级伤残为 25 个月本人工资；三级伤残为 23 个月本人工资；四级伤残为 21 个月本人工资。职工因工致残被鉴定为五至十级伤残的，按伤残等级分别领取 18 个月至 7 个月本人工资。

2. 伤残津贴。一至四级伤残职工分别为本人工资的 90%、85%、80%、75%。

3. 生活护理费。工伤职工已评定伤残等级并经劳动能力鉴定委员会确认需要护理的，按照生活完全不能自理、大部分不能自理和部分不能自理分为三个等级，分别按统筹地区上年度职工月平均工资按月支付 50%、40%、30%的生活护理费。

4. 终止或者解除劳动合同时，应当享受的一次性医疗补助金。这是针对五到十级伤残等级设计的待遇项目。因为一次性医疗补助金的设置目的是保障工伤职工在终止或者解除劳动合同后找到新的工作之前有一定的财力医治疾病，而一级至四级伤残等级的工伤职工由于完全丧失劳动能力只能退出劳动就业领域，退出工作岗位，所以一级至四级伤残等级的工伤职工没有一次性医疗补助金。《社会保险法》及新修订的《工伤保险条例》将该项费用改由工伤保险基金支付。

伤残待遇，从工伤保险基金支付。

（三）因工死亡待遇

职工因工死亡，其直系亲属按照下列规定从工伤保险基金领取丧葬补助金、供养亲属抚恤金和一次性死亡补助金，具体标准如下。

1. 丧葬补助金为6个月的统筹地区上年度职工月平均工资。

2. 供养亲属（由因工死亡职工生前提供主要生活来源、无劳动能力的亲属）抚恤金按职工本人工资的一定比例发给。标准为：配偶每月40%；其他亲属每月30%；孤寡老人或孤儿每月在上述标准的基础上加10%。

3. 一次性因工死亡补助金标准为上一年度全国城镇居民人均可支配收入的20倍。

一级至四级工伤职工死亡，其近亲属同时符合领取工伤保险丧葬补助金、供养亲属抚恤金待遇和职工基本养老保险丧葬补助金、抚恤金待遇条件的，由其近亲属选择领取工伤保险或职工基本养老保险其中一种。

（四）劳动能力鉴定费

这是《社会保险法》第38条第9项的内容。劳动能力鉴定是享受伤残待遇的前提，《社会保险法》明确将劳动能力鉴定费规定由工伤保险基金支付，以解除无力支付劳动能力鉴定费的工伤职工的后顾之忧。

（五）由用人单位支付的待遇

1. 停工留薪期内的工资福利及陪护。

2. 五、六级伤残职工单位难以安排工作的，用人单位按月发给伤残津贴，标准分别为：本人工资的70%、60%。伤残津贴实际金额低于当地最低工资标准的，由用人单位补足差额。

3. 一次性伤残就业补助金。五至十级的伤残职工与用人单位解除或者终止劳动关系，由用人单位支付一次性伤残就业补助金。

此外，职工因工外出期间发生事故或者在抢险救灾中下落不明的，从事故发生当月起3个月内照发工资，从第四个月起停发工资，由工伤保险基金向其供养亲属按月支付供养亲属抚恤金。生活有困难的，可以预支一次性死亡补助金的50%。职工被人民法院宣告死亡的，按照因工死亡的规定处理。

2017年7月28日，人力资源社会保障部《关于工伤保险待遇调整和确定机制的指导意见》规定：（1）伤残津贴的调整。伤残津贴是对因工致残而退出工作岗位的工伤职工工资收入损失的合理补偿。一级至四级伤残津贴调整以上年度省（区、市）一级至四级工伤职工月人均伤残津贴为基数，综合考虑职工平均工资增长和居民消费价格指数变化情况，侧重职工平均工资增长因素，兼顾工伤保险基金支付能力和相关社会保障待遇调整情况，综合进行调节。伤残津贴调整可以采取定额调整和适当倾斜的办法，对伤残程度高、伤残津贴低于平均水平的工伤职工予以适当倾斜。五级、六级工伤职工的伤残津贴按照《工伤保险条例》的规定执行。（2）供养亲属抚恤金的调整。供养亲属抚恤金是工亡职工供养亲属基本生活的合理保障。供养亲属抚恤金调整以上年度省（区、市）月人均供养亲属抚恤金为基数，综合考虑职工平均工资增长和居民消费价格指数变化情况，侧重居民消费价格指数变化，兼顾工伤保险基金支付能力和相关社会保障待遇调整情况，综合进行调节。供养亲属抚恤金调整采取定额调整的办法。（3）生活护理费的调整。生活护理费根据《工伤保险条例》和《劳动能力鉴定 职工工伤与职业病致残等级》相关规定进行计发，按照上年度省（区、市）职工平均工资增长比例同步调整。职工平均工资下降时不调整。（4）住院伙食补助费的确定。省（区、市）可参考当地城镇居民消费支出结构，科学确定工伤职工住院伙食补助费标准。住院伙食补助费原则上不超过上年度省（区、市）城镇居民日人均消费支出额的40%。（5）其他待遇。一次性伤残补助金、一次性工亡补助金、丧葬补助金按照《工伤保险条例》规定的计发标准计发。工伤医疗费、辅助器具配置费、工伤康复和统筹地区以外就医期间交通、食宿费用等待遇，根据《工伤保险条例》和相关目录、标准据实支付。一次性伤残就业补助金和一次性工伤医疗补助金，由省（区、市）综合考虑工伤职工伤残程度、伤病类别、年龄等因素制定标准，注重引导和促进工伤职工稳定就业。

二、停止享受工伤保险待遇的情形

在我国，根据《工伤保险条例》的规定，工伤职工有下列情形之一的，停止享受工伤保险待遇。

1. 丧失享受待遇条件的；
2. 拒不接受劳动能力鉴定的；
3. 拒绝治疗的。

第六节　工伤保险基金的募集与监督管理

一、工伤保险基金的募集及构成

工伤保险基金的募集通常有四种方式，即完全由雇主负担；由雇主和政府双方负担；由雇主和雇员双方负担；以及由雇主、雇员和政府三方负担。世界上所有国家的雇主都负担工伤保险费，而且在工伤保险的负担比例上，雇主的费率大于雇员的费率或政府的费率。关于工伤保险费的征收基数，多数国家是以工资总额为基数，按规定的费率征收。工资总额范围的大小因各国情况而异，有的仅包括净工资，有的则包括一切工资开支。在工资总额的确定方面，一般是以上年度工资总额为参照。

在我国，工伤保险基金由用人单位缴纳的工伤保险费、工伤保险基金的利息和依法纳入工伤保险基金的其他资金构成。工伤保险基金在直辖市和设区的市实行全市统筹，其他地区的统筹层次由省、市人民政府确定。跨地区、生产流动性较大的行业，可以采取相对集中的方式异地参加统筹地区的工伤保险。具体办法由国务院劳动保障行政部门会同有关行业的主管部门确定。

二、工伤保险费的缴纳

工伤保险费的缴纳，是以用人单位职工工资总额为基数，按照一定的比例缴纳。各国确定工伤保险费费率的方式主要有统一费率制、差别费率制和浮动费率制三种。

1. 统一费率制，即按照工伤统筹范围内的预测开支需求，与相同范围内企业的工资总额相比较，求出一个总的工伤保险费率，所有企业均按这一比例缴费。这种方式在最大可能范围内平均分散工伤保险，不考虑行业与企业工伤实际风险的差异。

2. 差别费率制，即对单个用人单位或行业单独确定工伤保险费的缴纳比例。差别费率主要根据各行业或企业单位一定时期内的伤亡事故与职业病的统计，以及工伤费用的预测而确定。这种方式体现了在工伤保险基金的分担上，不同工伤事故发生率的用人单位负担的缴费责任轻重不同，保证不同行业、用人单位工伤保险基金的收付平衡。

3.浮动费率制，这是在差别费率的基础上，每年对各行业或企业的安全卫生状况和工伤保险费用支出状况进行分析评价，根据评价结果，由主管部门决定该行业或企业工伤保险费率的上浮和下浮。通常办法是在差别费率实施3年至5年后，在合理评估确定调控指标的基础上，开始实施浮动费率。世界上多数国家采用差别费率与浮动费率制。其优点是既可以调动用人单位的安全生产的积极性，又能在社会共担风险的基础上，促进用人单位加强安全管理。

在我国，按照《工伤保险条例》的规定，工伤保险费由用人单位按照职工工资总额的一定比例缴纳，职工个人不缴纳。用人单位缴纳工伤保险费的数额，为本单位职工工资总额乘以单位缴费费率之积。

2015年7月22日，人力资源社会保障部、财政部发布《关于调整工伤保险费率政策的通知》。按照《国民经济行业分类》(GB/T 4754—2011)对行业的划分，根据不同行业的工伤风险程度，由低到高，依次将行业工伤风险类别划分为一类至八类。各行业工伤风险类别对应的全国工伤保险行业基准费率为，一类至八类分别控制在该行业用人单位职工工资总额的0.2%、0.4%、0.7%、0.9%、1.1%、1.3%、1.6%、1.9%左右。通过费率浮动的办法确定每个行业内的费率档次。一类行业分为三个档次，即在基准费率的基础上，可向上浮动至120%、150%，二类至八类行业分为五个档次，即在基准费率的基础上，可分别向上浮动至120%、150%或向下浮动至80%、50%。统筹地区社会保险经办机构根据用人单位工伤保险费使用、工伤发生率、职业病危害程度等因素，确定其工伤保险费率，并可依据上述因素变化情况，每1至3年确定其在所属行业不同费率档次间是否浮动。

三、工伤保险基金的支出

按照《工伤保险条例》的规定，工伤保险基金应存入社会保障基金财政专户，用于法律法规规定的工伤保险待遇、劳动能力鉴定、工伤预防的宣传、培训等费用以及法律、法规规定的用于工伤保险的其他费用的支付。

工伤保险基金留有一定的风险储备金，用于统筹地区重大事故的工伤保险待遇支付；储备金不足支付的，由统筹地区的人民政府垫付。储备金占基金总额的比例及使用办法，由省、自治区、直辖市人民政府规定。

四、工伤保险基金的管理

按照《工伤保险条例》的规定，我国对工伤保险实行属地管理，工伤保险基金逐步实行省级统筹。跨地区、生产流动性较大的行业，可以采取相对集中的方式异地参加统筹地区的工伤保险。

我国工伤保险基金的管理机构及其职责如下。

1.国务院社会保险行政部门负责全国的工伤保险工作，应当定期了解全国各统筹地区工伤保险基金收支情况，及时会同国务院行政部门、卫生行政部门、安全生产监督管理部门提出调整行业差别费率及行业内费率档次的方案，报国务院批准后公布施行。

2.县级以上地方各级人民政府社会保险行政部门负责本行政区域内的工伤保险工作。

3.社会保险行政部门依法设立的社会保险经办机构具体承办工伤保险事务。

社会保险经办机构的职责是：(1) 根据省、自治区、直辖市人民政府的规定，征收工伤保险费；(2) 核查用人单位的工资总额和职工人数，办理工伤保险登记，负责保存用人单位缴费和职工享受工伤保险待遇情况的记录；(3) 进行工伤保险的调查、统计；(4) 按照规定管理工伤保险基金的支出；(5) 按照规定核定工伤保险待遇；(6) 为工伤职工或者其直系亲属免费提供咨询服务。

此外，社会保险经办机构还应与医疗机构、辅助器具配置机构在平等协商的基础上签订服务协议；按照协议和国家有关目录、标准对工伤职工医疗费用、康复费用、辅助器具费用的使用情况进行核查，并按时足额结算；定期公布工伤保险基金收支情况，及时向社会保险行政部门提出调整费率的建议。

五、工伤保险基金的监督

工伤保险基金的监督有社会保险行政部门的监督，财政部门、审计机关的监督，工会的监督和群众监督。在我国，根据《工伤保险条例》的规定，社会保险行政部门依法对工伤保险费的征缴和工伤保险基金的支付情况进行监督检查；财政部门和审计机关依法对工伤保险基金的收支、管理情况进行监督；任何组织和个人对有关工伤保险的违法行为有权举报。社会保险行政部门对举报应及时调查，按照规定处理，并为举报人保密；工会组织依法维护工伤职工的合法权益，对用人单位的工伤保险工作实行监督。

第七节　工伤保险的法律责任

工伤保险是一项具有强制性的社会保险制度，违反工伤保险法律法规，必须承担相应的法律责任。我国《工伤保险条例》规定的法律责任有以下几种。

1.用人单位的法律责任：用人单位拒不协助社会保险行政部门对事故进行调查核实的，由社会保险行政部门责令改正，处2 000元以上2万元以下的罚款。

用人单位应当参加工伤保险而未参加的，由社会保险行政部门责令限期参加，补缴应当缴纳的工伤保险费，并自欠缴之日起，按日加收万分之五的滞纳金；逾期仍不缴纳的，处欠缴数额1倍以上3倍以下的罚款。应当参加工伤保险而未参加工伤保险的用人单位职工发生工伤的，由该用人单位按照本条例规定的工伤保险待遇项目和标准支付费用。

2.劳动保障行政部门工作人员的法律责任：劳动保障行政部门工作人员有下列情形之一的，依法给予行政处分；情节严重，构成犯罪的，依法追究刑事责任。

(1) 无正当理由不受理工伤认定申请，或者弄虚作假将不符合工伤条件的人员认定为工伤职工的；

(2) 未妥善保管申请工伤认定的证据材料，致使有关证据灭失的；

(3) 收受当事人财物的。

3.经办机构的法律责任：经办机构有下列行为之一的，由劳动保障行政部门责令改正，对直接负责的主管人员依法给予纪律处分；情节严重，构成犯罪的，依法追究刑事责任；造成当事人经济损失的，由经办机构依法承担赔偿责任。

（1）未按规定保存用人单位缴费和职工享受工伤保险待遇情况记录的；

（2）不按规定核定工伤保险待遇的；

（3）收受当事人财物的。

4.劳动能力鉴定组织或者个人的法律责任：从事劳动能力鉴定的组织或者个人有下列情形之一的，由劳动保障行政部门责令改正，并处 2 000 元以上 1 万元以下的罚款；情节严重，构成犯罪的，依法追究刑事责任。

（1）提供虚假鉴定意见的；

（2）提供虚假诊断证明的；

（3）收受当事人财物的。

5.医疗机构、辅助器具配置机构的法律责任：医疗机构、辅助器具配置机构不按服务协议提供服务的，经办机构可以解除服务协议。

经办机构不按时足额结算费用的，由劳动保障行政部门责令改正；医疗机构、辅助器具配置机构可以解除服务协议。

6.挪用工伤保险基金的法律责任：单位或者个人违反《工伤保险条例》规定挪用工伤保险基金，构成犯罪的，依法追究刑事责任；尚不构成犯罪的，依法给予行政处分或者纪律处分。被挪用的基金由劳动保障行政部门追回，并入工伤保险基金；没收的违法所得依法上缴国库。

7.骗取工伤保险待遇的法律责任：用人单位、工伤职工或者其近亲属骗取工伤保险待遇，医疗机构、辅助器具配置机构骗取工伤保险基金支出的，由社会保险行政部门责令退还，处骗取金额 2 倍以上 5 倍以下的罚款；情节严重，构成犯罪的，依法追究刑事责任。

问题与思考

1.如何认识工伤保险的概念和意义？

2.工伤保险制度中的责任原则是什么？

3.工伤认定和职业病范围为什么由专门机构依法确定？

4.简述我国工伤保险基金制度的建立与改革方向。

5.我国工伤保险的待遇与发放中有哪些问题及对策？

6.职业康复的内容和意义是什么？

7.**案例：**2012 年 7 月 8 日，安某与鑫隆公司签订大管轮聘用合同，合同约定：鑫隆公司招聘安某为远洋大管轮职务船员，聘用期限为两年半，自安某出境日 2012 年 9 月 1 日起至安某所在船只抵境日或合同到期日止；鑫隆公司负责为安某投保人身意外险，如在聘用期内发生因工伤亡，按有关意外保险条款执行。2012 年 8 月 22 日，水湾公司作为投保人，为包括安某在内的 48 名船员向中国人民财产保险股份有限公司深圳市分公司（以下简称人保公司）投保团体意外伤害保险，保障项目为意外身故、残疾、烧伤给付，每人保险金额为 60 万元，保险期间为 2012 年 8 月 23 日至 2013 年 8 月 22 日。水湾公司于投保当日缴纳了保费。2012 年 9 月，安某等 14 名船员被派遣至“中洋 26”轮上进行远海捕鱼作业。2013 年 8 月 5 日 1730 时，“中洋 26”轮在法属波利尼西亚南方群岛拉帕岛附近海域遇险侧翻。2014 年 1 月 16 日，安某被河南省栾川县人民法院宣告死亡。人保公司向安某父母（法定继承人）实际支付了安某身故赔偿金60万元。

安某父母认为，安某遭受事故伤害情形属于工伤，依法应当享受工伤保险待遇。水湾公司辩称，为安某办理工伤保险的责任不在水湾公司，而在鑫隆公司，且安某生前与水湾公司约定以商业保险替代工伤保险。安某父母已经拿到商业保险金，无权再主张工伤保险赔偿金。2014年12月10日，浙江省绍兴市越城区人民法院作出（2014）绍越民初字第1799号民事判决，确认鑫隆公司与安某签订聘用合同的行为属于隐名代理，鑫隆公司与安某签订的聘用合同直接约束水湾公司和安某，水湾公司与安某存在劳动关系。①

问题：水湾公司是否应当承担工伤保险赔偿金？

8. **案例**：胡某经平朔工贸公司外聘到崔某的独资投资公司金祥和公司工作，并签订有关劳动合同：甲方名称：金祥和公司；法定代表人：崔某；地址：平鲁区东坪。乙方名称：胡某，居民身份证号×××。该劳动合同书的落款有金祥和公司的印章和胡某的签字。

2014年10月2日，胡某在工作期间不慎滑倒受伤，造成左踝关节骨折，入朔州市平鲁区人民医院进行治疗，治疗终结后出院。出院后的胡某于2015年7月28日向朔州市平鲁区人力资源和社会保障局提出工伤认定的申请，因劳动关系不明确，朔州市平鲁区人力资源和社会保障局随即下达了关于确认劳动关系的通知，2015年9月1日，胡某向平鲁区劳动人事争议仲裁委员会提出申请，请求确认与金祥和公司存在事实劳动关系，经平鲁区劳动人事争议仲裁委员会仲裁，于2015年9月30日出具了平劳仲字（2015）第127号仲裁裁决书，裁决金祥和公司与胡某存在事实劳动关系。

2015年12月22日朔州市人力资源和社会保障局出具了朔人社伤认决字（2015）第716号工伤认定决定书，认定胡某受伤属于工伤，决定书中载明其工作单位为金祥和公司。胡某据此要求金祥和公司承担其工伤保险待遇。金祥和公司的独资投资人崔某表示不服，辩称金祥和公司已经注销，故胡某受伤并非工伤，且无须承担工伤保险待遇。②

问题：（1）崔某能否以“金祥和公司已经注销”为理由否定胡某的工伤认定？

（2）胡某能否直接要求崔某承担工伤保险的赔付责任？

---

① ［2018－01－09］. http：//www. pkulaw. cn/case.

② ［2018－01－09］. http：//www. pkulaw. cn/case.

第六章

疾病保险

本章概要

实行疾病保险的目的在于为劳动者在因与劳动无直接关系而发病、致残时提供医疗费用，弥补收入损失，恢复劳动能力提供帮助。疾病保险对于保障劳动者个人的身体健康、保障劳动者本人及其家庭的生活具有重要意义。它有利于提高劳动者的健康水平，有利于维护社会安定，是维持劳动力再生产和促进社会进步所必需的。

关键术语

医疗保险　疾病津贴　疾病保险基金　公费医疗　医疗补助

第一节　疾病保险的概念和意义

一、疾病保险的概念

疾病保险，又称病伤保险、健康保险，有广义和狭义之分。广义的疾病保险包括生育保险、死亡保险在内；狭义的疾病保险仅指劳动者及其供养亲属患病或非因工负伤后在生活和医疗方面获得物质帮助的一种社会保险制度。其中在医疗方面获得物质帮助，被称为医疗保险。本章所述疾病保险是指狭义的疾病保险。

疾病保险的特征如下：

1. 即时性。疾病与健康是相伴而行的，劳动者在日常生活中随时都有可能患病或发生非因工负伤，因而疾病对个人来说是一个终身的风险。疾病保险是针对疾病风险而设立的一种社会保险，疾病保险对于个人来说，既有享受频率最高的特点，又是一种短期的补偿性措施。

2. 广泛性。疾病发生的普遍性决定了疾病保险的广泛性。它不像生育保险那样仅对女性劳动者实行，也不像养老保险、失业保险那样仅对退出劳动岗位或暂时失去工作的劳动者实行，而是对所有劳动者实行。由于人在一生中都可能遇到疾病侵害的风险，因而许多国家疾病保险的对象包括了全体国民。

3. 交叉性。疾病保险的普遍性又使疾病保险同其他社会保险形成相互联系和交叉关系。例如，在工伤保险中涉及工伤的治疗和康复以及职业病的预防；生育保险中包含的生育手术费、住院费、药费等医疗及服务。有的国家将生育视为一种特殊的疾病，纳入疾病保险的范畴。老年、遗属和残疾社会保险更是紧密地与医疗保健服务交织在一起，疾病保险与医疗保险既有区别又有联系。单纯的医疗保险待遇是直接用于医疗服务的费用，而疾病保险包括被保险人医疗期间的休养、工资、病伤救济和医疗服务。可见，医疗保险是疾病保险的主要内容。

二、疾病保险的产生与立法

疾病保险是起源最早的社会保险项目，无论是早期的团体互济劳动保险，还是现代社会保险，莫不始于疾病保险。

疾病保险的出现主要是劳工运动的结果。在欧洲中世纪，手工业者自发地成立“行会”，“行会”中每个成员定期缴纳会费，筹资帮助病人渡过难关。18 世纪末 19 世纪初，同一行业或同一地区的工人和农民通过筹措医疗资金互相帮助。这些早期互助性团体将筹集来的资金用于需要帮助的会员，其基本原则是合作，会员参加管理和根据会员的需求变化而分配救济金。有了救济金，行会不仅可以救济病人的生活，还能请医生给会员看病。1883 年，法国政府颁布了《劳工疾病保险法》，该法规定某些行业中工资少于限额的工人应强制加入保险基金会，基金会强制性征收工人和雇主应缴纳的基金，这标志着疾病保险作为一种强制性社会保险制度的开始。随后，疾病保险在 20 世纪上半叶的整个欧洲以各种形式得到推广，奥地利、挪威、美国、法国等不少国家也都相继有了疾病保险的立法。1927 年国际劳工组织通过的第 24 号公约《工商业工人及家庭佣工疾病保险公约》和第 25 号公约《农业工人疾病保险公约》分别要求在工商业和农业领域实行强制疾病保险制度。

从 20 世纪 30 年代开始，各国社会政策取得了重大进展，“社会保险”概念出现及有关的改革措施，对疾病保险的发展产生了重大影响。1944 年国际劳工组织通过的第 69 号建议书《医疗保健建议书》呼吁各国政府满足公民对医疗服务和设施的需要，以便恢复健康和预防疾病进一步恶化，减轻疾病所带来的痛苦，进一步保护和改善健康状况。这项建议被许多国家采纳，并在本国通过立法付诸实施。1969 年国际劳工组织通过的第 130 号公约《医疗护理和疾病津贴公约》又扩大了疾病保险的适用范围。目前，所有发达国家和许多发展中国家都建立了疾病保险制度。我国从 20 世纪 50 年代起，在城镇职工中实行的劳动保险制度包括了疾病保险的内容，对于在实施范围内的职工患病或非因工负伤，给予生活救济，发给病假工资；在医疗服务方面，分别对企业职工实施劳保医疗和对机关、事业单位、社会团体职工实施公费医疗。目前，我国疾病保险制度正在进行改革。

三、疾病保险的意义

疾病不仅直接危害人们的身体健康，而且影响人们的正常生活和生产，导致社会不安定。实行疾病保险对于人们摆脱疾病状态，恢复健康，促进生产发展，保障社会安定都具有重要意义。

实行疾病保险有利于保证劳动者基本生活，促进生产发展。一方面，疾病保险可以在劳动者遇到疾病风险不能参加劳动或工作，停工治疗期间，为其支付病假工资，保证劳动者及其亲属的基本生活，解除其后顾之忧，使其安心工作，从而促进生产的发展；另一方面，疾病保险可以在劳动者患病后为其提供医疗保障，让其及时恢复身体健康，从而保证劳动者正常生产。

1. 实行疾病保险有利于调节收入差别，体现社会公平。疾病保险制度是政府进行收入再分配的一种重要手段。疾病保险通过征收疾病保险费和偿付用于治疗的医疗服务费来调节收入差别，体现社会公平性。实行疾病保险有利于调整社会关系，维护社会安定。

2. 疾病保险对患病劳动者给予生活上的帮助和身体康复治疗，有助于消除因疾病带来的社会不安定因素，是调整社会关系和社会矛盾的重要社会机制。

3. 实行疾病保险有利于促进社会文明和进步。疾病保险是一种社会互助共济的保险制度，通过建立疾病保险基金，在参保人之间分摊疾病费用风险，体现了“一方有难，八方支援”的新型社会关系，有利于促进社会文明与进步。

第二节　疾病保险的范围和对象

一、国际劳工公约对疾病保险范围的规定

1927 年国际劳工组织通过的《工商业工人及家庭佣工疾病保险公约》和《农业工人疾病保险公约》分别规定在工商业和农业及家庭佣工中实行疾病保险。

1944 年第 26 届国际劳工大会通过的第 69 号建议书《医疗保健建议书》规定，医疗保健的提供应当或者通过社会保险医疗服务，以社会补助形式作为补充措施，满足尚未被社会保险覆盖的贫困者的要求；或者通过公共医疗保健服务，并根据医疗保健服务的不同形式，将覆盖的人员分为两种情况。

1. 通过公共医疗保健服务提供医疗保健时，社会的每个成员都有资格获得服务机构提供的所有保健，不论其是否在从事有益的工作。

2. 通过社会保险医疗保健服务提供医疗保健时，每个受保的缴费者、依赖于缴费者的妻子或丈夫和孩子，根据国家法律和法规规定的缴费者赡养的人以及其他每个仅为自己支付保险费而受保的人员，都有资格获得服务机构提供的所有保健；未曾受保人员如果无法自费得到保障，则应通过社会补助途径给予提供。

1952 年国际劳工组织通过的《社会保障最低标准公约》规定医疗和疾病津贴的受保人应包括：（1）规定类别的雇员，其在全体雇员中的构成不低于 50%，以及他们的妻子和孩子；（2）规定类别的经济活动人口，其在全体居民中的构成不低于 20%，以及他们的妻子和孩子；（3）规定类别的居民，其在全体居民中的构成不低于 50%；（4）在雇用 20 人或 20 人以上的工业场所的规定类别的雇员，其在全体成员中的构成不低于 50%，以及他们的妻子和孩子。

1969 年第 53 届国际劳工大会通过的《医疗护理和疾病津贴公约》规定，医疗照顾和疾病补贴的受保人应包括：（1）全体工薪劳动者（含学徒）及其妻子和子女；（2）经济人口中规定

的类别，其总量应至少为全部经济活动人口的75%，以及属于这些类别人员的妻子和子女；（3）规定的类别居民，其总量应至少为全体居民的75%。

公约规定，经济和医疗资源未达到足够发展水平的会员国，可以在批准书中对适用范围作出保留，并规定了可以排除在公约实施范围以外的人员。

1969年通过的《医疗护理和医疗津贴建议书》将疾病保险的受保人范围扩大到所有经济自主人口，并明确规定可以分阶段在适当的条件下实施：（1）具有临时就业性质的人员；（2）居住于雇主住所，且为他工作的雇主家庭成员；（3）所有经济活动人员；（4）上述人员的妻子和孩子；（5）所有居民。

二、国外疾病保险的范围和对象

世界各国疾病保险的被保险人范围，均有一个起初较狭、其后渐广的过程。一般都是先在个别地区，后扩大到全国范围；先在个别行业、职业，后扩大到所有行业和职业；先在工薪劳动者中实施，后扩大到非工薪劳动者和全体居民；先职工后家属。具体实施范围的大小，既与一个国家的社会经济发展水平有关，也与疾病保险制度的历史发展和类型有密切关系。

在许多国家的法律中，通常将疾病保险的被保险人分为强制被保险人和任意被保险人，将普通劳动者规定为强制被保险人，将经济地位较高、收入较多者或临时工规定为任意被保险人。挪威早在1909年、英国早在1924年，于立法上就几乎把一切劳动者纳入了疾病保险的强制被保险人范围，如英国规定所有居民都享受医疗照顾。德国规定，所有工资收入者、学徒、失业保险受益者、残疾人员、年金领取者、薪金雇员和年收入不超过一定数额的某些类别的独立劳动者，享受疾病保险。医疗补助的范围包括学生、矿工、艺术工作者、政府雇员和自耕农，并各有专门的制度。而年收入高于一定金额的薪金雇员和收入低于限额的某些群体，可自愿参加疾病保险。

另外，许多国家，特别是发展中国家，疾病保险仅适用于一定规模的公司或一定地区的雇员，或者一般先在首都和其他少数大城市实行。大多数国家对农业工人未实行疾病保险。

一些国家规定对某些类别的人员如铁路员工、海员、政府公务员实行专门的疾病保险制度。如法国规定某些类别人员包括农业、医师、矿业、公用事业人员、政府公务员以及海员、农业和非农业独立劳动者，另有专门制度。加拿大规定的某些类别人员包括海员、武装部队和省政府雇员。

三、我国疾病保险的范围和对象

我国疾病保险的对象和范围，最早和其他保险项目一样，由1951年政务院颁布的《中华人民共和国劳动保险条例》规定，主要包括以下四类：（1）有工人职员100人以上（业务管理机关及附属单位人数不包括在内）的国营、公私合营、私营及合作社经营的工人、矿场及附属单位；（2）铁路、航空、邮电的各企业单位与附属单位；（3）工、矿、交通事业的基本建设单位；（4）国营建筑公司。

该条例还规定，凡在实行劳动保险的企业内工作的工人与职员，包括工资制、供给制以及学徒工（临时工、季节工、试用人员除外）在内的女工人与女职员和男职员的妻子、直系亲属均可享受一定的疾病保险待遇。

根据规定，劳动者疾病、非因工负伤和残废的待遇如下。

1.职工患病或非因工负伤，其所需诊疗费、手术费、住院费及普通药费均由企业负担；贵重药费、住院的膳费及就医路费由本人负担，如本人经济状况确有困难，酌情予以补助。病人应否住院或转院治疗，由医院决定。

2.职工因病或非因工负伤停止工作医疗时，其停止工作医疗期间连续在6个月以内者，按其本企业工龄的长短，由企业发给疗伤假期工资，其数额为本人工资的60%～100%；停止工作连续医疗期间在6个月以上时，按月付给疾病或非因工负伤救济费，其金额为本人工资的40%～60%，至能工作或确定残废或死亡时止。

3.职工因病或非因工负伤医疗终结确定为残废，完全丧失劳动力退职后，发给非因工残废救济费，其数额按下列情况规定：饮食起居需人扶助者为本人工资的50%，饮食起居不需人扶助者为40%，至恢复劳动力或死亡时止；部分丧失劳动力尚能工作者不予发给。

4.职工供养的直系亲属患病时，得在该企业医疗所、医院、特约医院或特约中西医院处免费诊治，手术费及普通药费由企业负担1/2，贵重药费、就医路费、住院费、住院时的膳费及其他一切费用，均由本人自理。

1966年4月15日劳动部和全国总工会颁发了《关于改进企业职工劳保医疗制度几个问题的通知》，对劳保医疗作了新的规定。

1.职工患病和非因工负伤，在就诊时其所需的挂号费和出诊费均由职工个人负担。

2.职工患病和非因工负伤，医疗时所需的贵重药品由企业负担，但服用营养滋补药品（包括药用食品）的费用，应由职工负担。

3.职工因工负伤或患职业病住院医疗期间的膳费，由本人负担1/3，企业负担2/3。

4.按照劳动保险条例规定享受医疗待遇的职工供养的直系亲属患病医疗时，除了手术费和药费仍然实行半费外，挂号费、检查费、化验费等均由个人负担。

5.职工实行计划生育进行手术时，所需的挂号费、检验费、手续费、药费和住院费全部由企业负担，住院膳费由本人负担。

劳保医疗经费的来源，在1953年以前全部由企业负担，1953年改为根据行业性质分别按工资总额的5%～7%提取。为了便于企业统筹运用基金，1969年财政部规定将原按工资总额的2.5%提取的福利费、3%提取的奖励基金和5.5%提取的医疗卫生费，合并改为按工资总额的11%提取职工福利基金。职工福利基金主要用于医疗卫生费和福利费开支。如果11%提取的福利基金仍不敷使用，企业可以从税后留利中提取职工福利基金进行弥补。

20世纪80年代，我国医疗制度开始改革。国家医疗制度改革研讨小组起草了《职工医疗保险制度改革设想（草案）》，提出我国职工医疗制度的改革方向是：逐步建立起适合我国国情，费用由国家、单位、个人合理负担，社会化程度较高的多形式、多层次的职工医疗保险制度。医疗改革的基本内容是：建立职工医疗保险基金，由国家、单位、个人共同筹集，原则上按工资总额的一定比例筹集，将暗补改为明补。同时，职工看病时少量负担医药费，增设专门的医疗保险管理机构。近年来，医疗保险制度改革主要体现在：(1) 普遍实行医疗费与个人挂钩的办法，劳动者就医适当负担部分医疗费用；(2) 离退休人员医疗费用逐步实行社会统筹；(3) 劳动者大病医疗费用实行社会统筹；(4) 改革公费医疗经费管理办法；(5) 改革公费医疗管理体制。

同时，我国疾病保险的范围也随着经济体制改革的进程不断扩大。1998年国务院《关于建立城镇职工基本医疗保险制度的决定》，把城镇职工都纳入医疗保险的实施范围。该决定的主要内容包括七个方面：一是明确了改革的任务和原则；二是确定了覆盖范围、统筹层次和缴费的控制比例；三是制定了关于医疗保险统筹基金和个人账户的主要政策；四是规范了基本医疗保险基金的管理和监督机制；五是提出了配套推进医疗机构改革和加强医疗服务管理的要求；六是规定了有关人员的医疗待遇；七是提出了改革工作的组织领导和具体要求。这些内容基本上制定了新的城镇职工基本医疗保险制度的总体框架，奠定了将来统一全国制度的基础，便于各地在制订改革方案时有所遵循，同时也给各地留下了根据实际作出具体规定的空间。

为保障下岗职工的基本医疗，中共中央、国务院《关于切实做好国有企业下岗职工基本生活保障和再就业工作的通知》以及劳动和社会保障部、国家经济贸易委员会、财政部等六部委联合下发的《关于加强国有企业下岗职工管理和再就业服务中心建设有关问题的通知》中规定，下岗职工进入再就业服务中心托管时，由再就业服务中心负责为其缴纳医疗保险费，下岗职工享受相应的医疗保险待遇。没有实行医疗保险制度改革的地区，由再就业服务中心按规定报销下岗职工的基本医疗费用。国有企业下岗职工的基本医疗保险费，包括单位缴费和个人缴费部分，均由再就业服务中心按照当地职工平均工资的60%为基数缴纳。

我国医疗保险制度改革主要存在四大难题：一是医疗服务管理效力有限。虽然现阶段医疗服务管理工作有所加强，但控制医疗费用支出不合理上涨的机制建设问题还没有从根本上得到解决。要建立标准化管理的机制，尽快研究制定出入院标准、诊疗技术规范、用药管理规范，并把这些标准纳入协议管理的内容；要建立医疗机构共担费用风险的机制。二是基金管理成本高、手续繁杂。要通过完善医疗保险制度，使制度设计更加科学合理，操作简便，易于衔接，降低管理成本，提高管理效率。三是国有关闭破产、转制企业退休人员的医疗保险费用来源没有明确稳定的渠道。四是对部分人群缺乏制度性安排。医疗保险的适用范围虽然已从城镇职工逐步扩大到灵活就业人员和农民工，但原公费、劳保医疗制度遗留的职工家属和大学生的医疗保险问题，还没有相应的制度性安排，城镇其他要求参加医疗保险的居民也越来越多。① 因此，应当进一步消除限制农村劳动力合理流动的歧视性政策，全面推行劳动合同制度，将进城务工人员纳入医疗保险。“2009年末全国参加城镇基本医疗保险人数为40 147万人，比上年末增加8 325万人。其中，参加城镇职工基本医疗保险人数21 937万人，比上年末增加1 941万人；参加城镇居民基本医疗保险人数为18 210万人，比上年末增加6 384万人。在职工基本医疗保险参保人数中，参保职工16 410万人，参保退休人员5 527万人，分别比上年末增加1 422万人和519万人。年末参加医疗保险的农民工人数为4 335万人，比上年末增加69万人。2009年城镇基本医疗保险基金总收入3 672亿元，支出2 797亿元，分别比上年增长20.8%和34.2%。年末城镇基本医疗统筹基金累计结存2 882亿元，个人账户积累1 394亿元。”② 应当加快城乡居民基本医疗保险和医疗救助制度建设，提高居民疾病风险防范能力。政府要承担基本医疗服务的筹资与分配责任，尤其要减少贫困和弱势人群疾病负担，实现社会互济和风险分担。

2010年出台的《社会保险法》在总结经验、吸取教训的基础上专章规定了“基本医疗保险”，不仅把职工继续纳入基本医疗保险体系中，更是把城镇非就业人口、农村人口也吸收进基本医疗保险体系中。同时，针对无雇工的个体工商户、未在用人单位参加职工基本医疗保险

① 刘羊. 我国医疗保险制度改革存在四大难题.（2005-07-06）. 新华网.

② 2009年度人力资源和社会保障事业发展统计公报.（2010-05-12）. http://www.mohrss.gov.cn.

的非全日制从业人员以及其他灵活就业人员的特点，允许他们参加职工基本医疗保险，由个人按照国家规定缴纳基本医疗保险费。值得肯定的是，《社会保险法》吸纳了实践中的合理及优秀的做法进行立法。首先，为了限制个人的医疗浪费行为，要求职工履行缴纳医疗保险费用的义务，职工基本医疗保险是针对就业人口而设计出来的，职工需要承担缴费的义务，此亦符合权利义务相一致的原则。其次，保持医疗保险社会化的特性，职工基本医疗保险就是社会保险项下的一种类型。再次，扩大覆盖范围至所有的用人单位，因为所使用的“职工”是与用人单位相对应的用语且未对用人单位作出限定。用人单位的范围至少应当和《劳动合同法》第2条的规定相一致，包括企业（国有企业、集体企业、外商投资企业、私营企业等）、个体经济组织、民办非企业单位、国家机关、事业单位、社会团体等，同时还沿袭原有做法要求用人单位与职工共同承担缴费的义务。

2002年10月，中共中央、国务院《关于进一步加强农村卫生工作的决定》明确指出：要“建立以大病统筹为主的新型农村合作医疗制度”，“到2010年，新型农村合作医疗制度要基本覆盖农村居民”，“从2003年起，中央财政对中西部地区除市区以外的参加新型合作医疗的农民每年按人均10元安排合作医疗补助资金，地方财政对参加新型合作医疗的农民补助每年不低于人均10元”，“农民为参加合作医疗、抵御疾病风险而履行缴费义务不能视为增加农民负担”。截至2004年12月，全国共有310个县参加了新型农村合作医疗，有1 945万户、6 899万农民参合，参合率达到了72.6%。2012年起，各级财政对新农合的补助；标准从每人每年200元提高到每人每年240元。其中，原有200元部分，中央财政继续按照原有补助标准给予补助；新增40元部分，中央财政对西部地区补助80%，对中部地区补助60%，对东部地区按一定比例补助。农民个人缴费原则上提高到每人每年60元，有困难的地区，个人缴费部分可分两年到位。新生儿出生当年，随父母自动获取参合资格并享受新农合待遇，自第二年起按规定缴纳参合费用。

2013年9月5日，国家卫生计生委、财政部下发《关于做好2013年新型农村合作医疗工作的通知》：自2013年起，各级财政对新农合的补助标准从每人每年240元提高到每人每年280元。政策范围内住院费用报销比例提高到75%左右，并全面推开儿童白血病、先天性心脏病、结肠癌、直肠癌等20个病种的重大疾病保障试点工作。

2014年4月25日，财政部、国家卫生计生委、人力资源和社会保障部发布《关于提高2014年新型农村合作医疗和城镇居民基本医疗保险筹资标准的通知》，各级财政对新农合和居民医保人均补助标准在2013年的基础上提高40元，达到320元。其中：中央财政对原有120元的补助标准不变，对200元部分按照西部地区80%和中部地区60%的比例安排补助，对东部地区各省份分别按一定比例补助。农民和城镇居民个人缴费标准在2013年的基础上提高20元，全国平均个人缴费标准达到每人每年90元左右。个人缴费应在参保（合）时按年度一次性缴清。

2016年4月14日，国家卫生计生委办公厅、民政部办公厅、财政部办公厅、人力资源社会保障部办公厅 、中国残联办公厅发布《关于进一步做好重度残疾人医疗服务及保障工作的通知》，提出要切实落实重度残疾人医疗保障的各项政策措施：（1）将符合规定的医疗康复项目纳入基本医保范围。各地在落实《关于将部分医疗康复项目纳入基本医疗保障范围的通知》（卫农卫发［2010］80号）基础上、按照《关于新增部分医疗康复项目纳入基本医疗保障支付范围的通知》（人社部发［2016］23号）文件要求，将康复综合评定等医疗康复项目按规定纳入基本医疗保险支付范围。有条件的地方，可以根据经济发展状况、基金承受能力，按照保基本的原则，适当增加纳入基本医疗保障范围的医疗康复项目。（2）加大重度残疾人大病保险、护理补贴等保障力度。各地人力资源社会保障、民政、卫生计生等部门要落实国务院《关于全面建立困难残疾人生活补贴和重度残疾人护理补贴制度的意见》（国发［2015］52号）文件精神，健全重度残疾人护理补贴制度。对于符合条件的重度残疾人，要及时发放护理补贴。同时，要落实国务院办公厅《关于全面实施城乡居民大病保险的意见》（国办发［2015］57号）文件要求，全面建立完善城乡居民大病保险，对罹患大病的重度残疾人等参保人员政策范围内的医疗费用按规定予以支付。（3）做好重度残疾人医疗救助工作。各地要按照《国务院办公厅转发民政部等部门关于进一步完善医疗救助制度 全面开展重特大疾病医疗救助工作意见的通知》（国办发［2015］30号）等有关文件要求，对符合条件的重度残疾人参加基本医疗保险的个人缴费部分给予补贴，其中，属特困人员的给予全额资助，属最低生活保障家庭成员的给予定额资助，保障其获得基本医保服务。重度残疾的重点医疗救助对象在定点医疗机构发生的政策范围内的住院费用中，对经基本医保、城乡居民大病保险及各类补充医疗保险、商业保险报销后的个人负担费用，在年度救助限额内按不低于70%的比例给予医疗救助。对救助后仍有困难的，要充分发动社会慈善力量予以帮扶。

2017年4月13日，国家卫生计生委、财政部发布《关于做好2017年新型农村合作医疗工作的通知》，各级财政对新农合的人均补助标准在2016年的基础上提高30元，达到450元，其中：中央财政对新增部分按照西部地区80%、中部地区60%的比例进行补助，对东部地区各省份分别按一定比例补助。农民个人缴费标准在2016年的基础上提高30元，原则上全国平均达到180元左右。政策范围内门诊和住院费用报销比例分别稳定在50%和75%左右，逐步缩小政策报销比和实际报销比之间的差距。继续加大投入力度，新农合新增筹资中的一定比例要用于大病保险，进一步调整完善大病保险统筹补偿方案。将贫困人口大病保险起付线降低50%，促进更多贫困人口从大病保险受益。健全新农合、大病保险、医疗救助、疾病应急救助、商业补充保险等制度联动报销机制，推进“一站式”结算服务。做好农村贫困人口大病专项救治工作，将儿童白血病、儿童先天性心脏病、食管癌、胃癌、结肠癌、直肠癌、终末期肾病等大病集中救治范围覆盖至所有农村参合贫困患者，并将罹患儿童先心病、儿童白血病的城市参合贫困患者同时纳入专项救治范围。支持各地对贫困人口采取“先诊疗、后付费”的政策，对县域内医疗机构垫付的贫困人口报销资金要及时足额予以支付。加快推进新农合信息平台全国联网，完善异地就医信息系统建设、补偿政策和管理运行机制。

第三节　疾病保险待遇

一、疾病保险待遇的内容和标准

疾病保险待遇的内容主要有三项：疾病津贴、医疗补助和供养亲属的医疗照顾。

（一）疾病津贴

疾病津贴，是对受保人因疾病中断工作而给予的帮助。疾病津贴的金额按受保人平均收入的一定比例发给，一般规定为受保人工资的50%～75%。但大多数国家的疾病津贴金额法律一般明文规定最高限额，或者间接规定缴纳保险费和享受疾病津贴待遇的收入最高限额。

大多数国家规定，受保人领取疾病津贴需有2天～7天的等待期。如果受保人患病在等待期内，则不享受疾病津贴。受保人每次患病，或一年之内享受疾病津贴的累计周数，通常有一个法定最高限度，一般不超过26周，但有的国家规定受保人享受疾病津贴的期限很长，甚至没有期限；有的国家授权管理机构把个别情况的补助金领取期限延长到39周或52周。许多国家还规定，若受益人享受疾病津贴的期限已满，而仍不能工作者，准予改发伤残抚恤金。

1952年的《社会保障最低标准公约》规定，疾病津贴每例期限为26周，停发工资的头3天不需支付。疾病津贴的标准为受保人本人工资的45%。公约还规定，疾病津贴应定期予以支付，并在发生意外事故的整个过程中，均应予以发放。1969年的《医疗护理和疾病津贴公约》规定，因病不能工作并导致收入中断时，疾病补贴应在该不测事件整个期间予以发给，疾病津贴的标准为受益人过去收入的60%。疾病津贴的准发期限可依照规定将每一不能工作事例限制在至多52周。

（二）医疗补助

医疗补助，亦称医疗照顾，是指受保人可以享受的疾病医疗服务。

各国疾病保险为受保人提供医疗服务的种类不尽相同，但一般都包括普通医生的治疗、一定的住院治疗，以及必要的药品供应。有的国家还规定可提供专科医生、外科手术、产科护理、牙科治疗，以及范围较广的药品和某些供病人使用的辅助器械。

《社会保障最低标准公约》规定的医疗补助至少应包括以下内容。

1. 在疾病情况下

（1）普通开业医生诊疗，包括出诊；

（2）在医院由专家进行门诊或住院治疗，如有可能在医院外提供这种专家治疗；

（3）由医生或其他合格开业者开具处方的必需药物的供应；

（4）必要时住院。

2. 怀孕、分娩及其后果

（1）由开业医生或合格的助产士进行产前、分娩和产后的护理；

（2）必要时住院。

该公约规定可以要求受益人或其供养人分担医疗费用，但有关费用分担的规则应以避免经济困难为原则加以制定。

1969年的《医疗护理和疾病津贴公约》规定，医疗照顾应致力于维护、恢复或改善受保人的健康以及工作和处理个人需要的能力。医疗照顾至少应包括以下内容。

（1）内科医生的护理，包括家庭出诊；

（2）在医院内对住院或非住院人员的专家护理以及专家可能给予的院外护理；

（3）依照医生或其他合格医务人员的处方提供必需的药品；

（4）必要时住院治疗；

（5）依照规定的牙科护理；

（6）医疗康复，包括依照规定的肢体替代或矫正器材的提供、维护和更换。

各国疾病保险规定的医疗服务费用的具体支付办法，主要有三种方式：（1）由公共卫生系统或社会保险机构直接将医疗费用支付给医疗照顾的提供者，病人一般与医疗服务的提供者很少或不发生经济关系。（2）偿还病人的治疗费用或由病人报销的方式。通常先由病人按其所得到的医疗服务向医生、药房或医院缴纳医疗费，然后由社会保险机构按规定的比例报销病人所交的费用。报销时一般有最高限额的规定。（3）直接向病人提供医疗照顾。一些国家的社会保险机构或政府自己拥有并经办医疗设施，这些设施一般由领取薪金的人员掌管，由他们直接向合格的受保人提供医疗服务，病人对大部分医疗服务不支付费用，只是他们缴纳的保险费的一部分要拨作医疗经费。

（三）供养亲属的医疗照顾

各国规定在向受保人提供医疗补助的同时，也应向他们的亲属提供类似的服务。受供养的亲属包括配偶和未成年子女，有时还包括和受保人共同居住并依靠受保人供养的其他成年人或年幼的亲属。但有的国家规定给予受保人亲属提供的医疗服务要少于受保人。

在我国，关于疾病保险待遇的规定，有以下主要内容。

1. 医疗期间待遇

职工享受疾病保险待遇，除完全丧失劳动能力外，只限于规定的医疗期内。此医疗期，即职工因患病或非因工负伤停止工作治病休息且不得辞退的期限，其长度根据职工本人连续工作时间和在本单位工作时间分档次确定，最短不可少于 3 个月，最长一般不超过 24 个月；难以治愈的疾病，经医疗机构提出，本人申请，劳动保障行政部门批准后，可适当延长医疗期，但延长期最多为 6 个月。

在此期间的疾病保险待遇，由下述两部分组成。

（1）医疗保险待遇。职工一般可在与社会保险经办机构和用人单位签订的医疗服务合同规定的多个定点医疗机构中选择就医。其保险待遇项目主要有：符合基本医疗保险药品目录、诊疗项目、医疗服务设施标准以及急诊、抢救的医疗费用。上述费用按国家规定从基本医疗保险基金中支付，超出支付限额的费用和其余费用由个人负担。

（2）疾病津贴（病假工资）。职工患病或非因工负伤，停止工作满一个月以上的，单位停发工资，改按其工作时间长短给付相当于本人工资一定比例的疾病津贴。

2. 致残待遇

职工患病或非因工负伤致残的在医疗期内医疗终结或医疗期满后，经用人单位申请，劳动鉴定机构进行劳动能力鉴定并确定残废等级，享受致残待遇。致残疾病保险待遇因残废等级不同而有区别。

（1）一级至四级残废者，应退出劳动岗位，终止劳动关系。按现行规定，享受退休或退职待遇，由社会保险经办机构从养老保险基金中支付相当于本人工资一定比例的伤残津贴，符合享受养老金条件后，按规定改发养老金。

（2）五级至十级残废者，在规定的医疗期内不得辞退，用人单位为其另行安排工作，不能从事所安排工作的，可按规定继续发给疾病津贴；规定医疗期满后，可以解除劳动合同并按规定给予经济补偿。

3. 职工亲属医疗待遇

按原规定，职工供养亲属患病治疗时，单位仅就某些项目（如药费、手术费等）的医疗费用给予一定比例（一般为 50%）的疾病补助。1998 年国务院《关于建立城镇职工基本医疗保险制度的决定》未对职工亲属的医疗待遇作出规定。原劳动和社会保障部、国家发展计划委员会、财政部、卫生部、国家中医药管理局于 1999 年 6 月 30 日颁布实施的《关于城镇职工基本医疗保险诊疗项目管理的意见》规定：基本医疗保险诊疗项目是指符合以下条件的各种医疗技术劳务项目和采用医疗仪器、设备与医用材料进行的诊断、治疗项目：(1) 临床诊疗必需、安全有效、费用适宜的诊疗项目；(2) 由物价部门制定了收费标准的诊疗项目；(3) 由定点医疗机构为参保人员提供的定点医疗服务范围内的诊疗项目。基本医疗保险诊疗项目通过制定基本医疗保险诊疗项目范围和目录进行管理。制定基本医疗保险诊疗项目范围和目录既要考虑临床诊断、治疗的基本需要，也要兼顾不同地区经济状况和医疗技术水平的差异，做到科学合理，方便管理。参保人员发生的诊疗项目费用，属于基本医疗保险不予支付费用诊疗项目目录以内的，基本医疗保险基金不予支付。属于基本医疗保险支付部分费用诊疗项目目录以内的，先由参保人员按规定比例自付后，再按基本医疗保险的规定支付。社区卫生服务中心的基本医疗服务项目纳入基本医疗保险范围。《社会保险法》将职工亲属纳入城镇居民基本医疗保险的覆盖范围，不过目前城镇居民基本医疗保险正在建立和完善之中。

《国家基本医疗保险诊疗项目范围》规定基本医疗保险不予支付费用的诊疗项目范围为：第一，服务项目类：(1) 挂号费、院外会诊费、病历工本费等。(2) 出诊费、检查治疗加急费、点名手术附加费、优质优价费、自请特别护士等特需医疗服务。第二，非疾病治疗项目类：(1) 各种美容、健美项目以及非功能性整容、矫形手术等。(2) 各种减肥、增胖、增高项目。(3) 各种健康体检。(4) 各种预防、保健性的诊疗项目。(5) 各种医疗咨询、医疗鉴定。第三，诊疗设备及医用材料类：(1) 应用正电子发射断层扫描装置（PET)、电子束 CT、眼科准分子激光治疗仪等大型医疗设备进行的检查、治疗项目。(2) 眼镜、义齿、义眼、义肢、助听器等康复性器具。(3) 各种自用的保健、按摩、检查和治疗器械。(4) 各省物价部门规定不可单独收费的一次性医用材料。第四，治疗项目类：(1) 各类器官或组织移植的器官源或组织源。(2) 除肾脏、心脏瓣膜、角膜、皮肤、血管、骨、骨髓移植外的其他器官或组织移植。(3) 近视眼矫形术。(4) 气功疗法、音乐疗法、保健性的营养疗法、磁疗等辅助性治疗项目。第五，其他：(1) 各种不育（孕）症、性功能障碍的诊疗项目。(2) 各种科研性、临床验证性的诊疗项目。

《关于确定城镇职工基本医疗保险医疗服务设施范围和支付标准的意见》规定，基本医疗保险医疗服务设施是指由定点医疗机构提供的，参保人员在接受诊断、治疗和护理过程中必需的生活服务设施。基本医疗保险医疗服务设施费用主要包括住院床位费及门（急）诊留观床位费。对已包含在住院床位费或门（急）诊留观床位费中的日常生活用品、院内运输用品和水、电等费用，基本医疗保险基金不另行支付，定点医疗机构也不得再向参保人员单独收费。基本医疗保险基金不予支付的生活服务项目和服务设施费用，主要包括：(1) 就（转）诊交通费、急救车费；(2) 空调费、电视费、电话费、婴儿保温箱费、食品保温箱费、电炉费、电冰箱费及损坏公物赔偿费；(3) 陪护费、护工费、洗理费、门诊煎药费；(4) 膳食费；(5) 文娱活动费以及其他特需生活服务费用。

二、享受疾病保险待遇的条件

通常情况下享受疾病保险待遇是以就业和缴纳保险费的期限为条件，但也有例外。许多国家在立法中对疾病保险待遇的给付规定了具体的限制性条件，当受保人具备此种条件时，全部或部分不给付疾病保险待遇。

综合起来有下述几种。

1. 保险事故由被保险人故意或犯罪行为所引起的，概不给付保险待遇。

2. 保险事故因被保险人的法定重大过失所引起的，通常不给付疾病津贴之部分或全部。

3. 被保险人无正当理由不服从或拒绝医生诊断治疗的，全部或部分停止保险给付。

4. 被保险人以欺诈或其他不正当行为领取或欲领取保险给付者，于其行为后一定期间（通常为 1 年）内发生疾病的，全部或部分不发给疾病津贴。

5. 被保险人被收容、被处拘役或徒刑，享受国家或公共团体负担费用之疗养或者身处法律适用范围以外区域者，在这些情形续存期间不予给付保险。

6. 被保险人于发生保险事故后仍可领取工资者，按其所得工资多少减发或不发给疾病津贴。

7. 被保险人于保险事故发生后满“等待期”（一般为 2 天至 7 天）的，才开始给付疾病津贴，即在“等待期”不给付疾病津贴。

8. 任意被保险人加入保险满一定期限后始得给付保险待遇。

9. 享受疗养期间和享受疾病津贴期间均有一定限制，过此期限，虽疾病未愈，也不再给付保险待遇。此期限各国规定不一，大多数国家规定 1 年内最多 26 周，少数国家规定可超过 26 周，有的长达 52 周。①

第四节　疾病保险基金的筹集和使用

一、疾病保险基金的筹集

疾病保险基金的资金来源各国不尽相同，大多数国家一般采用社会保险基金的传统筹措方法，由雇主和雇员按照一定限额以下的工资的固定比例，直接向各单独的保险机构缴纳保险费。有些国家规定政府也要负担一定比例。就强制疾病保险而言，就有两种模式：（1）劳动者负担 2/3，雇主负担 1/3，政府不予补助。此模式为德国和奥地利所采用。（2）劳动者和雇主平均负担，国家予以补助。现代各国多采用此种模式。

此外，许多国家立法中还规定，在特定条件下应增加雇主对疾病保险基金的负担。例如，对基于业务性质而发生保险事故之营业，可增加雇主的基金负担至 2/3；对小额工资收入的被保险人，可增加雇主对其保险基金负担的数额；对于保险基金超过法定限度之部分，全归雇主

---

① 富国中美医疗照顾最差.（2010－11－19）［2015－05－27］. http：//www.lawtime.cn/info/yiliao/ylyfbj/20120130 67820.html. 调查发现，在 11 个富裕国家当中，美国人即使拥有医疗保险，也仍然最有可能因高昂的费用或支付医疗账单时出现困难而没有得到医疗照料。主张美国医疗制度须进行改革的联邦基金会于 2010 年 3 月至 6 月，在 11 个国家对近 2 万人进行了这项调查。调查报告称，三分之一的美国人因费用问题而没有得到医疗照料、不去看医生或得不到医生的治疗处方。这种情况在荷兰和英国只占 5%到 6%。报告指出，美国成人在支付医疗账单时有严重困难者占 20%。相比之下，这种情况在英国只占 2%，在医疗开支第二大的国家法国也只有 9%。据了解，在美国 65 岁以下的人口当中，约 60%的人是通过雇主获得医疗保险，近 4 500 万名 65 岁以上的美国人则在 Medicare 医疗保险计划下获益。不过，目前尚有 4 700 万人没有得到任何的医疗保险。接受调查的另外 10 个国家，包括澳大利亚、英国、加拿大、法国、德国、荷兰、新西兰、挪威、瑞典和瑞士都有为人民提供公共和私营的保险。调查也发现，在有需要时，英国、瑞士、新西兰和荷兰的成人当天或第二天就可以去看医生。

负担；保险机构还可依据章程规定，增加雇主负担的数额。各国立法中还规定，雇主和劳动者所负担的保险基金均由雇主缴纳，但归劳动者负担的部分，可由雇主从工资中扣除。

在我国改革前，关于疾病保险基金，企业职工主要由企业负担，机关、团体、事业单位则由政府负担。改革后，按照国务院《关于建立城镇职工基本医疗保险制度的决定》，用于医疗保险的基本医疗保险费由用人单位和职工双方共同负担。即基本医疗保险费由用人单位和职工共同缴纳，用人单位缴费率一般为职工工资总额的6%左右，职工缴费率一般为本人工资收入的2%。随着经济的发展，用人单位和职工缴费率可作相应调整。《社会保险法》不仅认可了此内容，还继续规定了：首先，无雇工的个体工商户、未在用人单位参加职工基本医疗保险的非全日制从业人员以及其他灵活就业人员可以由个人按照国家规定缴纳职工基本医疗保险费。其次，城镇居民基本医疗保险实行个人缴费和政府补贴相结合。再次，新型农村合作医疗制度在实践中亦是采用了个人缴费加上政府补贴的做法。

二、疾病保险基金的使用

在国外，疾病保险用于医疗保险的费用，通常由医疗保险机构向医生支付和向医疗机构支付。

1. 向医生支付费用。其方式有以下几种。

（1）按服务项目付费。医生服务项目多，收费则多。美国、加拿大、澳大利亚、新西兰、比利时、法国、德国、挪威、韩国等国家采用此种方式。

（2）工资制。工资制是最常见的一种支付方式，医生领取规定的工资，一般禁止拿工资的医生从事私诊。芬兰、瑞典、西班牙、葡萄牙、希腊、土耳其、印度、印度尼西亚、以色列和拉美的一些国家，主要采用此种方式。

（3）按人头均摊。丹麦、荷兰、英国很长时间采用此种方式，美国等国家的一些保健组织也采用此类方法。

2. 向医院支付费用。其方式主要有。

（1）明细账。即将病人所花费用一一列出，分别收费。病人一般要自付一定比例的费用。每项收费的标准可以协商，但医院有权决定病人是否需要特殊护理，病人需要何种诊断。

（2）费用包干。医疗保险机构事先和医院协商确定包干费用，一年协商一次。

（3）按诊断付费。将诊断分为若干类，对每一类治疗全过程向医院总付费一次。美国采取此种方法，欧洲有的国家也在试行。

（4）协商预算。一般由保险机构和医院协商确定最高预算限额，或采用控制费用增长比例的方式。

在我国，医疗保险建立医疗保险统筹基金和个人账户。统筹基金和个人账户分别核算，互不挤占。统筹基金确定起付标准和最高支付限额。起付标准原则上控制在当地职工年平均工资的10%左右，最高支付限额原则上控制在当地职工年平均工资的4倍左右。职工患病后，所需医疗费用在起付标准以下的从个人账户中支付，或由个人支付；起付标准以上、最高支付限额以下的医疗费用，主要从统筹基金中支付，但个人也要负担一定比例。

第五节　疾病保险的管理

一、疾病保险的管理体制

许多国家的疾病保险由全国性的社会保障机构管理，也有一些国家由政府卫生部门负责医疗保险管理。通常由政府的一个部门为主、其他部门配合实施管理的较多。管理形式一般都是行政管理和业务管理分开。政府社会保障或卫生行政部门负责制定疾病保险的有关法律、政策和标准，社会保险机构一般负责受保人的医疗服务和疾病保险基金的收缴和管理。

在我国，疾病保险由政府各级劳动保障部门实施综合管理，政府的卫生、财政部门在其职责范围内实施行政管理。劳动保障部门所属的社会保险经办机构或税务部门负责医疗保险基金的收缴、发放和其他业务管理。

二、疾病保险基金的管理

疾病保险基金的管理重点是用于医疗保险的医药费的管理。各国都把控制医药费的增长作为基金管理的重点内容。其对策一是控制供给，二是控制需求。

控制供给的措施是：对医院作出明确的服务收费价格和报酬的限制规定；制定可用药目录和不允许使用的药品名单；制定诊断技术标准；制定对医院报酬的结算方法；改变医院支付制度，用总预算支出代替按住院日支付办法；关闭多余的医院，停止扩充床位，调整医院布局，协调大小医院之间的关系等。不少国家通过立法和制定规章加强对医院和医生的监督检查，规范医疗服务行为。如美国1972年通过了关于审查职业标准的立法，比利时、西班牙、法国等国对医生的行为建立医疗规范示意图等。

控制医疗需求的措施是：实行个人负担部分医疗费用的制度。如比利时规定，病人住院超过40天时，每天要收取一定的费用，超过90天时，日收费提高3倍至5倍。1989年每张门诊药物处方的交费额提高到50法郎，一般医生的会诊费用为65法郎，理疗费要交40%。德国1989年《医疗改革法》规定，对1/3的保险药品实行定价支付，差额由病人负担，其余2/3的药品从1992年起自付15%的费用；某些治疗辅助用品和辅助疗法的费用由病人负担；住院治疗从1991年起由每天支付5马克提高到10马克，但以14天为限。日本从1983年对老年人不再免费医疗，改为门诊治疗每月自付800日元，住院治疗每月自付400日元；从1984年起职工医疗费个人自付10%。

在我国，疾病保险用于医疗保险的基金纳入财政专户管理，专款专用，不得挪用。

基本医疗保险基金建立预决算制度、财务会计制度和内部审计制度。基本医疗保险基金存入银行的计息办法：当年筹集的部分按活期存款利率计息；上年结转的基金利息按3个月整存整取银行存款利率计息；存入社会保障财政专户的沉淀资金，比照3年期零存整取储蓄存款利率计息，并不低于该档次利率水平。个人账户的本金和利息归个人所有，可以结转使用和继承。

三、医疗服务管理

我国基本医疗保险由政府确定服务范围和标准，制定基本医疗保险药品目录、诊疗目录、医疗服务设施标准；对基本医疗保险实行定点医疗机构和定点药店管理，并建立医药分开核算、分别管理的制度；合理调整医疗机构布局，优化医疗资源及配置，发展社区卫生服务。

（一）基本医疗保险诊疗项目和医疗服务设施管理

基本医疗保险诊疗项目，是指符合以下条件的各种医疗技术劳务项目和采用医疗仪器、设备与医用材料进行的诊断治疗项目，包括：（1）临床诊断必须安全有效、费用适宜的诊疗项目；（2）由物价部门制定了收费标准的诊疗项目；（3）由定点医疗机构为参保人员提供的定点医疗服务范围内的诊疗项目。

基本医疗保险诊疗项目通过制定基本医疗保险诊疗项目范围和目录进行管理。国家基本医疗保险诊疗项目范围按照临床诊断、治疗的基本需要，兼顾不同地区经济状况和医疗技术水平的差异确定，分为基本医疗保险不予支付费用的诊疗项目范围和部分支付费用的诊疗项目范围。

基本医疗保险服务设施是指由定点医疗机构提供的，参保人员在接受诊断、治疗和护理过程中必需的生活服务设施。其费用主要包括住院床位费及门（急）诊留观床位费。国家通过制定基本医疗保险基金不予支付的生活服务项目和服务设施费用，实施管理。

（二）基本医疗保险定点医疗机构管理

基本医疗保险定点机构，是指经统筹地区劳动保障行政部门审查，并经社会保险经办机构确定的，为城镇职工基本医疗保险参保人员提供医疗服务的医疗机构。

定点医疗机构审查和确定的原则是：方便参保人员就医并便于管理；兼顾专科与综合、中医与西医，注重发挥社区卫生服务机构的作用；促进医疗卫生资源的优化配置，提高医疗卫生资源的利用效率，合理控制医疗服务成本和提高医疗服务质量。

经卫生行政部门批准并取得医疗机构执业许可证的医疗机构，以及军队主管部门批准有资格开展对外服务的军队医疗机构，可以申请定点资格。这些医疗机构包括：（1）综合医院、中医医院、中西医结合医院、民族医医院、专科医院；（2）中心卫生乡（镇）卫生院、街道卫生院、妇幼保健院（所）；（3）综合门诊部、专科门诊部、中医门诊部、中西医结合门诊部、民族医门诊部；（4）诊所、中医诊所、民族医诊所、卫生所、医务室；（5）专科疾病防治院（所、站）；（6）经地级以上卫生行政部门批准设置的社区卫生服务机构。

定点医疗机构应具备的条件是：（1）符合区域医疗机构设置规划；（2）符合医疗机构评审标准；（3）遵守国家有关医疗服务管理的法律、法规和标准，有健全和完善的医疗服务管理制度；（4）严格执行国家、省（自治区、直辖市）物价部门的医疗服务和药品的价格政策，经物价部门监督检查合格；（5）严格执行城镇职工基本医疗保险制度的有关政策规定，建立了与基本医疗保险管理相适应的内部管理制度，配备了必要的管理人员和设备。

定点医疗机构经申请批准后，由政府有关部门发给资格证书，并向社会公布，供参保人选择。参保人选定的医疗机构由社会保险经办机构与其签订医疗服务协议，协议有效期为 1 年。参保人可在 1 年后提出更改要求，由社会保险经办机构办理变更手续。参保人除选择获得定点资格的专科医疗机构和中医医疗机构外，一般还可再选择 3 家至 5 家不同层次的医疗机构。参保人在不同等级的定点医疗机构就医，个人负担医疗费用的比例可有所差别。参保人在选定的定点医疗机构就医，可自主决定在定点医疗机构购药或持处方到定点零售药店购药。定点医疗机构对参保人的医疗费用要单独建账，并按要求及时、准确地向社会保险机构提供参保人员医疗费用的发生情况等有关信息。

（三）基本医疗保险定点零售药店管理

基本医疗保险定点零售药店，是指经统筹地区劳动保障行政部门审查，并经社会保险经办机构确定的，为城镇职工基本医疗保险参保人员提供处方外配服务的零售药店。处方外配是指参保人员持定点医疗机构处方，在定点零售药店购药的行为。

定点零售药店审查和确定的原则是：保证基本医疗保险用药的品种和质量；引入竞争机制，合理控制药品服务成本；方便参保人员就医后购药和便于管理。

定点零售药店必须具备的资格和条件是：（1）持有药品经营许可证、药品经营企业合格证、营业执照，经药品监督管理部门年检合格；（2）遵守我国《药品管理法》及有关法规，有健全和完善的药品质量保证制度，能确保供药安全、有效和服务质量；（3）严格执行国家、省（自治区、直辖市）规定的药品价格政策，经物价部门监督检查合格；（4）具备及时供应基本医疗保险用药，24 小时提供服务的能力；（5）能保证营业时间内至少一名药师在岗，营业人员需经地级以上药品监督管理部门培训合格；（6）严格执行城镇职工基本医疗保险制度有关政策规定，有规范的内部管理制度，配备必要的管理人员和设备。

愿意承担城镇职工基本医疗保险定点服务的零售药店，经申请批准后，由统筹地区确定，统发定点零售药店标牌，并向社会公布，供参保人员选择购药。社会保险机构根据《社会保险法》的规定通过与定点零售药店签订服务协议，确定双方的责任、权利和义务。协议有效期一般为 1 年。病人在定点零售药店购药，必须有定点医疗机构医师开具的外配处方，有医师签名和定点医疗机构盖章。处方要有药师审核签字，并保存 2 年以上以备核查。

（四）基本医疗保险用药范围管理

基本医疗保险用药范围通过制定《基本医疗保险药品目录》进行管理。人力资源和社会保障部于 2009 年 11 月 27 日发布了《关于印发国家基本医疗保险、工伤保险和生育保险药品目录的通知》，从而使得目前适用的为 2009 年版的《基本医疗保险药品目录》。人力资源和社会保障部于 2010 年 6 月 28 日发布了《关于印发国家基本医疗保险、工伤保险和生育保险药品目录部分药品名称剂型调整规范的通知》（人社厅发［2010］58 号），对 2009 年版的药品目录部分药品名称剂型进行调整。纳入药品目录的药品，应是临床必需、安全有效、价格合理、使用方便、市场能够保证供应的药品，并且应具备下列条件之一：（1）《中华人民共和国药典》（现行版）收载的药品；（2）符合国家药品监督管理部门颁发标准的药品；（3）国家药品监督管理部门批准正式进口的药品。药品目录所列药品包括西药、中成药（含民族药）、中药饮片（含民族药）。药品目录分为“甲类目录”和“乙类目录”。“甲类目录”由国家统一制定，各地不得调整。“乙类目录”由国家制定，各地区可根据当地经济水平、医疗需求和用药习惯，适当进行调整。

不能纳入基本医疗保险用药范围的药品是：（1）主要起营养作用的药品；（2）部分可以入药的动物及动物脏器、干（水）果类；（3）用中药材和中药饮片泡制的各类酒制剂；（4）各类药品中的果味制剂、口服泡腾剂；（5）血液制品、蛋白类制品（特殊适应证与急救、抢救除外）；（6）社会保险行政部门规定基本医疗保险基金不予支付的其他药品。

基本医疗保险参保人员使用“甲类目录”的药品所发生的费用按基本医疗保险的规定支付；使用“乙类目录”的药品所发生的费用，先由参保人员自付一定比例，再按基本医疗保险的规定支付。

（五）基本医疗保险费用结算管理

为了有效地控制医疗费用，保证统筹基金收入平衡，规范医疗服务行为，保障参保人员的基本医疗，提高基本医疗保险的社会化管理水平，各统筹地区要根据当地实际情况和基本医疗保险基金支出管理的需要，制定基本医疗保险费用结算办法。结算办法包括结算方式和标准、结算范围和程序、审核办法和管理措施等有关内容。基本医疗保险的具体结算方式，根据社会保险经办机构的管理能力以及定点医疗机构的不同类别确定，可采取差额预付方式、服务项目结算、服务单元结算等方式，也可以多种方式结合使用。《社会保险法》在基本医疗保险制度方面的贡献之一就是建立了直接结算制度和异地结算制度。

2016 年 12 月 8 日，人力资源社会保障部、财政部发布《关于做好基本医疗保险跨省异地就医住院医疗费用直接结算工作的通知》，提出：到 2016 年年底基本实现全国联网，启动跨省异地安置退休人员住院医疗费用直接结算工作；2017 年开始逐步解决跨省异地安置退休人员住院医疗费用直接结算，年底扩大到符合转诊规定人员的异地就医住院医疗费用直接结算。结合本地户籍和居住证制度改革，逐步将异地长期居住人员和常驻异地工作人员纳入异地就医住院医疗费用直接结算覆盖范围。跨省异地就医费用医保基金支付部分在地区间实行先预付后清算。部级经办机构根据往年跨省异地就医医保基金支付金额核定预付金额度。预付金额度为可支付两个月资金。各省（区、市）可通过预收省内各统筹地区异地就医资金等方式实现资金的预付。预付金原则上来源于各统筹地区医疗保险基金。跨省异地就医清算按照部级统一清分，省、市两级清算的方式，按月全额清算。跨省异地就医预付及清算资金由参保地省级财政专户与就医地省级财政专户进行划拨。各省级经办机构应将收到的预付及清算单于 5 个工作日内提交给同级财政部门。参保地省级财政部门在确认跨省异地就医资金全部缴入省级财政专户，对经办机构提交的预付及清算单和用款申请计划审核无误后，在 10 个工作日内向就医地省级财政部门划拨预付和清算资金。就医地省级财政部门依据预付及清算单收款。各省级财政部门在完成预付和清算资金划拨及收款后，5 个工作日内将划拨及收款信息以书面形式反馈省级经办机构，省级经办机构据此进行会计核算，并将划拨及收款信息及时反馈部级经办机构。因费用审核发生的争议及纠纷，按经办规程规定妥善处理。

2017 年 6 月 20 日，国务院办公厅发布《关于进一步深化基本医疗保险支付方式改革的指导意见》，提出：进一步加强医保基金预算管理，全面推行以按病种付费为主的多元复合式医保支付方式。（1）实行多元复合式医保支付方式。针对不同医疗服务特点，推进医保支付方式分类改革。（2）重点推行按病种付费。原则上对诊疗方案和出入院标准比较明确、诊疗技术比较成熟的疾病实行按病种付费。逐步将日间手术以及符合条件的中西医病种门诊治疗纳入医保基金病种付费范围。（3）开展按疾病诊断相关分组付费试点。探索建立按疾病诊断相关分组付费体系。按疾病病情严重程度、治疗方法复杂程度和实际资源消耗水平等进行病种分组，坚持分组公开、基础费率公开，结合实际确定和调整完善各组之间的相对比价关系。（4）完善按人头付费、按床日付费等支付方式。支持分级诊疗模式和家庭医生签约服务制度建设，依托基层医疗卫生机构推行门诊统筹按人头付费，促进基层医疗卫生机构提供优质医疗服务。（5）强化医保对医疗行为的监管。完善医保服务协议管理，将监管重点从医疗费用控制转向医疗费用和医疗质量双控制。

问题与思考

1. 疾病保险的意义是什么？
2. 我国的疾病保险制度经历了哪些变化？
3. 我国的疾病保险制度需要进行哪些改革？
4. 疾病保险实行社会统筹有哪些意义？
5. 如何提高劳动者的疾病保险待遇？
6. 完善我国新型农村合作医疗的方向？

7. **案例**：张某系双赢公司职工，2008 年 1 月至 2016 年 2 月在双赢公司缴纳医疗保险费，双赢公司因经营不景气于 2016 年 4 月停产，自 2016 年 2 月起双赢公司未给张某缴纳医疗保险，张某于2016年12月办理退休，2017年1月自己继续缴纳医疗保险；2017 年 1 月 9 日，张某因身体疾病住院治疗，支出医疗费 12 420.49 元，其中应由医保部门报销数额为 8 874.44 元，因双赢公司中断缴费 6 个月以上，导致张某本次住院不能依法报销。现张某要求双赢公司支付医疗保险机构未予核销的医疗费损失 8 874.44 元。①

问题：张某的要求是否应当得到支持？

8. **案例**：2017 年 2 月 4 日，陈某在池州市人民医院经诊断为升结肠癌，遂住院治疗。2017 年 2 月 25 日出院，共花费医药费 21 752.17 元。2017 年 3 月 4 日，其长子王某不慎将其住院医疗费发票丢失，已报警。2017 年 8 月 22 日，陈某持池州市人民医院遗失补打并加盖该院及财务科公章的住院收费票据复印件及出院记录原件、汇总清单原件到城乡居民基本医疗保险管理中心报销。城乡居民基本医疗保险管理中心不予申报，理由是：依据规定，办理报销需提供发票原件，而陈某未能提供相应票件，故依照正当程序不予申报。

陈某不服提起诉讼，向法院提交了下列证据材料：（1）身份证复印件，证明原告身份；（2）遗失补打并加盖池州市人民医院财务科公章的住院收费票据、出院记录、费用清单，证明其因病住院的时间、病因、治疗、实际费用等事实；（3）上海市公安局案件接报回执单，证明其长子王某在上海不慎将其住院医疗费发票丢失的事实；（4）报销医疗费申请，证明其向被告申请报销及被告答复不予办理报销。石台县城乡居民医保中心辩称：（1）不予审核报销的规范性文件依据。依据《会计法》第 14 条第 3 款、第 4 款，会计人员对不真实、不合法的原始凭证有权不予接受，被告不予审核报销有法律依据；（2）原告陈某所持发票为复印件，不符合发票报销的规定；（3）以发票复印件代替发票原件办理报销，其无所适从。请求法院依法判决驳回原告陈某的诉讼请求。②

问题：陈某的诉求是否应当得到支持？

---

① [2018－01－10]. http：//www.pkulaw.cn/case.
② [2018－01－10]. http：//www.pkulaw.cn/case.

第七章

生育保险

本章概要

优生优育是国家的基本国策，生育保险是实现优生优育的前提和条件。女工在生育期间能否得到适当的休息和护理，关系到女工的身心健康及儿童身体发育和成长。生育保险是一项专门保护女职工的社会保险，为生育的女工提供产前、产后的经济补偿和医疗保障。因此，生育保险不仅是维护女工的劳动权利，而且是提高全民族身心素质的重要制度。

关键术语

生育保险　生育津贴　生育保险基金　产假　生育医疗费　哺乳期

第一节　生育保险的概念和意义

一、生育保险的概念

生育保险，是指女职工因怀孕和分娩所造成的暂时丧失劳动能力、中断正常收入来源时，从社会获得物质帮助的一种社会保险制度。在此定义中含有以下要点。

1. 生育保险是对女职工专门建立的一项社会保险。生育虽然是包括男女双方所组成的家庭内的事情，生育带来的经济负担也由夫妻双方共同承担，但生育保险仅为女职工怀孕和分娩的生育行为提供直接的物质帮助和补偿。

2. 生育保险是对女职工生育子女全过程的物质保障。它不仅包括对女职工生育时所花费的生育的检查费、接生费、手术费、住院费和药费等费用的补偿，还包括对女职工在规定的生育假期内因未从事劳动而不能获得工资收入的补偿。

3. 生育保险是对女职工合法生育实行的一项社会保险。合法生育包括符合法定结婚年龄、按婚姻法规定办理了合法的结婚手续，符合国家的生育法规和政策。在我国，女职工无论妊娠期长短或流产、无论分娩者为活胎或死胎，被保险者都享受生育保险待遇。

生育保险和医疗保险是对职工提供生活保障和必要的医疗服务。生育保险享受者在享受期内，如果出现特殊情况，可能同时享受医疗保险待遇和生育保险待遇。两者的区别主要是：(1) 生育保险待遇的享受者一般为女职工，少部分地区包括男职工配偶；而医疗保险待遇享受的对象是全体职工乃至全体人群。(2) 生育保险的享受时间是女职工育龄期间；医疗保险则没有年龄的限制，这是因为无论哪一个年龄段的职工都可能患病，而且享受次数也不加限制。(3) 生育保险享受者的医疗服务，基本上以保健和监测为主。正常的分娩无须进行治疗，只要求定期对产妇进行身体检查，以及对产妇和胎儿的监护，以保证正常分娩。而医疗保险主要是通过必要的检查、药物、理疗和手术等方面的医疗手段，对患病的参保者进行治疗，使其早日康复走向工作岗位。(4) 生育假期的享受期限，国家有明确规定；医疗保险对享受者的假期没有特定的时间限制，一般以病愈为期限或者以劳动合同制中的医疗期为限。(5) 生育保险的待遇保障标准一般高于医疗保险待遇。对于医疗保险，职工个人要缴纳保险费。生育保险职工个人不需缴费，参保职工在产假期间享受生育津贴。

二、生育保险的产生和立法

生育保险同其他社会保险一样，是随着经济的发展和社会的需要而产生的。

首先，生育保险是工业化大生产的必然产物。生育是妇女的神圣天职，但也是有风险的，因为：(1) 妇女在怀孕分娩、育婴期间部分或全部不能参加劳动，失去劳动收入；(2) 生育又需要增加医疗保健费用支出；(3) 妇女生育期间在体力、心理和精神上都要承受很大负担和消耗，甚至有机体伤残或生命危险。据有关资料表明，世界上每年约有 50 万妇女死于分娩或分娩并发症，还有不少妇女因生育而留下伤残。

其次，生育保险是随着妇女从事生产与工作的增加而逐渐发展起来的。随着社会的进步和发展，一向被禁锢在家庭中的广大妇女纷纷走出家门，进入社会从事物质资料的生产活动、各种各样的社会服务活动和其他独立的事业。但是，妇女从事社会劳动和经济活动，也必然遇到生儿育女的矛盾。解决这一矛盾的有效途径是实行生育保险。当妇女因怀孕和分娩暂时不能劳动，得不到收入时，能从国家和社会得到一定的物质补偿，这一方面可以确保妇女生育继续进行下去；另一方面也保证了妇女日后走上工作岗位的权利，为妇女广泛从事社会劳动提供可能。这就决定了建立和发展生育保险是客观上必然要实行的一项社会事业。

由于生育保险成为保障人类健康繁衍和确保劳动力扩大再生产的有效途径，因而一直受到各国政府的重视。早在 1883 年《德国劳工疾病保险法》中，就有关于生育保险的内容。此后各国都把生育保险作为疾病保险的组成部分或作为妇女权益保障的内容，在立法中作出规定。国际劳工组织分别在 1919 年和 1952 年制定了第 3 号公约《妇女生育前后工作公约》和第 103 号公约《生育保护公约》，这两个公约均规定，妇女生育产假期至少应为 12 周，产假期间发给现金津贴，并提供医疗护理，其经费来自强制社会保险基金或其他公共基金。第 3 号公约还规定生育津贴不得少于妇女生育前工资收入的 2/3，1952 年国际劳工大会通过的第 102 号公约《社会保障最低标准公约》也有关于生育保险实施范围、生育津贴、生育医疗服务的规定。

我国生育保险制度是 20 世纪 50 年代初建立的。《中华人民共和国劳动保险条例》对生育保险有关待遇作了明确规定，基本内容和享受待遇是：(1) 女职工生育给产假 56 日，产假期间工资照发；（2）女职工怀孕不满7个月小产时，给予30日以内的产假，产假期间工资照发；（3）女职工难产或双生，增加产假14日，工资照发；（4）女职工怀孕产前检查费和分娩的费用由企业行政或资方负担；（5）产假期满仍不能工作者，经医院证明按疾病待遇的规定处理；（6）女职工或男职工之妻生育时，由劳动保险基金项下发给生育补助费4元。

1955年4月26日，国务院又颁发了《关于女工作人员生产假期的通知》，对机关、事业单位女职工生育保险作了规定，使女职工生育待遇的覆盖面从企业女职工扩大到机关、事业单位的所有女职工。1956年的《工厂安全卫生规程》和1979年的《工业企业设计卫生标准》，对女工卫生室、孕妇休息室、托儿园等设施作出了具体规定。1988年7月，国务院颁发了《女职工劳动保护规定》，目的在于减少和解决女工在劳动中因生理机能造成的特殊困难，保护其安全和健康。1994年12月14日，劳动部颁布了《企业职工生育保险试行办法》，根据改革的要求对我国的生育保险制度作了规定。

针对生育保险制度存在的问题，我国进行了生育保险制度的改革。生育保险制度改革的主要内容有：扩大生育保险的实施范围；提高生育保险的待遇水平；生育保险费用实行社会统筹，建立生育保险基金；合理确定产前、产后、产中各项生育费用的负担办法；调整生育津贴计发基数和加强生育保险基金的管理和监督。

1995年11月10日劳动部在《关于贯彻实施〈中国妇女发展纲要〉的通知》中提出：要加快生育保障制度改革步伐，实现女职工生育保险的社会统筹管理。要适应企业改革的要求，积极建立社会生育保险基金，将生育保险由企业管理逐步转变为社会统筹管理，均衡企业负担，分散风险。生育保险制度改革，既是进一步保障妇女合法权益的需要，也是整个社会保险制度改革的重要组成部分。各地要提高对此项改革的认识，积极、稳妥地开展工作，扩大生育保险制度改革的覆盖范围。要将生育保险费用统筹的实施范围，由国有企业逐步扩大到城镇各类企业；实施对象扩大到与上述企业建立劳动关系的相关职工。确定合理的待遇标准。生育保险待遇水平要与我国社会生产力发展水平和社会各方面的承受能力相适应，统筹考虑保障生育女职工的合法权益与减轻企业负担问题，坚持社会保险的基本保障原则，避免因保护项目过多、期限过长、标准过高而造成基金提取比例过高，加重企业负担。逐步形成全国统一项目、统一给付原则、统一缴费比例（确实需要提高比例的，实行报批制度）的格局。加强社会生育保险基金的管理。生育保险与计划生育国策紧密衔接，可预见性强，各地确定具体基金提取比例要进行周密测算，从严控制，改变生育保险基金结余过多的状况；严格审核管理费的提取比例，力求节约，杜绝浪费。生育保险基金的收缴情况要接受有关部门和社会公众的监督。

三、生育保险的作用和意义

生育是人口的再生产，是维持劳动力资源延续的一种社会活动，实行生育保险制度，对于保护妇女身体健康和保障劳动力再生产，都有积极的作用和重要的意义。

第一，生育保险能有力地保证女职工身体健康和劳动能力的恢复。女职工怀孕和生育期间，体力消耗大，精神负担重，劳动能力下降，还可能产生疾病，需要休养、治疗和保护。通过生育保险向她们提供医疗服务，就能保证女职工在生育期间得到及时的检查、治疗和保护，不因生育而影响身体健康。对女职工在生育期间给予一定时期的产假休息，也有利于其迅速恢复劳动能力。女职工在生育及产前产后一定时间里，由于暂时不能从事正常劳动，因而不能取得劳动报酬，通过生育保险给她们发放生育津贴，就能使女职工获得基本的生活保障，保持身体健康和恢复劳动能力，生育后顺利地进行正常劳动。所以，生育保险是为了维护女职工的基本权益，减少和解决女职工在孕产期以及流产期间因生理特点造成的特殊困难，使她们在生育期间得到必要的经济收入和医疗照顾，帮助她们恢复健康，回到工作岗位。

第二，生育保险有利于人类延续后代，提高人口素质，保证社会劳动力的再生产。人类的自然繁衍和世代延续是社会得以生存的基础。女职工承担着人类自身再生产的任务。妇女生育不仅是家庭的私事，更是人类社会的大事。现代工业社会的经济竞争，说到底是科学技术和人的素质的竞争，而要提高人口素质，就需要对后继劳动力实行优生优育。优生，有赖于生育者自身的健康体质；优育，有赖于家庭和社会对婴儿的哺育和教育。实践证明，要做到人类健康繁衍，提高人口素质，首先要保护母亲健康。如果女职工生育期间的健康和基本生活得不到相应的保障，必然影响到婴儿的健康生存和成长。这就要求从孕产期胎儿保健和新生儿保健入手来提高人口的素质。可见，实行生育保险不仅是为了保证女职工的身体健康，而且是为了保护下一代，使其得到正常的孕育、出生和哺育，从而为社会劳动力的再生产提供物质基础。实行生育保险是对妇女生育价值的认可。目前世界上有一百三十多个国家通过立法保护妇女生育的合法权益。

第三，生育保险有利于促进国家人口政策的顺利贯彻实施。人口政策是国家经济发展和社会进步的一项重要内容。目前，西方一些发达市场经济国家人口出生率很低，人口增长率持续出现负增长。许多国家政府为了鼓励人口的生育，制定了一系列措施，其中包括完善生育保险制度，保证人口政策的顺利实施。我国是世界上人口最多的国家，已突破 13 亿，人均资源占有水平很低，人口与经济和社会发展的矛盾十分突出。因此，实行计划生育，控制人口数量，提高人口质量是一项基本国策。对于符合生育政策的女职工实行生育保险，不仅有利于女职工的生育权益得到应有的尊重和保护，还有利于增强女职工生育责任感，提高生育质量，促进计划生育和优生优育这一基本国策的贯彻落实。妇女生育体力消耗大，需要充分休息和补充营养，生育保险为她们提供了基本工资，使她们的生活水平不致因离开工作岗位而降低，同时为她们提供医疗服务项目，包括产期检查，围产期保健指导，为胎儿的正常生长进行监测，对在妊娠期间患病或接触有毒有害物质的，做必要的检查等。如发现畸形儿，可以及早中止妊娠；对在孕期出现异常现象的妇女，进行重点保护和治疗，以达到保护胎儿正常生长，保证下一代人口质量的目的。

第二节　生育保险的对象和范围

一、国外生育保险的对象和范围

1952 年国际劳工大会通过的第 102 号公约《社会保障最低标准公约》第 46、47 条规定了生育保险的实施范围。该公约规定，生育保险的覆盖范围包括怀孕、分娩及其后果，以及根据本国的法律或法规规定的由于这些导致的停发工资。提供生育保险的受保人至少包含下列三种情况中的一种：(1) 规定类别雇员中所有妇女，这几类雇员中的构成不低于 50%，在涉及生育医疗津贴时，还包括这几类雇员中的男性雇员的妻子；(2) 规定类别经济活动人口中的所有妇女，这几类人在全体居民中的构成不低于 20%；（3）在雇用 20 人或 20 人以上的工业工作场所中的规定类别雇员的妇女，这几类雇员在全体雇员中的构成不低于 50%，在涉及生育医疗津贴时，还包括这几类人中的男性雇员的妻子。

1919 年第一届国际劳工大会通过的第 3 号公约《生育保护公约》规定其适用范围是在工业和商业的公私企业以及其分支机构中就业的女工，但不包括只雇用雇主家属的企业中的女工。1952 年国际劳工大会第 103 号公约《生育保护公约（修订本）》，把生育保护的适用范围扩大到在工业、非工业以及在农事职业就业的妇女，包括领取工资、在家劳动的妇女，但不包括只雇用雇主家属的企业中的妇女。公约还允许会员国在批准该公约时可以声明把非工业中的某些职业、除种植园以外的农业单位中的若干职业、在私人家庭中挣工资的家务劳动者、领取工资在家劳动的妇女，以及从事海上客货运输的企业，从适用范围中排除掉。这两个公约都提出，公约对适用范围内的所有妇女都是有效的，而不论其年龄、民族、种族或信仰，也不论其已婚或未婚。

尽管如此，世界各国由于经济发展水平不同，人口政策不同等因素，在全国人口中实施生育保险的对象和范围差异很大。许多国家，特别是发展中国家，生育保险仅适用于一定规模的公司或一定地区的女职员，通常首先是在首都或其他少数大城市实行，然后逐渐扩展到其他地区。生育保险一般不包括农业工人、家庭佣仆，季节工与临时工，以及临时雇用的外籍人员。此外，许多国家的政府雇员另有专门的生育保险与疾病保险制度。

二、我国生育保险的对象和范围

我国的生育保险是由 1951 年国务院颁布的《中华人民共和国劳动保险条例》确定的，该条例规定生育保险的实施范围主要包括四类：（1）有工人职员 100 人以上（业务管理机关及附属单位人数不包括在内）的国营、公私合营、私营及合作社经营的工厂、矿场及附属单位；（2）铁路、航运、邮电的各企业单位与附属单位；（3）工、矿、交通事业的基本建设单位；（4）国营建筑公司。另外，该条例还规定，凡在实行劳动保险的企业内工作的工人与职员，包括工资制、供给制以及学徒工、临时工、试用人员在内的女工人与女职员和男职员的妻子，均可享受不同程度的生育保险待遇。

1955 年 4 月 26 日，国务院又颁布了《关于女工作人员生产假期的通知》，对机关、事业单位女职工生育保险作出了规定，从而使女职工生育保险的对象和范围从企业扩大到了机关、事业单位的所有女职工。

20 世纪 80 年代以后，我国生育保险制度进行了改革，多数地方规定，参加生育保险社会统筹的单位是全民所有制企业和县以上集体企业，中央部属企业和省属企业也必须参加；也有的地方把中外合资企业以及参加养老保险社会统筹的镇、街道所办企业甚至私营企业纳入生育保险的覆盖范围；还有的地方包括了独立核算、自收自支的事业单位。其对象为固定女职工和劳动合同制女职工；有的地方把参加养老保险的临时工也纳入生育保险的对象；有的地区还包括了参加生育保险社会统筹单位男职工在农村的配偶。1994 年 12 月 14 日，劳动部颁发了《企业职工生育保险试行办法》，该办法规定生育保险的对象和范围包括城镇各类企业及其职工。不少地方在实施中把生育保险的对象延伸到了乡镇企业、社办企业的女职工。因此，我国生育保险制度覆盖了中华人民共和国境内一切国家机关、人民团体、企业、事业单位的女职工。企业包括全民、集体、中外合资、合作、独资、乡镇、农村联户企业以及私营和城镇街道企业。

在我国，由于有大量人口在农村，全国妇女很大一部分居住在农村和县属乡镇，所以农村生育保险的发展，对全国生育保险事业发展关系极大。改革开放以来，农村面貌发生了巨大变化，乡镇企业的崛起和商品经济的发展，使农村经济发生了历史性的进步，这为发展农村生育保险奠定了物质基础，提供了社会条件。逐步扩大生育保险的覆盖范围，从育龄女职工向全体育龄妇女，从城市向农村，从经济发达地区向经济落后地区辐射，是我国生育保险的发展道路。

2010 年 10 月 28 日通过的《社会保险法》将生育保险的对象扩至所有的用人单位的职工及职工未就业配偶。①

第三节　生育保险基金

一、生育保险基金的概念及特点

生育保险基金，是为了使生育保险有可靠的资金保障，国家通过立法在全社会统一建立的，用于支付生育保险所需费用的各项资金。生育保险基金是整个社会保险基金中的一个组成部分，是依据国家法律专门为生育职工支付有关待遇而筹集的款项。其主要作用是为因生育而暂时离开工作岗位的女职工支付医疗费用和生育津贴。生育保险基金主要由参加统筹的单位缴纳，职工个人不缴纳生育保险费。生育保险预见性强，风险不大。生育保险基金以收支基本平衡为目标，一般不留有大量结余。基金管理机构在基金测算过程中，以当地职工计划生育指标数、工资标准、生育医疗费用支付情况等为参考依据，估算生育保险基金的筹资比例，统筹规划该地区的生育保险基金运作流程。

生育保险基金的作用主要是保障参保职工生育期间的基本生活和医疗服务。生育保险基金支付的项目和水平受国家经济条件的制约和影响。我国处在社会主义初级阶段，生育保险提倡以基本保障为主，即保障生育职工的基本生活和一般的医疗消费。随着经济的发展和生产力水平的提高，保障范围和待遇水平将逐步扩大和提高。在市场经济的条件下，部分企业不可避免地出现倒闭或破产，无法保证生育职工的基本生活和有关待遇，建立生育保险基金就可以使社会福利整体水平相对平衡，使生育职工均可享受国家规定的生育待遇。

---

① 例：原告刘静静诉被告江苏劲力化肥有限责任公司称：1996 年 7 月 14 日，被告录用其到锅炉车间工作，自 2002 年开始担任锅炉车间安全员一直至今。自 2011 年 12 月以来，被告以原告违反计划生育法规无计划怀孕为由，免掉了原告的锅炉车间安全员岗位，将原告调到具有严重职业危害的 40 吨锅炉操作工岗位；2012 年 1 月 9 日，更是单方作出与原告解除劳动合同的决定。大丰市人民法院依照《劳动合同法》第 14 条、第 39 条、第 40 条、第 42 条、第 47 条、第 87 条、第 97 条，《职工带薪年休假条例》第 7 条，《江苏省工资支付条例》第 20 条之规定，于 2013 年 2 月 5 日作出（2012）大民初字第 744 号民事判决：（1）被告江苏劲力化肥有限责任公司给付原告刘静静违法解除劳动合同的赔偿金 73 564.24 元，加班工资 5 485.38 元，合计 79 049.62 元。上述款项于本判决生效后 10 日内履行。（2）驳回原告刘静静的其他诉讼请求。一审宣判后，被告劲力化肥有限责任公司上诉至盐城市中级人民法院，后撤回上诉，一审判决已经发生效力。（高院公报：女职工违反计划生育政策不能解雇. （2014－12－02）［2014－12－23］. http：//www.labourlaw.org.cn/detail_show_c_alpx_365.aspx.）

生育保险基金和其他社会保险基金相比，具有以下特点。

1.基金来源的单一性。生育保险作为社会保险的一个组成部分，其基金来源也遵循社会保险的“大数法则”，集合社会力量，但生育保险费完全由职工个人所在单位缴纳，职工个人不缴纳生育保险费。

2.基金筹集的可预见性。由于生育保险的对象为育龄妇女，生育保险又和计划生育政策紧密衔接，生育保险费用就具有较强的可预见性，基金完全可以做到有计划地使用，不必留有积累以应付不测。

3.基金负担的均衡性。按照规定，所有企业或参加生育保险的用人单位，不论是否有女职工或不论女职工人数多少，都要按工资总额的统一比例缴纳生育保险费。

二、生育保险基金的筹集

关于生育保险基金的筹集，世界上大多数国家采用社会保险基金的传统筹措方法，将生育保险的资金筹措和其他社会保险项目的资金结合起来，并向雇主和雇员双方征收一种单一的保险费。但比较常见的办法是，由雇主和雇员按一定限额以下工资的固定比例，直接向各单位的保险方案缴纳保险费。这种单独的保险方案既包括健康照顾，也包括疾病和生育的现金补助。

此外，有些国家还规定政府也要负担一部分费用。一般来说，凡是通过某种国民健康服务制度，使医疗照顾适用于全体居民的国家，政府通常从财政收入中负担全部或至少大部分的医疗费。有些国家，如东欧国家，疾病与生育补助金来源是国营企业以雇主身份缴纳的保险费。

事实上，世界上多数国家的生育保险基金来源于被保险人、雇主和政府三方或雇主与雇员两方。如日本的健康保险（含生育保险）的保险财源由三部分组成：被保险人缴纳其薪金的4%，雇主负担的数额与被保险人相同，政府负担给付费用的16.4%及行政费用。韩国的疾病与生育保险基金的来源是：受保人工资收入的1.5%～4%（因工资水平而异）；雇主负担为工薪总额的3.24%；政府负担部分管理费用。巴拿马的疾病与生育基金，政府不负担，受保人缴纳收入的1%，年金领取者缴纳年金的7.25%，雇主负担工薪总额的8%。塞内加尔的疾病与生育保险基金来源于受保人和雇主的缴费，费率不超过3%，政府不负担费用。东欧一些国家，如罗马尼亚、保加利亚等国，规定妇女生育期间单位停发工资，从劳动保险金中领取现金，其数额相等于工资额。阿根廷规定，生育保险资金通过家属津贴方案资助。

我国生育保险基金的筹集遵循以下基本原则和方式。

1.生育保险基金按照“以支定收，收支基本平衡”的原则筹集。这是生育保险基金筹集区别于其他社会保险基金筹集原则的重要特征之一。这主要有两点理由：首先，生育保险与计划生育政策相衔接，较之于其他社会保险项目而言，其计划性和预见性都比较强，发生大的动荡的几率小，因此不需要留有很大的积累以应付不测。其次，减轻企业负担，树立良好的社会形象。从建立生育保险基金的目的看，就是为了保障生育对象的基本要求，如果基金过大，必然增加消费单位的负担；从生育保险的动机看，尽管是好的，是有益于社会的，但如果基金积累过多，其客观效果和社会影响就不会太好。

2.生育保险基金由当地政府根据计划内生育人数和生育津贴、生育医疗费等项费用的实际情况确定，最多不超过职工工资总额的1%。企业按照当地政府规定的费率向社会保险机构缴纳。企业缴纳的生育保险费作为期间费用处理，列入企业管理费用。

3.生育保险基金按属地原则组织，实行社会统筹。生育保险基金按属地原则组织，是指生育保险以按行政区域划分的市、区（县）为单位组织实施，在同一区域内所辖的各类企业，不分其所有制性质，不论其隶属关系，一律参加所在地的生育保险，执行当地的缴费标准和有关政策规定。

生育保险费用实行社会统筹，是指生育保险基金由社会保险经办机构在国家规定的范围内统一筹集和使用，以实现互助互济、风险共担，为生育者提供基本的物质帮助。生育保险实行社会统筹，实际上就是从社会角度履行对生育妇女给予补偿的责任。其作用和意义如下。

1.有利于企业平等地参与市场竞争。由于社会分工、行业特点造成女职工在企业分布不均衡，有些企业女职工高达职工总数的60%～70%，而有些企业女职工人数则不足10%，所以企业之间生产费用负担畸轻畸重，使女职工人数成为企业背上沉重的生产费用负担，难以平等地参与市场竞争，束缚和影响了企业的经济发展。实行生育保险费用社会统筹以后，就在这一方面为企业创造了平等参与市场竞争的条件。

2.有利于保障妇女平等的就业权利。由于生育费用无形中加大了企业使用女职工的人工成本，所以有些企业不愿招用女工，这从一个方面增加了妇女就业的难度。即使在已经就业的女职工中，也常常因为其生育时暂时不能劳动而当企业实行承包、租赁、优化组合等经营方式时，得不到与男职工同等的工作安排。实行生育保险社会统筹，女职工多的企业由于不负担生育费用，解决了后顾之忧，这就可以保障妇女实现平等就业的权利。

3.有利于保障女职工生育期间享受社会保险待遇权。过去，女职工生育由企业支付工资和有关费用，当有些企业效益不好时，便无力保障女职工生育期间生育待遇的给付，使女职工生育保险权益得不到兑现。实行生育保险社会统筹，生育保险基金由社会保险经办机构统一筹集使用，可以充分发挥基金的互济功能，不会出现生育女职工生育保险待遇落空的问题。

总之，实行生育保险基金社会统筹，是均衡企业负担，分散企业风险，解决企业生育费用负担畸轻畸重，缓解妇女就业难状况，保障母婴健康的必要选择。①

三、生育保险基金的支付和管理

各国生育保险基金一般采用定期支付现金的方式。除了医疗费用外，主要是支付生育津贴。生育津贴的计算主要有三种方式：一是定额制，即不论被保险人的具体情况有何不同，均规定发给相同的津贴，如英国受保人的生育津贴，一周为27.25英镑。二是工资比例制，即生育津贴的标准，按照被保险人产前工资的一定比例支付。三是混合式，即生育津贴采用“基本补助”加“收入关联补助”的方式支付。“基本补助”采取定额方式，“收入关联补助”按工资

① 例：许小姐是上海一母婴产品销售公司的仓储部仓管。在工作将近一年之际，19岁的她突然呕吐不止、感觉头晕乏力，经周浦医院诊断为“早孕、妊娠反应”，医生还开具了休息两周的诊病证明。许小姐于是向公司请假。领导告诉她，这种未婚先孕的行为违反了公司的规章制度，而且《员工手册》还规定，请病假必须有三甲医院开出的病假单。由于许小姐执意要求休假，公司以未婚先孕严重违反《员工手册》相关规定、并造成严重负面影响为由，解除了和许小姐的劳动合同。法院认为，我国《劳动法》及《劳动合同法》中均有女职工在孕期、产期、哺乳期内不得解除劳动合同的规定，该规定并未将未婚女职工排除在保护范围之外。许小姐未婚先孕的行为确有不妥，但该公司以未婚先孕为由，解除与她的劳动关系，不符合我国劳动法律法规中针对女职工孕期、产期、哺乳期的相关规定，因此，法院对该公司作出的解除劳动关系的决定依法予以撤销，并判决公司支付许小姐劳动关系存续期间的工资6 150元。（王治国. 19岁少女未婚先孕被开除，公司决定违法被撤销（2013-04-22）[2015-05-28]. http://www.chinacourt.org/article/detail/2013/04/id/950002.shtml.）

的一定比例发给。一般来说，采用第二种方式的国家居多。

1994 年 12 月劳动部颁发的《企业职工生育保险试行办法》，对生育保险基金的支付和管理都作出了明确规定。生育保险基金主要用于支付两部分的费用：一部分是生育津贴，即过去人们常说的产假工资。参加生育保险社会统筹的企业，由生育保险基金支付，没有参加生育保险社会统筹的企业，由本单位工资基金支付。另一部分是生育医疗费，包括女职工生育的检查费、接生费、手术费、住院费和药费以及生育引起疾病的医疗费。国际劳工组织 102 号公约也规定了生育保险应当享受生育医疗服务，但费用从医疗保险中发生。因此，有的国家生育医疗费不从生育保险基金中支付。

各国对生育保险基金的管理都通过立法确定专门的机构。我国生育保险基金由劳动保障部门所属的社会保险经办机构负责收缴、支付和管理。生育保险基金存入社会保险经办机构在银行开设的生育保险基金专户，专款专用。银行按照城乡居民个人储蓄同期存款利率计息，所得利息转入生育保险基金。生育保险基金不征税费。生育保险基金的筹集和使用，实行财务预、决算制度，由社会保险经办机构作出年度报告，并接受同级财政审计监督。

2017 年 1 月 19 日，国务院办公厅发布《生育保险和职工基本医疗保险合并实施试点方案》，就生育保险和职工基本医疗保险合并实施试点工作。试点内容包括：(1) 统一参保登记；(2) 统一基金征缴和管理；(3) 统一医疗服务管理；(4) 统一经办和信息服务；(5) 职工生育期间的生育保险待遇不变。

第四节 生育保险待遇

一、生育保险待遇的概念

生育保险待遇，是指女职工在生育期间依法享有的各种帮助和物质补偿。对此含义应按下述要点理解。

1. 享受生育保险待遇的主体只能是女职工本人。

2. 享受生育保险待遇的时间是女职工生育期间，生育期间包括怀孕、分娩、哺乳婴儿在内。

3. 女职工享受生育保险待遇应符合法律、法规和政策的规定。

4. 生育保险待遇包括对女职工因生育需要的身体康复和物质上的补偿。世界各国生育保险待遇的高低，因受许多因素的影响不尽相同，主要取决于每一个国家的经济发展水平、历史习惯和人口政策。

二、生育保险待遇的内容和标准

对于生育保险待遇的内容和标准，国际劳工组织制定的《生育保护公约（修订本）》（第 103 号公约）和《社会保障最低标准公约》（第 102 号公约）主要规定了生育假期、经济补助、生育医疗补助，生育期间的劳动保护和生育期间的职业保障。女工通过提出关于其预产期的医生证明，有权得到一定期限的产假。产假至少应有 12 周，其中有一段是产后一定时间的强制休假，这段强制休假时间的长短应当以国家法律或规章形式予以规定，但绝不应少于 6 周。凡女工经过医生证明是因怀孕或分娩而患病，其产前或产后的假期应当延长，延长的限度由主管机关确定。国际劳工组织于 1952 年 6 月 4 日在日内瓦举行第 35 届会议，决定采纳本届会议议程第 7 项关于保护生育的某些提议，并确定这些提议应采取国际公约的形式，于 1952 年 6 月 28 日通过，称为 1952 年《生育保护公约（修订本）》。该公约和《生育保护建议书》（第 95 号建议书）全面规定了生育保险的相关内容。

公约规定，女工在产假期间应得到经济上的补助。补助金额应当是充分维护产妇和婴儿的生活与健康，其具体数字由各国主管机关确定，产妇应当并且有权得到有医生证书的助产士的照料，作为对产妇的附加补助。女工因产假而缺勤，应当有权得到现金补助和医疗补助。现金补助额由国家法律或规章确定，其数额应保证足以按适当的生活水平充分维护产妇和婴儿的生活与健康。女工产假的现金补助不低于该女工以往收入的 2/3。1952 年通过的《保护生育建议书》建议提高女工产假的现金补助率，考虑按以往收入 100%付给现金补助。医疗补助应当包括产前、分娩和产后由合格的助产士或医生照料以及必需的住院，并且应当尊重产妇选择医生和选择公立和私立医院的自由。关于医疗补助，《保护生育建议书》提出了扩大补助范围的建议，包括医生对产妇的家访，牙科和其他内外科手术用品的供应。

公约规定，应当保证女工在工作期间为其婴儿哺乳的权利。在任何情况下都应当允许哺乳女工一天两次、每次半小时在工作时间为其婴儿哺乳。哺乳女工有权按照国家法律或规章的规定，为给婴儿哺乳而在每天工作时间一次或四次中断工作，这种中断工作的时间应作为劳动时间计算，并依法律或规章，或依有关的集体协议的规定，计发工资报酬。《保护生育建议书》还要求对哺乳妇女和婴儿提供更多的方便，包括视实际可行把一天工作时间中的哺乳时间增加到合计至少一个半小时以及建立哺乳或日托的专门场所。

公约规定，凡按规定享受产假的女工，雇主在她们产假期间给予解雇通知是不合法的，即使解雇通知是早发出的，但如预定的解雇日期适逢该女工享受产假，这种解雇通知同样是不合法的。《保护生育建议书》要求，从雇主得到关于某女工怀孕的医生通知之日起，直到规定的产假期满后至少一个月的时间内，尽可能不解雇该女工。对于在该保护期内允许解雇女工的特殊情况，各国应当以法律明文规定。建议书还规定，禁止怀孕和哺乳女工从事一切夜间劳动和加班加点，女工怀孕和产后至少 3 个月（如哺乳还应再延长时间）期间，应当禁止被雇佣从事有损于妇女及其婴儿健康的劳动，尤其是举起或推拉重物，过分紧张的体力劳动，包括长时间的站立在内，以及诸如对身体平衡有特殊需要的操作，需要伴随震动的机器进行的操作，等等。当妇女出于保护生育的原因而必须调动工作时，其工资应不受影响。

虽然《社会保险法》仅仅规定生育保险待遇包括生育医疗费用和生育津贴，但考虑到更加全面彻底地保护女职工，我国生育保险待遇的内容主要是：产假、生育津贴、生育医疗服务、生育期间的特殊劳动保护、生育女职工的职业保障等。

（一）产假

女职工生育，享受不少于 90 天的产假，产假分为产前假和产后假两部分。产前假为 15 天，产后假为 75 天。难产的，增加产假 15 天。多胞胎生育的，每多生一个婴儿，增加产假 15 天。女职工怀孕流产的，根据医务部门的证明，给予一定时间的产假。流产产假以 4 个月划界，其中不满 4 个月的，给予 15 天至 30 天的产假；满 4 个月以上流产的，产假为 42 天。

世界各国规定的产假长短不一，但大多数为12周至14周。其中产假最短是菲律宾，为45天；产假最长的是芬兰，为258天。在有些实行鼓励多生育的人口政策的国家，产假随所生子女数的增多而增加。如法国，生育第一个或第二个子女，产假为16周；生育第三个子女，产假为26周；多胎生育的再增加2周～12周。

（二）生育津贴

女职工产假期间的生育津贴按照本企业上年度职工月平均工资计发。尚未参加生育保险社会统筹的单位，女职工生育产假期间，由单位照发工资。《社会保险法》要求在三种情况下，即当满足女职工生育享受产假或者享受计划生育手术休假，或者有法律、法规规定的其他情形时，可以按照国家规定享受生育津贴，而且生育津贴按照职工所在用人单位上年度职工月平均工资计发。

其他国家多采取在每个子女出生时发给一次性的生育津贴。生育津贴一般是定额的，如英国为25英镑，瑞士为60法郎。此外，还发给生育补助金。生育补助金的发放标准有三种：一是定额制，即不论被保险人情况如何，均发给相当的固定数额的补助金。如英国规定受保人生育补助金一周为27.25英镑，共支付产前18周。二是比例制，即按照被保险人产前工资的一定比例发给生育补助金。有的国家按产前工资的100%发放，有的则是按照疾病补助金的标准发放。三是定额制与比例制的混合制。如爱尔兰，生育补助金采取“基本补助”加上“收入关联补助”的方式发放。“基本补助”采取定额方式，一周39.5镑，共支付12周；“收入关联补助”则采用比例方式，为被保险人收入的20%～40%，共支付14周。固定标准补助和收入关联补助的最高限额为被保险人净收入的75%。

有的国家还提供护理津贴和育婴补助。护理津贴的数额一般为收入的15%～25%，可以采取现金或实物方式。如法国发给育婴母亲津贴或奶票；苏联婴儿用品补助为12卢布，婴儿食品补助为18卢布；墨西哥等国提供新生婴儿的全套用品，或发给购置婴儿用品津贴。①

（三）生育医疗服务

生育医疗服务项目包括检查费用、接生费用、手术费用、住院费和与生育直接相关的医疗费用。女职工生育的检查费、接生费、手术费、住院费和药费由生育保险基金支付。超出规定的医疗服务费和药费（含自费药品和营养药品的药费）由职工个人负担。女职工生育出院后，因生育引起疾病的医疗费由生育保险基金支付，其他疾病的医疗费，按医疗保险待遇规定处理。女职工产假期满后，因病需要休息治疗的，享受有关病假待遇和医疗保险待遇。根据《社会保险法》的规定，生育医疗费用至少包括生育的医疗费用，计划生育的医疗费用，法律、法规规定的其他项目费用等。

（四）生育期间的特殊劳动保护

女职工生育期间的特殊劳动保护是指为解决女职工孕期由于生理变化而在工作中可能遇到

---

① 根据《全球社会保障》提供的资料，对136个国家的生育津贴进行统计的结果显示：生育津贴占妇女生育前原工资收入100%的有61个国家，占统计总数的44.8%；津贴占生育妇女原工资收入80.99%的有6个国家，占4.4%；津贴占原收入60.79%的有37个国家，占27%；津贴占原工资收入50.69%的有15个国家，占11%；津贴占原工资收入50%以下的仅1个国家，占0.7%。世界各国生育津贴的标准．(2005-10-25)．http：//www.lm.gov.cn.

的特殊困难，保证女职工的基本收入和母子生命安全而制定的一项特殊政策，包括收入保护和健康保护两部分。收入保护的主要措施是国家立法保护女职工怀孕期间不降低其基本工资。健康保护的主要措施有：(1) 不得安排怀孕女职工从事高强度劳动和孕期禁忌的劳动，也不得安排在正常工作日以外延长劳动时间；(2) 对不能胜任原劳动的孕期女职工，应当减轻其劳动量或安排其他工作；(3) 对怀孕7个月以上的女职工，不应延长劳动时间和安排夜班劳动，并应在工作时间内安排一定的休息时间；(4) 允许怀孕女职工在劳动时间进行产前检查，检查时间计作出勤时间。

（五）生育女职工的职业保障

在生育女职工职业保障方面，国家制定了一系列保障女职工不因怀孕、分娩、哺乳而失业的规定。任何单位不得在女职工孕期、产期、哺乳期解除其劳动关系。对于劳动合同期满而哺乳期未满的女职工，其劳动关系顺延至哺乳期满。此外，国家还通过民政救济对无生活来源的孕、产妇进行生育救助。计划生育主管部门和人民保险公司开办了母婴健康平安保险，起到了对生育保险拾遗补缺的辅助作用。①

三、生育保险待遇的享受条件

各国对女职工生育保险待遇，特别是享受生育津贴待遇都规定了相应的条件，大致可以分为两类：第一类是少数国家没有最低合格期限的规定，如芬兰、罗马尼亚、伊拉克等国。第二类是多数国家有最低合格期限的规定，但又分为四种不同情况。

1. 仅对居住权有一定要求。如冰岛规定，有常住权的母亲可以享受生育补助金；卢森堡规定，生育津贴的受益人必须在该国居住12个月，夫妻两人必须在该国居住3年。

2. 从事受保职业的可以享受。但有的国家还有从事时间的限制。如意大利、日本、波兰、危地马拉、几内亚、丹麦、委内瑞拉等国规定，只要从事受保职业就可以享受。而加拿大规定，在最近一年内从事受保职业10～14周后，才能取得享受权利；古巴规定生育前12个月内受保75天的，才能取得享受资格；阿根廷规定，产前连续受雇10个月或从事现职工作1个月，并在从事现职工作前的1年中，受雇不少于6个月的，才能享受；保加利亚规定，有连续工龄3个月的，才能申请享受生育补助待遇。

3. 要缴足一定时限的保险费后，才能取得享受生育津贴待遇的资格。如墨西哥规定受保妇

---

① 例：李女士于2012年7月11日入职北京一家科技公司，不久，尚处于试用期的她发现自己怀孕，便将情况向公司汇报。几天后，科技公司以李女士试用期内不符合录用条件为由与其解除劳动关系。李女士认为公司解除行为不当，向仲裁委员会申请劳动仲裁，要求继续履行合同并支付相应工资。仲裁委裁决支持了李女士的申请。后科技公司不服，起诉至法院。法院经审理认为，最高人民法院《关于审理劳动争议案件适用法律若干问题的解释》第13条规定，因用人单位作出的开除、除名、辞退、解除劳动合同、减少劳动报酬、计算劳动者工作年限等决定而发生的劳动争议，用人单位负举证责任。科技公司主张李女士在试用期内被证明不符合录用条件，故解除与其劳动关系，但出具的证据未能显示李女士存在工作不胜任的事实，故对其要求确认其与李女士之间的劳动关系于2012年8月24日解除的诉讼请求，法院不予支持。因科技公司与李女士之间的劳动合同于2013年12月31日期满，李女士要求支付工资的期间在合同期内，而科技公司的违法解除导致李女士未能正常提供劳动，领取工资报酬，故李女士要求科技公司支付2012年8月至2013年10月30日期间未支付的工资，理由正当。法院最终判决科技公司支付李女士2012年8月至2013年10月30日期间工资87 000余元。张馨天．试用期解雇怀孕员工被判赔工资8万．[2014-12-12]．http://www.labourlaw.org.cn/detail_show_c_alpx_338.aspx.

女生育前12个月内，已缴纳30周保险费才能享受生育津贴待遇。还有很多国家除缴费时间长短有所不同外，大体与墨西哥的情况类似。有的国家除要求被保险人生育前必须参加生育保险投保达到一定时间外，还要求被保险人实际参加工作要达到一定时间。如法国规定，被保险人在分娩前必须参保满10个月，并且在生育前的最近1年内的前3个月中，受雇200小时。

4.不规定具体的投保条件。如澳大利亚等国规定，凡是本国公民，其经济情况又符合财产调查规定要求的，就可以享受生育补助待遇。

我国享受生育保险待遇的条件是以建立劳动关系为基础，同时，还要受计划生育政策的限制，女职工享受津贴的前提还必须是单位为其缴纳了生育保险费，而且领取生育津贴的时间是与生育产假相一致的。

问题与思考

1.生育保险的意义是什么?

2.我国生育保险制度的问题与改革的内容有哪些?

3.如何合理确定生育保险的对象和范围?

4.提高生育保险待遇应当注意的问题是什么?

5.生育保险费用分担的方式有哪几种?

6.**案例**：李某系某矿业公司处职工。2001年李某经相关部门批准生育二胎，2003年6月在某市第二人民医院生育，支付生育医疗费3 364.40元。该公司未给原告缴纳生育保险费。李某主张多次找该公司协商报销生育医疗费，该公司一直不予报销。2013年12月9日，该公司答复李某报销生育医疗费500元，李某不同意，2014年6月23日，李某向本市劳动人事仲裁委员会提出申请，要求该公司支付生育医疗费3 360.40元，本市劳动人事争议仲裁委员会认为李某的申请超出仲裁时效，决定不予受理。李某不服诉至法院，要求报销全部生育医疗费。[①]

问题：李某的主张是否成立？为什么?

① [2018-01-16]. http://www.pkulaw.cn/case.

第八章
社会救济法

本章概要

社会救济法，是指国家对于那些因自身、自然和社会原因不能维持最低生活标准的贫困者提供帮助，以保障他们基本生活的法律制度。社会救济法由社会救济、救灾救济和扶贫救济三部分法律制度构成。

关键术语

社会救济　最低生活保障　农村救济　特殊对象救济　灾害救济　救灾捐赠　扶贫救济

第一节　社会救济

一、我国社会救济制度的形成与变革

新中国的社会救济法律制度，伴随着国家社会经济的发展和变革，经历了从新中国成立初期的“紧急救济”到适应社会主义市场经济需要的最低生活保障制度的发展变革。

（一）新中国成立初期的紧急救济

新中国成立初期百废待兴，城市中工厂关闭，大批工人失业，广大居民生活困难，无依无靠的孤老残幼处境更惨。针对这些情况，各级政府进行了大规模的紧急救济工作。对失业工人和知识分子给予临时救济；对孤老残幼给予经常性救济；对其他的生活困难者根据情况给予了不同的社会救济，从而使城市居民的基本生活得到了保障。

在农村，救济大批贫穷、饥饿的农民的任务更加繁重。据 1949 年年底统计，全国农村贫困对象达 4 000 万人。我国政府投入了大量的救济资金和物资，向农村贫困对象发放了大量的

救济粮款，用以保障农村贫困者的基本生活。从1950年到1953年，国家共发放农村救济款近十亿元，在较短的时间里初步解决了农村的严重贫困和饥饿问题。

（二）社会救济制度的初期形式

1.城市的社会救济制度

随着“社会主义改造”的完成，新中国逐步建立了统一的计划经济体制。在这种经济体制中，有劳动能力者及其家庭的最低生活基本上都能得以保障，每一个有劳动能力者也都有一个“单位”可以依靠。因此，我国城市的社会救济制度具有以下特征。

（1）社会救济的对象主要是那些没有劳动能力的群体，以及由于一些特殊原因而没有“单位”的居民。前者如无依无靠、无生活来源的孤老残幼，后者则包括政府确定的一些特殊救济对象，如原国民党起义、投诚人员，散居归国华侨，麻风病人等。

（2）社会救济的方针是“生产自救，群众互助，辅之以政府必要的救济”。1950年，中国人民救济代表会议确立的救济工作方针是在人民政府领导下，以人民自救自助为基础，进行人民大众的救济福利事业。

（3）社会救济从时间上分为对孤老残幼和一些长期困难户给予的定期定量救济和对因天灾人祸等意外变故而一时困难的给予临时救济；从内容上分为现金救济和实物救济。

（4）社会救济的标准是：以户为单位，按人口递增，大城市每户每月一般不超过5～12元，中小城市每户每月一般不超过3～9元。1956年后，以能够维持基本生活为原则，对救济对象划分不同类型，按类型调整救济标准。

（5）社会救济的发放与管理主要是依靠街道和居委会。在对救济对象进行调查的基础上，采取领导掌握和群众评议相结合的办法，确定救济对象和标准。

2.农村的社会救济制度

土地改革运动以后，农民分到了土地和其他生产资料，逐步解决了温饱问题，贫困对象逐步减少。但是，还有一部分农民由于家底薄，加上当时自然灾害频繁，抗灾能力低下，仍然处于贫困状态。人民政府除了发放救济粮款外，还采取了两项措施帮助贫困对象解决生活困难：一是动员社会力量开展捐献活动。全国许多城市开展了捐献粮款和衣被活动，救助农村的贫困对象。二是减免农业税，对农村的贫困对象和灾民减免公粮。此外，还先后发布了《关于加强沿海盐民生产救济工作的通知》《关于加强渔民救济工作的通知》等规范性文件，要求做好沿海盐民、渔民贫困对象的救济工作。

农业合作化以后，农村的社会救济采取了国家救济与集体补助相结合的方式。农业生产合作社实行土地统一经营，劳动力统一调配，为贫困对象从事生产、改善生活创造了条件。贫困对象入社后大多数人的基本生活有了保障。少数生活仍有困难的，由集体公益金给予生活困难补助。补助的方法主要有：一是年初评定补助工分，记入劳动手册，年终分配兑现；二是根据年终分配收入情况，适当补助工分或粮食；三是从集体公益金中提取补助费，补助贫困对象。对那些集体经济比较薄弱的、集体无力补助的贫困对象，由国家给予适当救济。

（三）社会救济制度的变革

1.城市社会救济制度的演变

从20世纪50年代到1978年改革开放之前，城市社会救济制度没有发生实质性变化。但由于三年自然灾害和“文化大革命”等因素的影响，社会救济对象的种类及数量有所增加：

(1) 60年代精减退职的老职工。凡是1961年至1965年6月9日期间精减退职的1957年年底以前参加工作的老职工，全部或大部丧失劳动能力，或者年老体弱，或者长期患病影响劳动较大，而家庭生活无依无靠的，由民政部门发给本人原标准工资40%的救济，医疗费补助2/3。(2)“文化大革命”以后病退回城知青，其中因伤、因病致残生活困难的，由国家给予社会救济。(3) 其他特殊人员，如右派摘帽人员、“文化大革命”中受迫害人员等生活困难者，由政府给予社会救济。

1978年以后，我国的经济体制从计划经济向市场经济转变，传统社会救济制度的弊端与不足也逐渐暴露出来。社会救济逐步从“单位”中分离出来。企业原来承担的社会救济功能逐步消失，要由政府的社会救济部门去完成。同时，在市场经济条件下，企业不再被要求把安排就业作为一项政治任务来承担，企业内的大批冗员被精减，破产企业的职工也被推向社会，使那些具有劳动能力者也因失业而面临生活困难。这些职工在享受失业保险待遇期满后仍未重新就业的，将由国家给予社会救济。

由于以上原因，传统的城市社会救济制度的救济范围已失之过窄，即需要救济的对象由原来那些没有劳动能力而生活困难者扩大至有劳动能力却陷于贫困者，包括暂时失去工作而生活困难者和尽管有工作，但由于种种原因（如赡养人口多、家中有重病号等）致使其家庭生活困难者。传统的城市社会救济制度的救济标准也偏低。改革传统的城市社会救济制度已势在必行。

2. 农村社会救济制度的演变

1958年“大跃进”时期，在农村一度取消了社会救济。自1960年起，连续三年严重自然灾害，造成农业大幅度减产，农民生活困难，贫困对象大量增加，社会救济的任务相当繁重。国家拨出了大量的救济款物用于农村救济。从1960年到1963年的4年间，国家共发放农村救济款4.8亿元，用于保障贫困对象的基本生活。

在1963年3月《认真贯彻农村人民公社工作条例，进一步做好农村社会救济工作》文件中，提出了要加强农村集体补助贫困对象的工作，教育基层干部和农民群众正确认识做好贫困对象补助工作的意义；要求社队从总收入中提取一定数量的公益金，保证贫困对象补助的需要；强调在分配口粮上，对贫困对象给予照顾，保证他们的基本生活。同时，文件重申了社会救济款专款专用和重点使用的原则。然而，从1966年开始的“文化大革命”又严重干扰了农村救济工作。当时把帮助贫困对象发展农副业生产当做资本主义“尾巴”割掉，将用公益金补助贫困对象当做“剥削”进行批判，从而严重影响了农村的社会救济工作。

农村经济体制的改革，家庭联产承包责任制的实行，促进了农村经济的迅速发展，许多贫困对象依靠自己的劳动脱贫致富，使农村的贫困对象逐渐减少。在大力扶持有劳动能力的贫困对象发展生产的同时，对缺少劳动能力、不具备扶持条件的贫困对象由国家和集体给予救济和补助。从1979年到1994年的15年间，国家和集体用于农村社会救济和补助资金累计达七十多亿元，共计救济6.4亿多人次，使农村贫困对象的基本生活得到保障。

二、城市居民最低生活保障制度

城市居民最低生活保障制度是国家对城市中的贫困居民按照最低生活保障线标准给予基本生活保障的制度。这是适应我国社会主义市场经济体制而建立的新型社会救济制度。

（一）救济标准

城市居民最低生活保障制度首先要涉及的是救济标准，或者称为“最低生活保障线”。我国目前的“最低生活保障线”是由当地政府在调查研究的基础上，根据城市居民维持基本生活的最低支出和物价指数，并考虑社会平均生活水平和政府财政的承受能力等因素，经过测算和论证后制定的。并且，“最低生活保障线”还应随物价上涨等因素进行调整。

确定“城市最低生活保障线”，通常是以城市居民达到最低生活水平为标准。所谓最低生活水平包含有两个层次：一是“绝对贫困”，指维持生命所需要的最低限度的饮食、穿戴和居住条件；二是“相对贫困”，指享有和当地生产力相适应的数量最少的消费资料和服务，它并非指缺衣少食，而是一种相对于其他居民才有的“贫困”之感。“城市最低生活保障线”应以“绝对贫困”为主，适当兼顾“相对贫困”。

在确定“城市最低生活保障线”的具体方式上，各地大都采取了“菜篮子法”，即选择若干生活必需品，依据其最低消费作为确定最低生活水平的标准。这种方式在具体测算时应考虑三个因素：其一是生活必需品品种选择的准确性；其二是生活必需品价格指数的可靠性；其三是贫困家庭及其消费特征选择的可代表性。1999 年 9 月 28 日，国务院第 21 次常务会议通过《城市居民最低生活保障条例》，自 1999 年 10 月 1 日起施行。条例规定城市居民最低生活保障标准，按照当地维持城市居民基本生活所必需的衣、食、住费用，并适当考虑水电燃煤（燃气）费用以及未成年人的义务教育费用确定。直辖市、设区的市的城市居民最低生活保障标准，由市人民政府民政部门会同财政、统计、物价等部门制定，报本级人民政府批准并公布执行；县（县级市）的城市居民最低生活保障标准，由县（县级市）人民政府民政部门会同财政、统计、物价等部门制定，报本级人民政府批准并报上一级人民政府备案后公布执行。

此外，还有两种确定的方式：一是“恩格尔系数法”，又称“最低饮食费用测算法”。德国统计学家恩格尔认为，家庭收入中用于食物支出的比例越大，意味着该家庭生活水平越低，如果这个比例在 60%（即恩格尔系数为 0.6）以上，那么该家庭就属于需要救济的贫困家庭。二是“收入比例法”。在城市居民的收入排列中，把一定比例的最低收入居民确定为需要救济的贫困居民，并把他们的收入水平定为贫困标准。

国际劳工组织认为，在工业化国家，符合最低生活水平的救济对象，是指那些收入相当于制造业工人平均工资 30%的家庭和个人。欧洲经济合作委员会认为，一个成年人，如果属于自己可支配收入（交所得税和保险税后）低于平均水平的 50%，则属于救济对象。

（二）救济范围

城市居民最低生活保障制度救济的范围是城市有常住户口的居民，包括所有家庭人均收入低于“最低生活保障线”的贫困对象。

这些对象或由于先天或后天的因素失去劳动能力；或虽有劳动能力但因客观环境限制以致失业、无法获得收入，或收入中断、收入减少，而且无法获得社会保险给付；或因受到天灾、人祸等因素的突然打击，如果不接受紧急救助就无法维持生活。这些原因使他们成为无劳动能力者，或虽有谋生能力但一时遭遇困难的不幸者。对于前者，如贫穷的鳏寡孤独、残疾者，应给予长期救济，以保障其生活。而对于后者，即一般人之遭遇意外灾难或一时生活困难，无法维持生活而需援助者，则给予短期救济，以帮助他们渡过难关而恢复正常生活。

《城市居民最低生活保障条例》规定持有非农业户口的城市居民，凡共同生活的家庭成员人均收入低于当地城市居民最低生活保障标准的，均有从当地人民政府获得基本生活物质帮助的权利。这里的“收入”是指共同生活的家庭成员的全部货币收入和实物收入，包括法定赡养人、扶养人或者抚养人应当给付的赡养费、扶养费或者抚养费，不包括优抚对象按照国家规定享受的抚恤金、补助金。

2004 年 12 月 10 日，民政部发布了《关于做好普通高等学校困难毕业生救助工作的通知》，要求高度重视高校困难毕业生救助工作，按照有关政策和规定做到“应救尽救，应救即救”，高校毕业生因短期无法就业或就业后发生生活困难的，户籍迁入地民政部门要及时按照有关规定为其提供最低生活保障或临时救助，积极鼓励享受低保待遇的高校困难毕业生通过各种途径就业，为高校困难毕业生就业创造条件。

（三）资金来源

最低生活保障的资金筹集主要采取两种形式：一是由市、区两级财政与机关、企事业单位分担，救济对象有工作单位的，由其所在单位给予困难补助，救济对象无工作单位的和所在单位无力负担的，由市区财政给予社会救济。二是完全由市、区两级财政负担。

要使城市居民最低生活保障制度得到完善和发展，各级政府应加大财政投入，并在中央政府一级设立“城市最低生活保障工作”的专项资金，由中央统一调剂余缺，还应扩大辅助资金的来源，如组织捐赠、义演等慈善活动，依靠民间力量建立互助基金、扶贫基金等。

《城市居民最低生活保障条例》规定城市居民最低生活保障所需资金，由地方人民政府列入财政预算，纳入社会救济专项资金支出项目，专项管理，专款专用。国家鼓励社会组织和个人为城市居民最低生活保障提供捐赠、资助；所提供的捐赠资助，全部纳入当地城市居民最低生活保障资金。

（四）救济方式和程序

城市居民最低生活保障一般采取现金救济，包括定期救济与临时救济，也有个别地方采取现金和实物相结合的救济方式。

在程序上，首先由救济对象向当地居委会提出申请，并填写救济申请表，在居委会初审后报街道办事处民政科，由其调查复核并提出解决意见，报区民政局，由区民政局发给救济证。救济对象凭证领取救济费。

申请享受城市居民最低生活保障待遇，由户主向户籍所在地的街道办事处或者镇人民政府提出书面申请，并出具有关证明材料，填写《城市居民最低生活保障待遇审批表》。城市居民最低生活保障待遇，由其所在地的街道办事处或者镇人民政府初审，并将有关材料和初审意见报送县级人民政府民政部门审批。管理审批机关为审批城市居民最低生活保障待遇的需要，可以通过入户调查、邻里访问以及信函索证等方式，对申请人的家庭经济状况和实际生活水平进行调查核实。申请人及有关单位、组织或者个人应当接受调查，如实提供有关情况。

县级人民政府民政部门经审查，对符合享受城市居民最低生活保障待遇条件的家庭，应当区分下列不同情况批准其享受城市居民最低生活保障待遇：（1）对无生活来源、无劳动能力又无法定赡养人、扶养人或者抚养人的城市居民，批准其按照当地城市居民最低生活保障标准全额享受；（2）对尚有一定收入的城市居民，批准其按照家庭人均收入低于当地城市居民最低生活保障标准的差额享受。县级人民政府民政部门经审查，对不符合享受城市居民最低生活保障待遇条件的，应当书面通知申请人，并说明理由。管理审批机关应当自接到申请人提出申请之日起的30日内办结审批手续。城市居民最低生活保障待遇由管理审批机关以货币形式按月发放；必要时，也可以给付实物。

对经批准享受城市居民最低生活保障待遇的城市居民，由管理审批机关采取适当形式以户为单位予以公布，接受群众监督。任何人对不符合法定条件而享受城市居民最低生活保障待遇的，都有权向管理审批机关提出意见；管理审批机关经核查，对情况属实的，应当予以纠正。享受城市居民最低生活保障待遇的城市居民家庭人均收入情况发生变化的，应当及时通过居民委员会告知管理审批机关，办理停发、减发或者增发城市居民最低生活保障待遇的手续。管理审批机关应当对享受城市居民最低生活保障待遇的城市居民的家庭收入情况定期进行核查。在就业年龄内有劳动能力但尚未就业的城市居民，在享受城市居民最低生活保障待遇期间，应当参加其所在的居民委员会组织的公益性社区服务劳动。地方各级人民政府及其有关部门，应当对享受城市居民最低生活保障待遇的城市居民在就业、从事个体经营等方面给予必要的扶持和照顾。

为进一步加强中央财政困难群众救助补助资金管理，2017年6月12日财政部、民政部制定了《中央财政困难群众救助补助资金管理办法》，规定：低保金、散居特困人员救助供养金、临时救助金原则上应支付到救助对象个人账户，集中供养特困人员救助供养金应统一支付到供养服务机构集体账户。孤儿基本生活费应支付到孤儿和艾滋病病毒感染儿童本人或其监护人个人账户，集中养育的孤儿和艾滋病病毒感染儿童基本生活费应统一支付到福利机构集体账户。补助资金要专款专用，用于为低保对象发放低保金，为特困人员提供基本生活条件、对生活不能自理的给予照料、提供疾病治疗、办理丧葬事宜，为临时救助对象发放临时救助金或实物，为孤儿和艾滋病病毒感染儿童发放基本生活费，为生活无着的流浪乞讨人员实施主动救助、生活救助、医疗救治、教育矫治、返乡救助、临时安置并实施未成年人社会保护。补助资金使用后按支出方向单独记账，分别核算。各级财政、民政部门和经办机构应严格按规定使用，不得擅自扩大支出范围，不得以任何形式挤占、挪用、截留和滞留，不得向救助对象收取任何管理费用。补助资金不得用于工作经费，不得用于机构运转、大型设备购置和基础设施维修改造等支出。

三、农村社会救济

农村社会救济，是国家和集体对农村中生活困难的贫困对象采取物质帮助、扶持生产等形式，保障其基本生活的制度。农村社会救济主要针对无法定扶养义务人、无劳动能力、无生活来源的老年人、残疾人、未成年人，以及因病、灾、缺少劳动能力等生活贫困者。

（一）国家救济与集体补助

中国农村的贫困人口较多，全国有85.2%的贫困对象分布在农村。单纯依靠国家救济难以全部保障农村贫困对象的生活。因此，农村社会救济必须采取国家救济与集体补助相结合的方式。以集体补助为主，国家救济给予必要的补充。

（二）国家救济与社会互助互济

社会互助互济也是农村社会救济的重要方式。各级人民政府动员和组织城市支持农村，非贫困地区支援贫困地区，广泛开展村邻互帮、邻里互助，形成社会、集体、个人相结合，多层次、多种形式互助的新局面。通过开展社会互助互济，不仅及时有效地解决了贫困对象的生活困难，也减轻了国家和集体的压力，而且扩大了社会的参与和影响，树立了互助友爱、扶弱济困的良好社会风尚。

（三）救济与扶持生产

扶持贫困对象生产自救是救济工作的延伸。为了进一步加强对农村贫困对象的扶持，1982年12月国家经贸委等部门联合发布了《关于认真做好扶助农村贫困户工作的通知》，要求民政部门拨出适当数额的农村救济经费用于扶贫。这种方式改变了传统的无偿扶持的单一方式，采取无偿扶持与有偿扶持相结合，对有偿还能力的贫困对象实行扶持生产资金有偿使用，收回的资金作为扶贫周转金滚动使用，取得了显著成效。

（四）救济与以工代赈

以工代赈是中国传统的救济方式之一，也是农村社会救济的有效方式。一方面，国家每年都投入大量资金进行农林、水利、交通等方面的建设，特别是在一些贫困地区和灾区，基础建设的任务更重，需要大量的劳力；另一方面，由于农村的贫困人口多，救济资金有限，难以全部保障贫困对象的生活。因此，组织有劳动能力的贫困对象以工代赈，使贫困对象通过参加国家的工程建设解决生活困难，有助于减轻农村社会救济的负担，也有助于更好地发挥农村社会救济的效力。

（五）农村最低生活保障制度

农村最低生活保障的对象是家庭人均收入低于最低生活保障线的村民。保障的方式是发放现金与实物救济相结合。最低生活保障线的标准由县或乡镇人民政府制定。保障资金采取县和乡镇分级负担。救济的程序是，由救济对象向村民委员会提出申请，村民委员会审核后，报乡镇民政办事机构审批，并报县民政部门备案。农村最低生活保障线的实施和管理由县级民政部门和乡镇民政办事机构负责。

农村居民有下列情形之一的，原则上不能享受最低生活保障待遇：(1) 虽然家庭人均收入低于最低生活保障标准，但实际生活水平高于最低生活保障标准的；(2) 离开户籍所在地，举家迁往外地1年以上的；(3) 已有住房又新建（购）住房的；(4) 有劳动能力且有承包土地，无正当理由不耕种的；(5) 1年内购买价值超过最低生活保障标准5倍以上（含5倍）非生活必需品的；(6) 家庭有机动车辆（不含残疾人代步车）的；(7) 有高价值收藏或投资股票、商业保险或其他投资行为的；(8) 有高于最低生活保障标准的馈赠、礼金支出的；(9) 安排子女择校就读、出国留学或子女在义务教育期间进入收费学校就读的；(10) 1年内因赌博、嫖娼被行政处罚过的；因吸毒生活困难且尚未改正的；违法结婚、收养和计划外生育的；(11) 不按规定如实申报家庭收入或拒绝核查的；(12) 其他经民政部门按规定认定不能享受最低生活保障待遇的。

已享受最低生活保障待遇的农村居民无正当理由1年内有两次不按时领取最低生活保障金，或1个月内有两次拒绝参加村民委员会组织的公益活动的，停发其保障金。对采取虚报、隐瞒家庭收入、伪造证明材料等不正当手段取得最低生活保障待遇，或在享受最低生活保障待遇期间，家庭人均收入超过最低生活保障标准，但不按规定告知民政部门，继续享受最低生活保障待遇的，由民政部门予以批评教育，取消其最低生活保障待遇，并追回已领取的相关资金。有关行政部门工作人员和从事最低生活保障工作的人员玩忽职守、徇私舞弊，情节严重的，由所在单位、上级主管部门或监察部门依法给予行政处分；构成犯罪的，依法追究刑事责任。

2015年3月，民政部、国家统计局发布《关于进一步加强农村最低生活保障申请家庭经济状况核查工作的意见》，明确了核查范围和内容。

（1）共同生活的家庭成员。主要包括户主、配偶、父母、未成年子女、已成年但不能独立生活的子女（含在校接受本科及其以下学历教育的成年子女）以及其他具有法定赡养、扶养、抚养义务关系并长期共同居住的人员。监狱服刑人员、连续3年以上（含3年）脱离家庭独立生活的宗教教职人员不计入共同生活的家庭成员。其他不计入共同生活家庭成员的人员，由省级人民政府民政部门根据有关原则确定。

（2）家庭收入。主要包括共同生活的家庭成员在规定期限内获得的全部现金及实物收入，即扣除家庭经营费用、生产性固定资产折旧、个人所得税和社会保障支出后，家庭现金收入和实物收入之和。家庭收入主要包括工资性收入、经营净收入、财产净收入、转移净收入四个方面。工资性收入指就业人员通过各种途径得到的全部劳动报酬和各种福利，包括受雇于单位或个人、从事各种自由职业、兼职和零星劳动得到的全部劳动报酬和福利。同时扣除个人所得税和社会保障支出。家庭经营净收入指从事生产经营活动所获得的净收入，是全部经营收入中扣除经营费用、生产性固定资产折旧和生产税之后得到的净收入。财产净收入指家庭成员所拥有的金融资产、住房等非金融资产和自然资源交由其他机构、单位或个人使用而获得的回报并扣除相关费用之后得到的净收入。转移净收入指国家、单位、社会团体对居民的各种经常性转移支付和居民之间的经常性转移净收入。农村低保申请人家庭按国家规定所获得的优待抚恤金、计划生育奖励与扶助金以及教育、见义勇为等方面的奖励性补助，不计入家庭收入。“十二五”期间新型农村社会养老保险中央基础养老金暂不计入家庭收入。其他不计入家庭收入的项目，由设区的市级以上地方人民政府确定。

（3）家庭财产。主要包括家庭成员拥有的全部动产和不动产，即房屋、现金、银行存款、有价证券、机动车辆（不含残疾人功能性补偿代步机动车辆）、船舶、大型农机具等。①

（六）农村五保供养

五保供养是农村为缺乏劳动力、生活没有依靠的鳏寡孤独残疾人提供生活帮助和照顾的一项制度。

1. 五保供养的性质

1994年1月23日国务院发布的《农村五保供养工作条例》第3条规定：“五保供养是农村的集体福利事业。农村集体经济组织负责提供五保供养所需的经费和实物”。这表明五保供养首先为农村集体福利事业，但五保供养也同时具有社会救济性质。因为我国农村社会救济的对象是农村中的困难户，而五保对象则是困难群体中的最贫困者，理所当然要得到国家的救济。特别是在灾区、贫困地区，部分群众的温饱问题尚未得到解决，让他们全部保障五保对象的生活比较困难，国家也应给予必要的救济和帮助。因此，1994年《农村五保供养工作条例》第12条规定：“灾区和贫困地区的各级人民政府在安排救灾救济款物时，应当优先照顾五保对

① ［2015－05－28］. http：//dbs. mca. gov. cn/article/ncdb/zcfg/201503/20150300784910. shtml.

象，保障他们的生活。”为进一步保障农村五保供养对象的合法权益，国务院于2006年1月21日公布了新修订的《农村五保供养工作条例》，而1994年1月23日由国务院发布的《农村五保供养工作条例》同时废止。修订之后，五保供养中具有了国家责任以及社会救济的性质。

2004年8月23日，民政部、财政部和国家发展和改革委员会发布《关于进一步做好农村五保供养工作的通知》，明确了五保供养对象是农村最困难的群体；要维护宪法所赋予五保对象的合法权益，解决税费改革新形势下农村五保供养工作面临的新情况、新问题；妥善解决好五保对象生活，实现五保对象“应保尽保”，全面提高农村五保供养工作水平。

2. 五保供养的对象

五保供养的对象是农村村民中符合下列条件的老年人、残疾人和未满16周岁的村民：(1) 无劳动能力的；(2) 无生活来源的；(3) 无法定赡养、抚养、扶养义务人，或者其法定赡养、抚养、扶养义务人无赡养、抚养、扶养能力的。只有同时具备上述三个条件的老年人、残疾人或未满16周岁的村民才有资格成为五保对象，三个条件缺一不可。

凡有法定扶养（抚养、赡养）义务人，而且扶养义务人有负担能力的，不得定为五保对象，特殊情况需经过村民同意，经乡、镇政府批准。

享受农村五保供养待遇，应当由村民本人向村民委员会提出申请；因年幼或者智力残疾无法表达意愿的，由村民小组或者其他村民代为提出申请。经村民委员会民主评议，对符合《农村五保供养工作条例》第6条规定条件的，在本村范围内公告；无重大异议的，由村民委员会将评议意见和有关材料报送乡、民族乡、镇人民政府审核。乡、民族乡、镇人民政府应当自收到评议意见之日起20日内提出审核意见，并将审核意见和有关材料报送县级人民政府民政部门审批。县级人民政府民政部门应当自收到审核意见和有关材料之日起20日内作出审批决定。对批准给予农村五保供养待遇的，发给《农村五保供养证书》；对不符合条件不予批准的，应当书面说明理由。乡、民族乡、镇人民政府应当对申请人的家庭状况和经济条件进行调查核实；必要时，县级人民政府民政部门可以进行复核。申请人、有关组织或者个人应当配合、接受调查，如实提供有关情况。

3. 五保供养的内容

所谓五保，就是对五保对象在五个方面予以保障。但是，这五个方面的保障内容和标准在不同的历史时期也是不同的。

在集体化时期，五保的内容是保吃、保穿、保烧、保葬和保教（儿童和少年）五个方面。实行家庭联产承包责任制后，五保供养的内容逐步演变为：保吃、保穿、保住、保医、保葬（未成年人保教）这五个方面。具体规定为：(1) 供给粮油、副食品和生活用燃料；(2) 供给服装、被褥等生活用品和零用钱；(3) 提供符合基本居住条件的住房；(4) 提供疾病治疗，对生活不能自理的给予照料；(5) 办理丧葬事宜。农村五保供养对象未满16周岁或者已满16周岁仍在接受义务教育的，应当保障他们依法接受义务教育所需费用。可见，五保供养是对五保对象的各个方面进行全面的保障。

4. 五保供养的经费来源和标准

五保供养所需经费和实物，应当从村提留或者乡统筹费中列支；在有集体经营项目的地方，可以从集体经营的收入、集体企业上交的利润中列支。因此，五保对象的生活费用还是以集体供给为主。

五保供养的实际标准，不应低于当地村民的一般生活水平，或者说不低于当地村民的平均消费水平。对此，有的地方把五保对象的供给标准具体化为不低于当地上报的上年度人均纯收入的 2/3。

5. 五保供养费用的筹集方式

五保供养费用的筹集方式，以前主要是集体分配或公益金补助。家庭联产承包责任制后，五保供养费用的筹集方式开始多样化，主要有村提留、乡镇统筹、亲属供养、代耕代养等多种供给形式。

（1）村提留，即把供养五保对象的款物列入各户的承包合同，作为公益金的一部分，由村统一提留供养。

（2）乡镇统筹，即按照五保对象的生活不低于一般村民实际生活水平的原则，乡镇政府统一确定五保对象的供养标准，根据五保对象的总人数确定乡镇统筹的总量，年初由民政助理员作出供养费用的预算方案，经乡政府审批后按人口数量或土地面积纳入公益金统一提取。在统筹款物时，各地根据自己的实际情况，可单一统筹粮食、资金，或粮食、资金一起统筹。款物兑现后，拨到乡镇民政办公室，建立五保基金，设立专粮专款专账，专储专用，五保对象凭证到乡镇粮管所、信用社领取。

（3）亲属供养，即通过自愿协商，三方签订供养协议或扶养协议，由五保对象的亲属、邻居按照五保供养的内容，负责五保对象的吃、穿、住、治病和死后的安葬（未成年人的教育），而五保对象的生产资料如土地、山、林等由供养人负责管理、经营和使用，遗产由其继承。为了提高亲属、邻居供养五保对象的积极性，集体在分配土地、山林时给予照顾，分给好地、近地甚至多分给一份，另外还在义务工、公益金等方面给予照顾，特殊情况下，国家在社会救济方面也给予一定的帮助。

6. 国家对五保供养对象的救济

五保对象的生活虽然以集体供养为主，但国家在社会救济中一直把五保对象作为救济的重点。仅从 1960 年至 1963 年的 4 年时间，国家就拨出社会救济款 4.8 亿元。实行农村家庭联产承包责任制后，国家加大了对五保对象的救济力度，除继续对五保对象进行不定期的救济外，还实行定期定量的救济，要求各地在分配救灾款物时，优先并重点照顾五保对象。近年来，农村社会救济款用于救济五保对象的金额逐年增加，所占救济款支出的比例逐年上升，所救济的对象也逐年增多。

根据民政部 2010 年 10 月 8 日部务会议通过的《农村五保供养服务机构管理办法》，农村五保供养服务机构应当向农村五保供养对象提供下列服务：（1）提供符合食品卫生要求、适合农村五保供养对象需要的膳食；（2）提供服装、被褥等生活用品和零用钱；（3）提供符合居住条件的住房；（4）提供日常诊疗服务，对生活不能自理的给予护理照料；（5）妥善办理丧葬事宜。集中供养的农村五保供养对象未满 16 周岁或者已满 16 周岁仍在接受义务教育的，农村五保供养服务机构应当依法保证其接受并完成义务教育，保障所需费用。有条件的农村五保供养服务机构应当为集中供养的重度残疾五保供养对象适配基本型辅助器具。

（七）农村医疗救助

2003 年 11 月 18 日，民政部、卫生部和财政部发布了《关于实施农村医疗救助的意见》。农村医疗救助制度是政府拨款和社会各界自愿捐助等多渠道筹资，对患大病农村五保户和贫困农民家庭实行医疗救助的制度。农村医疗救助从贫困农民中最困难的人员和最急需的医疗支出开始实施，并随着经济的发展逐步完善农村医疗救助制度。

具体救助对象是：（1）农村五保户，农村贫困户家庭成员；（2）地方政府规定的其他符合条件的农村贫困农民。

救助办法包括：（1）开展新型农村合作医疗的地区，资助医疗救助对象缴纳个人应负担的全部或部分资金，参加当地合作医疗，享受合作医疗待遇。因患大病经合作医疗补助后个人负担医疗费用过高，影响家庭基本生活的，再给予适当的医疗救助。（2）尚未开展新型农村合作医疗的地区，对因患大病个人负担费用难以承担，影响家庭基本生活的，给予适当医疗救助。（3）国家规定的特种传染病救治费用，按有关规定给予补助。医疗救助对象全年个人累计享受医疗救助金额，原则上不超过当地规定的医疗救助标准。对于特殊困难人员，可适当提高医疗救助水平。

医疗救助服务的内容有：（1）已开展新型农村合作医疗的地区，由农村合作医疗定点卫生医疗机构提供医疗救助服务；未开展新型农村合作医疗的地区，由救助对象户口所在地乡（镇）卫生院和县级医院等提供医疗救助服务。（2）提供医疗救助服务的医疗卫生机构等应在规定范围内，按照本地合作医疗或医疗保险用药目录、诊疗项目目录及医疗服务设施目录，为医疗救助对象提供医疗服务。（3）遇到疑难重症需转到非指定医疗卫生机构就诊时，要按当地医疗救助的有关规定办理转院手续。（4）承担医疗救助的医疗卫生机构要完善并落实各种诊疗规范和管理制度，保证服务质量，控制医疗费用。

各地要建立医疗救助基金，基金主要通过各级财政拨款和社会各界自愿捐助等多渠道筹集：（1）地方各级财政每年年初根据实际需要和财力情况安排医疗救助资金，列入当年财政预算。（2）中央财政通过专项转移支付对中西部贫困地区农民贫困家庭医疗救助给予适当支持。（3）社会捐赠及其他资金。①

2004 年 1 月 5 日财政部和民政部发布《农村医疗救助基金管理试行办法》，规定农村医疗救助基金是用于农民贫困家庭医疗救助的专用基金。基金通过政府拨款和社会各界自愿捐助等多渠道筹集，按照公开、公平、公正、专款专用、量入为出、收支平衡的原则进行管理和使用。

农村医疗救助的享受对象及救助金额，由个人提出申请，村民代表会议评议，乡镇人民政府审核，县级民政部门根据县级人民政府的具体规定审批。经批准的救助对象参加当地新型农村合作医疗缴费有困难的，由农村医疗救助基金给予资助，并对患大病救助对象难以自负的医疗费用给予适当补助。国家规定的特种传染病救治费用按有关规定经批准后支付。

2016 年 9 月 17 日，民政部、国务院扶贫办、中央农办、财政部、国家统计局、中国残联《关于做好农村最低生活保障制度与扶贫开发政策有效衔接的指导意见》经国务院同意发布。《意见》指出：对农村低保对象和建档立卡贫困人口实施动态管理。乡镇人民政府（街道办事处）要会同村（居）民委员会定期、不定期开展走访调查，及时掌握农村低保家庭、特困人员和建档立卡贫困家庭人口、收入、财产变化情况，并及时上报县级民政、扶贫部门。县级民政部门要将农村低保对象、特困人员名单提供给同级扶贫部门；县级扶贫部门要将建档立卡贫困

---

① 民政部社会求助司《2013 年我国医疗救助运行情况分析报告》显示：2013 年，全国共实施医疗救助 10 832.3 万人次，其中，住院救助 1 098.4 万人次，门诊救助 1 541.3 万人次，资助参保参合 8 192.6 万人；当年筹集资金 218 亿元，其中中央财政安排 132 亿元；全年支出医疗救助资金 257.6 亿元；住院、门诊和资助参保参合人次均救助水平分别为 1 673 元、142 元和 63 元。全国共实施重特大疾病医疗救助 156.2 万人次，支出资金 37.68 亿元；其中，门诊救助 81.8 万人次，支出资金 3.7 亿元，人次均救助水平 452 元；住院救助 74.7 万人次，支出资金 33.98 亿元，人次均住院救助水平 4 567 元。全国 81%的县（市、区）开展了医疗救助“一站式”即时结算服务。[2015-05-28]. http://dbs.mca.gov.cn/article/csyljz/llyj/201409/20140900707569.shtml.

人口名单和脱贫农村低保对象名单、脱贫家庭人均收入等情况及时提供给同级民政部门。健全信息公开机制，乡镇人民政府（街道办事处）要将农村低保和扶贫开发情况纳入政府信息公开范围，将建档立卡贫困人口和农村低保对象、特困人员名单在其居住地公示，接受社会和群众监督。

为进一步规范特困人员认定工作，确保特困人员救助供养制度公开、公平、公正实施，2016年10月10日，根据《国务院关于进一步健全特困人员救助供养制度的意见》，民政部制定了《特困人员认定办法》，规定：特困人员认定工作应当遵循以下原则：（1）应救尽救，应养尽养；（2）属地管理，分级负责；（3）严格规范，高效便民；（4）公开、公平、公正。

《办法》第二章规定了“认定条件”：“城乡老年人、残疾人以及未满16周岁的未成年人，同时具备以下条件的，应当依法纳入特困人员救助供养范围：（一）无劳动能力；（二）无生活来源；（三）无法定赡养、抚养、扶养义务人或者其法定义务人无履行义务能力。”（第4条）“符合下列情形之一的，应当认定为本办法所称的无劳动能力：（一）60周岁以上的老年人；（二）未满16周岁的未成年人；（三）残疾等级为一、二级的智力、精神残疾人，残疾等级为一级的肢体残疾人；（四）省、自治区、直辖市人民政府规定的其他情形。”（第5条）“收入总和低于当地最低生活保障标准，且财产符合当地特困人员财产状况规定的，应当认定为本办法所称的无生活来源。前款所称收入包括工资性收入、经营净收入、财产净收入、转移净收入等各类收入，不包括城乡居民基本养老保险中的基础养老金、基本医疗保险等社会保险和高龄津贴等社会福利补贴。”（第6条）“法定义务人符合下列情形之一的，应当认定为本办法所称的无履行义务能力：（一）具备特困人员条件的；（二）60周岁以上或者重度残疾的最低生活保障对象，且财产符合当地特困人员财产状况规定的；（三）无民事行为能力、被宣告失踪、或者在监狱服刑的人员，且财产符合当地特困人员财产状况规定的；（四）省、自治区、直辖市人民政府规定的其他情形。”（第8条）“未满16周岁的未成年人同时符合特困人员救助供养条件和孤儿认定条件的，应当纳入孤儿基本生活保障范围，不再认定为特困人员。”（第9条）

四、特殊对象的社会救济

特殊对象的社会救济，是国家对特定对象给予生活救济或困难补助，以保障他们基本生活的制度。在这些特殊群体中，有麻风病人需要医治和救济，还有原国民党起义、投诚人员和部分归国华侨需要安置和救济等。这些救济对象的情况特殊，不同于一般的社会救济对象。因此，国家对这些救济对象采用了专门的救济方式，从而形成了特殊对象的社会救济制度。在20世纪70年代后期，全国特殊救济对象多达20种。

（一）麻风病人的救济

对生活困难的麻风病人给予救济是一项开展较早、救济人数较多的特殊救济工作。1975年3月，国务院和中央军委批转了卫生部等有关部门《关于加强麻风病防治和麻风病人管理工作的报告》，明确提出由民政部门负责麻风村病人的生活救济。到1989年年底，全国累计治愈麻风病人45万多人，麻风病人仅剩5万多人。由民政部门给予定期救济的麻风病人2.63万人，年支出救济费871万元，年人均救济费331元。据统计，1994年民政部门给予定期救济的麻风病人有24 368人，年支出救济费1 931万元，年人均救济费792元。经过多年的努力，麻风病人逐渐减少，到1995年全国的麻风病人不到1万人，由民政部门救济的麻风病人也逐年减少，“2009 年全国麻风病发病仅 424 例”[1]。

（二）原国民党起义、投诚人员的救济

新中国成立后，一批原国民党起义、投诚人员需要安置。国家十分重视做好这部分人的安置工作，资遣了一部分起义、投诚人员返乡安居，对安置在城市生活困难的起义、投诚人员给予救济。

根据国家对落实起义、投诚人员救济的有关规定，各级政府采取多种形式保障他们的生活。对起义、投诚后资遣回乡的人员中，年老体弱、丧失劳动能力、无人赡养的，符合五保供养条件的，给予五保供养；有条件的人，由敬老院供养；对不符合五保条件的，按困难户对待，由乡村集体经济组织给予生产扶持和困难补助；对五保供养或集体补助有困难的，由民政部门给予救济，救济标准可稍高于当地的社会救济标准。对曾被判刑，离开劳改单位原无公职的起义、投诚人员，现生活确实困难的，每月发给生活费。对起义、投诚人员被错杀和被错判而在服刑期间死亡的，复查纠正后，其遗属生活确实困难的，给予适当补助或救济。

（三）归侨、侨眷、侨属的救济

新中国成立初期，有一大批华侨回国参加国家经济建设，其中有一部分人无依靠，生活困难。国家在做好归国华侨安置工作的同时，对无依靠的老弱残疾归侨给予社会救济，使他们的生活得到保障。

从各地的实际情况出发，本着适当照顾、略高于社会困难户的原则，确定了较高的救济标准。对在侨居国反华、排华时由中国驻外使馆安排回国，长期未作安置的老归侨；归国前在国外爱国侨团、侨校、侨报担任专职连续 10 年左右的，给予定期生活补助。中共十一届三中全会以后，对平反后已经丧失劳动能力、无家可归、无亲可投的归侨给予社会救济，并随着人民生活水平的提高和物价的上涨，多次调整了救济的标准，有效地保障了他们的基本生活。

（四）台胞、台属的救济

国家历来重视对台胞台属的社会救济。对台湾同胞中鳏寡孤独、老幼病残、丧失劳动能力、生活无依靠的给予救济，救济标准高于一般的社会救济标准。对被迫害致残、原无公职、丧失劳动能力、无生活来源的，给予生活救济。对丧失劳动能力、无子女赡养，生活困难的台胞台属，属城镇居民的给予社会救济，在农村的给予五保供养。对去台人民亲属中符合精减退职职工 40%救济条件的，给予享受本人原标准工资 40%的救济；对不符合享受 40%救济条件而生活确实困难的，给予社会救济。

（五）宽大释放人员的救济

20 世纪 80 年代初，国家宽大释放了原国民党县团以下党政军特人员，有关部门积极开展了这部分人员的安置和救济工作。对宽大释放人员中丧失劳动能力、家庭赡养有困难的，采取逐人确定救济金额，给予救济。救济标准由公安、财政、民政部门共同协商，本着大城市高于中小城市，城镇高于农村，消费水平较高的地区高于消费水平较低的地区的原则制定。随着人民生活水平的提高和物价的上涨，各地对宽大释放人员的救济标准进行了多次调整，以保障他

---

① 2009 年我国卫生事业发展统计公报．(2010－03－29)．www.moh.gov.cn.

们的生活。对宽大释放人员迁移居住地的，由迁出地民政部门出具证明，迁入地民政部门按当地宽大释放人员的救济标准发放救济费。

（六）摘掉右派帽子人员的救济

1957年在全国反右斗争中，有一批人被定为右派分子，下放劳动改造。中共十一届三中全会以后，为了平反冤、假、错案，落实政策，清除极左的影响，1978年中共中央作出全部摘掉右派分子帽子的决定。有关部门着手对摘掉右派帽子人员的救济工作。对摘掉右派帽子人员中年老体弱、丧失劳动能力、无生活来源的，给予社会救济。救济标准按照能维持当地一般居民或村民生活水平的原则制定，高于一般的社会救济标准，使他们的基本生活得到了保障。

（七）受迫害人员的救济

"文化大革命"期间，有许多冤、假、错案，其中有大量的反革命案件使很多无辜的人受到迫害。中共十一届三中全会以后，随着平反冤、假、错案和落实政策工作，开展了受迫害人员的救济，主要是对平反后已经丧失劳动能力、无家可归、无亲可投的人员，给予社会救济，以保障他们的生活。

（八）下乡知青因公致残人员的救济

知识青年上山下乡始于20世纪60年代初。在上山下乡的知识青年中，有一些人因公致残，还有一些人因患有严重疾病不能从事农业劳动，返回城市后在生活和治病上都有一定的困难。国家为解决这部分人生活和治病存在的困难，对下乡知识青年因公致残和患严重疾病人员的安置和救济工作作出了具体规定。对患有严重疾病返回城市的下乡知识青年，其家长无工作，治病和生活有困难的，给予社会救济。对因公致残不能从事农业劳动的，返回城市后，由民政部门和街道、乡村安排力所能及的工作；对完全丧失劳动能力的，经县以上人民政府批准，民政部门按照职工全残的最低标准，每人每月发给35元生活费；对生活不能自理需要人护理的，另发护理费，在指定的医疗单位治疗的，医疗费实报实销。

（九）因计划生育手术事故造成死亡和丧失劳动能力人员的救济

实行计划生育是我国的一项基本国策，国家对执行计划生育政策中出现的问题提出了解决的意见，有关部门据此积极做好计划生育的救济保障工作。对因节育手术事故造成死亡或者丧失劳动能力导致生活困难的人员，以集体补助为主；集体补助有困难的，由民政部门给予社会救济。

（十）外国侨民的救济

我国政府一贯重视对外国侨民的工作，本着国际主义和人道主义精神，为外国侨民提供生活保障。从20世纪50年代中期中国政府停止外国机构救济外国侨民后，民政部门开展了对外国侨民的救济工作。对外国侨民生活困难的，给予救济；对短缺医疗费用或出境路费的，酌情予以补助；对无依无靠的老年外国侨民，本人自愿的可入养老院供养。

（十一）其他特殊人员的救济

1. 对错判当事人家属的救济。根据国务院的有关规定，对各级法院因错判致使当事人的家属生活困难的，由民政部门予以救济。民政部门承担对因错判当事人家属生活困难的救济工作。

2. 对工商业者遗属的救济。1962年10月，国家就对工商业者遗属的生活困难救济问题作了具体规定。对非因公、因病死亡的工商业者遗属，无工作、生活困难的，先由工商联互助金解决，此外还有困难的，再由民政部门给予社会救济。此后，各地民政部门承担了工商业者遗属的部分救济工作。

3. 对企业职工遗属的救济。1963年10月，国家对因病或非因公死亡的企业职工遗属生活困难的问题提出了解决的意见。对因病或非因公死亡的企业职工遗属生活困难的，如职工原单位不能给予照顾，其遗属无工作的，由民政部门按照社会问题酌予救济。由此，民政部门承担了企业职工遗属的部分救济工作。

4. 对外逃回归人员的救济。1964年8月15日，内务部提出对外逃回归人员和被招降的叛乱分子在安家和生活方面的困难，经过主管部门审查，并开具证明需要救济的，民政部门可以酌情救济。根据内务部的规定，西藏自治区民政部门开展了对外逃回归人员和被招降的叛乱分子的救济工作。

5. 对特赦释放战犯的救济。从20世纪60年代初期国家就规定，对特赦释放战犯在正式安排工作之前，生活确有困难的，由民政部门给予救济，救济标准由省领导批准执行。

6. 对错定成分人员的救济。从1979年4月开始，对于少数因错定成分在生活上有严重困难的人员，给予适当救济。对错定成分人员的救济工作由各地民政部门负责。

7. 对释放托派头子的救济。1979年3月，国家对释放托派头子的安置和救济工作作了具体规定。对无工作和无家可归的，由民政部门给予救济，每人每月发给60元至70元的生活费。

8. 对被解散文艺剧团生活无着人员的救济。1979年4月，在《全国文艺界落实党的知识分子政策汇报座谈纪要》中，对“文化大革命”期间被解散剧团人员的生活困难提出了解决意见。对被解散剧团的一般从业人员，流离失所、生活无着的，由民政部门给予救济，保障了他们的生活。

9. 对平反释放人员的救济。1980年3月29日，最高人民法院等部门发出《关于安置平反释放后无家可归人员的通知》，规定平反释放人员已经丧失劳动能力、无家可归、无亲可投的，由民政部门给予社会救济。

10. 对高校毕业生有病人员的救济。1981年10月4日，教育部等部委在《关于印发〈高等学校毕业生调配派遣办法〉的通知》中规定，对高校毕业生因病丧失劳动能力、无直系亲属投靠、无生活来源的，从农村入学的，由原乡村给予生活补助，乡村补助有困难的，由民政部门酌情救济；从城镇入学的，由民政部门给予救济。

11. 对解除劳动教养人员的救济。1982年1月21日，国务院《转发公安部〈劳动教养试行办法〉的通知》规定，对解除劳教人员无工作、生活确有困难的，由民政部门给予社会救济。

12. 对刑事罪犯家属的救济。1982年6月4日，民政部《关于刑事罪犯家属生活困难给予救济问题的通知》，对解决刑事罪犯家属生活困难问题作了具体规定。对职工犯罪被判刑并开除公职的，在服刑期间，其家属确无经济来源、生活困难的，民政部门可以给予社会救济。

五、临时救助制度

2014年10月，国务院颁布实施了《关于全面建立临时救助制度的通知》。临时救助是国家对遭遇突发事件、意外伤害、重大疾病或其他特殊原因导致基本生活陷入困境，其他社会救助制度暂时无法覆盖，或救助之后基本生活暂时仍有严重困难的家庭或个人给予的应急性、过渡性的救助。

（一）对象范围

1. 家庭对象。因火灾、交通事故等意外事件，家庭成员突发重大疾病等原因，导致基本生活暂时出现严重困难的家庭；因生活必需支出突然增加超出家庭承受能力，导致基本生活暂时出现严重困难的最低生活保障家庭；遭遇其他特殊困难的家庭。

2. 个人对象。因遭遇火灾、交通事故、突发重大疾病或其他特殊困难，暂时无法得到家庭支持，导致基本生活陷入困境的个人。其中，符合生活无着的流浪、乞讨人员救助条件的，由县级人民政府按有关规定提供临时食宿、急病救治、协助返回等救助。

因自然灾害、事故灾难、公共卫生、社会安全等突发公共事件，需要开展紧急转移安置和基本生活救助，以及属于疾病应急救助范围的，按照有关规定执行。

县级以上地方人民政府应当根据当地实际，制定具体的临时救助对象认定办法，规定意外事件、突发重大疾病、生活必需支出突然增加以及其他特殊困难的类型和范围。

（二）申请受理

1. 依申请受理。凡认为符合救助条件的城乡居民家庭或个人均可以向所在地乡镇人民政府（街道办事处）提出临时救助申请；受申请人委托，村（居）民委员会或其他单位、个人可以代为提出临时救助申请。对于具有本地户籍、持有当地居住证的，由当地乡镇人民政府（街道办事处）受理；对于上述情形以外的，当地乡镇人民政府（街道办事处）应当协助其向县级人民政府设立的救助管理机构（即救助管理站、未成年人救助保护中心等）申请救助；当地县级人民政府没有设立救助管理机构的，乡镇人民政府（街道办事处）应当协助其向县级人民政府民政部门申请救助。申请临时救助，应按规定提交相关证明材料，无正当理由，乡镇人民政府（街道办事处）不得拒绝受理；因情况紧急无法在申请时提供相关证明材料的，乡镇人民政府（街道办事处）可先行受理。

2. 主动发现受理。乡镇人民政府（街道办事处）、村（居）民委员会要及时核实辖区居民遭遇突发事件、意外事故、罹患重病等特殊情况，帮助有困难的家庭或个人提出救助申请。公安、城管等部门在执法中发现身处困境的未成年人、精神病人等无民事行为能力人或限制民事行为能力人，以及失去主动求助能力的危重病人等，应主动采取必要措施，帮助其脱离困境。乡镇人民政府（街道办事处）或县级人民政府民政部门、救助管理机构在发现或接到有关部门、社会组织、公民个人报告救助线索后，应主动核查情况，对于其中符合临时救助条件的，应协助其申请救助并受理。

（三）审核审批

1. 一般程序。乡镇人民政府（街道办事处）应当在村（居）民委员会协助下，对临时救助申请人的家庭经济状况、人口状况、遭遇困难类型等逐一调查，视情组织民主评议，提出审核意见，并在申请人所居住的村（居）民委员会张榜公示后，报县级人民政府民政部门审批。对申请临时救助的非本地户籍居民，户籍所在地县级人民政府民政部门应配合做好有关审核工作。县级人民政府民政部门根据乡镇人民政府（街道办事处）提交的审核意见作出审批决定。

救助金额较小的，县级人民政府民政部门可以委托乡镇人民政府（街道办事处）审批，但应报县级人民政府民政部门备案。对符合条件的，应及时予以批准；不符合条件不予批准，并书面向申请人说明理由。申请人以同一事由重复申请临时救助，无正当理由的，不予救助。对于不持有当地居住证的非本地户籍人员，县级人民政府民政部门、救助管理机构可以按生活无着人员救助管理有关规定审核审批，提供救助。

2. 紧急程序。对于情况紧急、需立即采取措施以防止造成无法挽回的损失或无法改变的严重后果的，乡镇人民政府（街道办事处）、县级人民政府民政部门应先行救助。紧急情况解除之后，应按规定补齐审核审批手续。

（四）救助方式

1. 发放临时救助金。各地要全面推行临时救助金社会化发放，按照财政国库管理制度将临时救助金直接支付到救助对象个人账户，确保救助金足额、及时发放到位。必要时，可直接发放现金。

2. 发放实物。根据临时救助标准和救助对象基本生活需要，可采取发放衣物、食品、饮用水，提供临时住所等方式予以救助。对于采取实物发放形式的，除紧急情况外，要严格按照政府采购制度的有关规定执行。

3. 提供转介服务。对给予临时救助金、实物救助后，仍不能解决临时救助对象困难的，可分情况提供转介服务。对符合最低生活保障或医疗、教育、住房、就业等专项救助条件的，要协助其申请；对需要公益慈善组织、社会工作服务机构等通过慈善项目、发动社会募捐、提供专业服务、志愿服务等形式给予帮扶的，要及时转介。

（五）救助标准

临时救助标准要与当地经济社会发展水平相适应。县级以上地方人民政府要根据救助对象困难类型、困难程度，统筹考虑其他社会救助制度保障水平，合理确定临时救助标准，并适时调整。临时救助标准应向社会公布。省级人民政府要加强对本行政区域内临时救助标准制定的统筹，推动形成相对统一的区域临时救助标准。

2016 年 2 月 10 日，国务院发布《关于进一步健全特困人员救助供养制度的意见》，规定救助供养对象范围包括城乡老年人、残疾人以及未满 16 周岁的未成年人，无劳动能力、无生活来源、无法定赡养抚养扶养义务人或者其法定义务人无履行义务能力的。特困人员救助供养主要包括以下内容：提供基本生活条件。包括供给粮油、副食品、生活用燃料、服装、被褥等日常生活用品和零用钱。可以通过实物或者现金的方式予以保障。对生活不能自理的给予照料。包括日常生活、住院期间的必要照料等基本服务。提供疾病治疗。全额资助参加城乡居民基本医疗保险的个人缴费部分。医疗费用按照基本医疗保险、大病保险和医疗救助等医疗保障制度规定支付后仍有不足的，由救助供养经费予以支持。办理丧葬事宜。特困人员死亡后的丧葬事宜，集中供养的由供养服务机构办理，分散供养的由乡镇人民政府（街道办事处）委托村（居）民委员会或者其亲属办理。丧葬费用从救助供养经费中支出。对符合规定标准的住房困难的分散供养特困人员，通过配租公共租赁住房、发放住房租赁补贴、农村危房改造等方式给予住房救助。对在义务教育阶段就学的特困人员，给予教育救助；对在高中教育（含中等职业教育）、普通高等教育阶段就学的特困人员，根据实际情况给予适当教育救助。

第二节　救灾救济

我国是一个灾害严重的国家。全国每年受灾人口在2亿人以上，因灾害造成的人口死亡约为10万人，因灾害造成的直接经济损失均为1 000亿～2 000亿元以上。这一数值约占国民生产总值的5%～9%，相当于国民收入总额的6%～10%、国家财政收入的25%～40%。灾害严重的直接后果是灾民众多，必须依靠有效的灾民救济保障制度，对灾区群众和集体无力解决的困难给予必要的帮助，才能维持灾区的社会稳定，消除灾害造成的社会问题。

一、灾害救济制度的变革

我国的灾害救济制度随着经济和社会的发展变化，经历了三个阶段。

（一）20世纪50年代的灾害救济

由于新中国成立初期国力薄弱，政府无力拿出大量的财力解决灾民的生活问题，所以，当时在救灾款的使用上，主张与生产相结合，使救济粮款变为生产资金，强调对灾民进行救济应该以工代赈，因而将救灾粮款用在兴办各项工程上，导致一些地方在灾荒来临时救济经费不足，影响了灾民的基本生活的安排，而且导致了中央救灾款预算指标年年被突破。

1956年以后，随着投往灾区款物的增多，在对救灾款的发放使用上，规定救灾款只能用于灾荒救济，用于解决灾民的生活问题。此后，救灾款又以社为救济对象，而不以个人为救济对象发放。救灾款发到社以后，由社包干负责，调节使用。这种方式不能真正解决灾害救济的现实问题，又改为救灾款的发放必须落实到户，必须专款专用，专物专用。这对于保障灾民的基本生活，解决灾害造成的困难具有积极的意义。这种方式沿用到80年代初。

这一阶段灾害救济的变革说明，在灾害救济中必须正确处理发展生产和解决现实困难的关系。对于基本生活没有得到保障的灾民，灾害救济款必须专门用来帮助灾民解决生活上的困难，灾害救济的直接作用是帮助和解决灾民紧迫的生存问题，必须直接用于灾民基本生产的保障。

（二）20世纪80年代的灾害救济

20世纪80年代农村经济体制改革成功，在粮食产量连年增长的同时，工副业及第二产业也有了增长。以前那种“一旦受灾，千里绝收”，人人都靠救济的情形得到了改变。农民的个人财产已有了相当的积累，遭受灾害后可以自救，也可以互救。在这种条件下，灾害带来的不仅是生活上的困难，更重要的是灾民经济上的损失，尽管国家拿出大量资金用于救灾，但却无法使被破坏的生产条件得到恢复。

在灾害救济款的来源上，由于高度集中管理，不管灾情大小和受灾地区与灾民的经济状况如何，都由中央救济，所以资金渠道单一，经费严重不足，供需矛盾突出。灾害救济的改革势在必行，改革主要在两方面进行。

1.改革灾害救济款的使用方式。1983年，中共中央办公厅、国务院办公厅转发的《第八次全国民政会议纪要》要求：自然灾害救济款是用来保障灾民基本生活的，为了使这笔有限的资金在生产自救中发挥更大的效益，使死钱变活钱，救灾经费可以适当地用于扶持灾民发展农副业生产；为了克服平均发放、优亲厚友等倾向，发给灾民的救灾款，除紧急抢救灾民的费用按无偿救济外，有些救济款可实行“有借有还”的办法，将收回的经费由地方建立救灾、扶贫基金，以开展集资备荒活动。

这种变单纯生活救济为保障灾民的基本生活与扶持贫困灾民生产自救相结合，实行无偿救济与有偿扶持相结合的方式，有力地吸引了社会上的救灾资金。到 1988 年年底，全国多方筹集，积累救灾扶贫周转金 15 亿多元，其中 25%来源于社会资金。在对灾民实行单户扶持的同时，全国各地还扶持贫困灾民创办各类救灾扶贫经济实体 4.4 万多个，使一百一十多万贫困灾民的劳力转向工副业生产，年创产值 4 亿多元。在救灾扶贫周转金的使用中，扶持单户的占 58%，扶持经济实体的占 42%。

为制止个别地方只注重扶持，忽视无偿救济，影响灾民基本生活的做法，民政部于 1987 年 5 月 5 日发出了《关于切实加强救灾款管理使用工作的通知》，规定救灾款“有偿扶持用于生产自救的部分，以省、自治区、直辖市计算，不得超过全年救灾款总额的百分之十”。

2. 改革灾害救济款的管理方式。从 1983 年开始，民政部会同财政部先后对一些省、自治区实行了救灾款包干的办法。包干救灾款的数额约占全国每年救灾款总数的 15%。包干的救灾款由省、自治区统一掌握，不得向地（市）、县再包干，轻重灾年调剂使用。包干期间，中央不再下拨救灾款。包干后的救灾款性质不变，仍按原来的原则和范围使用。救灾款的包干周期 3 年，期满后可根据情况终止或续包。

这种方式对于改革灾害救济的高度集中管理，实行分级管理具有积极的探索意义。

（三）20 世纪 90 年代的灾害救济

在建设社会主义市场经济体制的过程中，灾害救济制度也必然要进行改革。

首先，传统方式受到限制和削弱。在社会主义市场经济条件下，一些在计划经济条件下适用的特殊方式受到限制和影响，如国家专项安排的救灾粮、油、燃料、建材等物资，随着一些与救灾联系紧密的部门转为生产经营机构而难以为继，加之价格体制和流通体制的变化，计划价格逐渐减少以至取消，救灾物资的价格接近或等同于市场价格，必然加重灾害救济的负担。

其次，救济经费更加紧张。在财税体制改革以后，根据税权与财权统一的原则，划分中央与地方的收支，中央救灾款预算不可能在现有的基础上有更大的增长；地方财政支出相对增多，也不会投入更多的资金救灾；我国救灾社会化的机制尚未形成，短时间内不可能募集到大量的资金；救灾对象作为社会脆弱人群在市场竞争中处于劣势，生产自救的能力下降。

面对灾害救济客观情况的变化，1993 年 11 月召开的全国救灾救济工作座谈会确立了救灾工作分级管理、救灾款分级承担的改革思路。

1. 在划分灾害等级的基础上实行分级管理。这种方式以灾害造成损失大小或救灾款支付数额多少作为衡量灾害大小的标准，确定特大灾、大灾、中灾、小灾四个灾害等级，并考虑各地经济差异、财政承受能力和救灾工作基础等因素，划分各级政府的救灾责任，确定各级政府分级管理的范围。许多省份通过制定地方法规和规章，对各级政府应承担的救灾责任、各业务职能部门的具体救灾职责作出了明确规定。通过建立健全救灾工作组织领导机构，落实救灾责任制，强化地方政府的救灾职能。

2. 建立专项救灾拨款科目，实行救灾款分级负担。全国省、自治区、直辖市大都建立了由地方负担的自然灾害救济事业，在财政预算中列支了救灾款，而且所列数额逐年增多。一些经济发达的省发挥财政实力强大的优势，大幅度增加救灾款预算，使灾害救济能力明显增强。遭受大灾的地方各级政府打破常规，压缩经济建设项目，挤出资金救济灾民。

大多数地县也都列支了救灾款。由于地县两级政府在救灾工作中担负着最直接的责任，不少地方的分级负担指标直接落实到县。一些地方根据乡镇已成为一级财政的情况，把分级管理直接推行到乡镇。乡镇级财政除列支救灾款外，还把村级储金会、储粮会等民间互助合作组织纳入分级管理，使乡以下基层组织能够依靠自己的力量和群众互助互济，解决小灾带来的困难，使分级管理落实到乡村。

3.设立救灾预备金以供调剂。一些地区在灾害救济分级管理、救灾资金分级承担的基础上，建立救灾预备金制度，即每年年初由同级财政划拨一笔救灾专款给民政部门，专户存储，由民政部门掌握，根据灾情调剂使用，灾年多用，平年少用，结转使用，逐年积累增值，以备大灾，减轻了大灾、特大灾对社会经济的影响。一些地方还在分级管理的基础上，兴建救灾仓库，储备救灾应急装备，提高了紧急救援的能力。

进行救灾工作分级管理、救灾款分级承担的改革已取得明显的成效，即在拓宽资金来源渠道的基础上，大大增强了灾害救济的能力和实效。

近年来，我国抓紧制定应对自然灾害的各项法律、法规。这些法律法规包括：1995年4月1日起施行的《破坏性地震应急条例》、1998年1月1日起施行的《中华人民共和国防洪法》、1998年3月1日起施行的《中华人民共和国防震减灾法》(2008年12月27日修订)、2006年1月10日国务院发布生效的《国家自然灾害救助应急预案》、2007年11月1日起施行的《中华人民共和国突发事件应对法》、2008年5月1日起施行的《中华人民共和国政府信息公开条例》、2010年9月1日起施行的《自然灾害救助条例》。这些法律法规对建立健全应对突发重大自然灾害紧急救助体系和运行机制，规范紧急救助行为，提高紧急救助能力，迅速、有序、高效地实施紧急救助，最大限度地减少人民群众的生命和财产损失，维护灾区稳定，有积极意义。

二、灾害救济款的使用原则

为了保障救济对象的基本生活，达到不饿死人，不冻死人，不发生大的疫情，不出现灾民大批外流的基本要求，国家每年都投放大量资金、物资用于解决灾民吃饭、穿衣、住房、治病等方面的困难。“2009年全年救助受灾群众6 553万人，紧急转移安置七百多万人次，下拨中央救灾资金174.5亿元，调拨救灾帐篷4.46万顶。汶川地震毁损农房恢复重建已完成了93.4%”[①]。有效管理和正确使用灾害救济资金具有十分重要的意义。

（一）实行专款专用、重点使用的原则

救灾款是拨给遭受自然灾害地区的专项资金，有其特定的使用范围：(1)解决灾民生活上无力克服的吃饭、穿衣、住房、治病的困难；(2)紧急抢救、转移和安置灾民；(3)适当扶持灾民开展生产自救。根据专款专用的要求，灾害救济款除不得用于规定范围之外的开支，更不得贪污、挪用或私分。

---

① 2009年民政事业发展统计报告.(2010-06-10).http://www.mca.gov.cn.

灾害救济款使用的重点是灾情严重、连年遭灾的地区和自救能力较差的重灾户及受灾的贫困户。不允许平均分配，不允许向当年（指救灾年度）无灾的地区拨发救灾款，以及将救灾款顶替地方其他经费开支使用。

（二）生活救济与扶持生产自救相结合的原则

必须将国家拨给救灾款的主要部分，无偿用于解决困难灾民的基本生活问题，使灾民通过国家提供的无偿救济得到基本生活的保障。这是灾害救济款最主要的使用方式。与此同时，把灾害救济款中的一部分有偿用于扶持生产自救，即以低息或无息借贷给救济对象，扶持其进行生产自救。这有助于帮助救济对象摆脱困境，走上正常的发展之路。

在生活救济与扶持生产的关系上，生活救济始终是主要的和第一位的。有偿用于扶持生产自救的部分，以省、自治区、直辖市计算，不得超过全年救灾款总额的30%。具体到各灾县所占比例，由省、自治区、直辖市分别不同情况确定。生活救济的对象，重点是缺乏劳动能力的受灾户。扶持生产自救，应着重组织有劳动能力的重灾户和遭灾的贫困户，重点是帮助发展投资少、周期短、见效快的工副业生产，以增加现金收入，解决当前困难。

与生活救济不同的是，有偿用于扶持生产自救的资金要逐年收回，专款专用，逐年积累，周转使用。在灾年结合救灾用于生产自救，抗灾度荒；在非灾年用于扶持贫困户发展生产，逐年建立救灾扶贫的生产基地。不准挪作他用，或扶持富裕户和专业大户。

三、灾害救济的捐赠

灾害救济的捐赠又称救灾捐赠，是以救灾为目的而开展的社会公益和慈善活动。救灾捐赠源于古已有之的民间互助互济行为，在我国具有悠久的历史。1999年9月1日起施行的《中华人民共和国公益事业捐赠法》对我国公益捐赠法律关系作了规范。

（一）救灾捐赠的含义

救灾捐赠是在发生较严重的突发性自然灾害后，由政府部门或社会团体等机构有组织地向海内外各界募集资金和物资，帮助解决灾区和灾民因灾造成的困难。捐赠款物来自海内外各界，包括友好国家和地区政府、国际组织、外国民间团体、企业及个人，海外华人华侨组织及个人、港澳台同胞，国内社会各界机关、团体、企事业单位、军队、学校和个人。

通过捐赠活动募集到的款物，首先是用于满足灾区和灾民的紧急需要，包括解决灾民的食品、饮水、医疗防疫、临时住所、衣被等；其次是安置灾民和帮助灾区恢复重建，包括帮助灾民修复重建住房、灾区敬老院、福利院、中小学校、医疗诊所，修建灾民新村，改善灾区饮水条件，提供基本的生产资料；再次是帮助灾区恢复交通、通信等基础设施。

除针对严重的突发性自然灾害，进行较大规模的救灾捐赠活动外，还有救灾与扶贫相结合的捐赠。根据国务院《关于在大中城市开展经常性捐助活动支援灾区、贫困地区的意见》，从1996年开始，全国大中城市开展了以募捐衣被为主要内容的“扶贫济困送温暖活动”。按照自愿和量力而行的原则，动员城市居民捐赠闲置不用的衣被、物品，送给灾区、贫困地区生活困难的群众。其救济对象不仅包括因突出性灾害造成临时困难的灾民，也包括因多次遭灾、抵抗灾害能力弱、生活困难的贫苦群众，尤其是西北、西南等地理条件和经济基础差、自然灾害频繁地区的灾民和贫困群众。

（二）救灾捐赠的特点

救灾捐赠是一项社会公益性活动。作为一项社会活动，其运作动机、方式和目的都与灾害救济有关，从而具有区别于一般的社会捐赠等社会公益事业的特点。

1. 救灾捐赠一般没有长期具体的计划，而是受着突发事件的制约，其结果也难以预测。救灾捐赠的直接目的是对每次受灾的重灾民进行有效的救济，其服务对象往往是特定范围内的某些灾民群体；在救灾捐赠中受到救济的灾民也是一次性的，具有救急的作用。

2. 救灾捐赠依靠整个社会，任何单位和个人都是潜在的捐赠者。救灾捐赠的运作必须是社会性和群体性的，体现了整个社会对所发生的灾害人人关心、人人有责。救灾捐赠是自发的社会行为同有组织的机构管理的结合，它既依赖于现代社会人们群体纽带作用的加强，又通过该项活动进一步增强人的社会性和群体化形式。

3. 救灾捐赠只具有社会效益。救灾捐赠行为完全是出于捐赠单位或个人的自愿，而且是无偿的支付，它只产生社会效益。无论是捐赠者还是管理者都不在其中追求任何直接的经济效益。但捐赠者作为付出方有指明捐赠对象、了解救济过程和效果的权利；管理机构应同时对捐赠者和灾民负责；而灾民无须事先履行任何义务而享有无条件接受救济的权利。《自然灾害救助条例》第 24 条规定："自然灾害救助款物专款（物）专用，无偿使用。定向捐赠的款物，应当按照捐赠人的意愿使用。政府部门接受的捐赠人无指定意向的款物，由县级以上人民政府民政部门统筹安排用于自然灾害救助；社会组织接受的捐赠人无指定意向的款物，由社会组织按照有关规定用于自然灾害救助。"

（三）救灾捐赠的意义

救灾捐赠在对灾区和灾民的救济中，具有援助抗灾、稳定人心和增强社会责任感的意义。

1. 通过捐赠募集大量的资金和物资，能有效地支援灾区人民抗灾救灾、重建家园，同时也大大地弥补了单靠国家救济灾民、救灾经费严重不足的缺陷。

2. 捐赠款物使灾区的恢复时间大大缩短，增强了灾区人民抵御自然灾害的能力。这有利于稳定灾区的社会秩序、稳定灾民的人心。灾民得到生活保障和生产自救的扶持，能够迅速摆脱灾害的影响，重建家园，发展经济。

3. 救灾捐赠能体现全社会对灾区的关心，在精神上极大地鼓舞了灾区人民，能够使灾民从极端的困境中崛起，以新的热情和信心投入抗灾自救中去，使悲观者看到希望，使忧虑者从中吸取力量。

4. 通过救灾捐赠活动，全社会共同参与救灾工作，使全社会的防灾抗灾意识和社会责任感大大增强。全社会都会更加了解和关心灾害的发生与危害、灾民的困难情况，向灾区人民捐款捐物更加成为全社会的自觉行为。

（四）救灾捐赠款物的接收

1. 接收救灾捐赠款物的原则

首先，捐赠者捐赠款物必须是完全出于自愿的无偿捐赠，除提出较为具体的捐赠对象、具体的使用方式（如指明捐款用于灾民某一具体方面的需要）、对捐款使用的必要监督措施（如要求报告使用情况或到救济地点考察）等合理意愿外，不能附加任何政治条件或其他同救灾目的不相关的条件。

其次，接收的救灾捐赠款物均属于救灾专用的资金和物资。其中捐赠款同国家救灾款性质基本相同，捐赠物资同国家分配和调拨的救灾物资性质基本相同，均只能用于指定灾区的灾民。

符合上述原则的捐赠款物，由政府职能主管部门和一些有影响的社会团体统一接收和分配。未经政府主管部门许可，任何单位和个人不能擅自接收捐赠款物。

2. 救灾捐赠款项的接收

按捐赠者的不同可分为几类。

（1）外国政府和国际组织捐款，或通过政府途径送交，民政部具体接收和分配；或由联合国机构统一协调各国政府及国际组织的捐款，将捐款集中转交民政部。联合国开发计划署和人道主义事务部发挥着协调作用，这类捐款一般以救灾援助项目资金的形式，通过银行转账或递交支票移送民政部。

（2）外国团体、企业、民间组织、慈善机构和个人捐款，主要是通过我国驻外使领馆集中后，汇到民政部的接收救灾捐赠专用账户，或直接汇到民政部救灾捐赠专用账户。

（3）港澳同胞捐款，由新华社香港分社和澳门分社统一接收后汇交民政部。

（4）台湾同胞捐款，主要是通过台湾民间组织和慈善机构，有时也通过在国内投资企业或其他中介转交民政部，或直接送到灾区。

（5）国内机关、企事业单位、军队、学校和个人捐款，多采取直接送支票、现款或汇款的方式。

接收捐款的单位对所收捐款必须开具收款凭证、感谢信，交给捐赠者，并承诺按捐赠人的意愿将捐款分配或转交到指定灾区。

3. 救灾捐赠物资的接收

救灾捐赠物资的接收涉及多方面的因素。

（1）由境外捐赠的救灾物资必须办理物资的进口手续，涉及海关税收、进口配额、进口许可证及有关的检验等。根据国家的有关规定，除接收外国政府和国际组织捐赠的救灾物资，民政部可随时按规定向海关总署申请免税外，其他救灾捐赠物资的进口由民政部、财政部、国家税务总局、海关总署等有关部门协商制定具体的减免税规定，报国务院批准后执行。

（2）救灾捐赠物资的运输，涉及交通工具、运输费用等，按惯例，国际救灾捐赠物资的境外运输安排及费用应由捐赠者负责，入境后的运输则由接收捐赠方负责。根据民政部近年来的做法，国际救灾捐赠物资的境内运输费用，一般情况下由接受物资的省、自治区支付，或协商有关运输主管部门予以减免。

（3）受援地区接收、转运救灾捐赠物资应严格交接手续，做到账目清楚，手续完备，防止发生漏洞。无论是由民政部接收后分配到灾区的，还是灾区地方政府及部门直接接收的救灾捐赠物资，均属救灾专用物资，不能变卖、串换或挪用。

2000 年 5 月 12 日民政部发布《救灾捐赠管理暂行办法》，2008 年 4 月 28 日民政部公布实施《救灾捐赠管理办法》取代之。《救灾捐赠管理办法》规定县级以上人民政府民政部门接收救灾捐赠款物，根据工作需要可以指定专门机构或者设立临时机构组织实施。乡（镇）人民政府、城市街道办事处受县（县级市、市辖区）人民政府委托，可以组织代收本行政区域内村民、居民及驻在单位的救灾捐赠款物。救灾捐赠受赠人应当向社会公布其名称、地址、银行账号等。自然人、法人或者其他组织可以向救灾捐赠受赠人捐赠其有权处分的合法财产。法人或者其他组织捐赠其自产或者外购商品的，应当提供相应的发票及证明物品质量的资料。救灾捐赠受赠人接受救灾捐赠款物后，应当向捐赠人出具凭证。

救灾捐赠受赠人接收救灾捐赠款物时，应当确认银行票据，当面清点现金，验收物资。捐赠人所捐款物不能当场兑现的，救灾捐赠受赠人应当与捐赠人签订载明捐赠款物种类、质量、数量和兑现时间等内容的捐赠协议。捐赠人捐赠的药品、生物化学制品应当符合国家医药监督管理和卫生行政部门的有关规定。

（五）救灾捐赠款物的使用

1.救灾捐赠款物使用的原则

（1）捐赠款物必须全部、无偿分配给灾区，无偿用于解决灾民的基本生活问题，不能变相收费或变卖转卖。

（2）专款专物专用，严格限定使用范围和途径，不许贪污、挪用、滥用和徇私舞弊。

（3）捐赠款物必须严格按协议和捐赠者的意愿安排使用，对于没有协议和没有明确意愿的款物，要根据灾害分布情况统筹安排。

（4）实行重点使用，不得搞任何形式的平均发放。首先要保证对重灾区和重灾民的救助，重点解决灾民最基本、最急迫的困难。

《自然灾害救助条例》第25条规定："自然灾害救助款物应当用于受灾人员的紧急转移安置，基本生活救助，医疗救助，教育、医疗等公共服务设施和住房的恢复重建，自然灾害救助物资的采购、储存和运输，以及因灾遇难人员亲属的抚慰等项支出。"

2.救灾捐赠款物使用的管理

（1）制定分配使用方案。为使救灾捐赠款物能够被合理使用，对灾区的救灾工作尽可能发挥最大效益，各级有关部门在使用、分配捐赠款物时，要在事先调查了解情况后，研究制定出具体可行的方案，经上级主管部门批准后才能动用捐赠款物。对按协议用于灾区恢复重建的外援款，执行机构在制订计划时，既要注重灾情分布的综合情况和统计数字，又要对使用捐赠款物的具体地点作细致的了解或实地勘查，掌握救助对象的损失困难情况、需要情况，对救助对象的户数、人数、救助标准及预期效果进行评估和预测，并在计划中提出需用款、物的数量。

（2）由专门机构和人员负责捐赠款物的发放。使用捐款购买救济物资进行发放时，要由有关政府部门选择正当的购货渠道，就近购买，价格合理，并获取正规的购货凭证。发放捐赠款物应由有关政府部门选派专人进行，发放过程要公开，要对发放情况登记造册并有领取凭证。发放结果要及时公布，接受舆论和群众监督，以保证发放的公正和透明。

（3）总结和报告捐赠款物的使用情况。发放使用结束后，要分别将发放的地区、金额、数量、救济人数等汇总列表，并写出书面的使用报告。对指定用途的援助款物，在发放过程中，应适当拍摄一些带有捐赠者标志的照片或录像。整个使用过程和效果要有真实可靠的记录和凭据，以便经得起检查和考察。

《救灾捐赠管理办法》规定，救灾捐赠款物的使用范围包括：（1）解决灾民无力克服的衣、食、住、医等生活困难；（2）紧急抢救、转移和安置灾民；（3）灾民倒塌房屋的恢复重建；（4）捐赠人指定的与救灾直接相关的用途；（5）其他直接用于救灾方面的必要开支。

（六）救灾捐赠的管理与监督

1.救灾捐赠的管理部门

民政部是负责组织救灾工作，掌握和发布灾情，拨发救灾款物，组织接收、分配国内外救灾捐赠的部门。民政部内设救济司，负责管理拨发救灾款物，接收、分配国内外捐赠和国外援助的救灾款物。省、市、县各级民政部门是同级政府主管救灾捐赠的职能部门。遇有紧急情况，各级政府以民政部门为主成立负责救灾捐赠的临时机构，如接受救灾捐赠办公室及项目执行机构。经国务院批准成立的“中国抗灾救灾协会”与红十字会，共同负责接收国际民间组织的救灾援助。救灾捐赠的管理内容有财务管理和项目管理。财务管理主要是统一接收捐赠资金并严格按照拨款程序拨发款项。项目管理主要是明确捐赠各方的责任并规定实施要点。

《救灾捐赠管理办法》规定：国务院民政部门负责管理全国救灾捐赠工作。县级以上地方人民政府民政部门负责管理本行政区域内的救灾捐赠工作。国务院民政部门可以根据灾情组织开展跨省（自治区、直辖市）或者全国性救灾捐赠活动，县级以上地方人民政府民政部门按照部署组织实施。经同级人民政府批准，县级以上地方人民政府民政部门组织开展本行政区域内的救灾捐赠活动，但不得跨区域开展。在县级以上人民政府民政部门开展的救灾捐赠活动中，同级人民政府辖区内的各系统、各部门、各单位在本系统、本部门、本单位内组织实施。

2.救灾捐赠的监督机制

救灾捐赠款同政府救灾款一样，受到国家有关法律的保护。任何单位或个人贪污、挪用捐赠款物的行为，都要受到严厉制裁。

（1）审计监督。各级民政部门、其他政府部门和社会团体接收的救灾捐赠款物，均要接受审计部门的审计。审计的主要内容是捐赠款物的财务，包括对捐赠款物的收支情况、支付审批、票据凭证、账目等进行审计。审计的形式有现场审计、追踪审计、临时抽查审计、捐赠完成后综合审计。

（2）监察监督。监察机关对捐赠款物的分配、使用和分发等诸环节实行监察，防止、纠正和查处违法、违纪行为。

（3）海关监督。海关对审批救灾捐赠物资免税进口的权限、要求有明确的规定，并对免税进口救灾物资严格审批，对有关的证明、捐赠凭证、批件等严格审查。不定期地对已经免税进口的救灾捐赠物资追踪检查，对不按规定用于灾区的进行查处，补收有关税费，罚没或追缴物资。

（4）舆论监督。民政部、中国国际减灾十年委员会和各级民政部门，对所有捐赠款的接收、分配及使用情况都适时通过新闻媒介向国内外公布，召开新闻发布会，接受新闻机构采访，公开接受社会的监督。

（5）基层监督。基层发放救灾捐赠款物，需逐户落实，登记造册，并经村委会审查，县、乡政府批准。发放情况及时张榜公布，接受群众的监督。

（6）捐赠者监督。一是用文字报告、图片、录像、购物发票等形式向捐赠者交代捐赠款物的分配、使用情况或项目执行情况；二是邀请捐赠者到捐款使用地点进行实地考察。

《救灾捐赠管理办法》规定：救灾捐赠受赠人应当对救灾捐赠款指定账户，专项管理；对救灾捐赠物资建立分类登记表册。具有救灾宗旨的公益性民间组织应当按照当地政府提供的灾区需求，提出分配、使用救灾捐赠款物方案，报同级政府民政部门备案，接受监督。在国务院民政部门组织开展的跨省（自治区、直辖市）或者全国性救灾捐赠活动中，国务院民政部门可以统一分配、调拨全国救灾捐赠款物。国务院民政部门负责调拨的救灾捐赠物资，属境外捐赠的，其运抵口岸后的运输等费用由受援地区负担；属境内捐赠的，由捐赠方负担。县级以上地方人民政府民政部门负责调拨的救灾捐赠物资，运输、临时仓储等费用由地方同级财政负担。

救灾捐赠款物由县级以上人民政府民政部门根据灾情和灾区实际需求，统筹平衡，统一调拨分配。对捐赠人指定救灾捐赠款物用途或者受援地区的，应当按照捐赠人意愿使用。在捐赠款物过于集中同一地方的情况下，经捐赠人同意，省级以上人民政府民政部门可以调剂分配。发放救灾捐赠款物时，应当坚持民主评议、登记造册、张榜公布、公开发放等程序，做到账目清楚、手续完备、制度健全，并向社会公布。县级以上人民政府民政部门应当会同监察、审计等部门及时对救灾捐赠款物的使用发放情况进行监督检查。

捐赠人有权向救灾捐赠受赠人查询救灾捐赠财产的使用、管理情况，并提出意见和建议。对于捐赠人的查询，救灾捐赠受赠人应当如实答复。对灾区不适用的境内救灾捐赠物资，经捐赠人书面同意，报省级人民政府民政部门批准后可以变卖。变卖救灾捐赠物资应当由省级人民政府民政部门统一组织实施。变卖救灾捐赠物资所得款必须作为救灾捐赠款管理、使用，不得挪作他用。可重复使用的救灾捐赠物资，县级以上地方人民政府民政部门应当及时回收、妥善保管，作为地方救灾物资储备。救灾捐赠款物的接受及分配、使用情况，应当按照国务院民政部门规定的统计标准进行统计，并接受审计、监察等部门和社会的监督。

（7）法律责任。《自然灾害救助条例》第六章“法律责任”第29条规定：“行政机关工作人员违反本条例规定，有下列行为之一的，由任免机关或者监察机关依照法律法规给予处分；构成犯罪的，依法追究刑事责任：（一）迟报、谎报、瞒报自然灾害损失情况，造成后果的；（二）未及时组织受灾人员转移安置，或者在提供基本生活救助、组织恢复重建过程中工作不力，造成后果的；（三）截留、挪用、私分自然灾害救助款物或者捐赠款物的；（四）不及时归还征用的财产，或者不按照规定给予补偿的；（五）有滥用职权、玩忽职守、徇私舞弊的其他行为的。”第30～32条规定：采取虚报、隐瞒、伪造等手段，骗取自然灾害救助款物或者捐赠款物的，由县级以上人民政府民政部门责令限期退回违法所得的款物；构成犯罪的，依法追究刑事责任。抢夺或者聚众哄抢自然灾害救助款物或者捐赠款物的，由县级以上人民政府民政部门责令停止违法行为；构成违反治安管理行为的，由公安机关依法给予治安管理处罚；构成犯罪的，依法追究刑事责任。以暴力、威胁方法阻碍自然灾害救助工作人员依法执行职务，构成违反治安管理行为的，由公安机关依法给予治安管理处罚；构成犯罪的，依法追究刑事责任。

（七）国际救灾援助

我国接受国际救灾援助经历了一个由封闭到开放的曲折过程。1980年，国务院批准对外贸易经济合作部、民政部、外交部《关于接受联合国救灾署援助的请示》，开始接受国际救灾援助。

1.国际救灾援助的内容

根据救灾工作的阶段性特点，国际救灾援助包括灾前援助、紧急救灾援助、恢复重建援助和未来发展援助四部分。

（1）灾前援助。包括：对防灾、减灾方面的援助，如帮助建立防洪大坝；灾害防御援助：一是指灾害规划和组织管理方面的援助，如国家级灾害管理中心；二是帮助建立系统设施，如灾害报警系统；三是帮助储备紧急救灾物资，如医疗设备和各种救援工具；四是帮助培训人员。

（2）紧急救灾援助。包括：帮助对可能发生的灾害进行观测和预警，如由世界气象网络和海啸预警中心提供信息；帮助对受灾地区观测和评估，如飞机拍照或图像观测；派出紧急援助小组，如医疗小组、保安小组和其他专家小组；运送紧急救灾物资，如食品和医疗用品；派出专家人员，如安装和操作净化水设备的专家。

（3）恢复重建援助。包括：一系列分别而又互相关联的项目，如修建房屋、医疗卫生体系、教育设施等。一般直接针对某个具体的恢复项目，有时也包含一些总体恢复的援助，例如财政资助或信贷、建筑材料、技术装备、农业恢复、进一步食品给养、专家或专家小组等。

（4）未来发展援助。包括：对列入长期发展规划中的灾后恢复重建项目的援助，如开发交通系统、农业项目等等。

在国际救灾援助的内容中，灾前援助和未来发展援助通常按惯例与其他国际交往同期进行；而灾害应急援助和恢复重建援助通常具有紧迫性和时效性，要受具体情况制约。我国接受国际救灾援助，通常集中在发生较大灾害后，以接受紧急救灾援助和灾后恢复重建援助为主。

2. 接受国际救灾援助的制度

（1）对外通报灾情。由民政部编发《中国救灾情况通报》，视情况不定期地向联合国有关机构和查询灾情的外国驻华使馆，以及国内外有关通讯社通报灾情，并表明对待救灾外援的态度。国内新闻机构可予以配合，适当报道。除非正常死亡以及其他非正常情况外，其他一般灾情均可对外提供和公开报道。

（2）对外要求援助的范围。对外要求援助的范围有三种情况：一是省范围内，一次性灾害倒房 10 万间以上，农作物失收面积 500 万亩以上，6 级以上地震，属其一者，及时通报灾情，有主动援助者可接受。二是省范围内，一次性灾害倒房 10 万间以上，农作物失收面积 1 000 万亩以上，7 级以上强烈地震，属其一者，在及时通报灾情的同时，表示准备接受外援的意愿，并列出急需救灾物资的种类，但不提出呼吁。三是省范围内，一次性灾害倒房 30 万间以上，农作物失收面积 1 500 万亩以上，7.5 级以上强烈地震，属其一者，在通报灾情的同时公开呼吁请求国际援助，如有适当时机，也可向联合国有关组织提出抗灾救灾的项目，申请专项援助。

（3）对国际救灾援助的选择。坚持有选择地积极争取国际救灾援助：如遇重大灾情，可通过救灾署向国际社会提出救灾援助的要求，但次数不宜过多。对局部灾情，有关国际组织和友好国家主动询问，可表示接受救灾援助的意向。外国民间组织和国际友人、爱国华侨主动提出捐赠，一般可接受。对教会组织的救济予以婉拒，特殊情况逐案报批。

《救灾捐赠管理办法》规定：国务院民政部门负责对境外通报灾情，表明接受境外救灾捐赠的态度，确定受援区域。国务院民政部门负责接受境外对中央政府的救灾捐赠。县级以上地方人民政府民政部门负责接受境外对地方政府的救灾捐赠。具有救灾宗旨的公益性民间组织接受境外救灾捐赠，应当报民政部门备案。法律、法规另有规定的除外。

救灾捐赠受赠人接受的外汇救灾捐赠款，按国家外汇管理规定办理。境外救灾捐赠物资的检验、检疫、免税和入境，按照国家的有关规定办理。对免税进口的救灾捐赠物资不得以任何形式转让、出售、出租或者移作他用。

第三节　扶贫救济

扶持贫困地区和农村贫困户是我国解决贫穷问题的一项长期性任务。“2009 年我国实行人均纯收入 1 196 元的新扶贫标准，对农村低收入人口全面实施扶贫政策，按照这个新标准，

2008年在这个标准以下的扶贫对象为4 007万人。”① 国家采取了一系列财政、金融措施来解决贫困问题。

一、扶贫贷款

扶贫贷款是增加对贫困地区的财政投入和低息信贷资金的供给，以此来促进贫困地区经济发展和提高贫困农户的生产能力。扶贫贷款已经成为解决农村贫困的主要资金来源，主要投向国家级贫困县，重点支持直接解决社会成员温饱问题的种植业、养殖业和以种养业为原料的加工工业，对于缓解这些贫困地区的贫困问题起到了很大的作用。扶贫贷款包括中央政府的投入、省级政府的投入和国外的扶贫援助。

（一）中央政府的投入

“七五”期间，国家设立了每年10亿元的贫困地区专项贴息贷款，1987年又设立了每年7亿元的贫困地区县办企业贷款和每年5 000万元的牧区贫困县专项贴息贷款。1995年的扶贫资金达到108亿元，其中信贷资金为55亿元。进入“九五”期间，国家进一步扩大了对贫困地区的扶贫贷款的规模，如1996年国务院决定再次增加扶贫贷款规模，其中扶贫信贷资金规模即由1995年的55亿元增加到85亿元。2007年中央财政扶贫投入144亿元，比上年增加7亿元。②

（二）省级政府的投入

全国大部分省、区也面向省、区内确定的贫困县、乡提供带有补贴的信贷和赠款，其支持总额大致与中央政府的支持额相等。例如，江苏省1983年共筹集扶贫资金2 300万元，资金来源于支穷款、支副款、低息农贷、社队企业筹集、集体筹集、救灾救济款等。吉林省1983年全省筹集扶贫资金3 016万元，除农行低息贷款1 957万元外，其余部分全部为无息有偿的资金。福建省民政部门1984年至1985年共拨出扶贫资金2 200万元，帮助各地建立扶贫资金会，吸收其他渠道的资金加入周转。到1986年年底，全省共吸收地方财政、有关部门、集体、群众的资金2 360多万元。据统计，到1989年，全国已积累救灾扶贫周转金15亿元，累计投放18亿元，回收5.7亿元。“截止到2010年10月，全国各地救灾支出共计64.4亿元”③。

为了加强对这部分资金的管理，许多省、自治区、直辖市结合本地区的实际情况，与财政厅（局）、农业银行制定资金管理使用办法。管理办法规定：要建立扶贫周转金账户，加强发放、回收、核销等的管理，严格发放对象和资金的使用范围，并且与被扶户签订合同，合同包括贫困户的基本情况、扶持项目、扶持金额、脱贫时间和偿还时间。

（三）国外的扶贫援助

国外的扶贫援助是来自国外的贷款与赠款。如国外的优惠性援助1988年共计20亿美元，

---

① 顾仲阳．我国新扶贫标准上调　覆盖扶贫对象4 007万人．人民日报，2009－03－17．

② 国务院扶贫办．2007年全国农村贫困人口减少1 378万人．（2008－06－17）．http：//www.gov.cn.

③ 2010年10月份民政事业统计月报．（2010－11－19）．http：//www.mca.gov.cn.

1989年共计22亿美元，其中大约80%采取贷款形式；在1981年至1991年间，世界银行向中国提供的贷款达106亿美元，联合国的其他机构提供了10亿美元。外国援助基金中有相当的一部分被用在了扶贫项目或有直接扶贫作用的项目上，如在世界银行1997年的预算中，中国就得到了28.2亿美元贷款，用于消灭贫困，促进落后地区的农业和教育的发展。

二、创办扶贫经济实体

创办扶贫经济实体是在改革单一分散扶贫方式的基础上，把扶持对象联合起来，进行集中扶持的形式。以前单一分散的扶贫方式把大量扶贫资金用于临时性生活救济，没有更多地帮助这些贫困地区和贫困农户形成自我发展、自我积累的能力，因此不能提高扶贫资金的使用效益，促进生产的发展，从根本上解决问题。创办扶贫经济实体，在国家必要的扶持下，利用贫困地区丰富的自然资源，进行开发性的生产建设，使贫困地区和贫困农户逐步依靠自己的力量解决温饱，摆脱贫困。

这种方式为贫困户，特别是缺乏独立生产经营能力的贫困户，开辟了一条新的生产门路，使一大批单独扶持难以奏效的贫困户有了较稳定的收入，从而加快了他们摆脱贫困的进程。扶贫经济实体也使贫困户把发展自给性生产同发展商品生产结合起来，从而获得较高的经济效益。

三、扶贫互助储金会

救灾扶贫互助储金会是以国家给予的一部分救灾扶贫周转金作基础，通过群众自愿缴纳会费和集体资助的形式筹集资金，为群众生产、生活服务。储金会是以救灾扶贫为宗旨，有着多方面功能的民间互助合作组织。它以“民办、民管、民用”为原则，起到了无灾扶贫、有难相帮的作用。

在此基础上，一些省根据本省贫困户缺粮多的实际情况，办起了独具特色的救灾扶贫互助储金储粮会。

四、政策优惠

从1985年开始，国家决定减免贫困地区的农业税3～5年。从1987年开始，免征国家定点扶持贫困县的能源、交通建设基金，并降低了贫困地区银行存款的准备金比例。与此同时，各省、自治区也制定了更多的优惠政策。如贵州省规定减免贫困县的粮食合同定购任务；减免贫困县乡镇企业的所得税、产品税、营业税3～5年；降低了贫困户贷款的自有资金比例；免除了贫困县乡以下小学学生的学杂费、书本费。同时，每年从地方机动财力当中安排2 000万元的财政拨款，扶助贫困县发展经济。2006年，国家已全面取消农业税。

2003年5月22日民政部办公厅发布《关于进一步做好农村特困户救济工作的通知》，指出农村特困户主要是因病因残丧失劳动力、鳏寡孤独、因灾害等造成家庭生活常年困难的农户。农村特困户是农村困难群众中最困难的群体，且自救能力差，迫切需要政府给予必要的救济，以确保他们的基本生活。对农村困难群众的救助工作要继续坚持“政府救济、社会互助、子女赡养、稳定土地政策”的原则。各地要对农村特困家庭进行认真分析，分门别类，登记造册，切实掌握农村各类特困人员的基本情况，做好救济工作，确保他们的基本生活。特困户的认定要按照村民代表会评议、村民委员会申报、乡镇政府审核、县级民政部门核准的程序进行。经县级民政部门核准的救济对象，要在其所在村委会张榜公布。特困户的救济工作要公平、公正、公开，接受群众监督，切实将所有特困户纳入救济范围。向特困户发放《农村特困户救助证》，实行定期定量救济，是加强救济工作规范化管理的重要措施。《农村特困户救助证》由县级民政部门统一印制，统一编号。特困户凭证领取政府救济和享受其他社会救助。发放单位要如实记录所发放的救助款物并由领取人签字。各级民政部门要将特困户情况如实向政府汇报，争取财政支持，加大资金投入，保证救济工作有稳定的经费来源。同时，要充分调动社会各方面的积极性，多方筹措资金，开展社会互助，对特困户进行医疗、子女就学等救助，切实保障农村特困户的基本生活。

问题与思考

1. 怎样理解社会救济制度?
2. 如何建立最低生活保障制度?
3. 我国特殊对象的社会救济包括哪些人?
4. 我国灾害救济制度改革的目标是什么?
5. 如何有效地使用救灾捐赠款物?
6. 我国扶贫救济制度的内容是什么?
7. **材料**①：据民政部报告，截至2008年6月15日12时，四川汶川地震已造成69 170人遇难，374 159人受伤，失踪17 427人。

据民政部报告，截至15日12时，全国共接收国内外社会各界捐赠款物总计456.54亿元，实际到账款物439.23亿元，已向灾区拨付捐赠款物合计141.48亿元。

据民政部报告，截至15日12时，向灾区调运的救灾帐篷共计130.74万顶、被子481.76万床、衣物1 409.13万件、燃油104.21万吨、煤炭222.63万吨。

据住房和城乡建设部报告，截至14日，地震灾区过渡安置房（活动板房）已安装138 000套、正安装34 200套、待安装91 000套，生产地已发运56 100套、待发运74 700套。

据总参谋部报告，截至14日24时，抢险救灾人员已累计解救和转移1 416 461人。

据卫生部报告，截至15日12时，因地震受伤住院治疗累计95 701人（不包括灾区病员人数），已出院78 854人，仍有14 240人住院，其中四川转外省市伤员仍住院8 671人，共救治伤病员1 598 101人次。

据中国地震局报告，14日12时至15日12时，汶川地震主震区监测到3.9级以下余震144次，4.0级至4.9级余震1次，无5.0级以上余震。主震区已累计监测到余震12 242次。

据财政部报告，截至15日12时，各级政府共投入抗震救灾资金537.63亿元。其中，中央财政投入491.54亿元；地方财政投入46.09亿元。

据工业和信息化部报告，截至14日，已有4 622个规模以上企业恢复生产，仍有1 022个规模以上企业停工。

① 国务院抗震救灾总指挥部．四川汶川地震抗震救灾进展情况．光明日报，2008-06-15.

据交通运输部报告，截至 15 日 12 时，公路受损里程累计 53 289 公里，已修通 52 111 公里。

问题：（1）我国关于公益捐赠的法律法规有哪些？

（2）公益捐赠中的捐赠人、受赠人、受益人三者的关系如何处理？

第九章

社会优抚法

本章概要

社会优抚是对军人及其家属建立的社会保障制度，包括死亡抚恤、残疾抚恤和社会优待。建立社会优抚法律制度的目的在于维护军人的合法权益，保障国家对军人的抚恤和优待，以鼓励军人保卫祖国，巩固国防。

关键术语

社会优抚　社会优待　残疾抚恤　死亡抚恤　伤残保健金　定期抚恤金

第一节　社会优抚制度的沿革

一、社会优抚制度的产生和发展

社会优抚制度是伴随着军队的产生而产生，随着军队的发展而逐步完善起来的。

我国优抚制度的历史悠久，早在奴隶社会时期，随着奴隶主之间用暴力掠夺财富的军事冲突出现便产生了优抚制度。当时出于战争的需要，为了鼓舞士气，获取战争的胜利，各奴隶主政权都已开始重视对军队的优抚。例如，给战死的军士置备葬具并妥善安葬，对受伤的战士要给予妥善的照顾等。

春秋战国时期，诸侯兼并，列国争雄，战争连绵不断。根据战争需要，为征兵制度服务的古代优抚工作也得到了相应的发展。到战国后期，“士得受赏田”已成为各国通行的做法。各国在选拔士卒中，给予免除全家徭役和赋税的优待。

西汉时期，优抚制度通过法律得到进一步确立，“有功劳行田宅”成为法律的明确规定，同时开始为战亡者和已故战将修筑纪念设施，以为褒扬。其后的一些政治家和思想家也提出了优抚军士的主张，如曹操要求各地方长官对“家无基业不能自存”的战死者遗属，保证由官府供应口粮。诸葛亮则提出，“用兵之道”，必须“尊之以爵，赠之以财”。隋唐时期，实行兵农合一的府兵制。军人在具有军籍的同时亦具有民籍，可以得到国家授田和拥有自己的产业。军人服役者享有免除徭役和赋税的优待。

到了宋朝，优抚制度得到了完善和发展，不仅注重对军人实行优待，而且还确立了伤亡抚恤制度。军人伤残，仍在军队的，由国家终身保证吃穿用等基本生活；愿意离开军队自谋出路的，给予一次性抚恤。军人死亡而无直系亲属所依靠者，保证供应终生口粮。对退役士兵建立安置制度，采取三种安置办法：第一种是划为小份，即对年老、病残而无家可归者削除军籍，留在军中从事杂役，不直接参加战斗，享受半份月薪待遇。第二种是设置剩员。即将那些不能从事战斗的疲老军士或年高立有战功而又无家可归者单独列编，留在军中从事辅助性的勤务工作，也拿半份月俸。第三种是对那些残弱不能胜任作战而又无家可归的士兵削除军籍，允许在全国各地（包括首都）定居，从事农业生产。

在清朝，出于大规模的征伐战争的需要，统治者对优抚制度十分重视。宣统二年（公元1910年）八月，陆军部向宣统皇帝提交了《恤荫恩赏章程》，这是封建社会第一部完整的优抚条例。对军人死亡、伤残抚恤及通过恩赏世职等办法进行优抚都做了详细的规定。在退伍士兵的安置方面，清政府在光绪年间也先后颁布了《退伍兵暂行办法章程》和《退伍兵应守规则》。

二、新民主主义时期的优抚制度

中国共产党在创建人民军队之初，就十分重视对军人的优抚。1928年6月，党的第六次代表大会通过的《十大纲领》就要求要改善兵士生活，为兵士提供土地和工作。1933年《中华苏维埃共和国地方苏维埃暂行组织法》（草案）规定，为加强红军的优抚工作，各级苏维埃政权均应成立相应的优抚组织机构。中央革命军事委员会设立了专门的抚恤委员会，省内务部下设优待红军科，市、区苏维埃直至乡苏维埃均设立经常或临时性的优待红军委员会和慰劳红军委员会，负责管理、督促、检查落实红军的优抚工作。中央委员会、中华苏维埃政府先后颁布了《红军优待条例》《红军抚恤条例》《优待红军家属条例》《优待红军家属礼拜六条例》等一批重要的法规和决议。

在对伤亡将士进行抚恤方面，根据《红军抚恤条例》的规定，苏维埃政府对红军伤亡人员进行抚恤。抚恤的种类分为两类，一是死亡抚恤。对死亡人员发给抚恤金，抚恤金数量的多少，“根据地方政府拥护红军委员会之报告，抚恤委员会之调查而决定”。二是伤残抚恤。伤残等级区分为半残和全残两种。在伤残待遇上规定：因伤残废不能继续在红军中工作的，可送红军残废院休养，“其生活费，应较红军生活费增多1/2”，愿意回家者，“则给予终身抚恤金，其数目以当地之生活程度而定，但全残废每年不得少至50元以下，半残废每年不得少至30元以下”。对在服役期间因劳成疾的战士，也规定了相应的待遇。对于享受抚恤者分别由中央军事委员会和抚恤委员会颁发“患病休养证书”和“残废证书”。

在对红军及其家属的优待方面，包括：（1）红军战士可分得一份土地、房屋；本人及家属免交一切捐税，免交公有房屋房租；到政府办的商店购物享受5%的减价优待；战士乘坐轮船、火车，由政府发给费用；军人免费通邮、免费或减价看戏等。（2）苏区16岁以上至55岁以下具有劳动能力的男女群众，每人每月参加6～10天的义务劳动，帮助红军家属代耕土地。对城市商人和居民增收5%的营业税和房租，或由在业工人交纳四个礼拜六的工钱以优待城市红军家属。(3) 把每个星期六或星期日定为优待红军家属日，从后方的中央党政机关到乡支部、乡政府，每个党团员和工作人员都要参加帮耕帮种、砍柴挑水等优待红军家属活动。

在褒扬阵亡将士方面，规定在战争中牺牲的红军将士，“如无家属的，由军委会制定金质奖章，陈列在革命博物馆，以旌表其革命历史”；红军机关或政府应将死亡战士时间、地点、战役、功绩汇集公布，遗物应注意收集并陈列于博物馆。死亡战士的遗骸应由当地政府帮助收殓，并设立纪念碑。死亡战士的功绩，应刊登各报宣传。

在抗日战争和解放战争时期，先后制定公布了晋察冀边区政府的《优待抗日军人家属暂行办法》、苏南行政区的《优待抗属暂行条例》、晋冀豫区的《优待抗战军人家属条例》、陕甘宁边区的《优待革命军人、烈士家属条例》等等。这些优抚条例进一步完善了新型优抚制度的内容。如《抗日军人优待条例》规定，抗日军人在服役期间，本人和家属免纳一切捐税；家属居住公家房屋免交租金；本人与家属均享受公家商店1%减价商品之优待，在物品缺乏时有优先购买权；乘坐轮船、火车、汽车费用，由公家发给，子弟读书免交一切费用；因伤病需休养者，休养费用由公家供给；军人服务5年以上、年满45岁可退职休养，给补助终身生活；对不愿退伍而继续服务者，给予特殊优待，由民政厅发给特别优待证；军属缺乏劳力，由群众尽代耕代收义务。

对于在战争中牺牲或服务中因劳病故者，将其死亡时间、地点、战役、功绩，由政府汇集公布；将其遗物收集，在革命历史博物馆陈列以示纪念；死亡者由当地政府帮助收殓，并设立纪念碑；因战争受伤残废者，可入残废院休养，生活费用由公家供给，不愿入院者，由政府按年予以终身抚恤费。

对于死亡、残废者家属，其子女和幼小弟妹可免费送入政府设立的抗日军人遗族学校，直至年满18岁由政府介绍职业为止；其家属继续享受军属的待遇。

在伤亡抚恤方面，根据《抚恤暂行办法》的规定，将伤残人员划分为一、二、三、四（临时残废）等，每年分别给予10～30元的抚恤金。对牺牲将士家属给予每年20元以上抚恤金，并享受抗属优待。边区政府还创办有荣誉学校，提高在荣校休养者的政治文化水平，荣校待遇供给不能低于部队。给伤残者每年发给抚恤金，愿意回家者发给遣散费，约有五千人由政府依据负伤轻重发给了抚恤费。

在优待抗日军人家属方面，1943年1月，边区政府重新修订颁布了《优待抗日军人家属条例》。该条例规定凡边区境内，在土地革命时期参加红军军人、牺牲或残废的，或参加抗日战争军人、牺牲或残废的，其家属均享受条例规定的优待。优待的原则是：在抗日军人家属、抗日工作人员家属同受优待的情况下，首先优待抗属；对享受优待的抗属，尽力保障其物质上的普通生活水平。为此，边区政府组织代耕队，为抗属代耕种地；努力改善抗属生活，提高其社会地位；创办抗日军属学校和工厂。

三、新中国成立以来的优抚制度

新中国优抚制度的建立和发展经历了三个阶段，即新中国成立至“文化大革命”前；“文化大革命”期间；“文化大革命”以后，特别是十一届三中全会以来的时期。

新中国成立以后，国家对优抚工作给予了高度的重视。1949年新中国成立前夕通过的《中国人民政治协商会议共同纲领》即规定：“革命烈士家属和革命军人家属，其生活困难者应受国家和社会的优待。参加革命战争的残废军人和退伍军人，应由人民政府给以适当安置，使能谋生立业”。1950 年，刚刚组建不久的内务部即制定了《革命烈士家属革命军人家属优待暂行条例》《革命残废军人优待抚恤暂行条例》《革命军人牺牲病故褒恤暂行条例》《革命工作人员伤亡褒恤暂行条例》和《民兵民工伤亡抚恤暂行条例》，经政务院批准施行。这些条例的公布，统一了革命烈士条件、对革命军人家属的优待办法，统一了革命军人的评残条件和伤残等级区分，也统一了各类优待抚恤标准及优抚证件。

1954 年我国的第一部《宪法》中，明确写上了保障残废军人的生活、优抚革命烈士家属、优待革命军人家属的条款。1955 年公布的《中华人民共和国兵役法》，对现役军人的优待和退出现役的安置做了详细的规定，特别强调了现役军人、革命残废军人、退出现役军人、革命烈士家属、现役军人家属应当受到社会的尊重，受到国家和人民的优待。

新中国成立不久，根据形势的要求，人民解放军开始着手进行复员工作，如何安置好大批复员军人的工作是当时国家的一项重要任务。为此，国务院于 1955 年 5 月 31 日作出《关于安置复员建设军人工作的决议》，1958 年 3 月 17 日又发布了《关于处理义务兵退伍的暂行规定》。

为保障优抚对象的生活，我国政府和人民群众从生产到生活都给予优抚对象以特殊的关心和照顾。1953 年至 1956 年 4 年间，各地农村扶助优抚对象发展生产的补助款达 14 700 万元。在实行农村合作化以前，各地组织农民群众为农村优抚对象代耕土地，全国每年平均 1 200 万亩。农业合作化以后，国家作出了以优待工分取代代耕土地的规定，每年全国优抚对象享受工分优待总数在 40 亿分以上。

这一时期，从国家财政状况和人民生活水平的实际出发，制定了军人牺牲、病故抚恤和伤残抚恤标准及制度，经国务院批准，先后于 1952 年、1953 年和 1955 年对伤亡抚恤标准进行了调整，并对原来不享受长期抚恤的三等伤残军人和享受群众优待后生活仍有困难的烈士父母、配偶等，从 1956 年和 1963 年起实行每月发给少量生活补助费的办法。

国家对残、病、孤老和年幼的优抚对象给予了特殊的关怀。在抗美援朝期间，全国创办了 67 所革命残废军人学校，通过文化和职业培训，使 26 万多名革命残废军人陆续走上了工作岗位。全国创办了 22 所革命残废军人休养院，为 1 万多名重残军人提供了专门的治疗休养场所；创办了 80 所复员军人慢性病疗养院，接收 1.1 万多名复员军人入院疗养；兴办了 22 所烈士子弟学校，使四千多名烈士遗孤得到照料。

“文化大革命”时期，由于极左错误的严重干扰，从中央到地方随着民政部门的撤销，优抚工作在许多方面处于停滞状态。多年行之有效的优抚政策和法规被歪曲批判，许多优抚对象遭到打击迫害，已经建立起来的优抚制度遭到破坏。

“文化大革命”结束后，特别是党的十一届三中全会以来，优抚工作出现了新的转机，有了新的发展。为使优抚工作不断适应新时期形势的需要，我国的优抚制度进行了调整和改革。

1. 对优抚对象定期定量补助制度的改革。民政部在 1979 年大规模普查优抚对象的基础上，逐步将烈军属和复员军人的补助费的 60%～70%用于定期定量补助，使绝大部分经费转为“人头费”，这样不仅较好地解决了优抚对象的生活困难，也防止了滥用优抚事业费现象。1985 年，经国务院批准，由中央财政拨出专款，将烈属、因公牺牲军人家属和病故军人家属的定期定量补助，改为定期抚恤，进一步体现了国家的保障责任。

2. 对死亡抚恤制度的改革。将死亡抚恤由过去的两个档次（因公牺牲、病故）改为现行的三个档次（烈士、因公牺牲、病故）。抚恤金由过去的固定标准改为与现行工资挂钩（烈士一次性抚恤金为 80 个月工资，因公牺牲军人 40 个月工资，病故军人 20 个月工资）。基本实现了伤亡抚恤与一般职工平均收入相适应。

3. 对军属优待办法的改革。从 1980 年开始，在全国范围内逐步实行了对农村义务兵家属的普遍优待和对重点优抚对象的重点优待。改革前军属优待面仅占 27%左右，改革后已达 99%以上。改革后的优待办法体现了优待与征兵工作相结合，与战士的表现奖惩相结合，与退伍安置工作相结合。

4. 加强了优抚法制建设。1980 年 6 月，国务院公布实行了《革命烈士褒扬条例》，具体规定了革命烈士的范围、条件和审批机关。此后，国务院又于 1988 年 7 月公布《军人抚恤优待条例》，这是我国第一部综合性的优抚法规。随后，又相继制定并公布了《关于贯彻执行〈军人抚恤优待条例〉若干具体问题的解释》《革命伤残军人评定伤残等级的条件》《革命伤残军人评定病残的条件》以及关于国家机关工作人员、人民警察伤亡抚恤办法等一系列与之配套的法规性文件，各省、自治区、直辖市也从本地区实际出发制定了地方性优抚法规。2004 年国务院修订了《军人抚恤优待条例》，该条例废止了 1988 年颁布施行的《军人抚恤优待条例》，条文的修改对保障优抚对象的合法权益更为有利。

1984 年 5 月 31 日第六届全国人民代表大会第二次会议通过了《中华人民共和国兵役法》，根据 1998 年 12 月 29 日第九届全国人民代表大会常务委员会第六次会议《关于修改〈中华人民共和国兵役法〉的决定》修正。该法第十章“现役军人的优待和退出现役的安置”对退役军人的就业和优待问题作了规定。1997 年 4 月民政部发布《伤残抚恤管理暂行办法》（2007 年 7 月民政部发布《伤残抚恤管理办法》，原暂行办法废止），2001 年 9 月 20 日民政部发布《关于调整一次性抚恤金发放办法的通知》，2004 年 10 月 1 日起施行新修订的《军人抚恤优待条例》，2005 年 4 月 18 日民政部、财政部下发《关于提高部分优抚对象抚恤补助标准的通知》，2005 年 4 月 19 日民政部、财政部下发《关于提高回乡务农抗战老战士等在乡复员军人生活补助标准和维修抗日烈士纪念设施等工作的通知》。

近年来，《军队离休退休干部服务管理办法》，民政部、财政部、总参谋部《关于士兵退役移交安置工作若干具体问题的意见》，《人民警察抚恤优待办法》，财政部、国家税务总局、民政部《关于调整完善扶持自主就业退役士兵创业就业有关税收政策的通知》，《优抚对象住房优待办法》，《烈士公祭办法》，民政部、财政部、总参谋部《关于加强和改进退役士兵教育培训工作的通知》和《军人抚恤优待条例》的修订，健全了我国的优抚法律制度。

2015 年 11 月 30 日，《军队无军籍退休退职职工服务管理办法》经民政部部务会议通过，自 2016 年 2 月 1 日起施行。该《办法》规定，服务管理单位的服务管理工作包括：（1）发放无军籍职工退休退职费和津贴补贴；（2）按规定协助落实无军籍职工医疗待遇；（3）定期了解无军籍职工情况和需求，提供必要的关心照顾；（4）宣传解释无军籍职工相关政策；（5）按规定做好其他服务管理工作。

第二节　社会优待

社会优待是国家、社会、群众对烈属、因公牺牲、病故军人家属、革命伤残军人、现役军人及其家属、带病回乡复退军人、退伍红军老战士等优抚对象给予帮助和照顾的制度，是社会优抚制度的一项重要内容。

社会优待制度包括优待金制度和经济补助制度。

一、优待金制度

（一）发放优待金

从我国军队主要来源于农村青年的实际出发，长期以来，解决农村烈军属因为无劳力或缺少劳力造成生活困难是优待工作的主要内容。随着社会经济的变化和发展，优待方式经历了代耕土地、优待劳动日和发放优待金的变化。发放优待金是现阶段采用的主要方式。

农村实行家庭联产承包责任制后，劳动收益与劳力多寡密切相关，家庭减少一个劳动力，会给家庭的经济收入带来直接影响。根据这种情况，1984 年颁布的《兵役法》确定由乡、镇人民政府采取平衡负担办法，通过农民群众统筹给予农村义务兵家属现金优待。对家居城镇的义务兵家属生活困难的，由县、市、市辖区人民政府给予适当的现金补助。目前，一些省、市、自治区对城镇籍的义务兵家属实行了普遍的优待。

此外，根据《军人抚恤优待条例》的规定，除享受优待的义务兵家属外，烈属、伤残军人、生活困难的在乡老复员军人和带病回乡的退伍军人在享受国家抚恤补助的基础上，其生活水平尚未达到当地一般群众水平的，可享受优待金。根据新修订的《军人抚恤优待条例》，义务兵服现役期间，其家庭由当地人民政府发给优待金或者给予其他优待，优待标准不低于当地平均生活水平。驻边疆国境的县（市）、沙漠区、国家确定的边远地区中的三类地区和军队确定的特、一、二类岛屿部队的现役军官、文职干部、士官，其符合随军条件无法随军的家属，所在地人民政府应当妥善安置，保障其生活不低于当地的平均生活水平。复员军人生活困难的，按照规定的条件，由当地人民政府民政部门给予定期定量补助，逐步改善其生活条件。

根据 2011 年 8 月 1 日起施行的新条例，现役军人死亡，根据其死亡性质和死亡时的月工资标准，由县级人民政府民政部门发给其遗属一次性抚恤金，标准是：烈士和因公牺牲的，为上一年度全国城镇居民人均可支配收入的 20 倍加本人 40 个月的工资；病故的，为上一年度全国城镇居民人均可支配收入的 2 倍加本人 40 个月的工资。月工资或者津贴低于排职少尉军官工资标准的，按照排职少尉军官工资标准计算。

优待金的来源，一是财政拨款；二是军属所在单位或军人参军前所在单位承担；三是通过社会统筹方式解决。优待金标准的确定，一是要与当地经济条件和群众生活水平相适应；二是要保障优抚对象相当或略高于当地一般群众的生活水平；还要考虑优待金筹集的可行性。目前，对服现役的义务兵家属的优待范围、优待金标准和统筹办法等，是由省、自治区、直辖市人民政府根据本地区的实际情况制定的。

优待金的发放时间一般在年底。具体的发放方法是义务兵家属持优待证到乡民政助理处或街道办事处的民政科领取。有的地方为了使优待金发挥更大的效益，在自愿的基础上建立了优待金储金会，由乡民政助理将优待金储蓄起来，待义务兵退伍后一次性发放。

义务兵家属享受优待金的年限，以义务兵法定服役年限确定，即陆军 3 年，空军、海军 4 年。凡因部队需要超期服役的，部队团以上单位机关应及时通知地方政府，可继续给予优待，地方没有接到通知的，义务兵服役期满即停止发给优待金。当义务兵转志愿兵或提干后，由于已享受了部队的工资待遇，其家属不再享受优待金待遇；另外，从地方直接招收的军校学员和军队文艺、体育等专业人员的家属同样也不享受此项待遇。

优待金的筹集，由各省、自治区、直辖市人民政府根据本地区的实际情况制定具体办法。

当前，全国农村主要采取以乡镇为单位的筹集办法，由乡民政、乡财政共同负责。有的地方在此基础上进一步扩大到了县级统筹。优待金的预算由乡民政根据当年本乡应享受优待的户数，参照上年当地人均收入水平，测算出当年所需要的优待金总额，向乡政府报告。优待金的筹集由乡财政负责，根据乡民政提出的预算金额，按全乡农业人口（或田亩）分摊，下达各村。

（二）社会生活中的优待

根据《宪法》和《军人抚恤优待条例》的规定，优抚对象除享受人民群众提供的物质优待外，还在社会生活的其他方面得到广泛的关怀和照顾。

1. 烈士家属。在享受国家定期抚恤基础上，仍可享受优待金；如其不享受公费医疗待遇，因病治疗无力支付医药费，由当地卫生部门酌情减免；烈士子女、弟妹自愿参军并符合条件的，在征兵期间可优先批准一人入伍；烈士子女在报考中等专业学校、高等院校时，录取的文化和身体条件应适当放宽；烈士子女考入公立学校的（包括小学、中学、中专、技校和大专院校等），免交学杂费，优先享受助学金、学生贷款。入幼儿园、托儿所的，应优先接收。

2. 因公牺牲、病故军人家属。在享受国家定期抚恤的基础上，仍可享受优待金。对不享受公费医疗待遇，因病治疗无力支付医药费的，当地卫生部门酌情予以减免。因公牺牲、病故军人的子女、弟妹，自愿参军并符合征兵条件的，在征兵期间可优先批准一人入伍。

3. 伤残军人。在享受国家定期定量抚恤的基础上，可享受优待金。伤残军人报考中等学校、高等院校时，录取的文化和身体条件可适当放宽。伤残军人还在医疗、生活福利、配备假肢、乘坐交通工具等方面享受优待。例如，领取伤残保健金的伤残军人，享受其所在单位的医疗待遇；领取伤残抚恤金的二等乙级以上（含二等乙级）伤残军人，享受卫生部门的公费医疗待遇；领取伤残抚恤金的三等伤残军人因伤口复发治疗所需医疗费由当地民政部门解决，因病所需医疗费本人支付有困难的，由当地民政部门酌情给予补助；因战因公致残，领取伤残抚恤金的革命伤残军人伤口复发，经批准到外地治疗或安排装假肢的，其交通、食宿费用和住院期间伙食费由县、市、市辖区民政部门给予适当补助；领取伤残保健金的革命伤残军人伤口复发医疗和经批准需到外地安装假肢的，其交通、食宿费用，由其所在单位按公伤待遇办理；伤残军人乘坐国营的火车、轮船、长途公共汽车和国内民航客机，凭《革命伤残军人证》准予优先购票，并按规定享受票价优待。

新修订的《军人抚恤优待条例》规定：国家对一级至六级残疾军人的医疗费用按照规定予以保障，由所在医疗保险统筹地区社会保险经办机构单独列账管理。具体办法由国务院民政部门会同国务院劳动保障部门、财政部门规定。七级至十级残疾军人旧伤复发的医疗费用，已经参加工伤保险的，由工伤保险基金支付，未参加工伤保险，有工作的由工作单位解决，没有工作的由当地县级以上地方人民政府负责解决；七级至十级残疾军人旧伤复发以外的医疗费用，未参加医疗保险且本人支付有困难的，由当地县级以上地方人民政府酌情给予补助。残疾军人、复员军人、带病回乡退伍军人以及烈士遗属、因公牺牲军人遗属、病故军人遗属享受医疗优惠待遇。具体办法由省、自治区、直辖市人民政府规定。中央财政对抚恤优待对象人数较多的困难地区给予适当补助，用于帮助解决抚恤优待对象的医疗费用困难问题。

在国家机关、社会团体、企业事业单位工作的残疾军人，享受与所在单位工伤人员同等的生活福利和医疗待遇。所在单位不得因其残疾将其辞退、解聘或者解除劳动关系。现役军人、残疾军人凭有效证件参观游览公园、博物馆、名胜古迹享受优待。烈士、因公牺牲军人、病故军人的子女、兄弟姐妹，本人自愿应征并且符合征兵条件的，优先批准服现役。残疾军人、复员军人、带病回乡退伍军人、烈士遗属、因公牺牲军人遗属、病故军人遗属承租、购买住房依照有关规定享受优先、优惠待遇。居住农村的抚恤优待对象住房困难的，由地方人民政府帮助解决。

4.在乡复员军人和部分带病回乡退伍军人。在乡复员军人（包括在乡退伍老红军、红军西路军老战士、红军失散人员、复员军人）和部分带病回乡的退伍军人，除按国家规定享受定期定量补助外，可享受社会优待。在乡退伍老红军和红军西路军老战士享受公费医疗待遇；在乡退伍老红军享受商品粮待遇，本人病故后，其配偶生活困难的，可享受定期定量补助。带病回乡的复员退伍军人，不享受公费医疗待遇的，因病治疗无力支付医药费的，由当地卫生部门酌情给予减免。

5.义务兵及其家属和现役军官、志愿兵家属。义务兵从部队发出的平信免费邮递；义务兵入伍前是农业户口的，在农村分得责任田和自留地（山、林），在其服役期间继续得以保留；入伍前是企、事业单位职工的，其家属仍继续享有原有的劳动保险福利待遇；家居城镇的义务兵在服役期间，地方安排住房时，应将他们计入家庭分房人口。经部队批准随军的现役军官、志愿兵家属，驻军所在地的公安部门应准予落户；随军家属有正式工作的，驻军所在地的劳动、人事部门应安排适当的工作。对于边防、海岛等艰苦地区部队的部分农村户口军官，可在原籍转为城镇户口并安排适当工作。未随军的现役军官、志愿兵家属住房困难的，家属有工作单位的，由所在单位按本单位双职工待遇解决；家属无工作单位的，由当地房管部门统筹解决。现役军人家属不享受公费医疗待遇的，因病治疗无力支付医药费，可由当地卫生部门酌情给予减免。

新修订的《军人抚恤优待条例》规定，义务兵和初级士官入伍前是国家机关、社会团体、企业事业单位职工（含合同制人员）的，退出现役后，允许复工复职，并享受不低于本单位同岗位（工种）、同工龄职工的各项待遇；服现役期间，其家属继续享受该单位职工家属的有关福利待遇。义务兵和初级士官入伍前的承包地（山、林）等，应当保留；服现役期间，除依照国家有关规定和承包合同的约定缴纳有关税费外，免除其他负担。义务兵从部队发出的平信，免费邮递。

现役军人凭有效证件、残疾军人凭《中华人民共和国残疾军人证》优先购票乘坐境内运行的火车、轮船、长途公共汽车以及民航班机；残疾军人享受减收正常票价50%的优待。现役军人凭有效证件乘坐市内公共汽车、电车和轨道交通工具享受优待，具体办法由有关城市人民政府规定。残疾军人凭《中华人民共和国残疾军人证》免费乘坐市内公共汽车、电车和轨道交通工具。

义务兵和初级士官退出现役后，报考国家公务员、高等学校和中等职业学校，在与其他考生同等条件下优先录取。残疾军人、烈士子女、因公牺牲军人子女、一级至四级残疾军人的子女，驻边疆国境的县（市）、沙漠区、国家确定的边远地区中的三类地区和军队确定的特、一、二类岛屿部队现役军人的子女报考普通高中、中等职业学校、高等学校，在与其他考生同等条件下优先录取；接受学历教育的，在同等条件下优先享受国家规定的各项助学政策。现役军人子女的入学、入托，在同等条件下优先接收。

此外，对优抚对象的优待还包括合理安排优抚对象的生产活动，特别是对其中的老弱病残者，要根据他们的身体状况、技术条件进行适当照顾。在社会救助方面，优抚对象在同等条件下，享有社会救济、经济补助、贷款和获得群众帮助等方面的优先权。例如，经军队师（旅）级以上单位政治机关批准随军的现役军官家属、文职干部家属、士官家属，由驻军所在地的公安机关办理落户手续。随军前是国家机关、社会团体、企业事业单位职工的，驻军所在地人民政府劳动保障部门、人事部门应当接收和妥善安置；随军前没有工作单位的，驻军所在地人民政府应当根据本人的实际情况作出相应安置；对自谋职业的，按照国家有关规定减免有关费用。国家兴办优抚医院、光荣院，治疗或者集中供养孤老和生活不能自理的抚恤优待对象。各类社会福利机构应当优先接收抚恤优待对象。

二、经济补助

对优抚对象实行经济补助，是国家保障优抚对象生活的又一项重要方式。我国的经济补助是按定期定量进行的，即由国家拨出专项经费，按照不同的对象和条件，定期（每月）向优抚对象发给一定限额的生活补助费。

（一）经济补助的对象

1. 在乡退伍红军老战士。根据 1979 年 2 月 23 日中国人民解放军总政治部、民政部、财政部、商业部、卫生部《关于退伍红军老战士称号和待遇方面存在的问题与解决意见的联合通知》规定，确定在乡退伍红军老战士身份的条件是：（1）1937 年 7 月 6 日以前入伍，参加中国工农红军（包括抗日联军和中国共产党领导的脱产游击队）的；（2）有退伍手续或确切证明的；（3）没有投敌叛变行为，回到地方以后继续保持革命传统。凡符合上述条件，经本人申请，县（市）民政部门审核，报省、市、自治区民政厅（局）批准后，可被确定为在乡退伍红军老战士身份。

2. 红军失散人员。根据民政部、财政部 1986 年 12 月 8 日《关于妥善解决红军失散人员生活困难问题的通知》规定，凡 1937 年 7 月 6 日以前正式参加中国工农红军（包括东北抗日联军)，因伤、因病、因战斗失利或组织动员分散隐蔽离队失散，并在离队后表现较好，经当地群众公认，乡、镇人民政府审查，县、市人民政府批准，认定其为“红军失散人员”，因被俘、被捕离队失散，但未发现其投敌叛变或离队后被迫担任一般伪职，对革命没有造成危害的，也可按红军失散人员对待。

3. 在乡西路军红军老战士。根据 1984 年 2 月 29 日民政部、财政部、卫生部、总政治部《关于解决在乡西路军老战士称号和生活待遇问题的通知》规定，凡经当地政府确认为西路军流落人员的，在没有发现重大政治历史问题的情况下，一般应给予承认，并统一称为西路军红军老战士。

4. 在乡复员军人和带病回乡退伍军人。根据民政部 1989 年 4 月 17 日《关于贯彻执行〈军人抚恤优待条例〉若干具体问题的解释》规定，凡 1954 年 10 月 5 日试行义务兵役制前，自愿参加中国共产党领导的人民军队，持有复员、退伍军人证件或组织批准复员回乡的人员称之为在乡复员军人。对在居住城市无工作的复员军人也按在乡复员军人对待。带病回乡退伍军人，是指 1954 年 11 月 1 日试行义务兵役制以后参加中国人民解放军，持有退伍或复员军人证件和部队带病回乡证明的人员。

（二）经济补助的标准

在乡退伍红军老战士、在乡西路军红军老战士和红军失散人员均享受国家提供的定期定量经济补助。

1994年民政部、财政部调标通知规定的补助标准是：在乡退伍红军老战士，每人每月补助151元；在乡西路军红军老战士每人每月补助135元；红军失散人员每人每月补助55元。在乡退伍红军老战士和西路军红军老战士，除享受定期定量补助外，另享受公费医疗待遇；对他们中自理生活有困难的孤老，在本人自愿的情况下，可安排到光荣院供养，不愿去的由所在乡、村安排专人照顾，并给予适当的护理费。

退伍红军老战士本人的口粮、食油和副食品，均由国家按当地机关干部的粮、油标准供应。

对在乡复员军人中的孤老，以及年老体弱、丧失劳动能力、生活困难的和带病回乡不能经常参加生产劳动、生活困难的人员，实行定期定量补助。部分带病回乡的退伍军人也享受这一待遇。1989年民政部、财政部调整部分优抚对象抚恤补助标准通知规定，在乡复员军人定补标准每人每月不低于25元。各地在制定具体标准时，对孤老对象应适当优厚；对在部队期间立功受奖、服役年限长、贡献较大的老复员军人的补助标准应适当提高。

鉴于目前享受国家定期定量补助的优抚对象已进入一个特殊困难时期，他们平均年龄已接近70岁，基本丧失劳动甚至生活能力，普遍存在着生活、住房和治病困难，除提高补助标准，实行优待金外，还应采取多种形式增强对他们的保障。

第三节　残疾抚恤

伤残抚恤是国家和社会保障革命伤残人员（包括革命伤残军人、伤残人民警察、伤残机关工作人员、伤残民兵民工）基本生活的优抚制度。

1988年国务院颁布的《军人抚恤优待条例》中专辟“伤残抚恤”一章，为伤残抚恤制度确立了新的规范，确定了伤残抚恤金标准参照全国一般职工工资收入确定的原则，保证了伤残军人的生活与人民群众生活水平同步提高。随后，民政部又出台了一系列配套法规，为伤残抚恤制度的实施提供了更具操作性的依据。2004年国务院发布重新修订的《军人抚恤优待条例》，将“伤残抚恤”改为“残疾抚恤”，从而在名称上涵盖了因病致残军人，使得用语更为准确。截至2009年年底，“国家抚恤、补助各类重点优抚对象630.7万人，其中伤残人员87.2万人”①。对有困难的伤残军人还采取了由各地方自行投入和其他优待、救济措施，基本保证了伤残人员的生活。

一、残疾抚恤的对象、范围和条件

（一）残疾抚恤的对象

1.军人（含文职干部）。

2.授予警衔的人民警察（不包括企事业单位享受劳保待遇的人民警察）。

3.国家机关工作人员（包括国家权力、行政机关和由国家补贴的民主党派、人民团体的工

① 2009年民政事业发展统计报告.（2010-06-10）. http://www.mca.gov.cn.

作人员)、军队在编无军籍职工。

4.参战民兵民工、参加县级以上人武部门或预备役部队组织的军事训练的民兵，以及同犯罪分子进行斗争的无工作单位的人民群众（指无工作单位的农民、城市居民、学生)。

(二) 残疾抚恤的范围

残疾抚恤的范围包括因战致残、因公致残和因病致残三种。

1.符合如下情形之一导致残疾的，为因战致残：(1) 对敌作战残疾，或者对敌作战负伤在医疗终结前因伤残疾的；(2) 因执行任务遭敌人或者犯罪分子伤害致残，或者被俘、被捕后不屈遭敌人伤害或者被折磨致残的；(3) 为抢救和保护国家财产、人民生命财产或者参加处置突发事件残疾的；(4) 因执行军事演习、战备航行飞行、空降和导弹发射训练、试航试飞任务以及参加武器装备科研实验残疾的；(5) 其他致残情节特别突出，堪为后人楷模的。

2.符合如下情形之一导致残疾的，为因公致残：(1) 在执行任务中或者在上下班途中，由于意外事件残疾的；(2) 被认定为因战、因公致残康复后因旧伤复发残疾的；(3) 因患职业病残疾的；(4) 在执行任务中或者在工作岗位上因病残疾，或者因医疗事故残疾的；(5) 其他因公残疾的。

3.如下情形以外的疾病导致残疾的，为因病致残：(1) 因患职业病残疾的；(2) 在执行任务中或者在工作岗位上因病残疾，或者因医疗事故残疾的。因病致残的范围仅限于在服役期间患病致残的义务兵和初级士官。

根据民政部、最高人民法院、最高人民检察院、教育部、公安部、国家安全部、司法部、财政部、交通运输部 2014 年 4 月 30 日联合发布的《人民警察抚恤优待办法》，人民警察包括公安机关（含铁路、交通、民航、森林公安机关和海关缉私部门)、国家安全机关、司法行政机关的人民警察和人民法院、人民检察院的司法警察。其中伤残抚恤和优待按致残性质分为因战致残和因公致残。根据劳动功能障碍程度和生活自理障碍程度确定，由重到轻分为一级至十级。伤残等级的具体评定标准，参照《军人残疾等级评定标准》执行。人民警察因战、因公负伤，符合评定伤残等级条件的，应当在因战、因公负伤 3 年内提出申请。伤残人民警察的残情医学鉴定，由设区的市级以上人民政府民政部门指定的伤残医学鉴定机构作出；职业病的残情医学鉴定由省级人民政府民政部门指定的鉴定机构作出。

(三) 伤残抚恤或残疾抚恤的条件

1.伤残军人评定伤残的条件

根据民政部《革命伤残军人评定伤残等级的条件》的规定，现役军人因战、因公负伤致残，依其丧失劳动能力及影响生活能力的程度，评定伤残等级。具体分为四等六级，即特等、一等、二等甲级、二等乙级、三等甲级、三等乙级。具体划分原则是：劳动能力完全丧失、日常生活需要专人负责照顾的，为特等；劳动能力基本丧失，日常生活大部分活动需要人扶助的，为一等；劳动能力大部分丧失，日常生活活动受到较大影响，为二等甲级；劳动能力丧失近半，日常生活活动有一定困难的，为二等乙级；劳动能力和日常生活活动受到一定影响的，为三等甲级；劳动能力和日常生活活动稍有不便的，为三等乙级。

2.伤残军人评定病残的条件

义务兵在服役期间患病，经医疗基本终结，退伍时依其丧失劳动能力及影响生活能力的程度，评定病残等级。病残分为两等三级，即一等、二等甲级、二等乙级。具体的划分原则是：

致劳动能力基本丧失、日常生活大部分活动需要人扶助的，为一等；致劳动能力大部分丧失、日常活动受到较大影响的，为二等甲级；劳动能力丧失近半、日常生活活动有一定困难的，为二等乙级。

3. 残疾抚恤的条件

首先，就残疾军人评定伤残的条件而言，根据民政部、劳动和社会保障部、卫生部、中国人民解放军总后勤部2004年11月10日联合发布的《军人残疾等级评定标准（试行）》的规定，现役军人因战、因公负伤致残，依其医疗期满后的器官缺损、功能障碍、心理障碍和对医疗护理依赖的程度，评定残疾等级。残疾等级评定标准由重至轻分为1～10级。其次，就残疾军人评定病残的条件而言，义务兵和初级士官因病致残，依其医疗期满后的器官缺损、功能障碍、心理障碍和对医疗护理依赖的程度，评定残疾等级。残疾等级评定标准为因战、因公负伤致残所评定的残疾等级中的1～6级。

二、残疾人员的评定和审批

残疾对象的评定和审批分为现役军人和其他人员两种。

（一）现役军人残疾评定和审批

现役军人因战、因公致残，医疗终结后符合评定残疾等级条件的，应当评定残疾等级。义务兵和初级士官因病致残符合评定残疾等级条件，本人（精神病患者由其利害关系人）提出申请的，也应当评定残疾等级。现役军人因战、因公致残，未及时评定残疾等级，退出现役后或者医疗终结满3年后，本人（精神病患者由其利害关系人）申请补办评定残疾等级，有档案记载或者有原始医疗证明的，可以评定残疾等级。现役军人被评定残疾等级后，在服现役期间或者退出现役后残疾情况发生严重恶化，原定残疾等级与残疾情况明显不符，本人（精神病患者由其利害关系人）申请调整残疾等级的，可以重新评定残疾等级。

在评定和审批中，有弄虚作假，出具伪证的；无残而诈残致成假残的；私自涂改伤残证件和有关评残材料的；将伤残证件转借或转让他人，造成不良后果的；以权谋私，挟嫌报复，造成严重后果的，可根据《中国人民解放军纪律条例》规定的处罚项目给予处罚。

（二）其他人员伤残评定和审批

在1988年8月1日国务院公布的《军人抚恤优待条例》施行前退出现役的军人（包括武警部队官兵）、授予警衔的人民警察（不包括企事业单位享受劳保待遇的人民警察）、国家机关工作人员（包括国家权力、行政机关和由国家补贴的民主党派、人民团体的工作人员）、参战民兵民工、参加县级以上人武部门或预备役部队组织的军事训练的民兵以及同犯罪分子进行斗争伤残的人民群众（企事业单位的职工由所在单位负责评残），由县级民政部门负责具体承办评残手续，地级民政部门负责审核，省级民政部门为审批机关。

上列人员因战、因公致残，医疗终结后应及时办理评残。医疗终结3年内申请评残的，有档案记载和确切证明，残情符合三等乙级（含三等乙级）以上，可予评定伤残等级；医疗终结3年后申请评残的，有档案记载或确切证明，残情符合二等乙级（含二等乙级）以上，可予补办评残手续。

（三）伤残证件或残疾证件的发放

1.军人在服役期间因战、因公、因病（因病仅限于在服现役期间患精神病以外疾病的义务兵）致残，发给《革命伤残军人证》。

2.民兵、民工、农村村民、城镇居民、学生因战、因公致残，发给《民兵民工伤残抚恤证》。

3.国家机关行政编制工作人员和由国家财政补助的人民团体、民主党派行政编制人员因战因公致残的，发给《国家机关工作人员伤残抚恤证》。

4.授予警衔的行政编制人民警察因战因公致残的，发给《人民警察伤残抚恤证》。

新修订的《军人抚恤优待条例》规定：因战、因公、因病致残性质的认定和残疾等级的评定权限是：（1）义务兵和初级士官的残疾，由军队军级以上单位卫生部门认定和评定；（2）现役军官、文职干部和中级以上士官的残疾，由军队军区级以上单位卫生部门认定和评定；（3）退出现役的军人和移交政府安置的军队离休、退休干部需要认定残疾性质和评定残疾等级的，由省级人民政府民政部门认定和评定。评定残疾等级，应当依据医疗卫生专家小组出具的残疾等级医学鉴定意见。残疾军人由认定残疾性质和评定残疾等级的机关发给《中华人民共和国残疾军人证》。

现役军人因战、因公致残，未及时评定残疾等级，退出现役后或者医疗终结满3年后，本人（精神病患者由其利害关系人）申请补办评定残疾等级，有档案记载或者有原始医疗证明的，可以评定残疾等级。现役军人被评定残疾等级后，在服现役期间或者退出现役后残疾情况发生严重恶化，原定残疾等级与残疾情况明显不符，本人（精神病患者由其利害关系人）申请调整残疾等级的，可以重新评定残疾等级。

三、残疾抚恤的待遇

原伤残抚恤的待遇包括伤残抚恤金和伤残保健金。2004年8月1日修订的《军人抚恤优待条例》将“伤残抚恤”改名为“残疾抚恤”，并统一发放发放残疾抚恤金。

伤残人员经评定和审核批准后，发给伤残证件，使其可享受伤残抚恤金或伤残保健金及其他待遇。

（一）伤残抚恤金和伤残保健金的享受对象

伤残抚恤金，是对没有参加工作的革命伤残人员基本生活保障的补偿费用。伤残保健金，是对参加工作的革命伤残人员基本生活保障的补助费用。

享受伤残保健金的伤残人员有四类：（1）在国家机关、民主党派、人民团体有正式工作的。（2）在全民企事业单位为正式职工、合同制职工的。（3）在县以上管理的集体企事业单位为正式职工、合同制职工的。（4）服现役的革命伤残军人。

除上述四种人员外，其他伤残人员可享受伤残抚恤金待遇。

（二）伤残抚恤标准的确定原则

伤残人员的抚恤标准应随国民经济的发展和人民生活水平的提高而逐步提高。《军人抚恤优待条例》确定了制定革命伤残人员抚恤标准的原则，即由民政部、财政部根据伤残性质和伤残等级，参照全国一般职工的工资标准，按一定比例制定全国统一的伤残抚恤（保健）金标准。

具体内容包括：(1) 特等革命伤残军人的抚恤标准（包括现在规定发给的副食品价格补贴和生活补贴），参考一般职工的工资标准确定，其他各个伤残等级依次按一定比例酌减，同一等级因战、因公和因病致残的抚恤金标准，拉开档次，体现差别。(2) 伤残保健金标准。考虑到领取伤残保健金的革命伤残人员虽然在生活和医疗等方面较有保障，但他们的工资收入一般较低，为适当增加营养补助，其标准也应随着国民经济的发展适当调整。(3) 在整体上，各个伤残等级之间的抚恤待遇比例应趋于合理。

1994 年，民政部、财政部《关于提高部分优抚对象抚恤补助标准的通知》中又明确规定，职工工资高于全国职工平均工资的地区，要在全国统一标准基础上制定当地革命伤残军人的生活补助标准，以确保革命伤残军人的生活。

(三) 伤残抚恤金和伤残保健金标准

原伤残抚恤金标准，是从 1996 年 1 月 1 日起执行的；伤残保健金标准是从 1994 年 1 月 1 日起执行的。

1. 在乡伤残人员年抚恤金的标准如下。

(1) 特等：因战，3 240 元；因公，3 080 元。

(2) 一等：因战，2 460 元；因公，2 330 元；因病，2 200 元。

(3) 二等甲级：因战，1 430 元；因公，1 320 元；因病，1 230 元。

(4) 二等乙级：因战，960 元；因公，880 元；因病，840 元。

(5) 三等甲级：因战，628 元；因公，608 元。

(6) 三等乙级：因战，526 元；因公，526 元。

2. 在职伤残人员年保健金的标准如下。

(1) 特等：因战，450 元；因公，420 元。

(2) 一等：因战，374 元；因公，342 元；因病，332 元。

(3) 二等甲级：因战，288 元；因公，268 元；因病，250 元。

(4) 二等乙级：因战，231 元；因公，214 元；因病，210 元。

(5) 三等甲级：因战，174 元；因公，160 元。

(6) 三等乙级：因战，132 元；因公，122 元。

四、残疾军人的优待

根据原《军人抚恤优待条例》和有关规定，对伤残军人的优待主要有以下几个方面。

(一) 退出现役的特、一等伤残军人

1. 退出现役的特、一等伤残军人，由国家供养终身。享受离、退休待遇的，由民政部门发给伤残保健金，并由发给离、退休费的单位发给护理费。不享受离、退休待遇且分散供养的，由民政部门发给伤残抚恤金和护理费。因伤残后遗症需要经常医疗处置的，或生活需要护理不便分散照顾的，或独身一人不便分散安置的，由民政部门专门设立的机构集中供养，发伤残抚恤金和住院生活补助费，不发护理费。

2.护理费标准由各地民政、财政部门每年7月根据统计部门提供的本年度当地社会平均工资标准，按规定比例制定：因战、因公特等革命伤残人员为本地区当年社会平均工资的50%，因战、因公一等革命伤残人员为40%，因病一等革命伤残人员为30%。当社会平均工资出现负增长时，护理费标准不作调整。

3.自1979年对越自卫还击作战以来退出现役的特、一等伤残军人，可到原征集地县城或配偶居住地城镇安置。需要建房的，由当地政府解决，其农业户口的配偶和16周岁以下子女（或已超过16周岁仍在学校读书的），可同时转为安置地城镇户口，并根据当地条件，由国营和集体单位妥善安排这些伤残军人配偶的工作。

（二）因战、因公致残的二等、三等伤残军人

因战、因公致残的二等、三等革命伤残军人，原是城镇户口的，由原征集地的退伍军人安置机构，安排力所能及的工作。原是农业户口的，原征集地区有条件的，可在企业、事业单位安排适当工作，不能安排的，按照规定增发伤残抚恤金，保证他们的生活。

在乡二等乙级（含二等乙级）以上伤残军人享受卫生部门的公费医疗待遇，且医疗费不得包干。

在乡三等革命伤残军人因伤口复发所需医疗费，由当地民政部门解决，因病所需医疗费，本人支付有困难的，由当地民政部门酌情给予补助。

（三）在国家机关、企事业单位工作的因战、因公伤残人员

在国家机关、企事业单位工作的因战、因公伤残人员，享受所在单位因公（工）伤残人员的保险福利待遇，其伤口复发所需医药费不得包干。

（四）伤残军人的辅助器械

革命伤残军人因伤残需要配置的假肢、代步三轮车等辅助器械，由民政部门负责解决。经批准到外地治伤或安装假肢的，差旅费准予报销。其中有工作单位的，按本单位公（工）伤待遇处理；无工作单位的，由民政部门给予适当补助。

2014年4月4日，民政部、国土资源部、住房和城乡建设部发布了《优抚对象住房优待办法》，规定享受国家定期抚恤补助的烈士遗属、因公牺牲军人遗属、病故军人遗属、退出现役的残疾军人、在乡退伍红军老战士、在乡西路军红军老战士、红军失散人员、在乡老复员军人、带病回乡退伍军人、参战退役人员、参加核试验军队退役人员（含直接参与铀矿开采军队退役人员）、烈士老年子女（含建国前错杀后被平反人员子女）以及年满60周岁农村籍退役士兵，其住房优待以现行住房保障制度为依托，坚持政府主导、政策扶持、社会参与相结合，坚持属地管理、因地制宜。申请住房保障的，其依法享受的抚恤金、补助金、优待金和护理费等待遇，在准入审核中不计入家庭收入。申请经济适用住房、公共租赁住房、住房租赁补贴或农村危房改造的，同等条件下，应当优先安排。办理房产、土地证件时，免交登记费、工本费；自建房时，免交基础设施配套费、拨地定桩测绘费等相关行政事业性收费和政府性基金。优抚对象以家庭为单位享受住房优待，家庭认定一般以户口簿为准。烈士、因公牺牲军人、病故军人家庭分户的，其配偶及子女视为一个家庭，父母及未成年弟妹视为一个家庭，生前父母已离异的，按照家庭实际情况认定。

（五）修订后《军人抚恤优待条例》的新规定

2004年修订的《军人抚恤优待条例》规定：退出现役的残疾军人，按照残疾等级享受残疾抚恤金。残疾抚恤金由县级人民政府民政部门发给。因工作需要继续服现役的残疾军人，经军队军级以上单位批准，由所在部队按照规定发给残疾抚恤金。残疾军人的抚恤金标准应当参照全国职工平均工资水平确定。残疾抚恤金的标准以及一级至十级残疾军人享受残疾抚恤金的具体办法，由国务院民政部门会同国务院财政部门规定。县级以上地方人民政府对依靠残疾抚恤金生活仍有困难的残疾军人，可以增发残疾抚恤金或者采取其他方式予以补助，保障其生活不低于当地的平均生活水平。

退出现役的因战、因公致残的残疾军人因旧伤复发死亡的，由县级人民政府民政部门按照因公牺牲军人的抚恤金标准发给其遗属一次性抚恤金，其遗属享受因公牺牲军人遗属抚恤待遇。退出现役的因战、因公、因病致残的残疾军人因病死亡的，对其遗属增发12个月的残疾抚恤金，作为丧葬补助费；其中，因战、因公致残的一级至四级残疾军人因病死亡的，其遗属享受病故军人遗属抚恤待遇。

退出现役的一级至四级残疾军人，由国家供养终身；其中，对需要长年医疗或者独身一人不便分散安置的，经省级人民政府民政部门批准，可以集中供养。对分散安置的一级至四级残疾军人发给护理费，护理费的标准为：(1) 因战、因公一级和二级残疾的，为当地职工月平均工资的50%；(2) 因战、因公三级和四级残疾的，为当地职工月平均工资的40%；(3) 因病一级至四级残疾的，为当地职工月平均工资的30%。退出现役的残疾军人的护理费，由县级以上地方人民政府民政部门发给；未退出现役的残疾军人的护理费，经军队军级以上单位批准，由所在部队发给。残疾军人需要配制假肢、代步三轮车等辅助器械，正在服现役的，由军队军级以上单位负责解决；退出现役的，由省级人民政府民政部门负责解决。

五、残疾军人死亡的待遇

（一）退出现役的因战、因公致残的残疾军人因旧伤复发死亡的待遇

由县级人民政府民政部门按照因公牺牲军人的抚恤金标准发给其遗属一次性抚恤金，其遗属享受因公牺牲军人遗属抚恤待遇。

（二）退出现役的因战、因公、因病致残的残疾军人因病死亡的待遇

对其遗属增发12个月的残疾抚恤金，作为丧葬补助费；其中，因战、因公致残的一级至四级残疾军人因病死亡的，其遗属享受病故军人遗属抚恤待遇。

第四节　死亡抚恤

死亡抚恤是国家对烈士家属、因公牺牲和病故军人家属及因公牺牲病故的国家机关工作人员家属、人民警察家属发给一定数额的费用，给予生活帮助的制度。死亡抚恤分为一次性抚恤

和定期抚恤两种。

在1980年《革命烈士褒扬条例》公布前，死亡性质分为牺牲和病故两类。为进一步强化烈士称号的严肃性，使死亡性质划分更为规范、合理，该条例将死亡性质分为烈士、因公牺牲和病故三种。

一、死亡性质的认定

死亡性质主要依据死亡时的情节及有关规定，由相应机关审批认定，分为革命烈士、因公牺牲、病故三种。2004年新修订的《军人抚恤优待条例》依旧沿袭了这三种死亡的情节，但将“革命烈士”修正为“烈士”。

（一）革命烈士或烈士

革命烈士是指在革命斗争、保卫祖国和社会主义现代化建设事业中壮烈牺牲的我国人民和人民解放军指战员。

国务院于1980年6月4日发布的《革命烈士褒扬条例》，对烈士的条件、范围和审批手续作了明确规定。把以往烈士范围仅限于革命军人、革命工作人员和参战民兵民工的界限，扩大到了全体人民。《革命烈士褒扬条例》公布之后，有关主管部门又相继制定了与之配套的规范性文件，如民政部《关于贯彻执行〈革命烈士褒扬条例〉若干问题的解释》《关于对〈革命烈士褒扬条例〉第三条第（四）项“因执行革命任务遭敌人杀害”的解释》《关于公安干警因抓捕、管制罪犯被报复杀害和在公安机关值班遭罪犯枪杀可否批准为革命烈士问题的批复》《关于对〈革命烈士褒扬条例〉第三条第（四）项“因执行革命任务遭敌人杀害”的补充解释》等。

根据这些规定，革命烈士的条件为以下12种。

1.对敌作战牺牲的。

2.对敌作战负伤后因伤死亡或对敌作战负伤致残医疗终结评残发证后，1年内因伤口复发死亡的。

3.在作战前线担任向导、修筑工事、救护伤员、执行运输等战勤任务牺牲，或者在战区守卫重点目标牺牲的。

4.因执行革命任务遭敌人杀害，或者被敌人俘虏、逮捕后坚贞不屈遭敌人杀害或受折磨致死的。

5.为保卫或抢救人民生命、国家和集体财产壮烈牺牲的。

6.因在边防、海防执行巡逻任务被反革命分子、刑事犯罪分子或其他坏人杀害的。

7.因侦查刑事案件，制止现行犯罪或逮捕、追捕、看管反革命分子、刑事犯罪分子，被反革命分子、刑事犯罪分子杀害的。

8.因维护社会治安，同歹徒英勇斗争被杀害的。

9.因执行军事、公安、保卫、检察、审判任务，被犯罪分子杀害或被报复杀害的。

10.因正确执行党的路线、方针、政策，坚持革命原则，维护国家和人民利益，被犯罪分子杀害或被报复杀害的。

11.部队飞行人员在执行战备飞行训练中牺牲或在执行试飞任务中牺牲的。

12.死难情节特别突出，足为后人楷模的。

革命烈士的审批也按照不同情况分为6种。

1.对敌作战牺牲或对敌作战负伤后因伤死亡，现役军人经团以上政治机关批准，其他人员经县、市、市辖区人民政府批准的。

2.对敌作战致成伤残后医疗终结评残发证后1年内因伤口复发死亡，现役军人经团以上政治机关批准，其他人员经县、市、市辖区人民政府批准的。

3.在作战前线担任向导、修建工事、救护伤员、执行运输等战勤任务牺牲，或者在战区守卫重点目标牺牲，现役军人经团以上政治机关批准，其他人员经县、市、市辖区人民政府批准的。

4.因执行革命任务，遭敌人杀害或受折磨致死，现役军人经军级以上政治机关批准，其他人员经省、自治区、直辖市人民政府批准的。

5.为保卫或抢救人民生命、国家财产和集体财产壮烈牺牲的，现役军人经军级以上机关批准，其他人员经省、自治区、直辖市人民政府批准的。

6.上述规定以外的牺牲人员，如果死难情节特别突出，足为后人楷模，现役军人经中国人民解放军总政治部批准，其他人员经民政部批准，也可称为革命烈士。

2011年新修订的《军人抚恤优待条例》第8条规定：现役军人死亡，符合下列情形之一的，批准为烈士：(1) 对敌作战死亡，或者对敌作战负伤在医疗终结前因伤死亡的；(2) 因执行任务遭敌人或者犯罪分子杀害，或者被俘、被捕后不屈遭敌人杀害或者被折磨致死的；(3) 为抢救和保护国家财产、人民生命财产或者执行反恐怖任务和处置突发事件死亡的；(4) 因执行军事演习、战备航行飞行、空降和导弹发射训练、试航试飞任务以及参加武器装备科研试验死亡的；(5) 在执行外交任务或者国家派遣的对外援助、维持国际和平任务中牺牲的；(6) 其他死难情节特别突出，堪为楷模的。

（二）因公牺牲

因公牺牲是指因执行公务献身，其死难情节符合规定条件的人民解放军指战员、国家机关工作人员和人民警察等。

因公牺牲军人的条件有以下6种。

1.在执行任务或上下班途中，遇到非本人责任或无法抗拒的意外事故死亡的。

2.因战致残医疗终结评残发证1年后因伤口复发死亡的。

3.因公致残医疗终结评残发证后因伤口复发死亡的。

4.因患职业病（参照卫生部等2002年新颁发的《职业病目录》）死亡的。

5.在执行任务中因病猝然死亡的。

6.因医疗事故死亡的，也按因公牺牲对待。

2004年修订的《军人抚恤优待条例》第9条规定：现役军人死亡，符合下列情形之一的，确认为因公牺牲：(1) 在执行任务中或者在上下班途中，由于意外事件死亡的；(2) 被认定为因战、因公致残后因旧伤复发死亡的；(3) 因患职业病死亡的；(4) 在执行任务中或者在工作岗位上因病猝然死亡，或者因医疗事故死亡的；(5) 其他因公死亡的。现役军人在执行对敌作战、边海防执勤或者抢险救灾以外的其他任务中失踪，经法定程序宣告死亡的，按照因公牺牲对待。现役军人因公牺牲，由军队团级以上单位政治机关确认；属于本条第1款第5项规定情形的，由军队军级以上单位政治机关确认。

（三）病故

病故即因病死亡者。现役军人在服现役期间因病死亡，或因人民内部矛盾问题自杀身亡，或非因执行任务遭意外事故死亡，以及在乡特、一等革命伤残军人因病死亡，都按病故军人对待。

2004 年修订的《军人抚恤优待条例》第 10 条规定：现役军人除第 9 条第 1 款第 3 项、第 4 项规定情形以外，因其他疾病死亡的，确认为病故。现役军人非执行任务死亡或者失踪，经法定程序宣告死亡的，按照病故对待。现役军人病故，由军队团级以上单位政治机关确认。

《人民警察抚恤优待办法》第 8 条规定，人民警察死亡，符合下列情形之一的，评定为烈士：（1）在依法查处违法犯罪行为、执行国家安全工作任务、执行反恐怖任务和处置突发事件中牺牲的；（2）抢险救灾或者其他为了抢救、保护国家财产、集体财产、公民生命财产牺牲的；（3）在执行外交任务或者国家派遣的对外援助、维持国际和平任务中牺牲的；（4）在执行武器装备科研试验任务中牺牲的；（5）其他牺牲情节特别突出，堪为楷模的。人民警察在处置突发事件、执行边海防执勤或者抢险救灾任务中失踪，经法定程序宣告死亡的，按烈士对待。第 10 条规定，人民警察死亡，符合下列情形之一的，确认为因公牺牲：（1）在执行任务或者在上下班途中，由于意外事件死亡的；（2）被认定为因战、因公致残后因旧伤复发死亡的；（3）因患职业病死亡的；（4）在执行任务中或者在工作岗位上因病猝然死亡，或者因医疗事故死亡的；（5）其他因公死亡的。人民警察在处置突发事件、执行边海防执勤或者执行抢险救灾以外的其他任务中失踪，经法定程序宣告死亡的，按照因公牺牲对待。第 12 条规定，人民警察因其他疾病死亡的，确认为病故。人民警察非执行任务死亡，或者失踪经法定程序宣告死亡的，按照病故对待。

二、革命烈士的审批程序和证书发放

（一）审批程序

现役军人根据死难情节，因战牺牲的逐级报请团级以上单位的政治机关批准；因公牺牲的逐级报请军级以上单位的政治机关批准。

机关、企事业单位工作人员及人民群众牺牲，因战牺牲的由死者单位或家属向死者所在地或家属居住地的县（市）民政部门提出申请报告，并提供死者有关死难情节的详细报告及有关证明材料，民政部门审核后报县（市）人民政府批准。因公牺牲的由县（市）级民政部门审核后报县（市）人民政府行文，认为符合烈士条件的，再向所在省、自治区、直辖市人民政府提出申请报告，省、自治区、直辖市民政厅（局）负责具体审核，符合规定条件的由省、自治区、直辖市人民政府批准。

对于“死难情节特别突出，足为后人楷模”的，军人由军以上单位的政治机关报请总政治部审批；非军人的由省级民政部门报请民政部审批。

（二）证书发放

“革命烈士证明书”以中华人民共和国民政部的名义统一印制，于 1981 年 2 月正式启用。凡批准为革命烈士的，由批准机关填发“革命烈士通知书”，寄给家属居住地的县、市、市辖区人民政府，由革命烈士家属居住地的县、市、市辖区人民政府审核无误后，填写“革命烈士证明书”，代民政部颁发。

“革命烈士证明书”发给烈士的父母、配偶。具体办法是：

（1）有父母无配偶的，发给父母；

（2）有配偶无父母的，发给配偶；

（3）既有父母又有配偶的，由其父母、配偶自行商定，商定不通的，发给父母；

（4）没有父母、配偶的，按下列顺序发给其他亲属：1）子女；2）共同生活未满 16 周岁的弟妹；3）抚养烈士长大的其他亲属。无上述亲属的，不发。

《军人抚恤优待条例》取消了对兄弟姐妹的年龄限制，根据民政部《关于贯彻执行〈军人抚恤优待条例〉若干具体问题的解释》的规定，“革命烈士证明书”的发放顺序为：

（1）有父母（或抚养人）无配偶的，发给父母（或抚养人）；

（2）有配偶无父母（或抚养人）的，发给配偶；

（3）既有父母（或抚养人）又有配偶的，由其自行商定，商量不通的，发给父母（或抚养人）；

（4）没有父母（或抚养人）、配偶的，按下列顺序发给其他亲属：1）子女；2）兄弟姐妹。

（5）无上述亲属的，不发。

三、因公牺牲、病故的审批程序和证书发放

（一）审批程序

现役军人（含武警指战员）因公牺牲、因病死亡或因意外事故死亡不属于因公牺牲范围的，以及因人民内部矛盾问题自杀身亡的，经所在军队团级以上政治机关，按照民政部规定的条件审查认定，由发放一次性抚恤金的民政部门负责复核，实施监督。

人民警察、国家机关工作人员、民主党派、人民团体的工作人员参照军人的规定，由所在单位主管部门的县级以上政治机关审查认定，发放抚恤金的民政部门负责政策咨询和监督。

（二）证书发放

“革命军人因公牺牲证明书”“革命军人病故证明书”“革命工作人员因公牺牲证明书”“革命工作人员病故证明书”由中华人民共和国解放军总政治部印制，从 1985 年开始发放。其中，革命工作人员牺牲、病故证明书的使用范围为中国人民解放军编制序列内无军籍的正式职工。

1995 年，民政部印制了“人民警察因公牺牲证明书”“人民警察病故证明书”“国家机关工作人员因公牺牲证明书”“国家机关工作人员病故证明书”。

军人牺牲、病故证明书由死者所在县团级以上单位填写，发至家属居住地的县（市）人民政府转给死者家属。

上列证书的发放顺序参照“革命烈士证明书”办理。

2004 年修订的《军人抚恤优待条例》规定：对烈士遗属、因公牺牲军人遗属、病故军人遗属，由县级人民政府民政部门分别发给“中华人民共和国烈士证明书”“中华人民共和国军人因公牺牲证明书”“中华人民共和国军人病故证明书”。

四、死亡抚恤的待遇

死亡抚恤的待遇包括一次性抚恤金和定期抚恤金两种形式。

（一）一次性抚恤金

一次性抚恤金是国家按规定一次性发给革命烈士家属、因公牺牲和病故军人家属、因公牺牲和病故国家机关工作人员及人民警察家属的抚恤金。

1.一次性抚恤金标准及计发办法

按照1988年《军人抚恤优待条例》和1989年民政部《关于贯彻执行〈军人抚恤优待条例〉若干具体问题的解释》的规定，一次性抚恤金标准为：

革命烈士，按40个月工资计发；

因公牺牲军人，按20个月工资计发；

病故军人，按10个月工资计发。

义务兵和月工资低于军队正排职军官工资标准的其他军人，按正排职军官工资标准计入一次性抚恤金。

对立功和获得荣誉称号的现役军人死亡，一次性抚恤金分别按下列比例增发：

（1）被中华人民共和国主席或者中央军事委员会授予荣誉称号的，增发35%；

（2）被军区（方面军）授予荣誉称号的，增发30%；

（3）立一等功的，增发25%；

（4）立二等功的，增发15%；

（5）立三等功的，增发5%。

对于荣立多等或多次功勋的，按其中最高等功勋的增发比例计算，不累计折算提高功勋等次。对于虽在服役期间荣立功勋，但在退出现役后死亡的，不再增发一次性抚恤金。

在国防和军队建设、科研事业或者作战中作出特殊贡献的现役军人死亡，国防部还可发给特别抚恤。

参照上述规定，凡在本职工作中作出特殊贡献的人民警察和检察机关工作人员死亡后，其家属也可享受特别抚恤。

2.一次性抚恤金的发放

按照1980年民政部的规定，军人、机关工作人员、参战民兵民工的死亡一次性抚恤金均由家属居住地的县（市）民政部门发给。

一次性抚恤金的发放顺序是：

（1）有父母（或抚养人）无配偶的，发给父母（或抚养人）；

（2）有配偶无父母（或抚养人）的，发给配偶；

（3）既有父母（或抚养人）又有配偶的，各发半数；

（4）无父母（或抚养人）和配偶的，发给子女；

（5）无父母（或抚养人）、配偶、子女的，发给未满18周岁以下弟妹；

（6）无上述亲属的，不发。

2004年修订的《军人抚恤优待条例》规定：现役军人死亡，根据其死亡性质和死亡时的月工资标准，由县级人民政府民政部门发给其遗属一次性抚恤金，标准是：烈士，80个月工资；因公牺牲，40个月工资；病故，20个月工资。月工资或者津贴低于排职少尉军官工资标准的，按照排职少尉军官工资标准发给其遗属一次性抚恤金。获得荣誉称号或者立功的烈士、因公牺牲军人、病故军人，其遗属在应当享受的一次性抚恤金的基础上，由县级人民政府民政部门按照下列比例增发一次性抚恤金：（1）获得中央军事委员会授予荣誉称号的，增发35%；（2）获得军队军区级单位授予荣誉称号的，增发30%；（3）立一等功的，增发25%；（4）立二等功的，增发15%；（5）立三等功的，增发5%。

多次获得荣誉称号或者立功的烈士、因公牺牲军人、病故军人，其遗属由县级人民政府民政部门按照其中最高等级奖励的增发比例，增发一次性抚恤金。对生前作出特殊贡献的烈士、因公牺牲军人、病故军人，除按照本条例规定发给其遗属一次性抚恤金外，军队可以按照有关规定发给其遗属一次性特别抚恤金。

一次性抚恤金发给烈士、因公牺牲军人、病故军人的父母（抚养人）、配偶、子女；没有父母（抚养人）、配偶、子女的，发给未满18周岁的兄弟姐妹和已满18周岁但无生活费来源且由该军人生前供养的兄弟姐妹。

（二）定期抚恤金

定期抚恤金是国家对符合规定条件的革命烈士家属、因公牺牲军人家属、病故军人家属按一定标准发给的抚恤金，又称“遗属定期抚恤金”或“长期抚恤金”。

定期抚恤金的基本标准和享受的具体条件，由国家统一制定。国家按照与城乡人民生活水平相适应的原则制定基本标准，由各省、自治区、直辖市在不低于国家规定的基本标准的前提下，根据各地经济状况和人民生活水平，制定具体标准，保证享受定期抚恤金的人员的生活不低于当地人民群众生活水平。从1985年到1995年10年间，国家先后四次提高定期抚恤金标准，使享受定期抚恤金的人员的基本生活得到了可靠的保障。

1.享受定期抚恤金的条件

革命烈士、因公牺牲军人、病故军人的家属符合下列条件的可以享受定期抚恤金：

（1）父母、抚养人、夫、妻无劳动能力和生活收入的，或虽有一定生活收入，但不足以维持当地一般群众生活的；

（2）子女未满18周岁，或虽满18周岁因读书或伤残而无生活来源的；

（3）弟妹未满18周岁，且必须是依靠军人生前供养的。

2.定期抚恤金的标准

1979年的标准为：农村每人每月6～10元；城市和城镇每人每月10～15元；大、中城市每人每月15～20元。经过几次提高后，1995年定期抚恤金基本标准为：

（1）革命烈士家属和因公牺牲军人家属：

居住农村的，每人每月不低于55～60元；

居住小城镇的，每人每月不低于65～70元；

居住大中城市的，每人每月不低于70～75元。

（2）病故军人家属：

居住农村的，每人每月不低于50～55元；

居住小城镇的，每人每月不低于60～65元；

居住大中城市的，每人每月不低于65～70元。

在经济发展较快、人民生活水平较高的地方，应在国家的基本标准基础上，制定高于基本标准的定期抚恤金标准，以确保烈属、因公牺牲和病故军人家属的生活不低于或略高于当地群众生活水平。在享受国家抚恤后，生活仍有困难的，还可享受社会优待金。

2004年修订的《军人抚恤优待条例》第15条规定：对符合下列条件之一的烈士遗属、因公牺牲军人遗属、病故军人遗属，发给定期抚恤金：（1）父母（抚养人）、配偶无劳动能力、无生活费来源，或者收入水平低于当地居民平均生活水平的；（2）子女未满18周岁或者已满18周岁但因上学或者残疾无生活费来源的；（3）兄弟姐妹未满18周岁或者已满18周岁但因上学无生活费来源且由该军人生前供养的。对符合享受定期抚恤金条件的遗属，由县级人民政府民政部门发给《定期抚恤金领取证》。

定期抚恤金标准应当参照全国城乡居民家庭人均收入水平确定。定期抚恤金的标准及其调整办法，由国务院民政部门会同国务院财政部门规定。县级以上地方人民政府对依靠定期抚恤金生活仍有困难的烈士遗属、因公牺牲军人遗属、病故军人遗属，可以增发抚恤金或者采取其他方式予以补助，保障其生活不低于当地的平均生活水平。

享受定期抚恤金的烈士遗属、因公牺牲军人遗属、病故军人遗属死亡的，增发6个月其原享受的定期抚恤金，作为丧葬补助费，同时注销其领取定期抚恤金的证件。现役军人失踪，经法定程序宣告死亡的，在其被批准为烈士、确认为因公牺牲或者病故后，又经法定程序撤销对其死亡宣告的，由原批准或者确认机关取消其烈士、因公牺牲军人或者病故军人资格，并由发证机关收回有关证件，终止其家属原享受的抚恤待遇。

2016年9月26日，民政部、财政部发布《关于调整部分优抚对象等人员抚恤和生活补助标准的通知》，规定：提高残疾军人（含伤残人民警察、伤残国家机关工作人员、伤残民兵民工）的残疾抚恤金、烈属（含因公牺牲军人遗属、病故军人遗属）的定期抚恤金、在乡退伍红军老战士（含在乡西路军红军老战士、红军失散人员）的生活补助标准。烈属（含因公牺牲军人遗属、病故军人遗属）的定期抚恤金不再区分城镇和农村，实行统一标准。

第五节　法律责任

一、军人抚恤优待管理单位及其工作人员的法律责任

军人抚恤优待管理单位及其工作人员挪用、截留、私分军人抚恤优待经费，构成犯罪的，依法追究相关责任人员的刑事责任；尚不构成犯罪的，对相关责任人员依法给予行政处分或者纪律处分。被挪用、截留、私分的军人抚恤优待经费，由上一级人民政府民政部门、军队有关部门责令追回。

军人抚恤优待管理单位及其工作人员、参与军人抚恤优待工作的单位及工作人员有下列行为之一的，由其上级主管部门责令改正；情节严重，构成犯罪的，依法追究相关责任人员的刑事责任；尚不构成犯罪的，对相关责任人员依法给予行政处分或者纪律处分：（1）违反规定审批军人抚恤待遇的；（2）在审批军人抚恤待遇工作中出具虚假诊断、鉴定、证明的；（3）不按规定的标准、数额、对象审批或者发放抚恤金、补助金、优待金的；（4）在军人抚恤优待工作中利用职权谋取私利的。

二、负有军人优待义务单位的法律责任

负有军人优待义务的单位不履行优待义务的，由县级人民政府民政部门责令限期履行义务；逾期仍未履行的，处以2 000元以上1万元以下罚款。对直接负责的主管人员和其他直接责任人员依法给予行政处分、纪律处分。因不履行优待义务使抚恤优待对象受到损失的，应当依法承担赔偿责任。

三、抚恤优待对象的法律责任

抚恤优待对象有下列行为之一的，由县级人民政府民政部门给予警告，限期退回非法所得；情节严重的，停止其享受的抚恤、优待；构成犯罪的，依法追究刑事责任：

1. 冒领抚恤金、优待金、补助金的；
2. 虚报病情骗取医药费的；
3. 出具假证明，伪造证件、印章，骗取抚恤金、优待金、补助金的。

抚恤优待对象被判处有期徒刑、剥夺政治权利或者被通缉期间，中止其抚恤优待；被判处死刑、无期徒刑的，取消其抚恤优待资格。

问题与思考

1. 社会优抚制度包括哪些内容？
2. 社会优待的对象和标准有哪些？
3. 伤残抚恤的内容是什么？
4. 死亡抚恤中有哪几种对象？
5. 伤残保健金和定期抚恤金如何计发？
6. **案例**：1992年12月，王某应征入伍，服役于中国人民解放军某炮兵部队。2006年11月，王某转业，被安置到当地街道办事处从事民政工作。转业时，部队未对王某的听力进行检查。转业后，王某发现听力下降，于2012年7月到耳鼻喉医院检查，检查结果为“感音神经性耳聋”。为查明王某在部队的伤残情况，当地街道办事处疾病预防控制中心及民政局分别函询王某服役部队，部队复函称“因年代久远，加之档案材料已移交地方，无法提供相关的证明资料，但其在部队时听力不好的情况属实，可能与其在炮兵分队参加实弹射击有关”。

2015年12月4日，王某向当地民政局提交办理残疾军人证的申请，并提交了军队干部转业审批报告表、街道办事处向王某服役部队发出的关于王某伤残情况的调函及其复函、市疾病预防控制中心向王某服役部队提供职业病诊断有关资料的函、王某服役部队对该市疾病预防控制中心及区民政局的复函、王某在耳鼻喉医院的病例、该省职业病防治院附属医院的出院记录、市疾病预防控制中心的职业病诊断证明书等材料。2015年12月7日，区民政局根据《伤残抚恤管理办法》以及该省实施细则的规定作出关于补充申请补办评定残疾等级材料的通知，告知王某应补交在部队服役和在部队工作期间致残档案记载或原始医疗证明等材料。王某未能补交上述材料。2016年7月29日，当地街道办事处向区民政局提交了关于王某工伤事故的报

告，该报告主要内容为同意为王某申报工伤。区民政局以没有提交《伤残抚恤管理办法》第6条规定的材料为由，未能为王某补办残疾军人证并发放伤残抚恤金。[①]

问题：民政局是否已经履行了法定职责？未为王某补办军人证和发放伤残抚恤金的行为是否违法？

① [2018-01-16]. http://www.pkulaw.cn/case.

第十章
社会福利法

本章概要

社会福利是以提高公民的生活质量为目的的社会保障制度，特别着眼于保障妇女、儿童、老人和残疾人等弱势人群的基本生活，改善这些群体的生活状况。社会福利法律制度的内容广泛，既有全体社会成员享受的公共福利，也有只与职业相关的职业福利，还有仅限于特殊群体享受的福利。在某种意义上，社会福利制度是社会保障体系中的最高层次，是衡量一个国家或地区社会文明进步的标志。

关键术语

社会福利　公共福利　职工福利　社区服务　老年人福利　妇孺福利　残疾人福利

第一节　社会福利制度概述

一、社会福利制度的概念

社会福利是一个存在争议的概念，至今尚未有统一的、公认的权威性定义。有的学者认为，社会福利是指国家和社会为改善和提高全体社会成员的物质、精神生活而采取的包括人们的衣、食、住、行、环境、教育等几个方面的措施和提供的设施及服务。如发达资本主义国家，特别是北欧各福利国家，把“从摇篮到坟墓”的各种保障措施都称为社会福利。但这种解释属于对社会福利的广义解释，它甚至包含和超出了社会保障概念所能涵盖的内涵和外延。也有的学者认为，社会福利就是社会保障，两个概念内涵和外延基本一致，即指国家和社会为保障社会成员基本生活而采取的社会政策和保障措施，其内容主要包括社会救助、社会保险等；这种观点有时也表述为：“社会福利制度就是社会保障制度，涉及生、老、病、死、伤、残、孤、寡、失业和职业培训等方面，包括医疗保险、养老金、失业补贴、家庭补贴等项目”。这是当前较具有代表性的一种解释。还有的学者认为，社会福利是“专为弱者提供的保障和服务”。后两种观点实际上是对社会福利进行的狭义的解释。

因此，社会福利的概念在不同的国家和不同的历史时期有不同的含义，可以从广义和狭义两方面进行定义。从广义上讲，社会福利泛指国家和社会对全体社会成员生命全过程中在生活、卫生、环境、住房、教育、就业等方面的需要所提供的全面的公共服务。例如，在德国，国家确立的社会政策的目标是建立福利国家，即国家和社会要保证每个社会成员的基本生活需要，使每个人都体面地生活。在这一目标下建立的社会福利制度主要由社会保险、社会补偿、社会资助和社会救济四大项目组成。从狭义上讲，社会福利主要是指国家为发展各种社会保险、社会救助事业，适应社会经济发展的需要，有针对性地解决已经出现的社会问题，减少社会病态，预防社会问题的发生和恶化而制定的各种政策和采取的各种措施。

我国是从狭义的角度对社会福利进行定义的，认为社会福利是社会保障的一个组成部分，是国家和社会为保障和维持社会成员一定的生活质量，满足其物质和精神的基本需要而采取的社会保障政策以及所提供的设施和相应的服务，是指由国家出资举办各种福利事业和发放各种福利性补贴的一种社会服务。社会福利既包括有国家举办的以公民为对象的公益性事业，如教育、科学、文化、体育、卫生、环境保护等设施，也包括由国家举办的以某一特定群体为对象的专门性福利事业，如为残疾人举办各种福利企业，为无依无靠的老人举办养老院，为孤儿举办孤儿院等，还包括国家发放的各种福利性补贴，如为城镇居民发放的副食品价格补贴等。在社会保障福利体系中，社会福利是与社会保险、社会补偿、社会救济并列的一个概念，这四个概念的内涵是不同的。社会保险主要是为人们的生老病死等一般生活风险提供保护；社会补偿主要是为人们遭遇战争等特殊的生活风险提供保护；社会救济主要是在人们无法获得社会保险和社会补偿又面临不能维持其基本生活需要时，对人提供的保护；而社会福利主要是为了提高和改善人们的生活质量向社会公众提供物质帮助和服务设施。

我国《劳动法》明确规定，国家发展社会福利事业，兴建公共福利设施，为劳动者休息、休养和疗养提供条件。用人单位应当创造条件，改善集体福利，提高劳动者的福利待遇。

二、中国社会福利制度的发展

新中国的社会福利制度，是在中华人民共和国成立后逐步建立和发展起来的。新中国成立初期，由于工农业生产水平低，城市职工的收入低，人们的日常生活基本条件有时都难以保障。因此，为了保障职工的生活，1950 年 6 月颁布的《中华人民共和国工会法》和 1951 年 2 月颁布的《中华人民共和国劳动保险条例》都明确规定了各级工会应逐步加强职工福利，并规定政府与企业应拨给工会必要的房屋和设备作为举办集体福利事业之用。此后，政府又制定了一系列社会政策，采取措施来发展福利事业，并对企业职工发放生活困难补贴、探亲补贴和取暖补贴等补贴，职工食堂、托儿所、幼儿园等集体福利设施也逐渐建立起来。

“大跃进”期间，我国社会福利的范围被不断地扩大，各项福利待遇标准被提得过高，如农村大搞人民公社，开设集体食堂；城市大办食堂、托儿所、幼儿园甚至试验城市人民公社，兴起供给制和半供给制。此时的社会福利政策是不符合我国的国情和经济发展水平的。

“文化大革命”期间，国家主管福利工作的机构处于瘫痪状态，过去通过各级工会组织举办的职工福利制度受到严重破坏，政府举办的社会福利越来越少，仅仅承担着举办城市无依无靠的孤寡老人、孤儿及少数残疾人的福利的任务，把与职工及家属有关的一切福利全部推给了企业。企业于是承担了许多与福利有关的任务，我国“企业办社会”的模式自此初见端倪。

1978年至今，我国的社会福利工作进行了一系列的改革，修改和建立了若干福利补贴制度，改变了职工福利基金的提取和使用办法，福利事业尽管还存在“企业办社会”的特点，但基本已改由国家、集体、个人共同兴办，绝大多数单位兴建的托儿所、幼儿园、俱乐部等福利设施已对外开放，住宅福利的改革也正在进行。随着国有企业改革的不断深入，国家机关、事业单位和国有企业的福利事业正逐步走向社会化。当然，在单位和企业逐步减少对社会福利事业投入的同时，国家和社会举办的福利事业在迅速发展，我国社会福利事业的改革虽然没有社会保险制度改革进展快，但其也正在朝着社会化、规范化的方向发展。

三、社会福利制度的特征

（一）社会福利具有权利与义务的不对等性

社会福利是全社会享有的，是力图满足人们的福利要求，使全体社会成员都能得到基本的生活保障，促进社会物质文明和精神文明的更快发展和整个社会的更快进步。发展社会福利是国家和社会的责任，社会福利的资金主要由国家和社会单向提供，社会成员享受各项福利待遇不需要先缴纳费用或履行其他义务，即权利与义务没有直接的关系，两者并不完全对等，这也是社会福利区别于社会保险的显著特征。

（二）社会福利具有对象的普惠性

社会福利在保障待遇的获得方面，是国家和社会向社会成员单向提供的，因而强调“人人有份”的普惠性，即社会福利是全社会成员享有的，或为满足某些社会成员的特殊需要而提供的物质帮助和社会服务。社会成员在获得社会福利待遇之前，无须作家庭经济状况的调查，这是社会福利区别于社会救助的最显著特征。我们应注意到社会保险也不具有“普惠性”，社会保险的原则基本上是谁投保谁受益。

但是，国家（特别是发展中国家）社会福利政策都有明确的政策取向，部分项目是为特殊群体提供的。对这些特殊的群体，如残疾人、孤寡老人等，社会福利措施并不代表福利的增加，而是对因某些社会原因造成的社会成员的“福利丧失”的部分补偿。可见，社会福利也具有补偿性，而补偿性与普惠性并不矛盾，补偿性是为了实现真正意义的普惠性，而且在享受“补偿”的特殊群体内部，各个对象享受福利待遇的机会是均等的，仍然是普遍受惠的。

（三）社会福利具有待遇标准的一致性

社会福利追求社会公平，在资源分配上与按劳分配有明显区别，它不像社会救助那样，越穷困可申请越多的救助；也不像社会保险那样，履行义务愈多获得的回报愈多；而是对于所有同类对象给予一致的享受标准，即无论“贫富贵贱”都是一个待遇标准。显然，一致性的标准对于不同的社会成员产生的满足感不一样，但对于迫切需要的社会成员来说，社会福利无疑能产生巨大的正面作用。

但是，社会福利强调标准的一致性并不等于搞平均主义。事实上，地区经济发展的不平衡性，尤其在我国这样一个幅员广大、情况复杂的国家，地区之间、城乡之间经济、社会发展不平衡的特点更为突出，要实现全国社会福利标准的一致性，目前只能是一种理想，至多也只能在局部地区内实现。

（四）社会福利具有资金来源的单向性

社会福利的资金不要求个人预先缴纳，而是由国家和社会来负担的。尽管近几年社会福利资金的来源不断拓宽，但在总体上还是单向的，这与社会保险有所不同。

（五）社会福利具有标准的不确定性

社会福利水平高低，没有硬性指标规定，不具有法律强制性。没有哪个国家和部门规定社会福利必须达到什么标准，而是根据社会经济发展水平来调整的。一般来说，经济发展水平较高，社会福利水平也就比较高。

四、社会福利制度的原则

1941 年，英国政府委托牛津大学教授贝弗里奇，对当时的社会保险情况以及有关服务机构的工作效率进行全面调查、分析，为战后实行社会福利计划提出具体建议和改革方案。1942 年，贝弗里奇教授提出了 20 万字的“社会保险与相关服务报告书”。在报告书中，贝弗里奇教授为新的社会福利计划确立了一些基本原则。

1. 新的社会福利制度，应该作为整个社会政策的有机组成部分。因此，政府应对社会福利行政实行统一管理，履行国家的社会保障责任。

2. 新的社会福利制度应以保障所有公民的最低生活水平为标准，即：社会保险以统一标准发放津贴或救济，而不问领取者以前的收入；发放津贴和救济的数额，应以维持正常生活，无须再求其他救济和资助为标准；享受待遇时间，以需要为标准，不受其他条件限制；对于无收入且不能参加社会保险的公民，应基于公共救助法，保障其基本生活，达到法定最低生活水平。

3. 社会保障的目标，应由国家和公民共同协力达成，国家实施的社会福利计划，不能也不应该抑制公民的勤劳意欲、致富机会和社会责任感。

我国的社会福利制度的基本原则主要是：符合社会主义经济制度和生产目的的本质要求，尽可能为劳动者提供更好的物质福利的原则；符合社会主义初级阶段的实际情况，量力而行的原则；处理好社会福利和社会保险等其他社会保障方式的关系的原则；贯彻公平、平等的原则，贯彻全社会办福利事业的原则；贯彻特殊情况特殊对待的原则。

五、社会福利制度的意义

社会福利是国家对国民收入进行再分配的一种形式，它使社会成员除劳动收入以外，可以均等地获得国家提供的各种福利设施和服务，因此社会福利是全体社会成员共享社会成果的一种国家政策，是国家为社会弱者和有困难的社会成员提供带有福利性的收入保障和服务保障。当然，从另一个角度讲，也可以将社会福利理解为国家有意识地运用政治权力和组织管理的力量，在某些领域，主要是分配领域中，减缓市场机制作用的范围，矫正市场机制对无劳动能力者分配方面无能为力的缺陷，从而为一部分特殊的社会成员提供物质生活帮助。社会福利政策是市场经济中国家干预市场的一种形式，尽管福利国家存在排斥市场效率的一面，但更重要的实际上是福利国家利用社会福利政策对市场机制的矫正和补充。国家举办社会福利具有以下意义。

1.举办社会福利，有利于实现社会劳动力再生产的顺利进行。随着生产的社会化和社会生产力的不断发展，社会将要为劳动者承担越来越多的责任，原来一些属于家庭的职能也转由社会承担，由社会为劳动者提供劳动力再生产的必要条件，如儿童保健、教育条件、职业介绍和培训、科学文化事业等。国家举办社会福利事业，为劳动者提供生产必需的设施和服务，有利于实现社会劳动力再生产的顺利进行，从而为社会培养出众多的高质量的劳动力，适应现代化生产的要求。

2.举办社会福利，有利于提高和改善人民的物质文化生活，实现社会的安定团结。劳动者通过劳动为社会创造的财富，国家除运用其中的一部分维持国家的必要运行之外，还须将其积累的部分用于全体社会成员，通过举办社会福利，由国家发展社会公共福利设施和提供福利性补贴，使社会成员共同受益，以不断提高和改善人民的物质文化生活，实现社会的安定团结。

3.社会福利制度可以保证个人和家庭的最低收入，而不管他们是否具有劳动能力，是否具有财产以及财产的市场价值，特别是对无劳动能力也无任何财产收入者。例如，在资本主义国家，社会福利政策所引起的各种转移性收入，不仅成为资本主义国家工人收入的重要组成部分，而且使工人尤其是低收入者的生活、居住、医疗、教育等基本条件有了相当的保障。

4.社会福利制度可以使个人和家庭能够应付生病、年老和失业等“社会意外事件”，以期减少个人和家庭的不安全感，使人民获得更大的“身心健康”。

5.社会福利制度可以保证在一定的社会服务领域范围内，向所有公民提供其所能得到的最好服务，而不管他们具有的社会地位和收入水平如何。

6.社会福利制度可以保护妇女和未成年人的基本权利和健康，保护老年人、残疾人。

7.社会福利制度可以保证全体公民受教育的权利。

六、我国社会福利制度的发展方向

我国的社会福利制度正处于社会变革时期，主要的发展方向如下。

1.尽快实现福利社会化。社会福利对象的广泛性、目标的多重性和内容的复杂性，决定了政府和企业对社会福利的包办是无法满足社会成员对社会福利多方面的要求的。因此，政府在自身大力发展社会福利事业的同时，应尽量实现服务对象的社会化，资金来源的社会化，服务设施的社会化，组织管理的社会化。也只有社会福利走向社会化，才有可能真正解决目前我国存在的企业办社会的问题。

2.改变现行国家举办社会福利的方针，将我国的社会福利变成特定社会群体的普遍性社会福利。我国现行的社会福利主要是针对无生活依靠的孤老残幼的个别社会成员的社会福利，此时社会福利的性质带有很明显的慈善色彩。今后我国的社会福利应进一步面向全体社会成员，将慈善性的社会福利发展为按不同的社会群体划分的老年人福利、妇女福利、未成年人福利、残疾人福利等，针对的对象普遍化和群体化将是中国福利事业走向成熟的标志。

3.改变现行的职业福利，建立现代化的住房福利和妇女福利。住房福利今后应成为社会化福利的专门项目，由政府统一管理，由社会化的经办机构统一组织。

4.完善社会补贴和教育福利制度。一方面，国家应将社会补贴列入预算，定期公布并逐步通过将社会补贴变成工资性补贴等措施来削减社会补贴；另一方面，教育福利应纳入国家新型社会福利体系，使拨款与筹资渠道制度化、福利待遇规范化。

第二节 公共福利

公共福利从广义上讲，是指社会福利；从狭义上讲，是指国家和社会为满足全体社会成员的物质及精神生活基本需要而兴办的公益性设施和提供的相关服务。公共福利涉及人们生活的各个方面，主要包括住房、卫生、教育和文体等方面。

一、住房福利

住房既具有商品性，同时也具有福利性。住房是社会成员最基本的生活条件和要求，既然社会保障以满足社会成员的基本生活需要为宗旨，那么住房福利也应是世界各国都有的一种公共福利。目前世界各国的社会保障计划都有国家以不同方式参与住房政策，以期保证每个家庭，包括低收入家庭得到基本住房需要的满足的内容。社会保障采取的保障居民基本住房需要的措施，有“救助”性质的措施，有“保险”性质的措施，更多的是“福利”性质的措施。

目前住房的福利性质的措施主要有两种。

一是政府对住房的直接或间接支付，即以多种形式提供住房补贴，包括：(1) 需求方面的补贴，含收入和房租补贴；(2) 供给方面的补贴，即通过土地成本、建设成本以及对建筑企业的税收优惠等形式实行补贴；(3) 住房金融的补贴，包括利率、税收、增值与折旧的特殊处理等。

二是国家作出政策性规定，要求住房建设机构必须划出一定数量的住房以低于市场价格售给低收入家庭，或者政府直接兴建经济房屋（也称廉价房屋或福利房屋）定向出售给低收入家庭。例如，目前我国推行的经济适用房项目。

我国是一个泛福利的社会主义国家，住房体制长期实行低租金和福利住房的供给体制。在建立社会主义市场经济体制的新形势下，旧的住房体制需要改革，但如何把住房制度改革与社会保障制度有机结合起来，切实保障全体社会成员平等地得到必要的居住条件，有待进一步加以研究。

我国目前的主要住房政策是：(1) 取消福利分房制度，实行住房福利的社会化。各单位不再建房、买房、分房，而将原来用于建房、购房的资金转化为住房补贴，一次性或分次发给职工，而职工则通过市场来解决自己的住房问题。(2) 实行住房公积金制度。住房公积金制度按照“个人存储、单位资助”的办法缴纳，并实行专款专用的制度。当职工自己的住房公积金不足以支付购房等费用时，可申请公积金贷款。(3) 政府提供经济适用房。我国为了保证中低收入的家庭也能有住房，在计划、规划、拆迁、税费等方面采取优惠政策，尽量降低房价以向中低收入家庭提供经济适用房。(4) 政府提供廉租房。我国政府对于无力购买房屋的低收入家庭，会提供租金很低的廉租房以保证这部分人群的居住条件不断改善。

二、卫生福利

社会福利和社会保险都涉及医疗保障的内容，其所提供的医疗费用补贴及有关的待遇，为人们提供了享受医疗的经济条件，为病者恢复健康提供了可能。卫生保健不仅包括医疗，还包括饮食、防病等涉及人的健康的各方面内容。社会保障不仅保障人们得到医疗的权利，还保障人们得到基本卫生保健的权利。

基本卫生保健是社会福利的重要内容，其目标是要实现“人人健康”。要实现“人人健康”的目标，除卫生部门负有责任，社会福利机构在这方面也应发挥重要的作用。社会福利机构对卫生保健的参与分为直接参与和间接参与两种方式。直接参与是指社会福利机构本身拥有必要的卫生保健设施并使用；间接参与是指社会福利机构通过向受益人和医疗卫生机构支付经费，间接地承担为社会成员提供卫生保健的责任。但是，不管采用哪种形式，都应当与国家的全面卫生保健制度和卫生部门协调进行，尤其在设备的购置和资源的运用中，必须避免重复、重叠和争夺资源的现象。

三、教育福利

教育本身就具有福利性，特别是基础义务教育更是一种“国民福利”。教育从来就是国家办的事业，教育经费在任何国家都是由政府保证的，义务教育是免费的教育，国家有义务为学龄儿童提供受教育的一切便利条件，保障每一位儿童拥有平等的受教育的机会。为了保障国民不分民族、性别都有接受义务教育的权利，国家采取了一系列政策措施，这些政策与社会福利机构的关系较为密切，社会福利机构在这些方面可以发挥积极的作用。

1. 对特殊困难家庭的子女和孤儿、无收养家庭的弃儿等的教育，规定公立学校通过一定的审核程序给予减免学杂费和代付书本费。由社会福利机构集中收养的孤儿、弃儿，其教育费用由社会福利机构直接向学校支付。对上述对象中的成绩特别优异者，给予的照顾和资助不限于基础教育阶段，如有需要，给予的资助可延续到高等教育阶段，以体现受教育机会上的平等。

2. 教育机构在中等以上学校设立助学金和贷学金，资助困难家庭的在学子女。助学金是无偿提供的，困难家庭子女可向学校申请获得，用以解决就学期间学习、生活上的基本开支。贷学金是一种无息或低息的有偿资金，在校学生可申请贷款，满足学习阶段的资金需要，学成工作取得收入后一次或分次偿还，或由用人单位偿还。

3. 社会单位、社会热心人士以及慈善机构设立的捐助教育基金。类似的基金以单位名义或以个人名义设立，也有集社会捐资组成的基金（如“希望工程”），用以资助困难学生和奖励成绩特别优异的学生。

4. 社会单位以及慈善组织直接出资办学，如各类私立学校、教会学校和企业单位办的学校等，解决一部分适龄儿童的入学问题。社会保障机构也直接办学，经常掌握一些教育设施，例如，特殊教育学校、为失业人士提供职业培训的学校等。

总之，国家举办的国民义务教育，构成了教育福利的主体，包括社会福利机构在内的社会组织，直接或间接参与办教育，形成覆盖全国的教育网，让贫苦家庭、落后地区的社会成员都得到平等的受教育机会，从而保障社会成员的发展权利，提高其参与社会生活的能力。

2017 年 7 月 28 日，国务院办公厅发布《关于进一步加强控辍保学提高义务教育巩固水平的通知》，要求落实扶贫控辍，避免因贫失学辍学。要聚焦贫困地区和贫困人口，把建档立卡等家庭经济困难学生（含非建档立卡的家庭经济困难残疾学生、农村低保家庭学生、农村特困救助供养学生，下同）作为脱贫攻坚重点对象，特别是把残疾儿童、残疾人子女、服刑人员未成年子女、留守儿童、直过民族地区适龄儿童作为重中之重，坚持优先帮扶、精准扶贫，切实提高扶贫成效，到2020年全面完成“发展教育脱贫一批”任务，阻断贫困代际传递。各地要完善义务教育扶贫助学工作机制，认真落实义务教育“两免一补”、农村义务教育学生营养改善计划等惠民政策。加大对残疾学生就学支持力度，对符合资助政策的残疾学生和残疾人子女优先予以资助，建立完善残疾学生特殊学习用品、教育训练、交通费等补助政策。完善高中阶段教育和高等教育资助政策，加大对家庭经济困难学生资助力度，免除公办普通高中建档立卡等家庭经济困难学生学杂费，继续实施高校面向农村和贫困地区定向招生专项计划，畅通绿色升学通道，提高贫困地区义务教育学生升学信心。

四、文化康乐福利

文化康乐福利是指由国家和社会为满足人们的文化康乐的精神需要而兴办的具有福利性质的文体活动设施和相应的服务设施，包括公园、图书馆、博物馆、群众艺术馆、文化康乐中心等场馆，以及群众性体育运动设施等。

尽管文化康乐设施及服务是否是社会福利的内容，是一个极具争议性的问题，但事实上，某些文体设施和服务只能以福利的形式提供，不可能作纯粹的商业经营。例如，城市公园，按城市的地价和管理支出，从商业角度看没有人愿意投资，然而公园是人们休息娱乐的场所，对在城市中生活的人们来说是必需的，因此只能由政府兴办并作为福利设施提供给人们享用。其他如图书馆、博物馆和文体设施也很类似，有些类似场所实行有偿服务并不能否定这些设施所具有的福利性。

第三节　职业福利

一、职业福利的概念

职业福利是指基于业缘关系，行业和单位为满足职工物质文化生活需要，保证本系统、本行业、本单位职工及亲属的一定生活质量而提供的工资收入以外的津贴、设施和服务的社会福利项目。例如，铁路系统曾经给系统内的职工及直系亲属实行过免票制度；为勘测、建筑行业的工作者提供野外作业补贴；煤矿等矿业行业给予井下工人井下补贴；对接触放射性物质或有污染性工作者给予保健补贴等。

这种职业福利，一是考虑工作条件艰苦、危险或对身体健康有影响，给生活带来困难而实行的福利性政策；二是为增强本行业、本单位的凝聚力，稳定职工队伍，鼓励职工安心做好本职工作而采取的福利性措施；三是为了扩大本行业、本单位的社会影响，提高社会声望，吸引人才，以便在竞争中立于不败之地而采取的福利性手段。但在同一行业或单位中，职工所享受的福利待遇并不是完全平等的，而是根据不同岗位、工龄长短、贡献大小而有所区别。

从福利事业享受的范围、水平和举办者的地位来分，在全国范围内以全体居民为对象而举办的福利事业是最高层次的福利，通常被称做国家福利；由地方政府举办的在一定行政区域或地域内以该地区居民为对象的福利是第二层次的福利，通常被称做地方福利；而职业福利一般是某一个单位为其内部成员举办的福利，是层次最低的福利。

当然，如果将职业福利按其“社会化”程度进行划分，也可以分为两个层次：第一个层次是国家通过一定法律手段和途径在某些行业和企业中普遍实行的福利制度，如职工探亲假制度、与职业关联的特殊津贴制度，这一层次的职业福利严格上应称为职业关联社会福利。这种福利形式是计划经济的产物，是“企业办社会”的表现，必将随着市场经济体制的确立、现代企业制度的建立和社区设施的发展而逐步弱化。第二个层次的职业福利是真正意义上的职业福利，是单位（企业）在完成国家所有税项任务前提下力所能及地自主地为职工提供的福利，是行业或单位内部的福利。这种职业福利在资本主义社会也很普遍。

职业福利与其他社会福利项目比较，具有以下特点：（1）职业福利是以业缘关系为标志的，只有在本行业、本单位就业的职工才能享受，有些内容项目职工家属也可享受。（2）职业福利一般以普遍性原则向职工提供，但某些企业可能在服务时间长短（工龄）和贡献大小上规定职工享受待遇的高低差别。（3）职业福利具有功利性。职业福利的直接目的，在于保证职工一定生活水平和提高生活质量。当然，也包括企业和雇主保证职工的向心力、凝聚力，造就职工归属感和群体意识的目的。（4）职业福利水平取决于企业的经济效益，也受企业所有者观念意识的左右。职业福利的资金来源于企业利润，福利水平的高低也取决于企业效益的好坏。

二、职业福利的内容

职业福利的内容可分为三类。

（一）福利津贴

福利津贴一般以现金形式提供，是职工工资收入以外的收入。职工福利津贴在职业福利中占有重要地位，特别是在现阶段职工的工资还较低的情况下，就更具有重要的意义。职业福利补贴是为解决职工某些特殊需要而建立的，它可以增加职工收入，减轻职工的生活负担，保持或提高职工的实际生活水平。补贴的形式主要是对职工发放现金补贴，职工福利补贴主要有职工生活困难补助、职工宿舍冬季取暖补贴、职工探亲期间工资和往返车船票补贴、职工上下班交通补贴等。此外，还有水电补贴、卫生费、洗理费、书报费等福利补贴。

（二）福利设施

职工集体生活福利设施是职业福利的主要内容，职工通过劳动获得劳动报酬后，在消费过程中，有一些生活上的实际困难是个人难以解决的，特别是在工资水平较低，家务劳动没有充分实现社会化的情况下，就需要由所在单位举办集体的职工生活福利设施，以帮助职工解决生活上遇到的困难，如职工吃饭、洗澡、理发、托儿等日常生活问题。职工集体生活福利设施包括职工食堂、哺乳室、托儿所、幼儿园、浴室、理发室等。

兴办职工集体生活福利设施是为了满足职工物质生活的需要，兴办职工文化娱乐设施是为了满足职工精神生活的需要。职工的精神生活包括文化科学技术学习、文体娱乐等活动。目前，职工的文化娱乐福利事业主要有以下几种：文化宫、俱乐部、图书馆、体育场馆等。

（三）福利服务

职业福利服务相当广泛，包括与上述各项设施相关的各项服务，也包括诸如接送上下班、接送职工子弟上学、提供健康检查等特别服务。

第四节　社会福利事业

社会福利事业是指由国家、集体和社会兴办的各种社会福利事业单位和场所，即国家、集体或个人为收养社会上丧失劳动能力，无依无靠、无法定义务抚养人的孤老残幼和家庭无力照管的老人、孤残儿童、精神病人而举办的社会福利服务机构。社会福利事业主要是由民政部门对社会上不属于任何单位、不享受职业福利和补贴的社会成员予以照顾的社会保障制度。社会福利事业与社会保险、社会救济所给予的资金保障相比，更具体、更实际，是人们看得见、摸得着、体验得到的实实在在的福利，它主要包括老年人福利、儿童福利、妇女福利和残疾人福利。例如，兴建的社会福利院、敬老院、儿童福利院、疗养院、职工食堂、托儿所、幼儿园和文化体育场所，以及以安置残疾人就业为主要目的的社会福利工厂，等等。国际上，也往往通过社会福利设施的多少、管理的好坏、服务水平的高低等指标，来衡量一个国家社会福利事业的水平，因此它也是一个国家社会福利水平的重要标志之一，是中国社会保障的重要组成部分。

一、老年人福利

（一）老年人福利的概念

老年人福利是以老年人为对象的社会福利项目，指国家和社会为了安定老人生活，维护老人健康，充实老人精神文化生活而采取的政策措施与提供的设施和服务。老年人福利是养老保险的延续和提高，在保障老人基本物质生活需要，解决好“养”的基础上，进一步满足老年人精神文化生活的需要，努力实现“老有所养、老有所医、老有所为、老有所乐”。

1996年8月29日，我国通过了《中华人民共和国老年人权益保障法》，该法在第三章以“社会保障”专章对老年人的社会福利问题作了原则性规定。许多地区还制定了老年人保护条例，使老年人福利的法制建设走上正轨。

（二）老年人福利的内容

1.老年福利津贴

对于老年人来说，收入保障问题是一个非常重要的问题。收入保障意味着老人丧失劳动力后，仍能有稳定的收入来支付基本生活费用，取得更广泛需要的服务。

老年收入社会保障的方式很多，主要有老年社会救助和养老保险、家庭保障和个人自我积蓄保障等四种保障方式。此外，还有老年福利津贴。国家建立养老保险制度，保障老年人的基本生活。

老年福利津贴是一种普遍养老金计划（或称福利养老金计划），这些计划为所有超过规定年龄的社会成员提供养老金，不管他们的收入、就业状况或经济来源如何。这种养老金的发放，使养老金成为公民的一种平等权利。普遍性的原则意味着全体公民都可以得到不依附于市场能力的收入待遇，是典型的福利保障形式。普遍提供的老年福利津贴被视为老年收入保障的一种新的形式，并且是在其他形式综合运用基础上实行的新形式。

老年福利津贴的发放对象宜从高龄老人开始（如75岁以上），即先发放高龄津贴，有条件时再逐步扩大发放范围以至所有退休老人。因为高龄老人体力逐渐衰退，疾病增多，常需要别人护理照顾，费用支出增大，生活水平下降，仅靠养老保险金收入已不敷开支，适当由国家发放一些津贴是必要的。当然，这只有在经济条件许可的前提下才能实施。

2.社会养老

老年人能否按照自己的愿望选择他们认为合适的生活方式，是衡量老年人生活质量的一个重要标志。养老方式有两种，一为家庭养老，二为社会养老。家庭养老，是由家庭担负供养老人的责任，是传统的养老模式。但是，家庭养老也有其局限性，一方面，家庭规模缩小，家庭结构变化加上人口老龄化，家庭的养老负担增大；另一个方面，绝大多数与家庭成员居住在一起的老人，他们也遇到许多困难，其所处的从属的经济地位，不仅大大地减少家庭成员对他们表示的尊敬，而且使他们自己感到不是滋味，并受到孤立。因此，家庭养老必然向社会养老过渡。

社会养老，即由国家和社会承担养老的主要责任。国家有一整套养老计划和政策为所有老年人提供生活保障以及必要的福利设施和服务。但是，社会养老也有局限性，其缺少的正是家庭所能提供的天伦之乐、亲情的满足，这些心理的需要是社会养老所无法弥补的。可见，家庭养老方式必然过渡到以社会养老方式为主。但是，不能强调社会养老便忽视和否定家庭养老的作用，特别在东方国家，家庭的养老功能是无法取消的，养老方式的正确选择是：将两种方式结合，互相补充，满足老人的全面需要。

3.老年人保健

国家和社会有责任为老年人提供健康照顾，增强其活动能力和生活质量，使老人健康长寿。国家应建立多种形式的医疗保险制度，保障老年人的基本医疗需要。

老年人保健是一个系统工程，涉及多个方面的内容，主要有：(1) 采取切实可行的政策措施，预防各种可能出现的老年疾病。(2) 建立以医疗机构为基础和以社区为依托的医疗保健组织，配备必要的设备并相互协作支持，为老人提供医疗服务。例如，开设专门的老年医院或在全科医院中开设老人专科，建立社区老人保健中心等。(3) 配备足够的医疗服务队伍，由经过专业训练的、具有老年学方面知识的医生、护士、心理保健医生等专业人员组成，保持各专业人员之间的交流和密切联系。(4) 改善老年人的生活环境，提供足够的营养。包括建立老年公寓、疗养院、日间护理中心，以及改善老人家庭居住条件，等等。(5) 公平地分配老年急性病和慢性病护理资金，使慢性病及时得到护理，并重视康复的治疗。(6) 开展老年医学研究，以保证实践时有扎实可靠的科学依据。(7) 建立适合老人活动的体育设施和组织符合老人身心特点的群众性的老年体育活动，增强老人的体质。(8) 指导家庭护理和保健。(9) 满足老年人物质和精神需要，包括感情和社会交往的需要，保持老人身心健康等。

4.老年人再就业

老年人退休后再就业，干一些力所能及的工作，是必要也是可能的。首先，再就业可以免除老人突然失去工作可能产生的孤独感；其次，老年人再就业，可以让老人得到一定的收入，弥补养老金数量上的不足，从而获得更多的服务；再次，老年人再就业可以延续老年人对社会的积极作用，用老人积累的丰富的知识和经验为社会作出贡献。

老年人再就业面对的最主要矛盾是劳动力的社会需求问题，所以不能不将它列入国家的就业政策来考虑。对于劳力不足、就业职位较多的国家，老年人再就业普遍受到欢迎；而当劳力供过于求，解决老人再就业显然就要困难些。

国家可根据社会需要和可能，鼓励老年人在自愿和量力的情况下，对青少年进行传统教育，传授文化知识和科技知识，举办社会公益事业，参与维护社会治安，协助调解民间纠纷等。目前离退休老人发挥余热的方式主要有：为原单位和社会提供咨询服务；从事社会活动如当学校的校外辅导员；从事著述工作；利用老年人的优势兴办实业；从事教育事业；从事艺术活动；从事适当的如清扫卫生等体力劳动等。

5. 老年福利机构

鼓励和扶持社会组织或者个人兴办老年福利设施，如老年福利院、敬老院、老年公寓、老年医疗康复中心、老年文化体育活动场所等。而社会福利院是综合性的福利机构，是中国民政部门在城镇举办的收养孤老、孤儿和残疾人的综合性社会福利事业单位，其任务是收养城镇丧失劳动能力的无依无靠、无生活来源的孤老、孤儿、弃婴等，同时收养自费的退休孤老和家庭无力照管的老人、残疾儿童、精神病人，以及国内无人照顾的海外侨胞、外籍华人等。

2016 年 8 月 31 日，国务院发布《关于研究处理老年人权益保障法执法检查报告及审议意见情况的反馈报告》，指出：我国养老服务业发展相对滞后，与老年人日益增长的需求存在较大差距。为此，各相关部门通过加强规划、完善配套措施、推进医养结合等方式，进一步完善养老服务体系建设。(1) 加强养老服务体系规划建设；(2) 完善养老服务发展配套措施；(3) 促进医疗卫生与养老服务相结合；(4) 提高养老服务业科技水平；(5) 发展养老志愿服务。

二、妇孺福利

妇孺福利即妇女福利和未成年人福利的合称，是国家和社会为保障妇女、未成年人的特殊需要和特殊利益而提供的照顾和福利服务，是社会福利项目之一。妇孺福利项目是根据妇女、未成年人的生理、心理特点以及可能受到的歧视和侵害而设立的，对于保障和满足妇女、未成年人的特殊利益需要，具有重要的意义和作用。

(一) 妇女福利

妇女在生理、心理上有与男子相区别的特点，需加以特殊的照顾和保护。我国在宪法、婚姻法、劳动法、行政法、民法和刑法等许多法律文件中都设立专门条款，来保护妇女的合法权益，打击侵犯妇女权利的各种违法犯罪行为，切实保障广大妇女的特殊需要和特殊利益。

妇女福利的内容主要有三个方面。

1. 以生育津贴为主的特殊津贴与照顾。国际劳工会议年会通过的《生育保护公约》(第 3 号) 的宗旨就是：保护妇女劳动者在产前产后的全部假期内，使产妇本人及其婴儿得到支持和照顾。许多国家的劳工立法规定雇主支付产假工资，如果对妇女没有这种足够的保护，便由社会保障机构提供。绝大多数国家给予妇女的特殊福利津贴，重点围绕生育而提供。除了生育津贴外，有些国家还提供其他项目的福利津贴。

2.妇女劳保福利。女职工劳动保护是保障妇女合法权益，照顾妇女身心特殊需要的重要方面，是为了保护社会生产力，保护妇女及下一代身体健康所采取的必要措施。目前，我国规定在劳动过程中保护妇女的安全健康的特殊保护措施主要有七个方面：（1）禁止妇女从事井下采掘、支柱等笨重体力劳动和接触特别有害妇女生理机能的有毒有害物质的工作。（2）已经从事笨重劳动和有害健康工作的妇女，享受提前退休的照顾。（3）对已经从事笨重劳动和经常攀高、弯腰等工作的孕妇，应调换做适宜的工作。（4）对于从事长久站立、蹲坐、行走等工作的怀孕7个月和哺乳未满12个月婴儿的妇女，给予工间休息，并不上夜班；禁止怀孕和哺乳未满12个月婴儿的女职工加班加点。（5）生育时，享受有薪产假待遇，各项工资、福利不变。（6）哺乳未满12个月婴儿的女职工，每日在工作时间内可哺乳两次，每次半小时，哺乳时间算作工作时间。（7）实行"四期"保护，在月经、怀孕、生育、哺乳期内，给予特别保护。

3.为妇女提供的福利设施和福利服务。福利设施和服务涉及妇女生活、保健等多个方面，如妇幼保健院、妇产医院、妇女活动中心、咨询服务中心、健美中心、妇女用品专门店等。一些妇女较多的企事业单位还设置妇女冲洗设备，提供给妇女在"三期"使用。

（二）未成年人福利

未成年人是指未满18周岁的公民。未成年人是社会的弱者，他们对自身的保护能力和对社会的适应能力还未形成，具有心理、生理上的依赖性，需要家庭和社会的关心、帮助和教化。发展未成年人福利事业是国家义不容辞的责任。未成年人福利的目的主要在于保护未成年人的身心健康，保障未成年人的合法权益，促进未成年人的健康发展。

《中华人民共和国宪法》规定，儿童受国家保护；父母有抚养教育未成年子女的义务；禁止虐待儿童。《中华人民共和国婚姻法》规定，父母有保护和教育未成年子女的权利和义务；禁止溺婴和其他残害婴儿的行为；非婚生子女、养子女和受继父、继母抚养的子女，享有与婚生子女同等的权利。在刑法中，我国政府对各种侵害儿童合法权益的违法犯罪行为依法予以制裁。在《中华人民共和国义务教育法》中，对儿童享受国家义务教育的权利和禁止使用童工作了一系列规定。1991年9月4日我国还出台了《中华人民共和国未成年人保护法》，并于2006年12月29日第十届全国人民代表大会常务委员会第二十五次会议修订，根据2012年12月26日第十一届全国人民代表大会常务委员会第二十九次会议《关于修改〈中华人民共和国未成年人保护法〉的决定》修正。该法分为总则、家庭保护、学校保护、社会保护、司法保护、法律责任和附则等七章。另外，北京、上海、四川等地还颁布了专门条例来保护未成年人的利益。可以说，我国未成年人福利法已经较为全面，已为保护未成年人提供了较充分的法律依据。

未成年人福利的内容主要包括。

1.未成年人的医疗保健设施和服务。卫生部门对儿童实行预防接种制度，积极防治儿童常见病、多发病，加强对传染病防治工作的监督管理和对托儿所、幼儿园卫生保健的业务指导。另外，学校和卫生部门也应该为未成年人提供必要的卫生保健条件，做好预防疾病工作。国家还兴办专为儿童医疗保健的儿童医院，或者在全科医院中设立儿科；开展儿童保健工作，定期进行儿童健康检查、预防接种、防治常见病、多发病，使儿童健康成长。

2.儿童的活动场所和条件。国家和社会建立和普及托儿所、幼儿园，为婴幼儿提供良好的活动、生活条件和保育服务；建立儿童活动中心、少年之家、少年宫、少年活动站以及儿童公园、儿童乐园等儿童活动、学习场所。各级政府应当创造条件，建立和完善适合未成年人文化生活需要的场所和设施。国家鼓励社会团体、企事业单位和其他社会组织、公民个人，开展多种形式的有利于未成年人健康成长的社会活动。

3. 普及义务教育，保障每一位学龄儿童有受到教育的机会。我国实行九年制义务教育。凡年满 6 周岁的儿童均应就近接受义务教育，条件不具备的农村地区，可以延迟到 7 周岁上学。国家对接受义务教育的学生免收学费，实施义务教育的学校可以收取杂费，对家庭经济困难的学生应酌情减免杂费。

4. 未成年人的日常生活保障。未成年人的生命、健康权是应该受到保护的。父母或者其他监护人应当履行对未成年人的监护和抚养义务，不得虐待、遗弃未成年人；不得歧视女性未成年人或者有残疾的未成年人；禁止溺婴、弃婴。孤儿、弃儿和伤残儿童由国家养育。这部分未成年人的日常生活保障主要通过家庭领养、代养、收养的方式和兴办儿童福利机构集中养育。此外，还有 SOS 儿童村。

儿童福利院是指中国民政部门在城市举办的以孤儿为主要收养对象的社会福利事业单位，其主要任务是收养城市中无家可归、无生活来源、无法定义务抚养人的孤儿和收养自费的家庭无力看管的残疾儿童。“据 2009 年统计，全国各类收养性单位共收养儿童 11.5 万人，比上年增长 27.8%。全国独立儿童福利机构 303 个，比上年增加 13 个，床位 4.4 万张，比上年增长 9.1%。”[①] 儿童福利院配备有医生、护士、护理员和文化教员，专门负责孤儿、弃婴和残疾儿童的生活护理、康复训练和文化教育，孤儿、弃婴和残疾儿童的生活一般保持在相当于当地居民的中等生活水平上。

SOS 儿童村是一项安置孤儿的国际性社会福利设施，由奥地利人赫尔曼·格迈纳创立。第二次世界大战后，格迈纳立志使普天下的孤苦孩子都有家可归，发起了 SOS 儿童村运动，1951 年圣诞节之夜在伊姆斯特市成立了世界上第一个 SOS 儿童村。儿童村模拟家庭单位，一般由 15～20 户“人家”组成。每户招聘一个“家庭妈妈”，教养 12 个不同年龄的孤儿，他们作为一家的兄弟姐妹共同生活，直至能独立生活和自我料理为止。目前，国际救援组织已在 75 个国家设立了两百多个儿童村，拥有 3 万多名儿童。我国到目前为止，已建有 10 个 SOS 儿童村，即天津 SOS 儿童村、烟台 SOS 儿童村、齐齐哈尔 SOS 儿童村、南昌 SOS 儿童村、开封 SOS 儿童村、成都 SOS 儿童村、莆田 SOS 儿童村、乌鲁木齐 SOS 儿童村、拉萨 SOS 儿童村、北京 SOS 儿童村。此外，还在烟台和齐齐哈尔建立两所以赫尔曼·格迈纳博士名字命名的学校。根据合作协议，国际 SOS 儿童村组织还将资助中国建立若干个 SOS 儿童村。近年来，随着儿童村孤儿的年龄增长，天津、烟台、齐齐哈尔建立了青年公寓；齐齐哈尔和烟台还建立了以 SOS 儿童村创始人格迈纳名字命名的格迈纳学校。

5. 残疾儿童康复服务。残疾儿童康复中心是指为残疾儿童提供门诊和家庭咨询，开展各种功能训练和医疗、教育、职业培训，以减轻残疾程度，恢复自理生活和从事劳动的能力，为他们走向社会创造条件的社会福利事业单位。康复中心的主要工作是开展残疾儿童普查；开展康复专业医护人员培训和残疾儿童家长培训；开展残疾儿童康复训练等。

另外，我国应尽快建立青少年援助制度。青少年援助制度适用于那些因父母死亡、离异等原因而无人照管、流落街头的未成年群体，为这部分未成年人提供照顾，也应当成为社会福利制度中的一个组成部分。

2016 年 6 月 13 日，国务院发布《关于加强困境儿童保障工作的意见》，提出：加强残疾儿

---

① 2009 年民政事业发展统计报告.（2010-06-10）. http://www.mca.gov.cn.

童福利服务。对于0～6岁视力、听力、言语、智力、肢体残疾儿童和孤独症儿童，加快建立康复救助制度，逐步实现免费得到手术、康复辅助器具配置和康复训练等服务。对于社会散居残疾孤儿，纳入“残疾孤儿手术康复明天计划”对象范围。支持儿童福利机构在做好机构内孤残儿童服务的同时，为社会残疾儿童提供替代照料、养育辅导、康复训练等服务。纳入基本公共服务项目的残疾人康复等服务要优先保障残疾儿童需求。

三、残疾人福利

（一）残疾人福利的概念

残疾人福利是指国家和社会在保障残疾人基本物质生活需要的基础上，为残疾人在生活、工作、教育、医疗和康复等方面提供的设施、条件和服务，是社会福利的一个重要项目。残疾人福利的主要内容和任务是要多渠道、多层次、多形式开拓残疾人就业门路，扩大就业范围，提供就业机会，保障残疾人的工作权利和自我实现的权利；大力发展残疾人特殊教育，提高残疾人的文化素质和自立能力；开展立法、宣传和教育，保障残疾人的合法权益和提供特殊保护，呼吁社会尊重、关心和帮助残疾人；兴办残疾人生活、工作、教育、文化娱乐活动的设施及器材的生产；在社会事业的各个领域尽可能为残疾人提供方便条件，等等。

通过立法手段来保护残疾人的利益，并给予其尽可能多的照顾是现代化社会应该做到的。我国目前已颁布了多部与残疾人福利有关的法律，如《中华人民共和国教育法》和《残疾人教育条例》就明确规定了残疾人享有的受教育的权利、特殊教育的权利；《中华人民共和国残疾人保障法》也全面地规定了残疾人福利事业。各地区也根据各地的实际情况制定了地方性法规，对残疾人福利享受作出更为具体和详细的规定。

（二）残疾人福利的内容

1. 残疾人的就业福利

国家保障残疾人劳动的权利。为此，国家采取职业扶助，保障残疾人受雇并保证残疾人的薪金待遇。

残疾人就业是指达到法定劳动年龄、具有劳动要求和一定劳动能力的残疾人获得劳动岗位并取得合法收入。残疾人就业是一个世界性的社会问题，目前还没有哪个国家能从根本上解决。一些国家采取了一些措施，使部分残疾人获得就业机会。日本规定各个企业应吸收3%的残疾人就业；英国的企业中残疾工人的比例占4%；美国的残疾人就业率占15%；瑞典设立社会企业基金会负责安排劳动力市场不要的残疾人就业，就业率达50%。

从目前国外解决残疾人劳动就业的情况看，大体可分为以下几类：第一类是以日本、美国、英国等国家为代表，通过国家立法的形式，保证政府机关和企事业单位中有一定比例的残疾人就业；第二类是以波兰、苏联等国家为代表，通过国家投资兴办残疾人工厂的形式，解决残疾人就业问题，并且通过立法在税收、信贷、物资、产业等方面对这些工厂给予一定的照顾；第三类是以瑞典、芬兰等一些北欧高福利国家为代表，其虽然也通过社会企业基金会等机构安排了部分残疾人就业，但更多的是采取发放残疾金的形式，由政府将残疾人养起来。

我国的残疾人就业实行集中与分散相结合的方针，采取优惠政策和扶持保护措施，通过多渠道、多层次、多种形式，使残疾人劳动就业逐步普及、稳定、合理。

2.残疾人的教育

国家保障残疾人受教育的权利。普通教育机构对具有接受普通教育能力的残疾人，不得拒绝其入学。残疾幼儿教育机构、普通幼儿教育机构附设的残疾儿童班、特殊教育学校的学前班、残疾儿童福利机构、残疾儿童家庭，对残疾儿童要实施学前教育；初级中等以上特殊教育学校和普通学校附设的特殊教育班，对不具有接受普通教育能力的残疾儿童、少年实施义务教育；高级中等以上特殊学校、普通学校附设的特殊教育班和残疾人职业技术教育机构，对符合条件的残疾人实施高级中等以上文化教育、职业技术教育。政府有关部门、残疾人所在单位和社会应当对残疾人开展扫除文盲、职业培训和其他成人教育，鼓励残疾人自学成才。

对盲、聋、哑等残疾人及问题儿童实施的教育是一种特殊教育。特殊教育是国家教育事业的组成部分，具有普通国民教育的共性，其目的和任务都是要让受教育者在德、智、体、美、劳等方面全面发展，掌握生活和职业劳动技能，掌握一定的科学文化知识，并且有共产主义的道德品质。残疾人教育是残疾人劳动就业的前提，也关系到其参与社会的能力，甚至是生存的能力，并为残疾人由社会的负担变为社会财富的创造者提供了条件。

残疾人教育具有鲜明的特殊性，首先是教育对象特殊，以残疾人为对象；其次是教育方式和教育设备的特殊性，如教盲人学生运用盲文作为摸、读、书写的文字符号，对聋哑学生则引导他们模仿教师发音的口形，辅以手语，并使用直观教具、助听器等设备；再次是教育内容也有特殊性，以生活技能、职业技能教育为最主要内容。特殊教育的内容因受教育对象的类别、残级的不同而有所区别，并且考虑现实的需要和可能来确定。除了在普通学校中招收部分残疾学生外，国家和社会兴办各种类别的特殊学校，如聋哑学校、弱智学校、情绪问题学校、特殊职业学校等。

3.残疾人康复

国家和社会采取措施，帮助残疾人恢复或者补偿功能，增强其参与社会活动的能力。康复也称健康重建，是指人们因疾病或某些事故致残后，通过自身的努力和外力的辅助，使精神上、身体上、生活上、经济上、社会上以至劳动能力上得到最大限度的恢复。康复的宗旨，是最大限度地使只有部分器官和组织的残疾人不至于完全残废，身体留有的一部分功能能发挥出作用，以至于使受损的功能得到恢复；或锻炼相应的组织、器官，使之起代偿作用；用矫形手术装配假肢、矫形器等各种方法，使残疾者能充分参与社会生活和社会生产劳动，同健全人一样平等分享社会和经济发展的成果。康复工作是一项综合性工作，涉及面广，包括了心理康复、体疗、假肢与矫形器的装配、职业康复、精神病人的治疗康复等。

政府和有关部门应有计划地在医院设立康复医学科（室），兴办必要的专门康复机构，开展康复医疗和训练、科学研究、人员培训和技术指导工作；各级人民政府和有关部门，应当组织和指导城乡社区服务网。残疾人组织、残疾人家庭和其他社会力量，开展社区康复工作，残疾人教育机构、福利性企事业单位和其他为残疾人服务的机构，应当为其创造条件，开展康复训练活动。

为了预防残疾的发生、减轻残疾程度，帮助残疾人恢复或者补偿功能，促进残疾人平等、充分地参与社会生活，发展残疾预防和残疾人康复事业，2017 年 1 月 11 日国务院第 161 次常务会议通过了《残疾预防和残疾人康复条例》，自 2017 年 7 月 1 日起施行。残疾预防，是指针对各种致残因素，采取有效措施，避免个人心理、生理、人体结构上某种组织、功能的丧失或者异常，防止全部或者部分丧失正常参与社会活动的能力。残疾人康复，是指在残疾发生后综合运用医学、教育、职业、社会、心理和辅助器具等措施，帮助残疾人恢复或者补偿功能，减轻功能障碍，增强生活自理和社会参与能力。社会各界应当关心、支持和参与残疾预防和残疾人康复事业。新闻媒体应当积极开展残疾预防和残疾人康复的公益宣传。国家鼓励和支持组织、个人提供残疾预防和残疾人康复服务，捐助残疾预防和残疾人康复事业，兴建相关公益设施。

4.举办精神病人福利院

精神病人福利院是中国接收和治疗精神病人的福利事业单位，由卫生、民政、公安三个部门分别举办，承担不同对象的收治任务。民政部门的任务是收养城镇中无依无靠、无生活来源、无法定义务抚养人的精神病人，同时也收养自费的家庭无力看管的精神病人。精神病人福利院对精神病人实行开放管理，即不关、不绑、不锁，采取劳动治疗、文娱治疗、药物治疗和心理治疗，并把这四种治疗方法有机地结合起来进行。

5.扶残助残活动

公共服务机构应当为残疾人提供照顾和优待。例如，残疾人在搭乘国内公共交通工具时应给予其一定的照顾和方便，甚至享受减费或免费的服务，像盲人读物邮件可以免费寄递，伤残军人可免费乘坐公共汽车、电车；再比如，残疾人申请在公共场所开设零售商店或申请解困住宅、停车位，应保留其名额并优先核准；残疾人或其抚养义务人应缴纳的捐税，政府应按残疾人的残疾等级、家庭经济状况，依法给予适当的减免。另外，社会应对有特殊困难和要求的残疾人给予专业的帮助和照顾，地方各级人民政府和社会兴办的福利院和其他安置收养机构，按照规定安置收养残疾人并逐步改善其生活条件。

第五节　社区服务

一、社区服务的含义

社区服务是社会，主要是社区给人民群众提供的福利性服务。人们在工作和生活中会遇到很多困难，需要社会给予帮助。社会通过社区组织和福利机构，把社区的人们组织起来，向需要帮助的人们提供必要的服务，以帮助他们解除或缓解某种困难。社会服务既有物质的，也有精神的；既有资金方面的，也有服务设施方面的。近几年，在全国城市中兴起的社区服务，为解决人民群众生活中的诸多不便，缓解社会矛盾，提高人们的生活质量都发挥了重要的作用。

所谓的社区服务就是指在政府倡导和组织下，社区居民所进行的自助服务。从工作类型上看，它属于社会服务范畴，但又不同于一般的社会服务，是以社区为单位开展的社会服务，具有区域性、就近性、互助性等明显特征；从工作性质上看，它是一种公益事业，属于福利服务，但又不是传统的小福利，而是内容更丰富、对象更广泛、形式更多样的福利服务。它离不开政府的倡导和组织，但经费来源、项目组建、服务管理通常不是由政府包办，而主要是依靠社会，坚持社区服务社会办的原则，是公共福利事业社会化的重要途径。社区服务的基本内涵是为解决社区内工业、服务业、公用事业不能及的、又是不同社区居民群体日常生活中所需要的一些含有社会福利和公益性质的服务项目。它的服务内容首先是对有困难的老年人、残疾人、优抚对象等社会特殊群体的服务，其次是为社区全体成员维持正常的生产生活并使社区居民生活质量有所提高的服务。

社区服务和社会服务是两个截然不同的概念，两者最大的差别体现在服务对象和服务性质上。社区服务主要是为生活在本社区的居民提供服务，有地域限制，被服务者相对稳定，以特殊困难群体和特定的对象为重点，其虽然也具有某些经营特征，但不以营利为目的，以社会效益为主；而社会服务面向所有社会成员，无地域限制，也无一定的重点，被服务者流动性大，其主要是经营性服务，以经济效益为主。

二、社区服务的内容

（一）社区为老年人提供的福利服务

1.老年人包户服务。这是目前各城市基层社区开展得最早、最广泛的老年人服务项目。被包户的老人除了社救孤老，还包括退休孤老和身边无子女以及生活上有各种困难的老年人。包户工作的一般做法是：由街道办事处、社区服务中心或民政助理员负责对全街包户工作进行组织和检查，由居委会和参加服务的单位和个人签订包户协议，定服务人员、定服务项目、定服务时间、定服务要求。

2.社区为老年人提供的收养和寄托服务。这项服务一般由街道和居委会兴办的老年公寓（小敬老院、小福利院）和托老所承担。收养对象首先是社救孤老（“三无”对象），近年来也包括不少退休孤老、身边无子女和有其他困难的老人。这类老人公寓和托老所一般规模较小，地点就设在本社区之中。

3.老年人文化生活服务。为了使老年人在离、退休之后能建立新的社会圈子，满足精神上的需求，各城市基层社区纷纷兴建老年人活动中心、老年茶社、老人之家等。

4.老年人庇护服务。这是由老年人社会保护组织依据法律法规为那些人身和基本生活权利受到严重侵害的老年人所提供的紧急庇护和收养、法律咨询、家庭纠纷调解和生活安全服务。在许多城市和街道，老年人庇护所就设在托老所之中，实行一所两用。老年人庇护服务，主要包括法律庇护、生活庇护和舆论庇护。

5.老年人生活综合服务。这是为满足老年人某些特殊生活需要而设立的服务项目，有些街道把这种服务项目安排在老年人活动中心里。老年人生活综合服务主要包括老年人生活服务和老年人婚姻介绍。

（二）社区为残疾人和精神病患者提供的服务

1.残疾人康复服务。这项福利服务一般由基层社区举办的残疾人康复中心承担。城市基层社区开展残疾人康复活动，标志着由过去的医院或疗养院办康复事业向社会办康复事业转变，目的是落实散居在街道的残疾人的康复工作，使他们能就地得到治疗。

2.精神病人康复服务。这项福利服务一般由社区举办的精神病人工疗站来承担。工疗站的规模一般较小，有的作为工料车间附设在街道福利厂中，具体的做法是把社区内的精神病患者收管起来，让他们参加一些简单的劳动，同时辅以康复治疗。

3.残疾儿童寄托服务。这项福利服务一般由社区举办的伤残儿童寄托站、弱智儿童启智班来承担，这是许多城市社区服务规划中的一个必建项目，日益受到重视。

（三）城市社区的心理咨询和家庭辅导服务

这些服务主要包括学习困难儿童咨询门诊，成人心理卫生咨询等。

（四）便民利民服务

为了方便居民生活，转移居民的家务负担，缓解居民在衣、食、住、行以至学习、娱乐等各方面的难题，使他们能够安居乐业，更好地投身于各自的本职工作，基层社区会组织举办一些便民利民服务。目前已经开展的项目主要有代办服务、小型方便的餐饮服务、小型修理业、小型出租业、家庭搬运业务、劳务劳动小时工和楼内、院内的日用品小卖部。

问题与思考

1. 怎样理解社会福利制度在社会保障体系中的地位？

2. 怎样对社会福利制度的内容进行科学分类？

3. 加强公共福利制度建设应当注意的问题是什么？

4. 我国职业福利制度改革的方向是什么？

5. 如何进一步提高特殊群体的福利待遇？

6. **材料**①：民政部有关负责人表示，截至2008年6月9日，已确定和待确认的四川省汶川大地震灾区孤儿1 019人。民政部与四川省人民政府共同研究，并征得国家发展改革委、教育部、财政部同意的《关于汶川大地震四川省“三孤”人员救助安置的意见》规定了7种长期安置方式。

（1）亲属监护。坚持亲属优先的原则，孤儿首先满足有监护能力亲属监护抚养的意愿，孤儿亲属有监护意愿，但生活困难、抚养能力不足的，应当给予必要的生活保障。

（2）家庭收养。坚持依法进行收养，尽早对符合条件的孤儿依法开展家庭收养。遇难学生家庭中有收养地震孤儿意愿的，可优先安排。收养年满10周岁以上孤儿的，应当征得孤儿本人的同意。

（3）家庭寄养。对于无法被家庭收养的孤儿，要通过家庭寄养为孤儿提供家庭化的照料模式。

（4）类家庭养育。招募社会上符合条件的爱心家庭，通过建立集中或者分散的家庭式设施养育孤儿。

（5）集中供养。利用四川省内灾区和其他地市条件较好的儿童福利机构妥善安置孤儿。

（6）学校寄宿。对目前在中小学就读的孤儿，要根据他们的意愿，尽可能使其在原学校或国内其他条件较好的学校完成学业。

（7）社会助养。社会上爱心人士可通过资助、提供志愿服务等形式，定向或者不定向、定期或者不定期地为一名或者多名孤儿提供资金保障或服务。

问题：我国在孤儿收养和福利方面有哪些法律规定？你如何认识孤儿的隐私权和姓名权？

---

① 白龙．千余地震孤儿如何安置?．人民日报，2008－06－17．

第十一章

农村社会养老保险制度

本章概要

农村养老保险经历着由家庭走向社会的过程。在我国农村经济相对发达的地区，开展了以社区为单位的农村社会养老保险。农村社会养老保险在资金筹集、保险金待遇、保险方式和保险费用缴纳上都有其自身的特点。农村社会养老保险制度实行的原则也有别于普通养老保险制度。

关键术语

农村社会养老保险　集体资金　集体补助　储备积累　一体化原则　保险权益转移

第一节　农村养老方式的历史与变革

一、农村传统的养老方式

养老，是一个与人类相伴而生的古老话题。自从人类出现家庭这一社会现象后，养老就与家庭有了不解之缘。家庭作为养老的基本单位，在我国农村体现得最为充分，持续时间也是最长的。

我国是一个封建历史最长的国家，自然经济长期作为占统治地位的生产方式存在。与这种生产方式相适应，养老方式主要建立在家庭或家族之上。依附于传统的大家庭制度以及与之相连的土地制度，使老人晚年的生活来源形成了固定的模式，即以个人的终生劳动为基础，在家庭内部进行代际交换的养老办法。这种建立在小农经济基础之上的养老办法，不能真正使老人过上安详、幸福的晚年生活。不仅老人必须在他完全失去劳动能力时才真正进入养老状态；而且老人的养老水平也完全依赖于其家庭的经济状况，通常只能得到最低水平的生活供养。如果家道不济，老年人的境况就更为艰辛。

在集体化经济时期，我国农民的养老方式实行集体与家庭共担的原则。由于农民已将自己的生产资料交给了集体，集体就通过向老年农民提供适当的劳动机会，让他们挣得一些工分，使老年农民从集体那里分得一份劳动成果，解决其生活问题。同时，子女也负有直接的养老责任，即在老人失去劳动能力之后，对其进行供养。

在这一时期，与集体经济相伴随的一系列经济和非经济的制度强化了子女养老的方式。一方面，以家庭户为单位的劳动分配制度自然而然地将养老义务加之于子女身上；另一方面，经济上和其他方面所导致的农村人口不流动性，使农民长期固守在土地上，固定群体长期形成的集体制裁和社区舆论监督，促使人们比较自觉地承担起老人农民的赡养义务。

二、农村养老方式的变革

我国的经济体制改革首先从农村开始。农业经营方式的改变引发了一系列与农民养老相关的重大社会变迁，集体化时期农民养老方式的不适应性也凸显出来。

家庭联产承包制导致了集体经济的弱化，在使家庭重新成为经济单位的同时，也把农村养老的任务重新推向了家庭。加之农村剩余劳动力的大量出现，农民获得了外出流动就业的自由，落后地区的农村劳动力，特别是青壮年劳动力流往经济发达地区和到城市打工，已成为当前农村中的一种普遍现象。

青年农民的外出打工，在其生产方式改变的同时，也经历着生活方式和思想观念的变化。他们虽然也担当了赡养父母的责任，但与先前共同生活在一个家庭户内所能为老人提供的生活帮助已相差很远。日常的外出打工，赡养父母的意识也远不如以前。并且，由于经济上的相对独立，青年农民婚后即与父母分家另过已成为一种惯例。国家计划生育政策的有力推行，不仅使家庭更趋小型化，而且人口老龄化的问题也更加明显，农村老年人口的比例逐渐加大。在行政力度比较大的地区，人口老化趋势更加明显。

随着经济的发展和生产方式的进一步变革，农村基层组织的行政管理功能逐渐弱化，原有的制裁方法和强制措施大多已失去作用。居住环境的变动与常住群体的变动，也使先前的社区舆论监督作用的效力大为减弱，使原来的养老模式得以存在的重要保障机制受到严重的冲击。

从上述分析中不难看出，在农村经济向市场经济发展的同时，农村的养老方式并未与经济保持同步发展，反而从计划经济时期集体与家庭并重，回到了自然经济条件下家庭独自担负养老责任的模式之中，从而引发出一系列农村养老的现实问题。而且，随着农村经济市场化的进一步完善，农村养老问题将会更加突出。

第二节　建立农村社会养老保险制度的意义

一、建立农村社会养老保险制度才能真正解决农村人口的养老问题

农村家庭的小型化和人口的老龄化，使农村人口“老有所养”的问题日益突出，传统的家

庭养老已难以为继，解决这一问题的有效方法就是要逐步建立农村社会养老保险制度。

21世纪初，我国已成为老年型国家。到2023年，我国老年人口数量将增加到2.7亿，与0岁～14岁少儿人口数量相等。① 人口老龄化将带来一系列的经济和社会问题，必须提前做好准备，建立社会养老保险制度，以应付老龄化高峰对经济发展和社会稳定的压力和冲击。

建立农村社会养老保险制度能够解决家庭养老的分散性、不稳定性和脆弱性，通过依靠社会的力量和长时期的养老基金积累，保障农村的老人安稳地度过晚年。这既有利于在农村平稳度过人口老龄化高峰期，更是从根本上解决家庭养老方式缺陷最有效的办法。

二、建立农村社会养老保险制度是农村社会发展的必然要求

经过十几年农村经济体制的改革，我国农村经济有了很大发展，但农村社会保障方式落后、水平低下则是显而易见的。

随着经济的发展，为农民提供稳定的、长期的和制度化的社会保障方式，是农村社会发展的必然要求。只有农村的老年人生活有了保障，才能从根本上转变几千年来人们“养儿防老”的传统观念；只有农村的养老保险方式社会化，才能在农村实现“老有所养”的社会目标。

农村生产方式的变革不仅将养老从家庭转向了社会，农村经济的发展也为这种转化提供了物质条件。农村的社会保险是建立在农民自我保障为主的基础上，依靠我国农村现有的经济条件，运用法律和必要的政策来加以建立的。

农村老龄人口高峰期的来临所造成的养老压力增大。同时，人多地少是中国的基本国情，以土地保障为依托的养老模式面临严峻挑战。中国的劳均耕地差不多是美国劳均耕地的八百分之一，“2008年中国的人均耕地减少到1.38亩”②，不到世界平均水平的一半。在中国城市化进程中，耕地消失的速度比农业人口消失的速度更快，仅从1998年到2004年7年间全国耕地就减少了1亿亩，农村人多地少的矛盾十分突出。

农村社会养老保险制度的建立，是保障我国农村的稳定和农村的社会进步的重要措施，也必将促进整个社会的稳定和全社会的经济发展。

第三节　农村社会养老保险工作的开展

我国农村社会养老保险工作首先是在农村经济发达和比较发达的地区开展的，主要发展以社区（即乡镇、村）为单位的农村养老保险。

一、农村社会养老保险方式的初步探索

1987年3月，国务院决定进行建立我国农村基层社会保障体系的探索。在农村经济发达和富裕地区，以村（少数为乡、镇）为主体的社区型养老保障方式开始出现。到1989年6月，

① 梁捷. 老龄化，我们准备好了吗?. 光明日报，2006-02-27.

② 应城市第二次土地调查土地利用现状分析及对策研究.（2010-12-10）. http://www.mlr.gov.cn.

全国有 19 个省（自治区、直辖市）进行了养老保险试点，参加人数达九十多万人，积累资金 4 100 万元，已有 21.6 万农民开始领取养老金。

1991 年 1 月，国务院决定选择有条件的地区开展建立县级农村社会养老保险制度的试点。同年 2 月，民政部成立了农村社会养老保险办公室负责这项工作。在总结探索农村基层社会保障工作经验的基础上，1991 年 6 月，民政部农村社会养老保险办公室制定了《县级农村社会养老保险基本方案》。按照该《方案》确定的原则，在山东组织了较大规模的试点。1991 年 8 月，山东牟平等 5 个县（市）的农村社会养老保险制度开始启动，仅一个半月的时间，共计有 30 家乡镇、281 个村、38 个乡镇企业近 8 万人参加社会养老保险，积累保险金近五百万元。

1991 年 10 月，民政部在山东牟平县召开了“全国农村社会养老保险试点工作会议”，进一步确定了建立我国农村社会养老保险的基本原则，总结推广了山东建立县级农村社会养老保险制度的经验。农村社会养老保险工作从沿海到内地迅速发展。其中，武汉市仅在 3 个多月的时间内，就在全市基本建立农村社会养老保险制度。

2004 年年底，全国农村社会养老保险工作座谈会在山东烟台召开，这是 1998 年该业务由民政部移交劳动和社会保障部 7 年来召开的首次全国工作会议。这次会议明确了“突出重点、分类保障、分步推进”的基本思路。

二、农村社会养老保险制度的初步发展

1992 年 7 月，民政部在武汉召开了“全国农村社会养老保险工作经验交流会”，重点总结推广了武汉市建立农村社会养老保险制度的经验。此后，农村社会养老保险有了更大的发展。江苏省率先在全省各县（市、区）全面开展建立农村社会养老保险制度的工作。山东省的农村社会养老保险在近百个县推开。河北、黑龙江、福建、四川、上海等二十多个省、自治区、直辖市政府也加强了对这项工作的领导，采取相应措施推动这项工作的发展。

到 1992 年年底，全国已有七百多个县根据《县级农村社会养老保险基本方案》确定的原则，由政府制定并颁布了开展农村社会养老保险的实施管理办法，建立了农村社会养老保险管理机构，组织农民参加养老保险，其中 170 个县基本建立起了面向全体农民的农村社会养老保险制度。全国已有三千五百多万农民参加了社会养老保险制度，共积累保险费 10 亿多元。在开展农村社会养老保险的地区，已建立起七百多个县（市、区、旗）级农村社会养老保险管理经办机构；在乡镇结合基层民政办公室，建立起一大批农村社会养老保险的代办机构。

1992 年 12 月，经国务院批准，民政部在江苏省张家港市召开了“全国农村社会养老保险工作会议”，重点总结推广了江苏省在全省全面推进农村社会养老保险的经验，系统地总结了建立具有中国特色的农村社会养老保险制度的基本经验。

农村社会养老保险基金在 1992 年达到 8 亿元，1993 年增加到 12 亿元，1994 年加快速度达到 27 亿元，1995 年超过了 62 亿元。到 1995 年为止，全国已有 16 个省（市、自治区）基金规模超过亿元，其中山东、江苏两省超过 10 亿元，浙江省超过 5 亿元，湖南、上海、湖北、安徽、福建、辽宁、江西等 10 个省（市）超过 2 亿元。有 150 个县（市、区）基金规模超过 1 000 万元，其中江苏的昆山、上海的嘉定超过亿元。有 93 个县（市、区）达到 1 000 多万元，47 个县（市）达到 2 000 多万元，十多个县（市）达到 5 000 万元以上。“2009 年年末全国参加农村养老保险人数为 8 691 万人，比上年末增加 3 096 万人，全年共有 1 556 万农民领取了养

老金，比上年增加 1 044 万人，2009 年年末农村养老保险基金累计结存 681 亿元。”[①]

三、农村社会养老保险制度的法律法规建设

在农村社会养老保险的法律法规建设和规章制度上，民政部根据《县级农村社会养老保险基本方案》确定的原则，先后制定《农村社会养老保险编号办法》《缴费阶段的标准单证和操作流程》《发放阶段的标准单证和操作流程》《农村社会养老保险会计制度》《农村社会养老保险养老金计发办法》《加强农村社会养老保险基金管理的通知》《县级农村社会养老保险管理机构工作章程》等一系列规范性文件，初步规范了农村社会养老保险的业务、财务、基金和档案管理。

各地也在总结经验的基础上，制定了适应实际工作需要的各项具体管理规定。黑龙江省颁发了《农村社会养老保险规定》，湖北省、浙江省颁发了《农村社会养老保险工作暂行办法》。上海市的《农村社会养老保险工作办法》规定了农村各类人员缴纳保费的比例和标准，明确了有关仲裁、诉讼的程序。山东省烟台市制定的《农村社会养老保险管理体系工作规程》、江苏省南通市制定的《农村社会养老保险业务操作规程》等，对农村养老保险的整个操作流程，都提出了详细而具体的要求。这些规范性文件对于改变农村社会养老保险无法可依、无章可循起到了积极作用，同时也为建立、健全农村社会养老保险的法律和制度提供了依据和标准。

2010 年审议通过的《社会保险法》规定了新型农村社会养老保险制度，并明确指出了政府责任。

第四节　农村社会养老保险制度的特点和原则

一、农村社会养老保险制度的特点

1. 在养老保险基金的筹集上，立足于建立以个人交费为主、自我保障为主的机制，避免大部或全部由集体资金负担、个人不交纳保险费的做法，体现了个人、集体和国家三者的责任，突出自我保障为主的原则。采取政府组织引导和农民自愿相结合的工作方法。随着农村经济的发展，在有条件的地区将逐步加大政府推动的力度，以体现社会保险的特性。

2. 在养老保险的方式上，由于农村收入的特点决定，无法采取统筹的方式，而现收现支或现收现支、部分积累的做法又不能够真正满足农村人口的养老需要，因而现实可行的方式是采取积累储备的形式。实行储备积累，建立个人账户，农民个人缴费和集体补助全部记在个人名下，属于个人所有。个人领取养老金的多少，取决于个人缴费的多少和积累时间的长短。

3. 在养老保险金的待遇上，根据现阶段农村经济和社会发展水平的现实，提倡建立个人账户，体现自助为主、互济为辅的特点。

4. 农村务农、经商等各类从业人员实行统一的社会养老保险制度，便于农村劳动力的流

---

① 2009 年度人力资源和社会保障事业发展统计公报.（2010－05－12）. http：//www.mohrss.gov.cn.

动。在养老保险费的交纳上，从农村各类生产组织或单位的经营水平差别大、生产状况不稳定，农村劳动者经济条件差别大、收入不稳定的实际出发，在参加保险的年龄、缴费的时间及数额、集体补助的比例上体现灵活性的特点。

5. 在养老保险资金的运营上，根据目前金融体制、投资体制和资本市场的状况，养老保险基金主要用于购买国家发行的债券。

二、农村社会养老保险制度的原则

（一）以保障农民的基本生活为目的，实行较低的标准的原则

从我国农村经济状态和农村生活需求的实际出发，不能以城市职工退休后的生活水平来确定农村人口的养老保险标准。同时，由农村的生产、交换、分配形式和人均预期寿命增加的社会现象所决定，农村人口在60岁以后仍可参加某些农业劳动，创造劳动价值，尤其在老龄化高峰期，应尽可能挖掘劳动力价值，因而在农村不宜引入城市退休年龄的标准。因此，农村社会养老保险制度只能实行最基本的保障和较低标准的保障水平。保障水平与农村生产力发展和各方面承受能力相适应。除此之外，还应继续发挥集体、家庭等方面的作用。就整体而言，农村养老保险应由劳动者的基本养老保险、集体的补充养老保障、个人的储蓄和继续创造财富，以及家庭的保障与照顾相结合来共同承担。养老保险与家庭赡养、土地保障以及社会救助等形式相结合。

（二）以个人缴费为主、集体补助为辅、国家政策扶持的养老保险资金筹集原则

权利与义务相对等，自我保障为主，集体（含乡镇企业、事业单位）调剂为辅，国家给予政策扶持。个人交纳保险费始终是农村社会养老保险的基础。根据农村人口收入差别大，收入状况不稳定的状况，对于参加农村社会养老保险的交费年龄、时间和数额采取比较灵活的方式，并对个人账户的基金按每年规定的增值要求分段计算积累和增值额，按停止交费时的积累总额确定领取标准。在个人缴费为主的基础上，集体可以根据自身的经济状况予以适当补助。例如从农村经济发展不平衡、各类经济生产单位经营状况差别大，有时生产状况不稳定的实际情况出发，由乡镇（村）企业或村根据自身的经济情况和发展需求来确定给予补助的比例或数额，并根据经济情况和发展需求的变化，自行进行调整。国家的作用主要体现在政策扶持上，例如，对乡镇企业给职工参加养老保险的集体补助，按职工工资总额的一定比例予以税前列支等。

（三）建立个人账户、互济互助、储备积累的原则

在农村社会养老保险中建立个人账户，使个人保险基金的积累得以体现，通过对个人账户的管理并根据个人账户的积累总额，确定相应的领取标准。同时，在同一年龄段内的人口，早逝者与长寿者之间可进行调节互济，使农村社会养老保险的互助共济得到具体体现。农村养老保险基金的储备积累，不仅对于平稳度过人口老龄化的高峰期意义重大，而且为建立长期和稳定的农村养老保险制度提供了资金方面的支持。

（四）农村务农、务工、经商等各类人员社会养老保险制度一体化的原则

农村社会养老保险制度一体化，要求农村中从事务农、务工、经商等各类人员都统一参加农村社会养老保险，是为了适应农村劳动力亦工亦农、亦商亦农和农村人口从事务工、务农、经商流动性大的实际情况，适应发展乡镇工业以工补农，逐步实现农工贸一体化的农村经济发展方向。在一体化的农村社会养老保险制度内，农村社会养老保险关系随人迁移，劳动者本身不会因流动而失去保障，有利于劳动力的流动和劳动力市场的形成。

第五节　农村社会养老保险制度的主要内容

一、保险对象与参加保险年龄

农村社会养老保险对象为非城镇居民，即不由国家供应商品粮的农村人口。一般以村为单位确认（包括村办企业职工、私营企业、个体户、外出人员等）。乡镇企业职工、民办教师、乡镇招聘干部、职工等，可以由乡镇企业或事业单位确认，组织投保。

参加社会养老保险的年龄以参加劳动并获取收入的年龄为起点，一般为 20 周岁。领取养老保险金的年龄不以职业、性别划分，一般为 60 周岁。应该说，在保险年龄的起点上，20 周岁事实上已过参加劳动并获取收入的年龄，但农村中个人劳动与家庭经济联系紧密，个人劳动与家庭经济分离晚于个人实际获得劳动收入的时间，因而个人用于参加保险的支出也相应地向后推迟。

二、保险费的交纳与保险待遇标准

在《农村社会养老保险基本方案》中，确定的交费标准从 2 元至 20 元共 10 个档次；每隔 2 元设一个档次，并确定相应的支付标准。

县（市）、乡镇或参加保险的对象，可根据不同经济条件、收入水平予以选择，在经济较富裕地区，起点可高些；在经济中等或不富裕地区，起点可以低一些，这样既有利于绝大多数农村人口参加社会养老保险，也有利于在农村中等收入以上的地区开展社会养老保险工作。

缴费标准具有一定的灵活性，以适应农村经济和农民收入不稳定的特点。允许保险对象在经济状况好时，选择高的缴费档次；在经济状况差时，选择低的缴费档次；在遇到天灾人祸时，经批准可暂时停止缴费。待经济状况恢复后，再继续缴费，资金的增值连续计算。保险对象缴费变动后，最终的支付标准，由其参加保险所积累的总资金重新计算确定。也可一次性交费，如岁数偏大的农民，根据自己年老后的保障水平将保费一次交足，一直到 60 周岁以后按规定领取养老金。

三、保险的权益与转移

保险的权益包括：(1) 投保人在交费期间身亡者，个人交纳全部本息，退给其法定继承人或指定受益人。(2) 投保人领取养老金，保证期为10年。领取养老金不足10年身亡者，保证期内的养老金余额可以继承。无继承人或指定受益人者，按农村社会养老保险管理机构的有关规定支付丧葬费用。领取者超过10年长寿者，支付养老金直至身亡为止。(3) 保险对象从本县（市）迁往外地，若迁入地尚未建立农村社会养老保险制度，可将其个人交纳全部本息退给本人。(4) 投保人招工、提干、考学等农转非，可将保险关系（含资金）转入新的保险轨道，或将个人交纳全部本息退还本人。

保险权益的转移发生在两种情况下：一是在统一的农村养老保险制度未建立前，保险权益人从本县（市）迁往外县（市）时，若迁入的县（市）已建立农村社会养老保险制度，需将其保险关系（含资金）转入所迁县（市）的农村社会养老保险管理机构；若迁入县（市）尚未建立农村社会养老保险制度，可按有关规定将保险金退发本人。二是保险人因招工、提干、考学等改变其农村人口身份时，可将保险关系（含资金）转入新的保险制度，或按有关规定将保险金退发本人。

四、参加保险的形式

保险参加人一般以村为单位（包括村办企业职工、私营企业、个体户、外出劳务人员等）参加保险，统一收费。乡镇企业职工、民办教师、乡镇招聘干部、职工等，可以乡镇或企业为单位参加保险，统一收费。外来劳务人员，原则上在其户口所在地参加社会养老保险。本人愿意，也可以在从事劳务所在地的乡镇或企业参加社会养老保险。

保险费的交纳可选择适当的时期（如秋季分配之后，新年消费旺季来临前），一年缴费一次。在具备条件的地方，也可半年或按季按月缴费。保险基金在乡（镇）为单位集中，在统一的时间进入银行专用账户。同时建立个人账户，个人缴费和集体补助分别记在个人名下，并按人立户建档，实行村、乡、县三级管理。同时逐步建立个人社会保险编码，运用计算机进行系统管理。

问题与思考

1. 如何看待农村养老保险方式的变革？
2. 建立农村社会养老保险制度的意义是什么？
3. 什么是农村社会养老保险的内容？
4. 农村社会养老保险制度有哪些原则？
5. 怎样合理确定农村社会养老保险费与养老保险金的标准？
6. 为什么要允许农村社会养老保险的权益转让？
7. **案例**：刘某于2015年10月20日入职某公司，从事普工岗位。入职后未签订劳动合同，也未缴纳社会保险费用。2015年11月1日14时许，刘某在车间操作冲床冲压钢筋，右手将钢筋放入模具时，脚踩到脚踏开关，模具合模致使其右手被压伤，伤情经当地市人力资源和社会保障局认定为工伤。刘某与该公司就工伤赔偿事宜多次协商未果，遂于2016年8月8日向当地劳动争议仲裁委员会申请仲裁。公司辩称，刘某在老家有办理农村社会保险，不愿再在本地办理社会保险，由于其不愿意缴交个人部分，公司无法办理社会保险，且补缴社保不属于劳动争议。①

问题：刘某在有办理农村社会保险的情况下，是否能够不用办理社会保险？该公司是否应就该工伤承担赔偿责任？

① [2018-01-09]. http：//www.pkulaw.cn/case.

第十二章 国外的社会保障制度

本章概要

社会保障制度起源于国外。一个多世纪以来，社会保障制度在世界各主要国家已得到长足的发展。虽然各国的历史文化背景不同，社会经济发展状况也有差异，由此建立的社会保障制度也具有不同的特色，但无论是英国的福利国家模式，还是德国的自助模式，以及一些国家实施的强制式社会保险，都有可借鉴之处。社会保障国际公约和建议书对于推动各国社会保障法律制度的建设也起到了积极的作用。

关键术语

社会保险自治管理机构　计量界限　病假补助　贫困医疗补助　年金保险　行业费率

第一节　德国的社会保障制度

一、德国社会保障概况

（一）德国社会保障的历史

德国是世界上第一个推行社会保障制度的国家，至今已有一百多年的历史：1883 年实行医疗社会保险；1884 年实行事故社会保险；1889 年实行工人养老社会保险；1911 年实行职员养老社会保险；1927 年实行失业社会保险。

社会保险开始实施时，对象仅限于工人及其家属。参加人数仅占全国人口的 10%左右，所支付的保险金主要来自税收。当时的社会保险具有社会救济的性质。

德国社会保障制度全面发展是在第二次世界大战之后。在德国推行的“社会市场经济”制度中，社会保险是社会市场经济运行的五大支柱之一。通过保障人们的基本生活需要以达到社会的公平与安全，从而为经济发展创造良好的环境与条件。社会保险的全面推行，对实现国家经济政策的四大目标（通货稳定、经济增长、充分就业、国际收支平衡）和社会政策目标起到了积极的促进作用。

（二）德国社会保险的种类

德国的社会保险主要分为养老保险、医疗保险、失业保险和事故保险四大种类，各类保险又由许多社会保险机构承担具体业务（失业保险部门例外）。与欧洲其他国家不同（如瑞典、荷兰和瑞士），德国的社会保险并不覆盖全体国民，而是取决于公民的职业，取决于社会公民是否或在何种程度上履行了社会保险义务，同时也取决于其主管的社会保险机构。

（三）德国社会保险的对象

德国社会保险的对象主要由工人和职员组成。1990 年德国西部有 2 845 万就业者，其中工人、职员共 2 302 万（占从业人数的 81%），全部参加了养老、失业和事故保险，绝大部分人也参加了医疗保险。他们的家属（子女及未从业的配偶）间接地享受了社会保险。

此外，独立从业的农民（约占全部从业者的 4%），也参加了医疗保险和事故保险。农民的养老保险体制是独立的。其他独立从业的自由职业者（如律师、记者等）有 230 万人（占从业者的 8.5%）不被强制参加社会保险，可自愿参加养老和事故保险。另外，德国的公务员有 247 万人（占从业人员的 8.9%），实行另一套独立的社会保险体制。

（四）德国社会保险的特点

德国各类社会保险的共同特点如下。

1.实行权利与义务对等的原则，即只有缴纳保险费，才有权领取保险金。

2.实行社会平均的原则，这条原则将社会保险与商业保险区别开来。

3.社会保险的主要资金来源于雇主和雇员缴纳的保险费（双方各占 50%，仅事故保险完全由雇主缴纳）。

4.各地的社会保险的组织机构是独立的社团法人，具体工作通过董事会和行政管理委员会自治管理。

在德国，除了社会保险机构以外，还有许多私人商业保险公司提供诸如人寿、事故（丧失工作能力）等补充保险。社会保险区别于商业保险的特点主要表现在：（1）社会保险是强制（或义务）性保险，而商业保险要考虑营利；（2）社会保险所缴纳的保险费或领取保险金的数额由法律规定，商业保险不受立法影响，而受双方签订的合同约束；（3）社会保险体现社会平均的原则，如医疗保险费的数额按工资收入的多少来确定，而在生病时享受保险金（医疗费用）的数额不受缴费多少的影响；（4）社会保险参加者的家属或遗属享受的保险金，体现了社会保险的社会平均的原则。

二、德国社会保险管理机构

德国的社会保险管理机构由两个部分组成，即联邦政府劳动与社会秩序部和社会保险自治管理机构。

（一）联邦政府劳动与社会秩序部

联邦政府劳动与社会秩序部作为社会保险（包括社会救济和战争遗留问题）的主管部门，负责有关市场与就业、社会保险等方面的立法、监督和预算工作。该部有九百多名工作人员，在联邦政府各部中处于中等，但预算开支是各部中最多的。它下设八个司局级单位，其中：第二司负责劳动力市场政策、失业保险、职业介绍、外籍工人政策等，第四司负责退休保险、工伤事故保险，第五司负责卫生、医疗保险，第六司负责第二次世界大战伤残人员的补贴。该部日常工作包括监督社会保险机构执行法律的情况，审批其年度预算，但不直接干预社会保险机构的日常工作。

劳动与社会秩序部系统分为联邦部、州部、地方（城市）部三级。联邦部仅在联邦基本法规定的权力范围内行使立法权，各州在立法方面也有独立的权力。联邦部与各州部和各地方部没有直接隶属关系，这些机构主要是在当地政府领导下开展工作。

（二）社会保险自治管理机构

德国社会保险的日常工作是由自治管理机构来进行的。所谓自治管理机构，是在国家允许的范围内，按照有关法律进行自治管理的社会公益和服务机构。自治管理机构的主要任务有：职业咨询和介绍，职业培训和转业培训，支付失业保险金和失业救济金，研究职业与劳动市场等。其总部及研究所设在纽伦堡，在州及地方均有分支机构。自治机构设董事会和行政管理委员会，两个机构均由数量相等的工会代表、雇主代表和政府代表组成。政府代表由劳动与社会秩序部部长提名，工会代表由德国工会联合会和德国职员工会提名，雇主代表由德国雇主协会提名。

社会保险的自治管理机构是按照养老保险、医疗保险、失业保险和事故保险分别设置的，共有工作人员26万人左右，占全国就业人数（1990年为2 845.9万人）的0.9%。

1.养老保险机构。除了联邦职员保险局（50%以上的雇员在这里参加保险）以外，有23个地方州的工人养老保险机构（其中有5个是在德国东部地区新建的）。采矿业、航海业和铁路业的工人有各自独立的养老保险机构。

2.医疗保险机构。联邦德国共有1 160多个医疗保险金管理机构，负责法定的医疗保险管理业务。如此众多的机构并非理智抉择的结果，而是历史原因形成的，至今仍没有能够成功地对此进行改革。保险权益人属于哪个管理机构取决于其职业岗位。

德国医疗保险管理机构主要有：（1）267个“地方医疗保险金管理机构”，占保险人的42%，该机构主管一特定地区的业务；（2）692个“企业医疗保险金管理机构”，占保险人的12%（企业有450名以上的成员时，雇主可在企业内建立医疗保险金机构，则所有雇员必须在此参加保险）；（3）152个“手工业医疗保险金管理机构”，占保险人的5%；（4）19个“农业医疗金管理机构”，占保险人的3%；（5）“替代医疗保险金管理机构”，主管职员和少数小型工人群体的医疗保险，占保险人的35%。此外，矿业和航海业还各有一个医疗保险金管理机构。

3.失业保险机构。由联邦劳动局统一管理，失业保险基金实行全国统收统支。

4.事故保险机构。由按产业或地区组织的事故保险基金会及其协会进行管理。

三、各类社会保险的内容

（一）法定养老保险

1. 养老保险的对象

城市薪金劳动者和独立（自由）劳动者是社会养老保险的主体。

德国在传统上按工种把脑力劳动者划为职员，体力劳动者划为工人，并由此产生了职员和工人的不同养老保险制度和管理机构。工人和职员所缴纳的保险费限定在一定的工资额度内，即在社会通常的保险费“计量界限”内。这个“计量界限”通常为每月工资（毛收入）6 500马克（德国东部为3 400马克）。6 500马克以上的工资部分不需要缴纳保险费，当然也得不到保险待遇。城市独立（自由）劳动者收入达到6 500马克以上者，可自愿参加社会养老保险，不予以强制。

2. 养老保险金领取条件

养老保险金领取的条件：年龄达到65周岁；无职业能力（即无法完成原工作任务的一半）、无工作能力时；被保险人的遗属，如鳏夫、寡妇、孤儿等。领取保险金的前提是必须缴满5年保险费。

在特定的情况下可以在65周岁前领取“提前养老金”，这包括：（1）达到了60周岁的妇女，如果她在40周岁以后至少缴纳了10年的保险费；（2）达到60周岁的失业者，如果他至少失业了1年，并且在50周岁以后至少缴纳了8年的保险费；（3）缴纳了至少35年保险费，并且年龄达到63周岁的所有雇员。

3. 养老保险基金的来源

1990年联邦德国用于养老保险支出的资金为2 160亿马克，约占国民收入的11%。这些费用的80%由收缴的保险费支付；17%至20%由联邦财政支出。但政府仅负担孤儿、鼓励生育政策、战争致残者的保险和补贴。目前，德国养老保险费率为18.7%。对义务保险者来说，雇员和雇主各支付费用的一半；自由保险者则由其个人支付全部费用。

4. 养老保险待遇的计发

计发养老金依据两个因素：一是本人净收入的多少，二是本人工龄的长短（即缴纳保险费时间的长短）。如果有45年工龄，可以领到最高比例的养老金，即本人在职最后一个月净收入的70%。职工退休后，养老金也不是固定不变，而是根据每年劳资谈判确定的工资平均增长幅度，在个人养老金数额上增加同样的比例。这种方法既消除了物价上涨因素的影响，又分享了社会发展成果。因为劳资双方谈判工资协议时，充分考虑了物价和劳动生产率情况。而且，该方法简便易行，值得借鉴。

（二）补充养老保险

德国在法定养老保险之外，还为国家和政府部门、国营企业的职员和工人专门开办了补充养老保险。其管理机构被称为“联邦与州服务机构”，总部设在巴登州的卡尔斯鲁厄市，全国有27个分支机构。该机构为国家和政府部门的150万名在职职工和70万名退休人员服务。建立补充养老保险的理由是，政府官员在退休时可得到原工资的100%的退休金，而国家和政府部门、国营企业的职员和工人只能达到原工资的65%至70%，补充保险可使职员和工人的退休金水平有所提高，以吸引人们到政府机关工作。参加补充保险的基本条件是必须在政府机关工作 5 年并缴付 5 年的养老保险金。

在企业补充养老保险中，法律规定只有较大的企业才能搞企业补充养老保险，因此，保险公司便开设个人人寿保险来满足小企业的需要。企业补充保险费 2/3 由资方负担（只有德国的企业补充保险由劳资双方共同负担，其他西方国家都由资方全部负担）。企业补充保险在劳动合同中已明确商定，是雇主与职工一起讨论后确定的。这笔费用每月每人平均为 220 马克。企业补充养老保险金留在企业内，不能挪为他用。如果企业破产，由该企业所属协会负担这笔费用。企业补充保险减轻了国家的负担，因而享受优惠政策，即这部分钱不纳税。

（三）医疗保险

德国有 98%的居民参加了各种医疗保险，其中 90%的人员参加法定医疗保险，7%的人员参加私人公司医疗保险，2%的富人没有参加保险。

1. 医疗保险的对象。参加法定医疗保险的人员范围有义务（强制）保险者、自愿保险者和家属保险者。他们是月毛工资收入不超过 4 875 马克（1990 年）的工人和职员。个人收入超过法定数额的自由职业者或雇主可自愿参加。学生以及保险权益人供养的直系亲属（子女或不工作的配偶）也都享受与权益人同等待遇的医疗保险。这些人占全部法定医疗保险人的 30%。

2. 医疗保险基金的来源。医疗保险费用完全来自雇主和雇员所缴纳的保险费。保险费是根据毛工资的一定百分比计算的，全国 1 160 个保险机构可以各自规定所提取的百分比。由于各地医疗费用支出不同，保险权益人的收入也不同，所以不同的医疗保险机构的收费标准差别也很大，最低为 8%，最高为 16%，全国平均为 12.2%，由雇员和雇主各支付一半。

3. 医疗保险金的支付。医疗保险金可以用于所有必需的医疗费用开支，即被保险人可以享受较为昂贵的治疗方式。由于近年提高了药品费用，采用了先进设备，医疗保险开支增大。为此，医疗保险机构普遍采取了如下解决措施：（1）投保人在特殊情况下要有限地支付医疗费；（2）与制药公司谈判，控制部分药品价格。1989 年联邦政府立法对部分药品实行法定价格，如超过这个价格，保险机构可不付费。

此外，病假补助也属于法定医疗保险的内容。病假补助一般为纯工资的一定数额。病假的前 6 周由雇主支付，以后由保险机构根据情况支付，但每月最多不得超过 3 900 马克。同一疾病，3 年内保险机构支付病假补助不超过 78 周。由于前 6 周由雇主支付，所以领取病假补助的最高时限为 72 周。如连续病假超过 78 周，可提前退休，享受养老保险，同时还可继续享受一切治疗。

4. 医疗保险制度的特点。德国医疗保险制度的特点在于：（1）灵活性大。全国有上千家医疗保险机构，这些机构之间存在竞争，各以优质的服务吸引参加保险者，同时努力做到自负盈亏。（2）共济性强。医疗费用的支付根据医疗的需要而定，不与被保险人缴纳的保险费多寡挂钩，从而体现了社会公平原则。（3）医疗保险与医疗保健分离。通过合同形式付费，减少了不必要的开支和浪费。

（四）事故保险

德国现行事故保险立法是 1963 年颁布的，对事故实行强制保险。事故保险完全由雇主支付，这一点是事故保险与其他保险的区别。

1. 事故保险的种类

在德国，事故保险大体分三个部分：一是工商业事故保险。工商业事故保险联合会是工商业事故最大的事故保险组织，在这个组织里有根据不同行业组织的35个合作社。合作社的平均事故保险费率为1.37%。二是农业事故保障，包括19个合作社，有独立的保险方式。三是公共事业单位事故保险，包括国营铁路、邮电等行业建立的事故保险合作社，中小学生等也在这里参加保险，保险费用由政府财政负担。

2. 事故保险金给付标准

暂时伤残者，6周内由雇主支付，6周以后至痊愈由事故保险基金支付；永久伤残者，按其本人最近一年收入的66.6%发补助金。综合性治疗和辅助器具费用，一般由疾病基金会支付，严重伤害由事故基金会支付。

（五）失业保险

《就业促进法》是实施失业保险的法律依据，对雇工由于失业而损失收入进行补偿是该规定的重要内容。

失业保险是每一名雇工都必须参加的保险。失业保险费由劳资双方各负担50%；用于失业救济的资金，则全部由联邦政府提供。

一旦雇工成为失业者，他就将得到失业保险金。失业保险金的数额相当于雇工净收入的68%，最短支付156天，最长支付312天，依失业前缴纳保险费的期限而定。同时，失业保险金的支付还决定于雇工在被注册为失业者的前3年内是否至少连续工作540天。如果不符合该项“申请”失业保险金的条件，失业者可能会得到失业救济。

失业保险中不完全失业和完全失业的待遇不同。若发生不完全失业，如企业暂时缩短正常工作时间，或者由于恶劣气候迫使建筑商停止工作，就给雇工发放相应的补助；只有完全失业才适用失业保险金和失业救济补偿。

失业救济与失业保险不同，在对失业者给予失业救济之前必须进行调查，以明确失业者是否能够通过其他收入来源或靠提取原有资金生活。法律对申请失业救济者人数、被赡养亲属和忽略不计的收入都作了详细规定。失业救济费比失业保险金低，相当于失业前收入的58%，但通常可以无限期支付。

（六）农民养老保险

农民养老保险联合会负责农业劳动者的养老保险管理。该会在全德国有19个分会。每个分会选派一名代表参加联合会。联合会下设代表大会、董事会。各地的养老机构负责将预算收支情况告知联合会，由联合会根据需要统一调整。

该会开展工作所依据的法律也主要来自于联邦劳动与社会秩序部，财政预算则由农业和粮食部负责。但该会并不隶属于这些部。

德国的农业是以家庭为单位的个体农庄经营，养老保险从1957年开始。以前，农民养老靠传统方式解决，即将农场转交给子女，由子女提供伙食、住房等。但这有两个弊端：一是农民要很老时才能交出农场，妨碍了子女的生产积极性，影响了农业生产效率的提高；二是老人只有财产和一般生活，没有现金支配。

农民养老保险是独立的，目标在于提供所需养老费的一部分，并使其早日将农场交给青年人。农民养老保险费用来源有三：一是交出农场时与子女签订的私法合同；二是强制参加的养老保险费；三是自愿参加的人寿保险等。

与城市职工社会保险不同的是，农民只是部分保险。保险金以绝对数计算，标准也是统一的，只要缴纳保险费的期限一样，所得保险金也一样。

农民领取养老金的条件是：（1）已转交了农场；（2）已年满65岁；（3）60岁以前至少已缴了15年的养老费。如果确实找不到接受农场的人，丧失劳动能力时也可领取养老金。

农民养老金由法律规定，但不是固定不变的。1957年每人每月缴纳60马克，年老者每月可领100马克。现在，每月交250马克，可领养老金1 000马克。这笔费用主要是年老者所需的现金，而其生活费、住房等支出已由接受农场者承担。

第二节　美国的社会保障制度

一、美国社会保障制度的建立

作为资本主义世界后辈的美国，社会保障立法自然也起步较晚。1929年至1933年美国经历的严重经济危机，为社会保障制度的建立提供了契机。

当时的经济危机给劳动者带来了深重的灾难，全国1.2亿总人口中失业者及其家属达4 000万人以上。而当时的美国总统以固守宪法条文为由，坚持由各州政府自行实施社会自愿捐款救济，拒绝由联邦国库拨款。面对这么多需要救济的人，私人捐款杯水车薪，不仅难解当时的燃眉之急，更不可能从心理上消除人们对悲剧重演的忧虑。在大批失业者面临严峻的生存问题的困境时，人们要求政府从制度上提供永久性的保护措施。

罗斯福在总统竞选中提出了联邦应负责以公共建设与失业保险的措施来解除社会危机的主张，从而赢得了来自农民、工人、黑人和少数民族的大量选票而当选。他在上任后的最初一百天里进行了大量卓有成效的社会保障立法活动，对社会生活中影响重大的工业、金融、农业、社会救济等社会关系都以社会立法的形式来加以调整。

被称为“新政”立法的“一方奠基石”的《社会保障法》颁布于1935年。其目的在于确保经济发展的稳定和公民社会生活的安全。社会保障的内容主要有三项：一是社会保险，包括老年、遗属、残疾、健康以及失业保险；二是社会救助，包括老人、盲人、残疾人、孤儿以及疾病救助；三是儿童福利服务，包括妇幼卫生、残疾儿童以及一般儿童福利服务。这部法律使美国开始走上“福利国家”的道路，改变了历来只靠自助与个人负责的传统观念，使政府在公民的社会保障和福利方面担负了重要责任。

几十年来，历届美国政府在该法各项主要规定的基础上不断进行修改和补充，形成了一套以老年、遗属、残疾和医疗保险、失业保险、公共援助以及健康与福利服务为主干的社会保障制度。而且，社会保障的照顾面和保障金额都呈扩展状态。以养老保险为例，1935年受益者只有几百万人。1939年对该法修改后，增添了遗属保险，从而增加了160万名受益的工人。1950年、1954年和1956年，美国国会又先后进行了几次修改，把受益面扩大到了农场主和农业主、家庭雇工、独立开业者和军事人员。从1950年到1970年，全国职工的保险受益面从65%扩大到90%。养老金的数量也在不断增加，最初每月为10美元至86美元，到20世纪70

年代中期，每个自1950年以后到退休年龄时年收入为4 800美元的退休工人，可领取养老金279.80美元；年收入为12 000美元者可领取485美元。

1999年6月28日，美国总统克林顿在华盛顿宣布，在未来的15年中，联邦预算盈余将比原先估算多10 000亿美元。因此，联邦政府将增加对社会保障和医疗保险的投入。2010年3月23日，美国总统奥巴马签署了医改法案《患者保护和大众医疗法》，预计至2014年把3 200万名目前没有医疗保险的美国人纳入医保系统，美国的医保覆盖率也将由目前的85%提升至95%。

二、各类社会保障制度的内容

（一）养老保险制度

美国的养老保险制度包括三个层次：法定养老保险，由联邦国会立法，在全国统一强制实施；企业补充养老保险，由企业自愿实行，但政府也起了推动作用；个人养老储蓄，自愿参加，政府给予优惠。美国人将这三个层次通常称为“三条腿制度”。

1.法定养老保险

（1）养老保险待遇的计发

目前全美国95%的在业人员参加了法定养老保险，约有1.27亿人。根据法律规定，雇员（不分男女）年满65周岁，缴费年限满10年（40个季度）可以退休，领取养老金。养老金以缴费年份指数化的月平均工资作为计算基数，即以退休前一年全美社会平均工资与过去每年的社会平均工资的比值作为指数，分别乘以退休者过去40年的缴费工资，扣除最低的5年后加权平均得出计算养老金的月工资基数（缴费年限不足35年的不扣除最低年份的工资，并仍按35年加权平均计算）。

养老金按指数化月平均工资基数分为三段以不同比例计发：低段工资基数（目前为370美元）的比例为90%，中段（371美元至2 230美元部分）为32%，高段（2 231美元以上部分）为15%。三段工资基数具体数额划分随全国物价指数进行调整。为保证退休人员的养老金不因物价上涨而贬值，养老金随全国物价指数定期调整，一般一年一调。雇员可以提前到62周岁退休，但每提前一个月退休，养老金减发0.56%；也可以推迟退休，每推迟一个月退休，养老金增发0.25%。

（2）养老保险费的缴纳

美国采取社会保障税的形式筹集社会保障基金，由雇主和雇员按同一税率分别缴纳，政府不负担。目前税率为雇员工资收入的7.65%，其中62%用于养老、遗属和伤残保险，1.45%用于65周岁以上退休人员和伤残保险金领取者的医疗保险。计征社会保障税的工资收入有最高限额，目前6.2%税率的最高限额为雇员年工资收入53 000美元，1.45%税率的最高限额为125 000美元，工资收入超过最高限额部分不征社会保障税，也不作为计算养老金的工资基数。

（3）养老保险基金的积累

养老保险基金在1983年以前按现收现付方式筹集，由于基金当年收支连年出现赤字，1983年改为部分积累办法。1990年基金收入约3 000亿美元，支出2 500亿美元，积累500亿美元，历年累计积累已达2 500亿美元，够支付一年的养老金。1990年，据美国社会保障署社会保险精算专家预测，今后25年内基金积累逐年增加，到时够支付5年的养老金。25年后由于退休高峰的到来，养老金支出急剧增加，开始动用积累金，到2040年用完积累金。

（4）养老保险基金的管理

为了保证养老保险基金保值增值，美国国会规定养老保险基金可用于购买政府公债，但不允许购买股票或投资。购买政府公债，一是安全，二是利息比存银行高。不准购买股票或投资，一是因为有风险，二是因为美国立法规定政府不干预经济，如果允许买股票或投资，就有买谁的股票、向谁投资的选择，从而会引发其他问题。

（5）养老保险管理机构

美国的养老保险由美国卫生与人类服务部社会保障署实行高度集中统一管理，负责政策制定，发放社会保障号码，每个雇员和退休人员的社会保障申请、记录、档案保管和查询，养老金的计算和调整，预测分析基金收支趋势和提出对策措施等。

社会保障署在全国设有10个地区局、6个项目服务中心、1 300个地方办公室、37个电话服务中心。财政部税收局负责社会保障税的收缴，并按社会保障署的通知给退休人员寄发养老金支票。税收局收缴的社会保障税转入社会保障信托基金，专项储存、专款专用。

2.企业补充养老保险

企业补充养老保险由各企业自愿建立，最早出现于19世纪70年代。

（1）建立企业补充养老保险的优惠政策

1913年美国实施个人收入所得税法，对建立补充养老保险的企业给予优惠政策：一是允许雇主对雇员实行周薪制，二是周薪扣除储存退休金的款项后再计征个人收入所得税。企业利用储存的补充养老保险基金投资所得免交所得税。

目前，100人以上的企业基本上都建立了补充养老保险，100人以下的企业有1/4建立了补充养老保险，全美国有40％至50％的雇员参加了企业补充养老保险。由于企业补充养老保险的具体办法由企业自定，因此在资金来源上各不相同，有的全部由雇主负担，有的由雇主和雇员分担。企业补充养老保险基金有的由企业自己管理，有的由私人保险公司经管。

（2）企业补充养老保险的待遇计发

企业补充养老保险的待遇可分为两大类：

第一类是确定待遇方式，即雇主允诺雇员退休后给予多少退休金，并根据允诺由精算专家计算确定每年的储存金额。大多数企业采用这种办法。为保护工人获得企业补充养老金的权益，1974年美国国会通过了《雇员退休年金保障法》，对企业补充养老保险建立的条件、基金筹集方式作了规定，并专门设立退休金担保公司，强制实行这类办法的企业向该公司交担保费，以防止雇员因企业破产而得不到这部分退休金。

第二类是缴费方式，即先确定缴费多少，退休时按照累积金额（包括本金、利息、投资利润等）确定退休金数额。这类方式不需向退休金担保公司担保。

（3）企业补充养老保险基金的管理

企业补充养老保险基金采取完全积累方式，计入个人账户。对于这项基金，企业可以投资增值，如购买股票、债券等。企业在制定投资方案时要分析不同的风险，通常是把基金作多元化投资。如芝加哥第一国民银行将退休基金的45％购买股票（国内股票为35％，外国股票为10％），35％购买债券，16％投在房地产上，4％搞风险投资。又如，纽约人寿保险公司70％的基金购买私人债券，30％购买股票。

（4）企业补充养老保险的监管

美国联邦政府劳工部负责监管企业补充养老保险，其职能主要有三项：一是监督退休基金投资是否得当、有效、安全，如发现投资有危险就令其纠正；二是监督雇主对退休基金是否有舞弊（少提）、挪用行为；三是监督雇主执行有关企业养老保险金法律的情况。例如，1974 年的《雇员退休年金保障法》规定，企业要定期向联邦政府和雇员提供退休基金的收支报告，劳工部根据这些报告进行统计，每两年出版一本企业补充养老保险金的统计报告。

3. 个人养老储蓄

美国人个人储蓄较少，为鼓励个人储蓄养老，1981 年立法规定，对没有企业养老保险的雇员，给予养老储蓄优惠，即一年养老储蓄 2 500 美元以内，本息免交个人收入所得税，但如果 59.5 岁以前支取，要交 10%的所得税。但几年后认为该法令只对有钱人有利，而政府税收却减少了。因此，1986 年国会又取消了该法令。现在国会又在研究恢复鼓励养老储蓄的办法，或者强制人们将拿到的企业补充养老退休金存入养老储蓄中，直至养老时才能用，或者对不愿储蓄者加重所得税率，如 15%、20%，迫使他们存钱。

（二）医疗保险

美国的医疗保险制度可分为三类，第一类是 65 岁以上退休人员的医疗保险，第二类是贫困者的医疗补助，第三类是在职雇员的医疗保险。

1. 65 岁以上退休人员的医疗保险

1965 年美国国会通过立法，为 65 岁以上养老金领取者建立医疗保险制度，由卫生及人类服务部保健财务管理署主管。

该项医疗保险制度有两种医疗待遇：

第一种是住院和住疗养院康复的医疗费用，所需资金来源于雇主和雇员缴纳的社会保障税中 1.45%部分。老人住院第一天的费用自己负担（目前确定为 600 美元），以后的费用由社会保障基金支付。在医生决定病人不需继续住院而需住疗养院疗养康复时，疗养康复所需费用由社会保险基金支付，但疗养期最多为 100 天。

第二种是医生看病所需费用及在家接受专职护士的康复疗养费用。所需资金 75%来自普通税收；25%来自个人缴纳。个人缴纳数额由精算专家确定，一年一调整。医生开出的医疗费账单，由该项基金支付 80%，病人自负 20%。

上述两种医疗待遇个人自负部分，个人可向医疗保险公司购买补充医疗保险，个人负担部分由医疗保险公司支付。

对于伤残保障金领取者，在伤残两年后可享受上述医疗保险待遇，因为伤残两年内还能享受保险公司的医疗保险。

2. 贫困者的医疗补助

享受医疗补助的贫困者是收入低于贫困线者（包括收入稍高于贫困线，但收入扣除医疗费用后低于贫困线的）、65 岁以上老年人、伤残人及有幼儿的家庭（通常是只有母亲和一个孩子）。

医疗补助金中最大的开支是疗养费用，有的老人常年住疗养院直至去世，有的儿童，如精神病患者也要常年住院和疗养。全美国全年开支的医疗补助金达 900 亿美元（联邦政府负担 60%，州政府负担 40%），其中一半是支付疗养费用。

3. 雇员的医疗保险

在职雇员的医疗保险由私人医疗保险公司或私人保险公司经办。1929 年以前都由企业为本企业雇员举办医疗保险。目前，美国雇员的医疗保险业务，一半由各州的蓝十字—蓝盾组织经办，一半由其他医疗保险机构和私人保险公司经办。

由于有众多的保险公司经办医疗保险业务，企业可以自由选择保险公司签订医疗保险合同，拟定企业缴纳医疗保险费数额、享受条件和医疗待遇。

（三）工伤保险制度

在美国，工伤保险称工伤赔偿。美国没有全国统一的工伤赔偿制度，联邦政府只负责造船工人、铁路工人、港口工人、公务员和矽肺病人的工伤赔偿，其他工伤赔偿由各州负责。

工伤赔偿包括：(1) 医疗费用，包括治疗、药品、住院、康复和假肢等费用。(2) 薪金赔偿，约为雇员工伤前工资的50%至75%。这部分费用不缴税，因而接近雇员工伤前实际所得工资收入。薪金赔偿从工伤后第二周开始支付。(3) 肢体伤残赔偿。根据肢体永久性伤残部位给予赔偿，如断一手指赔偿多少钱，瞎一只眼赔偿多少钱等。(4) 因工死亡，供养亲属（遗属年薪在3万美元以下和年龄在18岁以下者）可得抚恤金。抚恤金各州规定不一，有的州规定一次性支付，有的州规定定期（或定额按月）支付，也有的州规定长期支付。

工伤保险费率按行业危险程度和企业工伤事故率确定。根据职业危险程度不同，费率从1%以下到16%不等。工伤保险费率一般一年一调整。

工伤保险由各州政府劳工局管理，主要负责确定工伤保险费率，审查工伤保险基金收支情况，处理工伤申请、申诉、仲裁等。具体业务由一些州政府所属的工伤保险基金会经办外，也有由私人保险公司经办的，个别大企业经州政府批准还可以自己经办。

为了保证工伤职工的权益，私人保险公司和自办保险的企业都要按照工伤保险基金的一定比例，向州政府所属的工伤保险机构投保（再保险），如私人保险公司和自保企业破产后，工伤赔偿由州政府的工伤保险机构支付。

（四）失业保险

美国的失业保险是1935年国会立法建立的。每个企业开业，雇主必须办理失业保险的登记，并在企业内公开张贴参加失业保险书。失业保险由联邦政府劳工部和各州政府劳工局主管。劳工部负责监督州政府执行失业保险的情况，各州收缴的失业保险基金上缴财政部，设立各州专户。各州需要支付的失业救济金，由州劳工局上报劳工部，劳工部再通知财政部拨给各州。

失业人员领取失业金必须具备下列条件：(1) 必须工作20周，每周薪金要达到一定的美元数额。(2) 失业要有正当理由，并且身体健康能够工作，可以随时接受工作和积极寻找工作。对于无正当理由而自动辞职、因不正当行为被雇主辞退、因劳资纠纷而离职、拒绝接受适合的工作、没有采取合理的行动去谋职，以及故意隐瞒或虚报事实等，不能领取失业金。

失业人员提出申请，经失业保险机构审查合格后，于申请后的第二周开始支付失业金。失业金根据失业人员失业前一年最高工资季度的收入作为确定依据。领取失业金的失业人员，每周必须提供能够工作、可以随时工作和积极寻找工作的证明，否则将取消领取资格。失业人员因谋职需要，可获得职业培训，培训期间（一般为6个月）可继续领取失业金，最多不超过52周。失业人员在失业期间因伤病不能工作，可选择领取伤病保险金或失业金。

失业人员如果领取了没有资格领取的失业金，或领取了过多的失业救济金，要如数退回。没有寻找工作、拒绝适合的工作以及故意隐瞒或虚报事实领取过多的失业金，要取消2周至10周领取的资格，严重的还要罚款甚至判刑。

第三节　日本的社会保障制度

日本的社会保障制度包括年金保险、医疗保险、失业保险、工伤保险和儿童津贴，以及社会救济。下文主要介绍年金保险、医疗保险、工伤保险三种。

一、年金保险

（一）年金保险的种类和管理

日本的年金保险包括：私营企业职工年金保险、船员保险、国家公务员互助会保险、地方公务员互助会保险、私立学校教职员互助会保险、农林渔业团体职员互助会保险、国民年金保险等。年金保险从1942年开始实施。

年金保险由政府负责实施，长期以来一直是三大体系分立。即：(1) 以私营企业职工为对象的厚生年金，由厚生省主管；(2) 以自营业者为对象的国民年金，由地方政府管；(3) 以公务人员、国有企业职工为对象的互助年金被分头管理，其中国家公务员和国有企业职工的互助年金，由大藏省管，地方公务员的互助年金由自治省管，学校的互助年金由文部省管，农村公职人员的年金由农林水产省管。三种年金的水平比较为：国民年金标准最低，厚生年金较高，互助年金最高。

（二）年金保险费的缴纳

雇主和雇员都有缴纳保险费的义务。年金缴费目前的费率为14.5%，由雇主和雇员各负担一半。但继续加保者则全由加保人自行负担。缴费的基数为基本工资加各种补贴，但不包含奖金。这与工伤和失业保险的缴费基数是包括奖金在内的全部工资收入不同。学术界认为按全部工资为基数缴费比较合理，可以防止企业故意把奖金搞得很高以逃避保险缴费。

年金缴费有上下限规定。下限为每月工资低于8万日元的，以8万日元为基数计缴保险费，这与最低工资标准是一致的。规定下限的目的是防止某些家庭企业故意把自己亲属的工资定低以逃避缴费。上限为每月工资超过53万日元的，以53万日元为基数缴费。确定53万日元为上限的依据是，日本的平均工资为30万日元（其中男子为34万），最低工资标准至平均工资的差额为22万日元，大体按这一额度向上推延，定53万日元为上限，也就是使平均工资额大致成为缴费基数上下限的中值。

自营业者缴费是定额的，目前每月1.5万日元，同时给付的年金基本也是定额的。

（三）企业年金的领取条件和标准

年金待遇包括养老金、残疾金和遗属抚恤金。

1.养老金

养老金以加入年数、开始领取养老金和丧失被保险者资格为条件。加入年数一般为25年以上，井下工人为15年以上。但即使全部加入年数不足20年，男45岁、女35岁以后的加入年数达 15 年，也有领取养老金的资格。

开始领取养老金的年龄男为 60 岁，女为 55 岁。井下工人为 55 岁。一般在职的被保险者不能领取养老金。但 60 岁以上的在职者可附带一定条件领取养老金。

养老金由基本年金额和附加年金额构成。基本年金额由定额部分和报酬比例部分构成。定额部分是以一定的基数与加入月数相乘而得；附加年金是给有配偶者和有不满 18 岁的子女者的。

从 1973 年开始，实行按照物价调整年金的办法，即以政府每年发表的消费品物价指数为基础，与上年相比物价变动超过 5%时，就调整年金数额。这种调整只适用于基本年金，而不包括附加年金额。

2. 残疾金

残疾金于加入保险期间患疾病时支付，加入者在死亡前都有年金领取权。

领取残疾金以加入时间和残疾认定标准为条件。加入时间到初诊前一天为止需达 6 个月以上。6 个月以上 20 年以内者均按 20 年计算。

残疾认定标准按病情分三等：一等指完全丧失劳动能力，经常需要他人护理者；二等指劳动能力受到极大限制，工作甚为困难者；三等指劳动能力减半者。如有两种以上疾病得到认定时，可按两种残疾定等级。

残疾金同养老金一样，由基本年金额和附加年金构成。一等增付基本年金额的 25%；二等基本年金额照付；三等扣除基本年金额的 25%。残疾金有最低保障数额的规定。由于按物价调整，从 1977 年 6 月起年金额为 43.32 万日元。

3. 遗属抚恤金

私营企业职工年金保险加入者死亡时，对受其赡养的遗属支付遗属抚恤金。

加入时间达 6 个月以上者死亡时或一、二等残疾金领取死亡时，其遗属享有领取抚恤金的资格。遗属领取抚恤金的顺序是：配偶或子女；父母；孙儿孙女；祖父母。

遗属抚恤金的计算方法是基本年金的半数加附加年金额。

（四）船员年金保险

船员年金保险的对象是 5 吨以上轮船、10 吨以上渔船和 10 吨以上围网渔船的船员，不包括航行于湖泊、内河和港湾的船舶上的船员。船员年金保险从 1940 年开始实施。

船员年金保险也设有养老金、残疾金和遗属抚恤金等。领取养老金的条件是：加入保险 20 年，从 55 岁开始领取。养老金、残疾金和遗属抚恤金的具体规定以及年金数额的计算方法均与企业职工年金保险相同。保险费率为 9.5%，船员和船主各负担 50%。

（五）互助会年金保险

互助会年金保险设有养老金、残疾金、遗属抚恤金和退出金。养老金包括退休年金、减额退休年金和合算退休年金；残疾金包括残废年金和一次性残废金；遗属抚恤金包括遗属年金和一次性抚恤金；退出金包括一次性退职金和一次性归还金。

互助会年金保险的各种规定，如支付条件、年金数额等均以国家公务员互助会的规定为标准。

二、医疗保险

日本是世界上建立医疗保险制度较早的国家之一，于1922年制定了《健康保险法》，1927年正式实施。医疗保险首先是在产业工人中实行，随后逐步扩大到海员、政府工作人员及农民等，现在已覆盖全国所有居民。

（一）医疗保险组织

日本的医疗保险组织可分为两大类：一类是以产业工人、政府机关工作人员等在职职工及其家属为对象的“职工医疗保险”；另一类是以农民等为对象的“国民健康保险”。职工医疗保险又分为五种组织形式：（1）健康保险（包括一般被雇佣者和日雇劳动者）；（2）船员保险；（3）国家公务员互助会保险；（4）地方公务员互助会保险；（5）私立学校教职员互助会保险。

（二）医疗保险基金的筹集

各个医疗保险组织的基金主要来自雇主和雇员缴纳保险费，国家和地方政府根据各医疗保险组织的人员组成状况给予一定的补贴。政府主管的医疗保险的保险费为基本工资的8.2%，再加上奖金的1%；各种组织医疗保险的费率高低不一，平均为工资的8.246%。保险费由雇主和雇员平均负担。实际执行中，有的企业雇主缴大半，雇员缴少部分。国民健康保险的资金通常由政府负担一半，居民缴费负担一半。保险费的总费率是按医疗费用支出计算出来的，一般2年至3年调整一次。

（三）医疗保险的待遇

医疗保险的内容包括疾病治疗、负伤医疗以及死亡补贴和分娩补贴等。医疗费用报销的范围是：诊断费用、药品费用、医疗材料费用、处置费、手术费、住院护理费以及转院费用。对被保险者还设有一种高额医疗费补贴，即1个月内在同一个医疗机构内医疗费用个人负担全额超过6万日元，其超过部分由医疗保险组织负担。

医疗保险组织按统一标准向医疗机构支付医疗费用。该标准由厚生省中央社会保险协会制定，费用计算方法采用计分累积法。参加保险者持医疗卡可以在允许范围内选择机构（属医疗保险合同医疗）就诊。就医时除按各医疗保险组织规定个人负担一定比例外，大部分由医疗保险组织报销。

在医院看病所发生的费用，参加职工医疗保险的自付10%，家属门诊自付20%，住院付费30%；参加国民健康保险的农民、个体经营者要自付30%；退休职工门诊自付30%，住院自付20%。

三、工伤保险

日本的工伤保险开始于1947年。目前企业的工伤保险由劳动省管；国家公务员的工伤保险由内阁总务厅管；地方公务员有专门的工伤保险基金，政策由自治省管。

（一）工伤保险的加入和缴费

日本工伤保险法规定，凡是使用工人（即存在劳动关系）的单位均应参加工伤保险，但雇佣5人以下的单位可以参加也可以不参加，但其中由劳动大臣认定发生工伤可能性较大的要强制性参加。

参加了工伤保险的企业，一旦员工发生工伤，费用一般全部由基金支付，雇主不再承担费用。但因雇主故意行为或重大过失而导致的工伤、雇主未缴保险费期间发生的工伤，工伤保险管理机构支付给员工保险金后，向雇主征收同额或部分的“特别费用”。

工伤保险费全部由企业雇主缴纳，政府在必要时给予补贴。雇员一般不缴工伤保险费。但也有一个例外，因通勤事故导致工伤，雇员在领取疗养补贴时也要缴一部分费，一般标准为200日元，从雇员领取的歇工补贴中扣除缴纳。

（二）工伤保险的行业费率和费率浮动制度

日本的工伤保险行业费率划分细密，共分8大产业53行业，最高行业费率为14.8%（水电建设），最低行业费率为5%（供水等）。另外，各行业都附加1%的通勤事故保险费率。行业费率是依据各行业工伤事故状况由劳动大臣确定的，每3年调整一次。

在行业费率的基础上，对各企业确定缴费的方法有两种：一是对“连续事业”（工厂、商店等）确定按工资总额的一定百分比缴费；二是对“有期限事业”（土建工程等）确定缴费的绝对额。

为促使企业注意安全、减少工伤事故，实行费率浮动制度。即根据企业前3年实际支取工伤保险金占所缴纳工伤保险费总额比例划档，收支率在75%以下的降低费率，在75%至85%之间的不变，在85%以上的提高费率。降低和提高费率的最大幅度为40%。

（三）工伤保险权益人的老遗残年金

工伤者年满65岁，享受老年年金，而工伤年金仍继续享受。但如果享受遗属年金或者伤残年金，工伤年金则要适当减少，减少额为遗属或伤残年金的1/2。就具体情况而言，工伤者在领取伤残年金后，其工伤年金要减少27%；在领取遗属年金后，其工伤年金要减少20%。

第四节 法国的社会保障制度

一、社会保障的特征

法国社会保障的目的在于为其公民防范风险和保障生活。社会保障制度具有四个特征。

1.互助。互助的概念最初源于宗教意义上的慈善，要求人们在出现灾害时互助，并成为居民自愿的道义行为。

2.保险。这里的保险概念属商业保险范畴，但商业保险在发展中也逐步具有了社会保险的意义。有些保险不仅涉及财产保险，也逐步发展到公共保险领域，如医疗补充保险公司（医疗互助会）可以负担个人承担的那部分医疗费用。

3.救济。所谓救济是指社会有义务对贫困者实行帮助。它首先是承认人人有得到救助的权利；同时也要求享有救济的人需符合一定的条件。

4.社会保险。社会保险是强制性的，法律规定了公民参加社会保险的权利和义务。每个公民承担同样的义务，也拥有同样的权利。社会保险的内容也很全面，包括医疗、伤残保险、养老保险和家庭补贴。

二、社会保险基金的征收与支付

社会保险基金的征收与支付，分属于不同的机构。

基金的征收由“社会保险和家庭津贴征收联盟”负责，项目包括工伤、疾病、生育、残疾、养老、配偶、家庭津贴等基金的征集。全国共有105个征收联盟，为私营机构。基金征集全国高度集中、统一。各地征收联盟将征集到的基金汇入全国社会保障组织中央管理局的专门账号。

为保证基金正常运转，各征收联盟在抓好登记（雇主必须向征收联盟的“企业登记中心”登记所有必须缴纳社会保险费的个人的全面情况）、征收（主要通过申报制度实现，征收联盟根据雇主申报的应付给领薪者的工资数额，计算出应收额度并予以征集）、入库（及时将雇主缴纳的汇票存入银行）等环节的同时，还对雇主的申报进行复核监督，防止申报不实和拖欠费用。对拖欠费用半月以上者，法律授权联盟主任可签发具有司法效力的警告通知；若警告不起作用，债主有权采取一切强制措施，诸如查封账号和资产，提高缴纳比例，通过法庭强迫企业停止一切活动，没收或变卖企业财产等。

基金的拨付则由遍及各地的疾病、老年、家属等保险基金会负责，各基层基金会将征收联盟拨付的保险费直接汇入每个投保人在银行开设的账户。

三、各类社会保险的内容

（一）养老保险

1.养老保险制度的历史和种类

法国养老保险制度已有一百多年的历史，形成了多种制度并存的格局。养老制度萌芽于1673年为海员建立的养老制度，1893年为公务员设立的制度是第一个正式的养老制度。1909年建立了铁路员工的养老制度，1910年建立了全国统一的养老制度。但多种制度并存的框架没有改变。

目前法国有一百多种养老保险制度，比较大的有以下几种。

（1）共同养老制度，即工薪人员的基本养老保险制度，投保人数最多。

（2）农业养老保险制度，即农业劳动者的互助互济基金，投保人主要是农业工人。

（3）补充养老制度。由于上述制度提供的养老津贴不高，于1947年以后陆续建立了各种“补充制度”，政府于1972年规定所有工资领取者都必须参加一种或一种以上的补充制度，并将补充制度由自愿参加改为强制参加。

（4）特殊养老制度。由于上述养老制度大都是1945年以后建立的，而那些享受1945年以前就建立的制度的人不愿加入到这种制度中去。原先的制度就作为特殊的制度保存了下来。实行特殊制度的主要有国家公务员，国营铁路、电力、矿业、能源等企业的员工，以及地方权力机构的工作人员。

2. 养老保险制度的改革

20 世纪 70 年代以来，由于保险基金支出增长日益加快，以现收现付模式为基础的社会保险制度面临巨大压力。法国社会保险机构为此分别于 1975 年和 1983 年两次对养老保险制度作了改革。

1983 年的改革主要体现在三个方面。

(1) 调整养老金的计发比例。过去 65 岁退休时发平均工资数的 25%，以后每过一年增加 5%，并上不封顶。现在实行到达退休的年龄后，只有投保 150 个季度方可领取 50%比例的年金，每少一个季度减少 1.25%，并实行了比例封顶，即最高只能领取 50%比例的年金。

(2) 改变了退休的年龄。由原 65 岁改为 60 岁，并规定退休后不能在原单位继续工作，否则年金不予支付。需要指出的是，法国总统萨科齐 2010 年 11 月 9 日签署了退休改革法案，将退休年龄从 60 岁推迟到 62 岁，领取全部养老金的年龄从 65 岁推迟到 67 岁。

(3) 调整养老金的计发基数。由过去的“毛工资”（未缴纳养老金）作基数，改为“净工资”（缴纳养老金之后）作基数，从而使所得待遇相应减少。

法国今后对养老金改革的意向是扩大基金来源和降低享受的待遇。

(二) 医疗保险

1. 医疗保险的目标和管理

法国医疗保险的总目标包括三个方面的内容：一是确立医疗平等、风险共担的意识；二是优先健康原则，即一方面提供优质的医疗服务，另一方面提供优良的预防环境；三是确定国家医疗标准。

法国医疗保险具体由全国保险基金会管理负责，其主要职责是：对有关的法律条文提出实施草案；平衡医疗保险费用开支，董事会有权决定提高保险费的金额，但必须由政府作最后决定；平衡工伤保险费用开支；与医疗卫生部门签署共同契约，规定在哪些情况下参加保险的人可以得到保险补偿；保证基层基金会的行政开支（包括雇员工资、受保人补贴、物资设施等）；监督不动产的运行情况、下属基金会工作情况等。此外还有两项工作，一是建立预防基金（机动金），二是设立社会行动资金。前者主要用于为社会有关人员预防疾病（如接种牛痘、防止酗酒等），后者主要是对伤残人进行帮助。16 个地区级医疗保险基金会的工作任务主要是：负责社会行动费用开支，提供社会服务，工伤事故预防，负责医院及私人诊所的开支等，但不负责医疗保险费的发放。129 个三级医疗保险基金会的主要任务是：对投保人注册登记，对投保人发放补贴，支付医疗费用，实施并落实社会行动计划等。

2. 医疗保险基金的筹集

医疗保险基金来源于雇主、个人工资、自由职业者及小商人收入中按一定比例缴纳的医疗保险费。个人提取费率虽然不同，但医疗的水平和享受的医疗条件却是一样的。资金筹集及运用受三个方面因素的制约：一是受社会就业状况与工资收入水平制约；二是受保险基金开支增长速度制约；三是受受保人数增长制约（法国前社会保险已扩大到没有收入的人）。

医疗保险费一般由雇主缴纳 12.8%，个人（工薪阶层）缴纳毛收入的 6.8%。所谓个人收入，理论上讲包括所有个人收入，其中包括个人现金收入——工资、加班费、奖金、小费等；

实物收入——免费汽车、住房、餐食等。在各项保险金的征收中，主要由征收联盟统一征收，再分配给各类各级保险机构。

所有企业雇主都要到各级征收联盟登记注册，10 人以上的企业每月登记一次，内容包括雇员人数、工资及实物收入等。征收联盟有权对其进行各项检查。企业如经营不景气，可与征收联盟谈判，通过协议缓交或少交。如果企业破产，在企业拍卖中，所得款额应缴纳国家税收，其次缴纳应征社会保险费。然后是处理债权债务问题。

3. 控制医疗保险支出增长的办法

法国医疗卫生开支占国民生产总值的 9.5%，人均开支每年 11 319 法郎。用于医疗卫生开支部分大于住房等方面的开支。为了控制医疗保险费用增长过快，使费用的增长适应经济发展水平的增长，对医疗保险费的增长采取了一些控制措施：(1) 总额承包预算法；(2) 对医院和医生增长数量进行控制；(3) 对参加保险的医疗活动进行控制。

如何调整或节约医疗费用开支，世界各国都在为之努力。一般认为世界上有两种通行的方式，一是用行政的方式，一是用市场的方式。但最终是通过两者的妥协方案进行调整，即找到市场与行政方式的折中办法。

(三) 工伤保险

1. 工伤保险的建立与发展

在法国，工伤和职业病通称为职业风险。工伤保险包括三部分内容：工伤（在工作地点工作过程中受到的意外伤害）；路途工伤（指上下班往返途中发生的事故）；职业病（指非突发性的、因职业而引起的慢性疾病）。

法国工伤保险历史悠久。早在 1898 年就颁布了企业工薪人员工伤保险国家立法，规定让雇主保护工人，承担一切工伤费用。1919 年把职业病列入工伤范围，1946 年又把路途工伤包括进来并委托社会保险机构管理。目前，除工商业工薪人员的共同制度之外，还有专门对农业工人、公务员及其他人员的工伤保险，甚至自由职业者等也可加入共同制度中的工伤保险。从某种意义上讲，目前法国已形成对工人以及所有公民的工伤保险制度。

现行制度规定，出现工伤但未形成伤残，保险部门发现金（生活费）补贴，每天最高不超过 697 法郎，发放时间最长不超过 3 个月。严重致残伤残补贴金每天 923 法郎，可终身享受（与退休金无关）。如不是工伤而是自己发生的事故，社会保险机构支付现金每天最高不超过 116 法郎。

2. 工伤保险事项的范围

(1) 保险参加人：包括所有受雇企业的人员，即附属于一个用人单位的人员受伤，都可称为工伤。此外，手工业者亦可加入自愿性的工伤保险。

(2) 狭义工伤：从技术因素上讲，狭义工伤包括如下因素：第一，事件的突发性对身体造成伤害，如碰击、刺破、折断等。第二，工伤事故因素来自外部，如工作中心脏病的突发等。第三，突发性、不可预料的伤害。第四，造成机体损害，如光线照射、辐射等。

(3) 途中工伤（事故）。途中工伤是在工作场地之外受伤。途中事故由受害者本人提供证据，工伤事故由雇主提供证据，这是两种工伤的基本区别。

(4) 职业病。职业病由法国政府劳动部门列表公布，主要包括三部分内容：第一，描绘职业病性质、内容；第二，哪些职业工种可造成职业病；第三，各职业病的补偿期限。确定为职业病后，其待遇可享受终身。所以，在确定职业病时一般要严格划分其范围和享受条件。患有职业病的人一旦经医生确认为职业病，要在 24 小时之内通报病情，雇主在 48 小时内作出答复，最终要有医生证明和社会保险部门的医疗顾问处专家确诊，才能确认为职业病。

3. 工伤保险的经济补偿

工伤事故一旦认定，参加保险的人就可以享受免费治疗（实物补贴）和现金补贴。现金补贴最高为每日 697 法郎，且不纳税。90%的企业在工伤期间工资照付。在实物方面享受免费治疗、配备医疗器械等。保险基金会还负责有关职业培训、提供间断的治疗费（如温泉治疗、按摩等），对重伤者给予荣誉无息贷款以便安家等。

对永久性伤残者，保险基金会一般要确定其伤残率，要看支付多少补贴才能弥补其达到正常的生活水平。确定补贴的因素是：伤残性质与类别；伤残总状况；年龄；身体精神状况；原工作能力与再工作技能。根据以上因素确定伤残补助金。伤残率在 50%以内，伤残补贴率为 25%；伤残率超过 50%，可得 50%补贴金；伤残率在 70%，可得 75%以上的补贴金。对生活不能自理者，发给增值生活补贴费，每月增领 40%的补贴金，同时保险部门支付第三者服务费。伤残率低于 10%者，可一次性领取补贴金。上述各种补贴一律免缴个人所得税。

对工伤致死者支付丧葬费和运输费。遗属可得受保人原工资的 30%的抚恤费，孩子可得 15%，父母可得 10%；但总比例不能超过 85%。配偶可享受到再婚配，如没有配偶或孩子，父母可享受到死亡时为止。如果事故是雇主不可原谅的责任和失误造成的，那么将追加增值补偿，最高不超过 10%，由雇主支付。如果是第三者造成的事故，第三者要支付追加补偿。第三者如参加了保险，就由保险公司支付，否则由肇事者本人支付。

第五节　瑞典的社会保障制度

瑞典于 1914 年开始实行国家基本养老保险计划，1948 年实行儿童补贴制度，1955 年开始对全民实行健康保险制度，同时对生育妇女实行一次性支付补贴的生育保险制度。1960 年实行国家补充养老年金计划。1974 年开始实行父母照看小孩保险制度，对在家照看年幼的和生病的小孩的父母给予补贴。1990 年开始实行职业技能恢复制度，帮助失去劳动能力者恢复工作能力。

一、社会保障的项目

1. 医疗和父母保险。这类保险分为三种：（1）现金津贴，包括疾病津贴、怀孕津贴、儿童出生津贴、临时父母津贴、直系亲属津贴等；（2）实物津贴，包括医疗照顾、医药费用等；（3）职业技能恢复补贴，包括职业技能恢复津贴和补助等。

2. 工伤保险，包括工伤津贴和工伤医疗等。

3. 养老保险，包括国家基本年金、补充年金和部分工作时间年金。

4. 失业保险，包括失业津贴和重新就业帮助。

二、社会保障基金的征缴

政府为支付高昂的社会保障费用，除了要从税收中拨款外，还要专门向雇主、雇员征缴社会保障税。一般雇主要按雇员工资收入的 31.36％缴纳社会保障税。具体分为：国民基本年金 5.86％，补充年金 13％，部分年金（为非全日制雇员缴纳）0.2％，医疗保险 8.43％，工伤保险 1.38％，职业安全 0.17％，失业保险 2.12％及工资收入保障基金 0.2％。雇员仅负担 1％的失业保险和 0.95％的医疗保险税。从 1995 年起个人开始缴纳 1％的年金税；自谋职业者根据收入情况，必须缴纳 17.69％～29.55％的社会保障税。

三、社会保障基金的管理

管理、运营社会保障基金主要由第一基金局、第二基金局和第三基金局具体负责。同时受议会和政府有关部门的监督。第一基金局管理的是国家、地方政府等有关机构、公司的缴费；第二基金局管理私营大中型企业、公司的缴费；第三基金局主要管理私营业主和自谋职业者的缴费。

基金局的基本职责是：使基金长期取得高效益，保持基金的流动性，分散投资风险，确保高度安全。1993 年，投资收益率为 17.2％（其中直接收益为 11％，资产价值升值为 6.2％），扣除当年通胀等因素，实际纯收率达 12.8％，远远高于 3％左右的通胀率。基金的投资方向是根据 1983 年第 1092 号年金基金管理规定进行的，即基金自由投资于定息债券，海外投资不得高于基金总资产的 10％，对房地产投资（包括海外）不得超过 5％；基金投资股票的，限于地产公司股票。

四、各类社会保险的内容

（一）养老保险

养老保险包括三部分内容：国家养老保险、企业补充养老保险和个人储蓄养老保险。其中企业补充养老保险由雇主组织与工会组织谈判决定，交由保险公司经办，总水平约相当于平均工资的 10％。个人储蓄养老保险则完全由个人决定，保险公司经办。

国家养老保险是养老保险制度中最主要，也是最基本的部分，由两部分组成：一部分为国家基本年金，另一部分为国家补充年金。

公民享受国家基本年金的条件是：已经在瑞典居住 3 年以上，不分国籍都可以享受。但公民要得到全额的国家基本年金，则必须在瑞典居住 40 年以上。每少一年减少 1/40 的年金。

养老保险年金是依据“基数”来计算，这个基数每年根据生活费用价格指数变化情况进行调整，基数不完全与价格指数同步增长，只增加价格指数的 60％。全额国家基本年金为“基数”的 96％，人人都一样，且从国家总税收中出钱。如果夫妇双方都可领取国家基本年金，则两人共可领取相当于“基数”的 157％的基本年金。

另外还可根据一定的条件享受妻子补贴（只支付给结婚 5 年以上，且妻子不能享受年金者）和住房补贴。

享受国家补充年金的条件是至少有 3 年或以上的工资收入超过“基数”。享受全额国家补充年金的条件是有 30 年的工资收入，每少一年就要减少 1/30。国家补充年金的计算办法是：先计算每年的工资相当于“基数”的倍数，然后取其中最好的 15 年作为计算年金的点数，最高限为“基数”的 6.5 倍。目前，约有 77%的年金领取者可享受国家补充年金。

（二）失业保险

失业保险主要由失业津贴制度和积极的劳动力市场政策两部分组成。

失业保险主要由劳工部负责。劳工部提供政策及法律草案，具体执行则由国家劳动力市场管理局负责。国家劳动力市场管理局下设职业康复机构一百多个，职业介绍机构三百八十多个，其主要任务是进行劳动力供需双方的合理匹配，为求职者提供职业指导和培训，并为从业人员转岗提供服务。

失业保险基金由工会组织进行收支和管理，这是瑞典失业保险制度的又一个特点。

目前瑞典有三百七十多万人参加了失业保险。按照法律规定，雇主要按雇员工资总额的 2.12%缴纳失业保险费，以税收形式由税务部门征收；雇员如果参加工会，都要按照个人工资的 1%缴纳失业保险费，另外还要缴纳 300 克朗的管理费。

享受失业津贴的条件是：本人按规定缴纳了一年的保险费，一年中工作不足 5 个月且每月工作不足 75 小时，进行了失业登记并积极寻找工作。

失业津贴的标准是：每天 564 克朗，扣除 30%的税，实得 395 克朗。这个标准可保证基本生活。失业津贴可连续享受 300 天。

失业保险的另一个部分是积极的劳动力市场政策，即通过一定的措施使失业人员得以重新就业。具体措施有：一是对短期失业人员进行就业培训；二是为鼓励雇主雇佣失业人员，规定被雇佣的失业人员的失业保险费由政府代雇主缴纳；三是为失业人员与雇主提供供需见面的机会。

（三）社会保险的管理和经办机构

社会保险的主管部门是社会事务部。它的职责范围包括养老保险、医疗保险、儿童津贴和家庭、遗属补助等项政策的制定。

劳工部主要负责制定失业保险政策、基金政策、就业政策和再培训等项工作；负责制定工伤保险政策、职业安全卫生政策；负责制定难民的有关劳务、福利政策等。

社会保险经办机构有国家社会保险管理委员会、地方社会保险局和国家劳动力市场管理局。

国家社会保险管理委员会的主要职责是：（1）执行政府、议会发布的政策、法律；（2）管理、发放社会保险待遇；（3）监督地方机构具体实施；（4）记录保留和处理有关数据。地方社会保险局负责社会保险（除失业保险以外）缴费、登记和待遇的具体审核、发放。

具有事业单位性质的国家劳动力市场管理局是劳工部政策的执行机构。它在各省有 24 个分局，受其业务管理的还有三百八十多个职业介绍所及一百多个职业伤害康复机构。该局主要负责失业人员的登记、就业指导、转业培训、发放救济等项工作。

（四）社会保险制度的改革

20 世纪 70 年代后期，瑞典国内生产总值的增长开始落后于其他工业化国家，特别是 1993

年下降得更为严重。但社会保险福利方面的支出却有增无减，导致国家财政入不敷出。因此，改革社会保险和福利支出就势在必行了。

1. 在疾病保险方面，一般疾病的现金津贴从占工资的90%降到80%；由雇主负担生病员工头14天的疾病津贴；个人要付一部分钱（一般占工资的1%）；采用一天的等待期即现金津贴从第二天算起，而不是从第一天算起。改革后，瑞典生病旷工率比以前下降了1/3。

2. 在工伤保险方面，改革的重点就是使一定的保险津贴能够覆盖更多的受益者。由于对工伤的鉴定越来越宽，保险津贴的支出增加迅速。因此，改革的方式就是对工伤进行严格鉴定。

3. 在失业保险方面，由于失业率从2%至3%上升到8%至9%左右，对失业救济标准进行了改革，即从工资的90%降到80%，并且在享受失业救济之前，增加了5天的等待期。

4. 在养老保险方面，养老金制度改革的基本指导思想是：一个人所领取的养老金的多少，必须同他一生中所缴纳费用多少相衔接。改革的重点是补充养老金：一个人未来补充养老金的多少，将按其一生收入多少计算，不再像现行的以其在过去30年中工资最高的15年的收入计算。改革的另一举措是养老金不再与物价挂钩，而是与工资变动挂钩，即与经济增长情况挂钩。养老金由只靠雇主支付，改革为由雇主、雇员和国家共同负担。

第六节　社会保障的国际公约和建议书

社会保障国际公约和建议书，是国际劳工组织在历次国际劳工大会上通过的关于社会保险的原则和标准。这些原则和标准对于推动各国社会保障法律制度的建设，加强社会保障领域的国际合作起到了积极的作用。

一、疾病保险

1927年国际劳工组织通过的第24号《工商业工人及家庭佣工疾病保险公约》和第25号《农业工人疾病保险公约》，分别规定在工业企业和农业企业中实行强制性疾病保险。当劳动者患病时，不论疾病的原因是什么，都应免费向劳动者提供治疗、药品和器械，对因病不能工作而中断收入者，应按期给予现金津贴。1969年通过的第130号《医疗护理和疾病津贴公约》和第134号《医疗护理和疾病津贴建议书》对第24号和第25号公约进行了修订，第130号公约提高了治疗性和预防性医疗照顾服务项目的标准，同时还规定了向因患病而中断收入者提供补助的方法。第134号建议书要求把第130号公约的适用范围扩大到所有的经济活动人口和全体居民，并且对补助放宽了条件，提高了补助水平。

二、养老保险

1933年通过的第35号《老年保险公约（工业）》、第36号《老年保险公约（农业）》、第39号《遗属保险公约（工业）》、第40号《遗属保险公约（农业）》和第43号《残废、老年与孤寡保险一般原则建议书》要求对工业、农业劳动者提供强制性的养老和遗属保险，向达到规定年龄的受保人支付老年年金。

1944年第67号《保障生存条件建议书》规定了因丧失工作能力、老年、失业、死亡等情况下，保障当事人及其家庭生存条件的指导原则。

1952年第102号《社会保障最低标准公约》，将社会保险共划分为医疗、疾病、残疾、老年、遗属、工伤、失业、生育和家庭津贴九个项目。有三个方面的最低标准，即要求每个批准该公约的国家必须至少实行上述九项中的三项；规定了每个保险项目最低限度的人员范围及比例；规定了每一项目最低限度的津贴标准。该公约首次规定了适用于各国的一般社会保障标准，可以适应不同发展程度国家的经济和社会条件。

1967年国际劳工大会对1933年的几个公约进行了修改，合并成了第128号《残疾、老年和遗属津贴公约》，提高了先前确定的标准和待遇；同时还通过了第131号《残疾、老年和遗属津贴建议书》，进一步扩大保险的范围，规定有关的法律适用于所有经济自立者。

三、工伤保险

1921年通过的第12号《农业工人赔偿公约》，规定农业工人应当包括在工人赔偿的范围之内。1925年的第17号《工人事故赔偿公约》规定，凡因工业事故而致身体受伤（丧失劳动能力或死亡）的工人及需由其供养的家属，应当得到赔偿。同年的第18号《工人职业病赔偿公约》及1934年通过的第42号《职业病赔偿公约（修订）》规定，按照有关工业事故法律的一般原则支付职业病赔偿金。1964年国际劳工局对上述几个公约进行修订，通过了第121号《工伤事故和职业病津贴公约》和建议书。公约扩大了适用范围，规定应当包括公营部门、私营部门、合作社的所有被雇佣者，也包括学徒。在经济和医疗卫生设施不够发达的国家可以把适用范围先限制在规定类别的被雇佣者，但其人数应当不少于工业企业全部被雇者的75%，该公约还规定了工伤事故和职业病的范围、享受对象以及确定救济金数额的原则，规定了改进医疗护理和定期支付工伤津贴的最低标准。

四、失业保险

1934年世界经济危机时期通过的第44号《失业津贴公约》和建议书，要求建立一种对非自愿的失业者提供津贴的制度。1988年通过的第168号《促进就业和失业保护公约》和第176号《促进就业和失业保护建议书》，要求把失业津贴与积极促进就业结合起来。

五、生育保险

早在1919年召开的第一届国际劳工大会就通过了涉及女工产前和产后就业问题的第3号《妇女生育前后工作公约》，该公约当时只适用于工商业中的受雇女工。1952年通过了第103号《生育保护公约》和第95号《生育保护建议书》，适用于农业及其他非工业部门受雇的妇女。这些文件规定了女工的产假期间发给现金津贴并提供医疗护理，经费由强制性的社会保险或其他公共基金提供。

问题与思考

1. 德国社会保险制度有何特点？
2. 美国医疗保险有哪些类型？
3. 如何看待日本的工伤保险费率制？
4. 怎样评价法国社会保险金收缴与支付的管理？
5. 瑞典为什么要进行社会保险制度的改革？
6. 社会保障国际公约和建议书对社会保障制度建设有什么作用？
7. **材料：**美国、瑞典和新加坡三国是投保资助型、全民福利型及强制储蓄型三种养老保障体制的典型代表国家，且各具特色、各有所长。① 2010 年 10 月 28 日经第十一届全国人民代表大会常务委员会第十七次会议审议通过了《中华人民共和国社会保险法》，不过许多制度依旧有待探索和完善。

问题：如何借鉴外国社会保险经验，建立和完善符合中国实际情况的社会保险制度？

① 樊天霞，徐鼎亚．美国、瑞典、新加坡养老保障制度比较及对我国的启示．上海大学学报（社会科学版），2004 (3).

参考文献

1. 郑功成. 论中国特色的社会保障道路. 武汉：武汉大学出版社，1997.

2. 中华人民共和国劳动部国际合作司，中国劳动科学研究院国际劳工研究所编. 世界劳动. 北京：中国劳动出版社，1996.

3. 美国社会保障总署. 全球社会保障制度. 北京：新华出版社，1994.

4. 王以才，等. 农村社会养老保险. 北京：中国社会出版社，1996.

5. 周士禹，等. 优抚保障. 北京：中国社会出版社，1996.

6. 郭庆松. 当前中国城镇失业人口问题研究. 北京：中国人口出版社，1999.

7. 李本公，等. 救灾救济. 北京：中国社会出版社，1996.

8. 劳动部劳动科学研究所劳动法及社会保障法课题研究室. 失业保险的理论与实践. 北京：中国劳动出版社，1991.

9. 王振基. 日本工资和社会保险概况. 北京：生活·读书·新知三联书店，1980.

10. 刘有锦. 国际劳工法概要. 北京：劳动人事出版社，1985.

11. 屈祖荫. 市场经济国家社会保险概况. 北京：改革出版社，1995.

12. 穆怀中. 中国社会保障适度水平研究. 沈阳：辽宁大学出版社，1998.

13. 陈冬红，等. 社会保障学. 成都：西南财经大学出版社，1996.

14. 刘艾玉. 劳动社会学教程. 北京：北京大学出版社，1999.

15. 宋晓梧，等. 中国社会保障制度建设 20 年. 郑州：中州古籍出版社，1982.

16. 熊必俊. 保障老有所养的理论与实践. 北京：经济管理出版社，1999.

17. 李怀康，等. 社会保障和职工福利概论. 北京：北京经济学院出版社，1990.

18. 林嘉. 劳动法评论. 北京：中国人民大学出版社，2005.

19. 余明勤. 社会保险法制研究. 北京：中国人事出版社，2004.

20. 郑功成. 关注民生. 北京：人民出版社，2004.

21. 邹海林. 社会保险改革与法制发展. 北京：社会科学文献出版社，2005.

22. 卢海元. 走进城市：农民工的社会保障. 北京：经济管理出版社，2004.

23. 郑尚元. 工伤保险法律制度研究. 北京：北京大学出版社，2004.

24. 巴纳德. 欧盟劳动法. 付欣，译. 北京：中国法制出版社，2005.

25. 黎建飞. 劳动法热点事例评说. 北京：中国劳动社会保障出版社，2006.

26. 黎建飞. 劳动与社会保障法教程. 北京：中国人民大学出版社，2007.

27. 黎建飞，等. 中华人民共和国就业促进法释义. 北京：中国法制出版社，2007.

28. 黎建飞. 社会保险法下的人力资源管理策略. 北京：法律出版社，2011.

29. 黎建飞. 最新工伤保险条例案例判解. 北京：中国法制出版社，2011.

30. 黎建飞. 社会保险立法的时机、模式与难点. 中国法学，2009 (6).

31. 黎建飞. 我国生育保险的立法进程与完善. 河南省政法管理干部学院学报，2010 (5).

32. 黎建飞. 用法律保障残疾人权益. 光明日报，2010－12－17.

33. LI JIANFEI. A comparison of the disabilities act of the United States and China and their inspiration. China legal science，May 2014.

34. LI JIANFEI. Labor law and social security law of China. 北京：中国人民大学出版社，2014.

35. 黎建飞. 劳动法与社会保障法：原理、材料与案例. 北京：北京大学出版社，2015.

图书在版编目（CIP）数据

社会保障法/黎建飞主编.—6版.—北京：中国人民大学出版社，2019.2
新编21世纪法学系列教材
ISBN 978-7-300-26672-5

Ⅰ.①社… Ⅱ.①黎… Ⅲ.①社会保障法-中国-高等学校-教材 Ⅳ.①D922.5

中国版本图书馆CIP数据核字（2019）第028189号

新编21世纪法学系列教材
总主编 曾宪义 王利明
社会保障法（第六版）
主 编 黎建飞
Shehui Baozhangfa

出版发行	中国人民大学出版社		
社 址	北京中关村大街31号	邮政编码	100080
电 话	010－62511242（总编室）		010－62511770（质管部）
	010－82501766（邮购部）		010－62514148（门市部）
	010－62515195（发行公司）		010－62515275（盗版举报）
网 址	http://www.crup.com.cn		
经 销	新华书店		
印 刷	固安县铭成印刷有限公司	版 次	2000年10月第1版
规 格	185 mm×260 mm 16开本		2019年2月第6版
印 张	19.25	印 次	2022年8月第2次印刷
字 数	490 000	定 价	39.80元

《　　　　　　　》※任课教师调查问卷

为了能更好地为您提供优秀的教材及良好的服务，也为了进一步提高我社法学教材出版的质量，希望您能协助我们完成本次小问卷，完成后您可以在我社网站中选择与您教学相关的1本教材作为今后的备选教材，我们会及时为您邮寄送达！如果您不方便邮寄，也可以申请加入我社的**法学教师QQ群：436438859（申请时请注明法学教师）**，然后下载本问卷填写，并发往我们指定的邮箱（cruplaw@163.com）。

邮寄地址：北京市海淀区中关村大街31号中国人民大学出版社806室收

邮　　编：100080

再次感谢您在百忙中抽出时间为我们填写这份调查问卷，您的举手之劳，将使我们获益匪浅！

基本信息及联系方式：※

姓名：__________ 性别：__________ 课程：__________

任教学校：__________ 院系（所）：__________

邮寄地址：__________ 邮编：__________

电话（办公）：__________ 手机：__________ 电子邮件：__________

调查问卷：※

1. 您认为图书的哪类特性对您使用教材最有影响力？（　　）（可多选，按重要性排序）

A. 各级规划教材、获奖教材　　B. 知名作者教材

C. 完善的配套资源　　D. 自编教材

E. 行政命令

2. 在教材配套资源中，您最需要哪些？（　　）（可多选，按重要性排序）

A. 电子教案　　B. 教学案例

C. 教学视频　　D. 配套习题、模拟试卷

3. 您对于本书的评价如何？（　　）

A. 该书目前仍符合教学要求，表现不错将继续采用。

B. 该书的配套资源需要改进，才会继续使用。

C. 该书需要在内容或实例更新再版后才能满足我的教学，才会继续使用。

D. 该书与同类教材差距很大，不准备继续采用了。

4. 从您的教学出发，谈谈对本书的改进建议：__________

____

____

选题征集：如果您有好的选题或出版需求，欢迎您联系我们：

联系人：黄　强　联系电话：010-62515955

索取样书：书名：__________

书号：__________

备注：※为必填项。